삽화 1 「옥수수빵을 대신할 크림 스프 만두 샘플Fair samples of MILKY DUMPLINGS offered for CORNBREAD」(에드워드 클레이의 작품으로 추정됨, 필라델피아, 1830년대). 필라델피아 도서관조합 소장. "미사여구"과 "입담"을 판매하는 상인은 보잘것없는 저가품을 과장 광고할 때가 많았다.

삽화 2 『포춘Fortune』 1933년 11월 기사 「울워스의 2억5000만 달러짜리 마술Woolworth's $250,000,000 Trick」에 실린 아르투어 게를라흐의 사진. 대공황 시기에 잡화점 점주들은 상품을 합리적으로 진열하고 가격을 분명하게 표시했다.

OH! THEM GOLDEN SLIPPERS! . . . A glittering fashion touch for sleek silk & velvet pants, floor-length skirts, all your "at home" outfits. Marshmallow-soft golden vinyl; sparkling tassles. Suedine foam sole; faille-lined.
☐ **Golden Slippers**
Small 4½-6 (H-32623D) $2.95
Medium 6-7½ (H-32631D) $2.95
Large 7½-9 (H-32649D) $2.95

GENUINE HUMMEL NOTES . . . The original, world-famous Berta Hummel designs reproduced on quality note paper. Adorable collector pictures in soft rich colors—trimmed in gold. A pleasure to receive! Ass't prints. Fine quality paper stock—single fold—4½" x 3½". 15 with envelopes.
☐ **Hummel Notes** (H-31948D) $1

LIVE THE LIFE OF A MERMAID . . . Dive, swim, shower and keep expensive hairdo in. Specially fabricated rubber strip fits comfortably under bathing cap. Absorbs no water. Adjustable. Velcro closing. Seals at the touch. Protects bleaches & tints.
☐ **Mermaid Band** (H-35683D) $1

SHUFFLE CARDS AUTOMATICALLY!! . . . 1, 2, even 3 decks at one time . . . Card Shuffler does a thorough job automatically!! Never a shadow of a doubt! Fast, easy . . . just place cards on tray and revolve! Presto; a "square deal" every time! Use bottom side as a Canasta tray! Sturdy plastic, ass't colors.
☐ **Shuffler** (H-51177D) $1

34 PRESIDENT STATUES . . . COMPLETE FROM WASHINGTON TO KENNEDY . . . A magnificent collection . . . your own museum display of miniature carved statues of every president of the United States. Each authentically detailed from head to toe—from the lifelike, familiar faces to the typical gestures & dress of each president. Each poses on a gilded pedestal printed with name & dates of office. An impressive display for den, office, living room, hobby room! Comes in "picture frame" box to hang on wall. Plastic statues, 1¾" high.
☐ **34 President Statues** (H-49825D) $3.98

49

삽화 3 스펜서기프츠의 카탈로그(1964년)에 제시된 비닐 소재의 슬리퍼, 샤워용 캡, 자동으로 카드 섞는 기기, 대통령 조각상 등은 일본산일 공산이 컸다.

삽화 4 리매뉴팩처링컴퍼니, 「쉽게 팔리는 상품과 경품을 소개한 카탈로그Wonderful Catalogue of Easy Selling Goods and Premiums」(1924년). 회사들은 경품을 풀컬러로 보여주는 등 자사의 무료 경품에 고급스러운 분위기를 만들어내기 위해 각고로 노력했다.

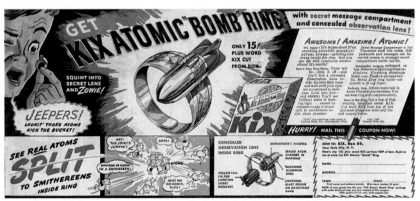

삽화 5 『뉴욕 선데이 뉴스New York Sunday News』에 실린 제너럴 밀스의 킥스 원자폭탄 반지Kix Atomic Bomb Ring 광고(1947년 2월 9일). 역동적인 풀컬러 광고 덕에 수백만 명의 아이가 시리얼 회사가 제공하는 공짜 물건을 받기 위해 우편을 발송했다.

삽화 6 헬렌갤러거포스터하우스 카탈로그(1964년~1965년 F/W). 선물용품은 이상하고 이해할 수 없는 경우가 많았다.

삽화 7 '공식 베들레헴 크리스마스 접시'로도 알려진 '최초의 크리스마스이 브 접시'는 캘훈스 컬렉터스 소사이어티에서 1977년 발행되었다. 접시의 뒷 면은 제품 일련번호, 서명, "공식 표식" 등 수집품의 진품 인증 표식을 보여 준다(사진: 팀 티바웃, www.timtiebout.com.).

삽화 8 셰넌도어밸리박물관의 줄리언 우드 글래스 주니어 전시장(사진: 론 블런트). 여기 나온 19세기 초 스태퍼드셔의 벤저민 프랭클린 조각상처럼, 낡은 물건도 크랩일지도 몰랐다. 벤저민 프랭클린의 조각상이지만 이름은 조지 워싱턴으로 표기돼 있다.

삽화 9 조각상 수집가들에게 프레셔스 모먼츠 같은 조각상은 대량생산되었음에도 불구하고 독특함을 소유하는 것처럼 보였다(사진: 팀 티바웃, www.timtiebout.com.).

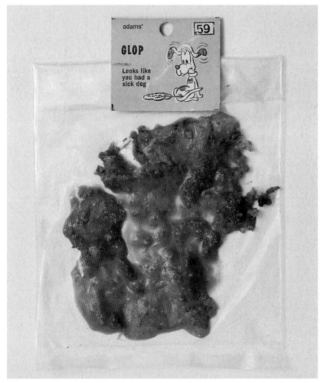

삽화 10 배설물 노벨티에서 파생된 상품은 가짜 새똥, 가짜 똥, 가짜 개 토사물이 있다(사진: 팀 티바웃, www.timtiebout.com.).

CRAP

싸구려의 힘

CRAP

웬디 A. 월러슨
Wendy A. Woloson
지음

•

이종호 옮김

현대 세계를 만든
값싼 것들의 문화사

글항아리

100퍼센트 품질 보증
데이비드 밀러에게

들어가며 　　　　　　　**우리가 사는 것이
곧 우리다**

미국인들은 크랩crap에 포위당했다. 저렴하고 조잡하고 열등한 재료로 만들어진 상품, 이렇다 할 용도도 없고 내구성도 떨어지는 상품인 크랩이 미국인들을 포위한 것이다. 이렇듯, 크랩은 미국인들의 일상적인 삶을 파고들며 미국 전역의 싱크대 서랍, 차고, 지하실을 '잡스러운 물건'으로 채워나갔다. 마치 형체를 가진 백색 소음처럼, 크랩은 어디에서나 흔히 찾아볼 수 있는 나머지 거의 눈에 띄지 않는다.

크랩이라는 표현은 물질적 양태뿐만 아니라 문화적 양태도 일컫는다. 그런 까닭에 미국인의 과잉과 낭비를 역동적이면서도 거리낌 없이 표현할 때 쓰인다. 크랩이 일상적인 삶으로 침투했다는 것이 새로워 보일 수 있지만, 이는 사실 수 세기 전부터 시작되었다. 시간이 지남에 따라 미국인들은 개인으로서, 공동체 구성원으로서, 사회 전체로서, 단지 물신주의뿐만 아니라 그것의 어떤 조잡한 양상까지도 포용하는 편을 선택했다. 크랩의 세상에서 산다는 것은 불가피한 일이 아니었다. 하지만 다양한 이유로 미국인들은 오늘날의 소비 습관을 형성했고 이는 미국의 DNA에 깊이 뿌리박혀 있다. 물질 과잉의 시대를 사는 우리는, 필요도 없고 사용할 일도 별로 없고 원하지조차 않는 것 같은 물건들을 사는 데 돈을 쓴다. 왜 그럴까? 이 책은 우리를 소비로 이끄는 동기가 무엇인지, 그리고 크랩이 어떻게 미국을 오늘날과 같은 소비자의 나라로 변모시켰는지를 더 넓고 심오하게 바라봄으로써 미국인들의 한결같고 때론 광적이기까지 한 크랩에 대한 사랑을 이해하고자 하는 데 그 목적이 있다.

내가 가장 좋아하는 드라마 「환상특급Twilight Zone」의 한 에피소드는 크랩을 중심으로 전개되는 역학관계를 다른 무엇보다 가장 잘 표현한다. 제2화 '천상의 흥정One for the Angels'에서 상냥한 길거리 판매상 루 부크먼은 미스터 데스가 사랑스러운 이웃 소녀의 영혼을 빼앗지 못하도록 일생일대의 판매술을 선보여 그의 주의를 딴 데로 돌린다. 부크먼은 마치 모자에서 토끼를 꺼내는 마술사처럼 여행용 가방에서 다양한 상품을 꺼내 보이며 미스터 데스의 관심을 끈다. 처음에는 냉담하고 회의적인 태도를 보이던 미스터 데스는 루의 설득 덕분에 완전한 황홀경에 빠져든다. 부크먼의 넥타이는 폴리에스터가 아닌 "원자력 에너지 이후 가장 흥미로운 발명품"이자 "고대 중국의 실크 제조업자조차 혼란스럽게 할 만한" 소재로 만들어져 있다. 그가 선보이는 재봉실은 훨씬 더 매력적이다. "강도가 어느 정도 되는지 실을 잡아당겨보겠습니다. (⋯) 철처럼 강인하지만, 중국 산둥 지방의 실크처럼 연약하고 섬세합니다. 대양을 넘나들도록 훈련받은 동양의 새가 다홍색 목에 실이 담긴 작은 주머니를 넣고 매번 소량의 실만을 운반해 옵니다. 실타래 하나를 모으려면 대양을 832번 건너와야 합니다"라고 부크먼은 설득한다. 넋이 나간 미스터 데스는 부지런히 주머니

에서 돈을 꺼내며 "제가 전부 사겠습니다!"라고 외친다.[1](그림 0.1)

미스터 데스처럼 미국인들은 시큰둥함과 입을 벌리는 순진함을 함께 가지고 상품 시장에 발을 들이기 시작했다. 새로운 데다가 저렴하고 구하기도 쉬운 것들이 끝도 없이 공급될 거라는 기대는 매혹적이었고 황홀했다. 비용이 많이 드는 것이 없었기 때문에 리스크도 낮았다. 하지만 덧없고 무의미한 일회용 상품이 주를 이루는 물신주의적인 세계를 맞이하게 되고 말았다. 바로 크랩의 세계다. 그에 따라 미국인들은 물질에서 정신, 환경에서 감성에 이르는 다양한 대가를 치르게 되었다.

미국이 크랩에 의해 포위당한 것은 수 세기를 거슬러 올라간다. 쉽게 부러지는 못을 생산하는 마을 대장장이, 버터에 불순물을 섞는 농장 여자, 절차를 무시하는 양복장이가 없었던 것은 분명 아니지

그림 0.1 루 부크먼은 평범한 실을 잡아당겨 "얼마나 강한지 시연"해 보이며 미스터 데스에게 상품 구매를 권한다. 드라마 「환상특급」, 제2화 '천상의 흥정'의 한 장면(1959년 10월 9일 최초 방송).

만, 그런 일은 예외였다. 좋은 의도를 갖고 지역사회의 수요를 충족시키던, 솜씨 좋기로 명성이 자자한 사람들이 제작한 상품이 대부분이었다. 18세기 중반에 시작된 소비자 혁명은 이런 양상을 모두 뒤바꿨다.[2] 더 멀리 떨어진 곳의 익명적이고 민주화된 시장에 대한 수요가 증가함에 따라, 수납 선반 제조업자는 목재에 이국적 느낌을 불어넣고 복잡한 무늬를 구현하기 위해 인조 재료로 마감을 시도했으며 대장장이는 도금된 제품과 모조품을 만드는 법을 개발해냈고, 세공업자는 금속 박판을 덧댄 '납유리'를 활용해 번쩍이는 보석을 만들어내기 시작했다. 하지만 당시에도 모조품은 여전히 수작업으로 만들어야 했기 때문에 엘리트나 운 좋은 수집가들만이 구할 수 있었다. 그리고 이와 같은 모조품은 기발한 흉내 내기였기 때문에 귀중하게 여겨질 때가 많아, 사람들이 필요한 것보다 더 많이 구매하고 다른 이들에게 넘치는 부를 과시하게 만드는 원인으로 작용했다.

하지만 허접하게 만들어져 내구성이 떨어지는 교묘하고 기만적인 모조품, 즉 크랩이 재빨리 그 뒤를 따랐다. 구매하는 사람의 수만큼이나 많은 이유로 사람들은 이 열등한 상품을 갈망했다. 매우 높은 입수 가능성, 낮은 가격, 친구들을 따라 하려는 욕망, 이웃에게 뽐내고 싶은 욕망, 익살스런 장난에 대한 단순한 욕구 등 구매 이유는 다양했다. 하지만 크랩 판매를 촉진한 입담 좋은 수많은 설득가가 없었다면 크랩은 인기를 얻지 못했을 것이다. 미국이 자작농과 독립 수공업자의 나라로 부상하는 데 결정적인 공헌을 한 이 초기의 행상인들은, 쇼맨십 가득한 허풍을 늘어놓으며 묘한 매력을 지닌 물건들을 짐꾸러미로부터 꺼내 들었던 18세기 말 또는 그 이전의 떠돌이 상인들에 뿌리를 두고 있다. 떠돌이 상인들은 상업 무대에서 종적을 감추었지만 그들의 유산은 남아 있다. 비밀의 보물을 매우 저렴한 가격으로

모시겠다고 약속했던 떠돌이 상인들의 달콤한 속삭임은, 달러 스토어dollar store[•] 진열대에 놓인 싸구려 상품들, 이베이 같은 사이트에서 찾아볼 수 있는 끝도 없어 보이는 상품 목록, 수없이 많은 인포머셜infomercial,^{••} 거리를 돌며 상술을 펼칠 기회를 노리는 현대판 루 부크먼과 윌리 로먼스^{•••} 등으로 오늘날까지 이어지며 여전히 우리를 유혹한다.

떠돌이 상인과 행상인들을 통해 싸구려 물건을 손에 넣은 미국인들은 처음에는 머뭇거렸지만 나중에는 열성적으로 삶을 크랩으로 채워나갔다. 독립한 지 얼마 지나지 않아 미국의 시장은 외국에서 들여온 수입품으로 넘쳐나게 되었다. 특히 이렇게 유입된 수입품 대부분은 영국산이었는데 상당수가 열등한 상품이었다. 팔지 못한 재고 상품, 하자 상품 및 모조품, 유행에 뒤떨어진 상품, 물이 빨리 빠지고 '변색되기 쉬운' 색으로 염색된 상품, 내구성이 떨어지는 재료로 만들어진 상품 등 용도도 거의 없고 오래가지 않는 상품들이었다.

그중 의미 있는 상품은 아무것도 없었다. 미국 내의 불매운동과 주기적인 금수 조치 이후 부유층, 중산층, 도회지와 시골의 시민 등 각 계각층의 미국인은 새로운 시장에 접근할 수 있었을 뿐만 아니라 자신을 생산자만큼이나 소비자로도 인식하게 되었다. 19세기 초에 이르러서는 저가품을 광고하는 소매점과 저렴한 잡화 전문점이 대도시와 소도시를 가리지 않고 나타나기 시작했다. 값싼 상품을 팔면서도 이윤이 실현되었다. 오늘날 균일가 매장의 선구자 격인 이런 소매상들

• 달러 스토어, 다임 스토어dime store, 센트 스토어cent store 등은 우리나라의 천원마트와 같은 균일 염가 판매점을 말한다.
•• 정보information와 광고commercial의 합성어로, 긴 시간 동안 많은 정보를 전달하고 즉각적 구매를 유도하는 TV 광고의 한 형태를 말한다. 홈쇼핑 광고가 인포머셜에 해당한다.
••• 고전극 『세일즈맨의 죽음Death of a Salesman』의 주인공.

은 엄청난 다양성과 낮은 가격이라는 매력적인 조합을 제공했다. 이런 소매상들을 도운 것은 양키 노션Yankee notion*과 그것에 내재된 세계주의cosmopolitan 사상을 미국 내륙 지역으로 소개한 수많은 떠돌이 행상인이었다. 저렴한 가격과 참신함으로 무장된 상품, 다양한 상품 구색, 그런 상품이 약속해주는 것만 같은 물질적, 감성적 만족에 매혹되면서 미국인들은 처음으로 내구성이 높은 상품보다 저렴하고 내구성이 떨어지는 상품을 선호하기 시작했다. 값싼 상품을 사서 주기적으로 교체하는 것을 선호하게 되면서 미국인들은 소량, 고품질, 고가의 상품이 제공하는 장기적 약속을 외면했다. 미국의 맹목적인 일회용품 문화는 이 시대와 이런 상품에 뿌리를 두고 있다.

싸구려 상품을 수용하게 된 역사적인 현상과 관련해 언급하고 넘어가야 할 것이 있다. 이런 물질적 접근성 덕분에 미국 소비자들이 시장에 적극적으로 가담할 수 있었다는 것이다. 여기서 말하는 시장이란 상품의 세계뿐 아니라 그 상품들이 대표하는 개념과 가능성도 포함한다. 저가품에 대한 선호는 제조업 생산량을 끌어올렸고, 일반적인 생활 수준까지 향상시키는 영향을 미쳤다. 제조업자들은 생산에 투입되는 노동자를 더 고용했으며 도매업자들은 유통 네트워크를 확대했고, 소매업자들은 판매를 담당할 점원을 더 고용하는 등 연쇄 효과가 발생했다. 저가품에 대한 접근성이 높아진 덕에 정부의 인프라 투자를 유도하는 효과도 발생했다. 유료 고속도로, 운하, 철도의 연결망은 한때 멀게만 느껴졌던 시장과 사람들을 연결할 수 있었고, 시어스로벅, 몽고메리워드 같은 통신판매업이 새로운 비즈니스로 출현하게 되었다. 더 개인적인 차원에서는, 평생 쓰는 조금의 물건

---

* 주로 미국 뉴잉글랜드 지역에서 생산되어 행상인들에 의해 판매되는 비교적 저렴한 상품.

으로 만족할 필요가 없어졌기 때문에 대다수의 미국 소비자는 노벨티novelty●를 그 자체로, 그리고 그 즐거움을 위해서 받아들일 수 있었다. 버리고 대체하기 쉬워졌기 때문에 힘들게 애지중지하지 않아도 된다는 점이 소유권 자체의 부담을 덜어주었다. 크랩 시장은 깨진 주전자나 금이 간 그릇을 위기에서 구해내, 새로운 구매를 통해 쉽고 즐겁게 보완될 수 있는 단순한 불편함으로 둔갑시켰다.

저가품은 사람들의 삶을 다른 면에서도 손쉬운 것으로 바꿔놓았다. 만능 옥수수 분쇄기부터 기적의 소화기에 이르기까지, 기기의 수는 1840년대부터 증가하기 시작했고 남북전쟁 이후에는 기하급수적으로 증가하여 믿음직하고 친숙했던 도구들을 보완했다. 기기들은 더 큰 효율성에 대한 미국인의 독창성과 욕구에서 나오는 무한해 보이는 창의성을 담고 있었다. '새로이 유행한' 장치들은 빨래에서부터 사과 껍질 깎기에 이르기까지 모든 작업에 신속성, 편의성, 즐거움을 더해주었다. 하지만 그게 다가 아니었다. 기기들은 마치 개인 시종과 같아서, 부담스러운 노동을 즐거운 여가활동으로 둔갑시켰다. 피부를 되살리는 일이든, 아니면 크랭크 회전만으로 일반 감자를 완벽하게 잘게 썰어 조각으로 만드는 일이든, 사람들은 스스로 마법을 행할 수 있게 되었다. 예전의 만능 도구부터 오늘날 기적의 정원용 괭이까지, 비교적 저가인 이런 기기들은 극한의 기능성만으로도 크나큰 경이와 박진감을 선사해주었다.[3]

싼 정도가 아니라 공짜나 다름없는 크랩은 한층 더 매력적이었다. 크래커잭Cracker Jack 과자 봉지나 시리얼 상자에 담겨 제공되는 경품 교

● 통상적으로 광고 효과를 높이기 위해 광고주가 고객에게 증정하는 선물의 의미로 많이 알려졌으나, 이 책에서는 실용적인 목적은 없고 다른 사람을 골탕 먹이기 위한 물건 또는 단순히 재미를 위한 물건도 지칭한다.

환권이 나오기 훨씬 오래전인 1910년대부터 상인들은 단골을 대상으로 경품 혜택을 제공했다. 파리채, 달력, 볼펜 같은 아주 평범한 상품도 판매자와 구매자 사이에 따뜻한 감정을 꽃피워주었다. 오늘날에는 티셔츠나 토트백 같은 아이템이 사랑받지만, 19세기에는 달력, 잣대, 값싼 액세서리 같은 물건이 사랑받았다. 이런 물건들은 모두 크랩이었으며, 특히 공짜나 다름없었다는 점이 중요했다.

크랩은 미국의 가정에 생기를 불어넣기도 했다. 저가의 석고상을 판매한 초기의 떠돌이 행상인들은 장식용 소품 거래를 민주화하는 역할을 했다. 부유층은 물론이고 빈곤층도 장식용 소품을 향유하게 되었다. 예를 들어, 19세기 공동주택 거주자들은 "열악하고 음산하고 처참한 환경에서" 살고 있었지만, 저렴한 조각상들로 벽난로 위 선반을 "채워나갈" 수 있었다.[4] 값싼 장식용 소품은 단순히 집을 장식해주는 것이 아니라 궁핍한 신세를 잠시 잊게 하는 휴식을 제공했다.[5] 값싼 모조품도 때로는 어떤 면에서 우위에 있었다. 플라스틱이든 석고든, 모조 식물이나 과일은 "우스울 정도로 서툴게 녹색과 노란색으로 채색되었다" 하더라도 실제보다 더 활기 넘칠 수 있었고 부패와 죽음에 맞서 영생을 누릴 수 있었다.[6]

고급 장식 소품 같은 선물용품의 거래가 증가한 덕에 미국인들은 장식에 관한 안목을 더욱 광범위하고 대담하게 넓힐 수 있었다. 전문 부티크에서 판매되는 유리 꽃병, 나무 조각상, 수제 양초와 같은 저가품은 이를 소유하는 사람들이 자기 자신과 자기 취향, 정치적 성향까지도 좀더 미묘한 방식으로 표출할 수 있게 했다. 선물용품 가게는 20세기 초 미국에 등장하기 시작했고, 신형 자동차를 타고 전국을 도는 여행자들의 수요를 충족시켰다. 대체로 여성이 소유하고 운영하는 이와 같은 독립 상점들은 아일랜드산 리넨 행주, 인도산 재떨이, 손으로 칠한 나무 냅킨꽂이 등 겉보기에 독특한 상품을 고객에게 제공했다. 시간이 지남에 따라 선물 가게의 수가 증가하면서, 인격, 삶의 역사, 예술적 안목이 배어 있는 것 같은 특별한 상품들을 더 많은 소비자가 구매할 수 있게 되었다. 그러나 선물용품은 항상 대량생산되었기 때문에 모방품일 뿐 결코 독특한 상품이 될 수 없었다. 동시대의 촌스러운 식민지 부흥 양식처럼 대체로 '어떠한 것처럼 보인다'라고 묘사되는 선물용품 특유의 형식적 겉치레는 그 물건이 진품 같은 모조품임을 증명해줄 뿐이었다.

미국인들이 자신의 안목, 취향, 지위를 예리하게 보여준 또 다른 방법은 대량으로 생산되고 홍보된 수집품을 통하는 것이었다. 수집될 목적으로 특별히 만들어진 '의도적인' 수집품은 19세기 후반에 처음으로 등장했는데, 식탁용 날붙이 회사들이 만든 기념품 스푼이 그 시초였다. 그러나 이 시장이 본격적으로 활기를 띤 것은 1950년대 중반 도자기 제조회사들이 기념품 접시를 공격적으로 마케팅하면서부터였다. 이에 따라 수집품의 세계는 점점 부유해지는 미국인들에게 투자 기회로 활용될 목적으로 제작된 조각상, 역사적으로 의미가 있는 복제품, 인형 등으로 확대되었다.

이와 같은 수많은 물품을 만드는 제조업자들은 수집을 민주화했다. 원래 수집은 상당히 독점적인 활동이었다. 사람들은 수집욕에 시달리면서도 수단이 부족해서 선택의 여지가 별로 없었다. 우표를 수집하는 사람들도 있었고, 종이 성냥이나 수하물 스티커 같은 것을 수집하는 사람들도 있었다. 골동품 경매, 미술품 시장, 박물관 후원 등 고상한 활동에 참여하거나 고상한 물건을 수집하는 것은 엘리트를 제외한 사람들 대부분에게는 경제적으로나 사회적으로나 불가능했다. 그러나 의도적인 수집품 덕에 일반인들은 사냥이 주는 스릴, 수집품을 획득하고 큐레이팅하며 얻는 만족감, 전시에 따른 자부심, 의식이 비슷한 사람들 간의 동질감과 동지애를 느낄 수 있었을 뿐 아니라, (명목상으로는) 투자에 따른 경제적 이익까지 누릴 수 있었다. 1960년대와 1970년대에 이르러 동호회, 잡지뿐 아니라 심지어 특별한 상품의 거래소까지도 후멜 조각상●과 실물 크기의 군사용 장비 복제품부터 기념주화와 한정판 인형에 이르기까지 온갖 만물을 수집하는 수집가들의 수요를 충족시켰다.

시간이 지남에 따라 크랩이 사람들에게 다른 형태의 즐거움을 가져다주었다는 사실을 부인할 수는 없다. 아마도 조이 버저Joy Buzzers, 후피 쿠션Whoopie Cushions, 플라스틱 재질의 토사물 모형 같은, 사람들을 놀래주는 것이 목적인 노벨티들이 이를 가장 잘 반영한 상품일 것이다. 이들 역시 역사가 깊다. 양판점 상인들은 1860년대 초에 모형 뱀을 담은 폭발 상자, 가짜 거미, 가짜 수염, 부활초Resurrection Plants, 깜짝 상자 같은 것들을 팔고 있었다. 미국인들은 이런 괴상하고 호기심을 자극하는 것들을 본 적이 없었다. 하지만 그런 점이 노벨티의 인기를 가로막지는 못했다. 이런 노벨티들은 특히 어린이와 유치한 장난꾸러기들에게 말할 수 없는 기쁨과 기회는 물론이고 심지어 미스터리까지 제공해주는 듯했다.

초창기 노벨티 시장은 계속 확장되었다. 터지고 쌩 지나가고 폭발하는 등 새로운 물건이 더욱 안정적으로 사람들을 놀랠 수 있게 해준 기술 혁신과 광고의 확대 덕분이었다. 20세기 초에는 펄프 잡지●●와 우편 주문 카탈로그뿐 아니라 심지어 풍선껌 포장지까지도 엑스레이 안경, 가짜 개똥, 중국 손가락 함정 등 노벨티를 위한 최고의 광고 공

● 프란체스코회 속속의 독일인 수녀 마리아 이노센티아 후멜의 그림을 원작으로 만든 조각상.
●● 1896년부터 1950년대까지 출판된 비싸지 않은 픽션 잡지.

간이 되었다. 비록 노벨티의 황금시대는 이제 오래전이긴 하지만, 노벨티는 한 세기를 넘는 동안 젊은 소비자들조차 성이나 죽음과 같은 금기를 경박하고 장난기 있게 위장하여 탐구할 수 있게 해주었다.

● ● ●

모든 이를 '양질의 삶goods life'으로 접근할 수 있게 해준 크랩이 없었더라면 미국은 물신주의라는 영욕을 모두 안은 오늘날의 미국이 될 수 없었을 것이다. 하지만 그렇게 되기까지는 많은 대가가 따랐다. 저가품을 흔히 육체적 낭비와 동의어인 가장 경멸적인 용어로 언급하는 데는 이유가 있다. 크랩은 다양한 면에서 무용지물이다. 재빨리 소모되고, 행복하게, 심지어 자랑스럽게 처분된다. 크랩은 순수함이라고는 찾아볼 수 없는 무정하고 불성실한 것들일지도 모른다. 게다가 크랩의 판매에는 종종 속임수가 동원되며, 언변 좋은 루 부크먼과 같은 능란한 판매원과 마케터들이 심어준 기대는 온데간데없이 사라진다. 그러나 우리는 전혀 속지 않을 때가 많다. 얼마나 형편없는 물건인지 잘 알고 저가품을 사기 때문이다.

크랩은 범주나 장르의 명확한 경계를 초월하며 어디에나 존재한다. 크랩은 상당수가 저렴하고 그런 점이 매력이기는 하지만, 그렇다고 반드시 저렴할 필요는 없다. 단지 가격이 높을 뿐, 부유한 사람들도 크랩을 소유하고 있다. 비록 대부분의 크랩은 내구성이 떨어지는 열등한 원재료로 조잡하게 만들어진 것이지만, 그렇다고 반드시 나쁜 품질로만 정의되는 건 아니다. 예를 들어 최고의 재료와 최첨단 기술을 활용해 제작되는 기기도 많다. 그러나 그 유용성은 좋게 표현해도 매우 제한적이다.

크랩은 특정한 유형의 물건이 아니라 존재의 실존적 상태existential state of being로서, 물건 자체보다는 물건의 성질을 지칭한다. 크랩을 구성하는 것은 매우 개인적이고 역사적인 전후 맥락에 크게 좌우된다. 내게는 불필요한 도구가 당신에게는 필수적인 도구가 될 수 있듯이, 내겐 크랩인 것이 당신에게는 크랩이 아닐 수 있다. 내가 수집한 기념품 접시들은 겉보기에는 값을 매길 수 없을 정도로 소중한 것일 수 있지만, 판매가 불가능한 것일 수도 있다. 익명의 기업이 무심결에 나눠준 홍보용 줄자는 할머니의 바느질 바구니에서 발견될 경우 소중한 가보가 될 수 있다. 이처럼 어떤 물건이든 크랩이라는 경계를 넘나들 수 있다.[7] 노력이 더 필요하고 사실상 일을 더 만든다면, 노동력을 절약하기 위한 도구는 사용 가치를 잃는다. 수집용 스푼의 장식적 가치나 금전적 가치는 취향과 시장에 따라 변한다. 노벨티가 주는 충격 가치는 쓰자마자 사라진다. 특정한 물건이 상대적으로 크랩이냐 아니냐를 결정하는 것은 거짓된 희망을 얼마나 심어주는지, 얼마나 빨리 폐기되도록 만들어졌는지, 뚜렷한 목적이 얼마나 없는지, 감정적·실용적 가치 또는 시장가치가 얼마나 없는지 등에 따라 결정된다. 크랩의 상당수는 필요도 없고, 용도도 거의 없고, 진정한 수요도 없을 때가 많다. 게다가 크랩이라고 해서 모두 똑같이 크랩스럽지도 않다. 어떤 것이 상대적으로 더 크랩스러운지는 그것들이 얼마나 역설적인지, 모순적인지, 불성실한지, 불필요한지, 근본적으로 거짓되어 있는지에 의해 결정된다.

크랩은 키치kitsch도 아니다. 키치 중 일부는 크랩이며 크랩의 일부는 키치이기는 하지만, 둘은 기본적으로 다르다. 키치는 일차적으로 그것이 가진 미적 속성에 의해, 그 '과다함'에 의해, 그리고 '많을수록 좋다'라는 개념의 수용에 의해 정의된다. 키치는 여성의 가슴을 닮은 당나귀 모양의 음료 잔과 커피잔을 통해서 나중에 몇 차례 카메오처럼 등장할 수는 있지만, 주인공은 아니다. 의도적인 수집품이나 선물용품 같은 미적 감상을 위한 크랩의 형태와 관련해, 키치는 더 중심적인 기능을 수행한다. 키치를 거래하는 시장은 주로 "키치 애호가들"의 열광에 의존한다. 이들은 이해 가능한 예술을 중시하는데, 질로 도르플레스가 말한 것처럼, "예술은 심각한 문제, 피곤한 훈련, 적극적이고 비판적인 활동"이 아니라 "즐겁고 달콤한 감정만을 낳는 것이어야 한다고 믿기 때문이다".[8] 이는 "그림이 있는 접시"와 역사적으로 중요한 복제품뿐 아니라 심지어 프레셔스 모먼츠 조각상 같은 것들까지도 수집하는 수집가들의 특징을 꽤 잘 보여준다. 이런 수집가들은 자신만의 유한한 우주 안에 존재하는 물건들을 질서정연하게 축적하는 사냥과 도전을 즐긴다. 그러나 의도적인 수집품을 만드는 제조업자들은, 예술품을 장식적인 '양념' 또는 미적인 '배경음악'으로 대하는 이들에게도 직접적인 대화를 시도하고는 한다.

감상용 세라믹 조각상, 여자 가슴 모양의 커피잔, 가짜 토사물 모형, 만능 기구 등 어떤 형태의 크랩이든, 무엇이 우리가 크랩을 소유하게 만드는지를 이해하는 것이 중요하다. 정교하게 제작된 물건들은 따로 설명할 필요가 없지만, 크랩은 스스로를 설명할 필요가 있다. 이 책이 크랩의 역사와 소비자 심리의 역사 모두를 다루고 있는 이유가 바로 여기에 있다. 왜 미국인들은 애초에 크랩을 자신의 삶으로 끌어들였을까? 크랩의 무성의함과 열등함이 숨겨지고 오히려 판매의 매우 중요한 포인트로 활용될 때가 많음에도 불구하고, 왜 우리는 크랩이 우리 곁에 머물도록 놔두고 장려했을까? 크랩은 기대를 속삭이고 헛된 희망을 외친다. 크랩은 소비자들이 풍요를 위한 풍요를, 과잉을 위한 과잉을, 물건을 위한 물건을 중시하도록 장려하고 그것을 가능하게 한다. 크랩을 사는 행위는 노골적으로 비합리적이고, 낭비이며, 과도하다. 크랩보다 더 미국적인 것은 없다.

크랩의 함정: 저가품이라고 반드시 싼 것은 아니다. 크랩의 기만: 기기는 우리의 부담을 덜어주거나 우리를 괴롭히는 원인을 기적적으로 치유해주지는 않는다. 크랩은 해결하려는 문제보다 더 많은 문제를 일으키곤 한다. 크랩의 유혹: 공짜는 공짜가 아니며, 공짜로 물건을 주는 사람들은 우정이 아니라 우리의 돈을 원한다. 크랩의 가식: 선물 가게에서 구입한 예술품은 손으로 직접 만든 특별한 예술품이 아니며, 다른 상품들과 마찬가지로 공장에서 만들어진다. 크랩의 로맨틱한 뒷이야기도 모두 허구다. 크랩의 두 얼굴: 대량생산된 수집품은 특별하지도 않고 고급품도 아니다. 크랩은 또한 시간이 지남에 따라 가치도 떨어질 것이다. 크랩의 속임수: 노벨티는 우리의 기분을 유쾌하게 해주는 것이 아니라 우리를 폭력에 연루시킴으로써 객관적인 목격자들을 가해자(비밀을 아는 사람들)와 피해자(그렇지 않은 사람들)로 나눈다.

물론 물건이 스스로 이런 역할을 수행하는 건 전혀 아니지만, 겉으로는 그런 것처럼 보인다. 유려한 판매 수법과 유혹적인 마케팅 캠페인의 복화술을 통해, 크랩의 다양한 매력은 물건 자체에서 뿜어져 나오는 것처럼 보이며 상인의 존재를 지우는 헛소리와 협잡을 설득력 있는 언어로 우리에게 전달한다. 이런 다양한 매력은 무엇이 겉모습과 다른 물건들을, 혹은 보이는 것 그대로인 물건들을 사도록 우리를 유도하는지 이해하는 데 필수적일 뿐만 아니라 왜 우리가 그걸 반복하는지 이해하는 데도 필수적이다.

유능한 설득꾼들 덕분에 우리는 모든 종류의 물건에(특히 크랩에) 그 물건 자체를 훨씬 능가하는 어떤 특성과 성질을 불어넣을 수 있게 되었다. 카를 마르크스는 이를 '상품물신성commodity fetishism'이라고 했다. 물건 자체에 생동감을 불어넣어주는 것처럼 이 책에도 생동감을 불어넣어주는 중요한 개념인 상품물신성은 크랩 자체는 물론이고 우리가 크랩과 맺고 있는 관계를 더 잘 이해하는 데 도움을 준다. 물건들은 실제로 그 자체로 생명력을 가지고 있지는 않지만, 마치 그러한 것처럼 우리는 행동할 때가 많다. 이는 사기성 짙은 광고와 마케팅의 효과에 힘입은 바가 크다. 과거의 방문 판매원의 상술이든, 텔레비전에 특화된 오늘날의 인포머셜 호스트들의 능란한 상술이든, 이러한 판촉 수법은 생산 및 소비의 실제 상황과는 단절된 신비한 속성을 지닌 물건을 탄생시킨다. 일반적으로 사람들은 예컨대 대형 양판점 같은 곳에서 물건을 살 때 어떻게, 어디서, 누구에 의해, 어떤 조건에서 만들어졌는지뿐 아니라 심지어 그 물건이 어떤 경위를 거쳐 선반에 도착하게 되었는지도 고려하지 않는다. 물건은 그 자체의 생명력에 힘입어 마치 마법처럼 존재할 뿐인 것처럼 보인다. 마르크스는 이 점을 호기심 어린 시선으로 바라보고 주목할 만하다고 여겨 다음과 같은 글을 썼다.

> 상품은 첫눈에 아주 사소한 것으로 나타나므로 쉽게 이해된다. 상품을 분석해보면 실제로는 형이상학적 미묘함과 신학적 미묘함이 풍부하고, 매우 괴상한 것이라는 사실을 알 수 있다. (…) 그래서 상품은 상품으로서 나서자마자 초월적인 것으로 변모한다.[9]

상품물신성은 생산수단을 보이지 않게 할 뿐 아니라 물건 자체의 마법적이고 초월적인 속성을 교묘하게 심어주는 무수한 형태의 설득의 기저를 이룬다. 루 부크먼은 미스터 데스에게 보통의 폴리에스터

들어가며 우리가 사는 것이 곧 우리다

넥타이가 아니라 '최첨단 직물'로 만들어진 넥타이를 제공했는데, 두 넥타이의 유용함과 놀라움은 별 차이가 없었다. 가장 성공적인 설득 전략은 소비자들로 하여금 어떤 특성을 물건에 귀속시켜서, 형편없는 판매자가 팔고 있는 것을 말 그대로 믿게 만든다. 어떤 세라믹 재질의 후멜 조각상 수집가가 말한 것처럼, "이 조각상들이 당신을 수집할 것이다".[10]

• • •

크랩은 왜 중요할까? 첫째로, 크랩은 널리 퍼져 있다. 풍족함과 황폐함을 동시에 가진 크랩은 미술품과 골동품만큼이나 진지하게 고려될 가치가 있다. 자원집약적이며, 콘셉트를 설계하고 제작하는 데 노력과 시간이 들어갈 뿐 아니라, 사람들이 이를 구입하는 데 돈도 들어간다. 액화 석유 화학품을 부어 주조용 주형을 만드는 순간부터 최종 산물이 쓰레기 매립장에 버려질 때까지 발생하는, 환경에 미치는 영향도 있다. 크랩은 소비자 심리가 시간이 지남에 따라 어떻게 작용하는지를 이해할 수 있게 해주기도 한다. 미국인들은 크랩이 시장에 쏟아져 나오자 소비를 늘렸다. 그런데 왜 그랬을까? 단지 그런 상품이 많아진다고 해서 이를 더 사야 하는 것은 아닌데도 우리는 그렇게 했고 기세를 멈추지 않았다. 소비자의 동기가 역사적으로 어떻게 작용했는지를 파악하면 미국인들이 어떤 식으로 쇼핑을 했는지를 알 수 있을 뿐만 아니라, 더 중요하게, 우리가 어떤 식으로 생각했는지까지 알 수 있다. 크랩을 판매하기 위한 광고 전략과 마케팅 전략이 어떻게 동원됐는지 이해하는 것은 미국의 정서적 자아에 대해 많은 것을 폭로해준다. 다시 말해, 우리에게 깊이 박혀 있는 욕망, 욕구, 열망, 열정을 폭로해줄 뿐만 아니라, 이러한 개인적 충동과 기벽이 어떻게 특정한 국민성을 창출했는지도 폭로해준다. 모순처럼 보이기는 하지만, 일상적인 공예품과 대량 소비의 풍부한 기록물로서의 크랩은 심오한 의미를 드러낸다. 크랩은 일반인들의 지성사를 물질적인 형태로 제공한다.

더욱이 소비자들은 다양한 형태의 설득을 믿을 뿐만 아니라 소유물이 자신의 정체성을 구성하는 필수불가결한 요소이자 자신이 누구인지를 결정하는 근본적 부분이라고 생각한다.[11] 내가 미국 저가품의 역사에 대한 글을 써왔다고 설명했을 때 친구와 지인들은 흥미를 보였다. 하지만 내가 이런저런 것들이 다 크랩이라고 말했을 때, 몇몇은 당황했고 적지 않은 사람들은 불쾌해했다. 그들은 내가 바로 그들의 물건을 말하는 거라고 생각했고, 그래서 내가 그들을 비난한다고 생각했다. 우리가 크랩의 구상이나 제작에 있어서 아무런 역할을 하지 않았음에도 불구하고 크랩은 우리가 누구인지를 결정하는 근본적인 부분이 되었다. 우리는 그저 크랩을 선택하고 돈을 지불하고 집 안으로 들여왔을 뿐이다. 하지만 만약 우리가 사용하는 물건이 잘못되었다면, 더 나아가 우리 또한 잘못되어 있을 것이다.

이 책은 기분을 상하게 하려는 게 아니라 설명하려는 데 목적이 있다. 크랩 없는 삶은 없기 때문에 우리는 개인으로서, 미국인으로서 우리를 형성하는 데 크랩이 역사적으로 어떤 역할을 해왔는지 더 잘 이해해야 한다. 우리가 사용하는 상품들이 기대에 부응하지 못하는 정도를 인식할 필요가 있다. 바로 그 정도가 크랩이 얼마나 크랩스러운지를 나타내는 것이다. 이는 곧, 거짓말이 커지면 커질수록 더 저질스러운 것처럼, 물건이 우리를 실망시키고 기대를 저버리는 정도를 말한다. 하지만 우리가 크랩에 늘 농락당하기만 하는 것은 아니기 때문

들어가며 우리가 사는 것이 곧 우리다

에 문제는 좀더 복잡하다. 능란한 마케팅 캠페인 속임수의 희생자일 뿐이라는 것은 별다른 이유 없이 눈을 부릅뜨고 그저 조잡한 물건을 사는 것과는 별개의 문제다. 하지만 우리는 이를 신경 쓰지 않을 때가 많다.

여러 이유로 미국인들은 오랫동안 크랩을 구매해왔다. 그리고 '크랩'이라는 용어는 그 기원이 꽤 현대적인 데 반해, 열등한 상품은 오랜 역사를 품고 있다.[12] 사실 열등한 상품들이 시장에 등장하자마자 미국인들은 'thingums' 'jimcracks' 'good-for-nothings' 'cheap jack' 'trifles' 'whatnots' 'gewgaws' 그리고 나중에는 'slum' 같은 암시적인 은어를 활용해 열등한 상품들을 명명해왔다. 우리는 크랩이 물질적인 형태를 띤 헛소리라고 생각할 수도 있다.[13]

헛소리는 틀린 만큼이나 광범위하고 자유롭다. 크랩도 마찬가지다. 크랩은 모든 계층의 사람에게 현대적인 물질적 풍요를 가져다주는 민주화된 권력으로 칭송되어야 마땅하다. 그러나 크랩은 비판적인 시선으로 평가될 필요도 있다. 저렴해 보이는 이 물건들의 실제 비용을 좀더 정확하게 계산할 수 있는 눈으로 말이다. 20세기 초의 두 가지 설명은 미국인들이 크랩과 맺고 있는 오랜 갈등관계를 잘 보여준다. 1911년, 시어도어 드라이저는 싸구려 잡화점의 물건들을 칭송했다. 싸구려 잡화점 덕에 거의 모든 미국인은 자신이 원하는 것을 살 수 있었기 때문이다. 드라이저는 소비자들이 바로 쓸 수 있는 "과잉생산된 상품"을 "진정으로 아름답고 예술적이며 인도주의적인 물건"이라고 설명했다.[14] 그러나 그런 풍요를 냉소적이고 허무주의적인 것으로 본 다른 사람들은 이를 확신하지 못했다. 드라이저의 글이 나온 지 10년 후에 경제학자 스튜어트 체이스와 프레더릭 슐링크는 "소비자의 돈 낭비"를 지적했다.

만년필, 시가 라이터, 값싼 보석, 특허 연필, 구강 세정제, 열쇠고리, 마작 세트, 자동차 액세서리 등 무수한 기기, 장식품, 장치처럼 우리가 입지 않는 것, 잃어버리는 것, 유행에 뒤떨어지게 될 것, 친구들이 선물로 달가워하지 않을 물건들 속에, 어쨌든 없어질 것들 속에 우리는 잠겨버렸다.[15]

다른 말로 하자면 너무 많은, 불필요한 크랩 속에 말이다. 하지만 "끝없는 기기, 장식품, 장치", 이 모든 것이 단순히 돈 낭비였을까? 아니면 편리함을 약속하고, 지위를 부여하고, 새로움을 제공하고, 가치를 창출하고, 이국적인 느낌을 불러일으킬 물건들로 채워진 더 나은 삶을 미국인들이 머리에 그릴 수 있게 만든 도화선이 되었을까?

좋든 싫든 크랩은 개인으로서의 미국인이 누구인지, 사회로서의 미국이 어떤 곳인지를 상징한다. 물건은 물질적인 형태의 문화다. 물건은 기호라는 언어를 활용해 말하고 의미를 전달하기 때문이다. 더 나은 것을 살 여유가 있든 그런 것을 사는 데 관심이 없든, 미국인 대부분에게 있어 세계를 구성하는 것은 크랩이지 더 존경받는 고상한 물건이 아니다. 미국인이 크랩을 수용한 것은 크랩 그 자체뿐 아니라 크랩이 대변하는 개념도 축복하고 포용하고 내면화한 것이다. 이는 우리가 살아왔고 계속 살아갈 사회적, 경제적 조건과 더불어 돈을 어떻게 써왔고 써나갈 것인가에 대해 내린 결정들을 반영하고 있으며, 우리의 물질적, 정신적 선택과 선호를 직접적으로 표현한다. 따라서 크랩은 더 고상한 것으로는 폭로할 수 없는 우리의 가장 심오한 욕망, 충동, 열망을 폭로해준다. 크랩은 우리 자신이다.

CONTENTS

제1부
•
싸구려의 나라

1장

가격 후려치기 열풍에서 보편적 저렴함으로

18세기 중반을 기점으로 보잘것없는 저가품을 미국 소비자들에게 판매하기 시작한 수많은 행상인의 노고가 없었다면 크랩 시장은 시작되지 못했을 것이다.[1] 행상인은 저가품이 더 많은 소비자에게 더 가까이 다가가게 하는 데 결정적인 역할을 한 장본인이자, 사실상 소비자 혁명을 촉발한 주역이다. 행상인들은 실제 상품만큼이나 '저렴한 물건의 풍요'라는 개념도 널리 확산시켰다. 사람들이 행상인들로부터 물건을 구매한 것은 이들에게 물건을 구하기가 더 쉬웠기 때문만은 아니었다. 고객들이 기존에 가져본 적 없었던 진기함, 다양성, 접근성을 제공해준 것이 바로 행상인이었기 때문이다. '양키 노션'의 가격은 가장 가난한 구매자들조차 혹하게 할 정도로 매력적이었다. 이와 함께 행상인의 이질적이고 다양한 상품 구성은 구매욕을 유도해 잠재적인 고객들의 소비 감성을 일깨웠고, 단언하건대 비합리적 소비 행태까지 부추겼다. 초기의 크랩 시장을 추동한 원동력은 이처럼 저럼한 가격과 다양성이라는 특별한 조합이 복합적으로 작용한 데 있었다.

물론 다양성은 잠재적 소비자가 원하는 상품 구색을 갖출 가능성을 높이기 위한 현실적 방편이었다. 리본은 후추 상자에 매달고 실타래는 커피 주전자 안에 집어넣고 다량의 천은 "양철 컵과 철제 스푼 밑에 숨겨 깔아놓는" 등 행상인들은 최대한 경제적으로 재고를 정리했다. 그리고 짐 꾸러미를 짊어지거나 수레에 싣고 외딴 오지의 길을 떠돌아야 했기에 이동성이 높고 비교적 저렴한 품목을 취급하기 시작했다. 행상인들은 다양한 상품을 다양한 교환가치로 제공하려 했는데, 이는 판매를 원활하게 하거나 장작, 고철, 천처럼 재판매나 거래가 손쉬운 부수적인 재화들과의 물물교환을 가능하게 해 현금 확보 가능성을 높이려는 치밀한 전략에 따른 것이었다. 단일 통화 시스템에 따른 지폐가 아직 존재하지 않았고 정화specie, 즉 경화hard money●의 만성적인 부족에 시달렸던 당시에는 이런 전략에 특히 중요한 의미가 있었다. 게다가 상품 구성에 다양성을 기함으로써 행상인들은 소비자 욕구를 창출하고 이를 현장에서 신속하게 충족시킬 수 있었다. "소비자들이 보는" 앞에서 그들은 신형 면도기, 실크 손수건, 소시지 스터퍼,●● "화려한" 목도리, "순철임이 보증된" 나이프와 포크 등 "당시로서는 미지였던 물건들"을 선보였다.[2]

잡동사니의 매력

다양한 상품을 제공함으로써 행상인들은 물질적 욕구와 심리적

• 정화와 경화는 금, 은으로 주조된 화폐로, 자체적으로 가치를 지니는 화폐를 말한다.
•• 소시지 속을 채우는 기계.

욕구를 모두 창출하고 충족시켰다. 행상인들은 소비 자체가 지닌 변혁의 힘을 확산시켰으며, 시장이 욕구를 충족시켜줄 수 있다는 점을 소비자들에게 점차 설득해나갔다. 행상인들의 실질적 가치는 논외로 하더라도, 새롭고 대체로 기묘하며 즉석에서 구매까지 할 수 있는 다양한 상품 구색은 새로운 수요를 끊임없이 창출했다는 점에서 경이의 세계, 흥미의 세계, 끝도 없어 보이는 놀라움의 세계를 만들어냈다. 바느질 가위, 진주 단추, 페인트칠한 양철 제품은 초라하기 짝이 없었지만 환상의 물건이었다. 그런 물건의 가격을 적당하게, 아니 아주 저렴하게 낮춤으로써 행상인은 환상의 물건을 현실로 둔갑시켰다. 소비의 민주화를 실현시킨 것은 일부 엘리트의 수요를 충족시키는 솜씨 좋은 장인이나 전문점 상인이 아니었다. 저렴하고 누구나 구하기 쉬운 행상인들의 상품이었다. 모든 계층의 미국인을 상품의 세계로 안내한 것은 고가품이 아니라 저가품, 즉 크랩이었다.(그림 1.1)

1868년 너새니얼 호손이 고안한 신조어 "잡동사니heterogeny"는 행상인의 짐꾸러미에 담긴 다양한 상품 구색의 장점과 정신을 잘 포착해준다. 무작위적인 상품 구성이 창출하는 끝없는 "기대"는 사람들의 마음을 사로잡기 충분했다. 행상인이 연출하는 제품 시연은 판매 효과를 배가시킬 뿐이었다. 그래서 호손이 "연필, 철제 펜 꾸러미, 면도용 비누, 금박 반지·팔찌·머리핀 같은 액세서리, 진주·철제 단추 묶음, (…) 나무 빗 묶음, 성냥 상자, 멜빵 등 간단히 말해 만물에 손을 뻗는 순간 경이로운 물건이 나올 거라는 기대를 품게 하고 각성제의 일종인 오포델독opodeldoc이 담긴 것으로 보이는 병 하나를 꺼내 연필과 함께 들어 보이며" 관심을 유도한 한 행상인을 두고 "그의 말이라면 온종일이라도 서서 들을 수 있을 지경이다"라고 말할 정도였다.[3] 다양성은 미국의 1세대 소비자를 크랩의 세계로 끌어들이는 데 결정

THE PEDDLER.

그림 1.1 장신구를 비롯한 양키 노션이 담긴, 구매욕을 자극하는 상자를 선보이는 행상인. 존 매코널의 저서 『서구 캐릭터Western Characters』(1853)에 실린 필릭스 달리의 회화 「행상인The Peddler」. 필라델피아 도서관조합 소장.

적인 역할을 했다.

행상인들은 자신들의 다양한 상품 구성이 감정에, 특히 중산층 가계의 감정에 호소한다는 사실을 스스로 잘 알고 있었다.[4] 땜질한 양철류, 길고 화려한 금 리본, 이류 도자기 등 행상인들이 취급하는 상품은 물리적 물건 그 이상의 의미를 지니고 있었다. 이런 상품들은 또한, 물건과 관념들의 더 큰 시장으로 통하는 입장권을 제공하기도 했다. 행상인들은 단순히 새로운 물건을 외딴곳으로 배달하는 주체가 아니었다. "상품 구매라는 행위를 통해 사회 변혁의 메시지를 확산시키는 문화적 행위자"였다.[5] 시간이 지남에 따라 미국인들의 소비 욕구가 이와 같은 온갖 싸구려 물건에 만족할 줄 모르고 오히려 더 왕성하게 커져만 갔던 이유는 바로 여기에 있다. 싸구려는 그 자체로 목표로 추구되기에 이르렀다.

사람들도 인정하듯이 행상인들은 저가품에 생명을 불어넣었고, 진짜 가치에 비하면 과분할 정도의 경이로움을 저가품 속에 심어 넣었다. 예를 들어, 1810년대의 기발함이 돋보이는 광고 문구는 "혹스보어엠앤드코Hoax, Bore 'em & Co."●에서 일하는 다양한 행상인을 묘사했다.(삽화 1) 행상인들은 "입질 유도술"을 활용하고 무수한 "미사여구"와 "재치 있는 언변"을 동원하여 고객들이 상품을 구매하도록 설득한다. 광고 문구와 함께 나온 스케치는 이 우스꽝스러운 행상인들이 우스꽝스러운 물건을 들고 있는 모습을 보여준다. 화려하게 채색된 조각상들이 놓인 쟁반을 들고 있는 한 남자가 중앙에 서 있다. 또 다른 남자는 "실제 고급 비버 털과 거의 똑같은 뉴트리아 털"로 제작되었음이 보증된 작은 모자들이 담긴 쟁반을 사람들에게 들어 보인다. 독일

• '호객하고 속이다'라는 뜻.

출신의 한 행상인은 책 더미를 잔뜩 안은 채 한쪽 팔에는 일회용 악보들이 담긴 바구니를 걸고 장난감과 신기한 물건들로 장식된 긴 나뭇가지를 등에 꽂은 채 균형을 잡고 있다. 이들이 취급하는 품목은 몰입을 유도하고 감각에 호소하며 호감을 끌어내는 것들로, 소리(뻐꾸기시계와 뮤직박스), 감촉(방 자물쇠), 심지어 맛(황동 수도꼭지와 생맥주)까지 느껴지는 것들이었다.

최초의 잡화점

여기저기를 떠돌던 행상인 군단은 1790년대를 기점으로 다양한 상품을 취급하는 상설 잡화점으로 편입되기 시작했다. 당시로서는 완전히 새로운 소매 형태였던 잡화점은 상품 구성이 제한적이고 뻔했던 단순 생필품점보다 우위에 있었던 것으로 보인다. 왜냐하면 잡화점은 저렴하고 기발하며 대체로 불필요하고 약간은 제멋대로이기까지 한 상품들을 취급했기 때문이다. 잡화점이 취급하는 품목은 풍부하고 잡다했는데, 바로 이런 점 때문에 소비자들은 행상인의 짐꾸러미에 넋을 잃고 말았다. 그리고 잡화점이 단순 생필품점을 완전히 대체한 것은 아니었지만, 소도시와 대도시를 가리지 않는 잡화점 팽창 현상은 새롭고 불필요하며 대체로 한 번 쓰고 버리는 저가품에 대한 미국인들의 수요가 계속 증가하고 있었음을 시사했다.

처음부터 잡화점 소유주들은 감성("다양한 상품!")과 합리성("저렴한 가격!") 모두에 호소했다. 셀라 노턴은 매사추세츠주 애슈필드에 소재한 자신의 잡화점을 홍보하기 위해 1794년 『햄프셔 가제트』라는 신문에 광고를 게재했다. "새로운 상품! 저렴한 상품! 최신 유행의 상품!"이라는 감탄스러운 어조의 광고 제목과 함께 말빗, 프라이팬,

감색 및 초콜릿색 담뱃갑 등 40종이 넘는 물품 목록을 실었고 "사상 최저가"라는 문구까지 덧붙였다.[6] 버몬트주 윈저 소재의 타운센드앤 드워드라는 잡화점은 "매우 다채로운 구성"의 상품을 취급했다. "생 필품 및 잡화"(철물과 보행용 지팡이)에서부터 "영국산, 프랑스산, 인도 산 상품"(의류, 육두구)에 이르기까지, 없는 게 없을 정도로 상품이 다 양했다. 잡화점은 현금 거래가 주를 이루고 있었기 때문에 매우 적 은 이윤으로도 수익을 실현할 수 있었다.[7] 1812년 영미전쟁 이후 해 제된 금수 조치와 도회지 시장으로 인한 수입품 가격 하락 덕에, 뉴 욕주 유티카의 에드워드 버넌 같은 잡화점 업주들은 "싸다, 싸다, 싸 다, 현금 구매 가능. 뉴욕 경매시장 신상품 다수 입고"라고 호언장담할 수 있었다.[8]

행상인들은 19세기 내내 내륙 지방을 무대로 저가품을 계속 확산 시켜나갔고, 이에 잡화점은 경쟁자인 떠돌이 행상인들을 능가하는 상품의 다양성으로 맞섰다. 잡화점에서는 물물교환도 이루어졌는데, 돼지고기, 밀, 말린 사과, 버터, 낡은 백랍白蠟 제품, 해진 천 같은 물 건뿐 아니라 심지어 진주 가루까지 상품과 교환해주었다.[9] 잡화점은 도매상이 손해를 감수하며 출하할 수밖에 없었던 재고 상품을 활용 할 수 있었기 때문에 1819년의 공황 이후 훨씬 더 큰 인기와 성공을 누렸다. '공황 가격panic price'으로 구매할 수 있는 상품들 덕분에, 구매 를 원하면서도 가장 싼 물건을 살 수밖에 없는 소비자들에게 더 많이 다가갈 수 있었다.

다양한 우려

그러나 "언급하기에는 너무 많은" 그리고 "설명하기에는 너무 지루한" 다양한 품목의 존재는 구매자와 판매자 모두에게 불안감을 불러일으켰다. 소비재의 기본 유형이 상당히 제한되어 있었을 때에는, 특히 물건이 현지에서 만들어지던 때에는 물건의 품질을 공정하게 판단하고 정당한 가격을 결정할 수 있었으며, 이를 통해 진정한 시장가치에 대해 공감대를 형성할 수 있었다. 저가품이 가져다준 전율은 가치에 대해 새로운 의구심을 불러일으켰다. 저가품의 출처를 알 수 없다는 점이 특히 의구심을 자아내는 원인이 되었다. 이 유망하고 새로운 세계도 불확실성으로 가득했던 것이다.

　노련한 상인들조차 이 새로운 상업 지형을 헤쳐나가는 데 어려움을 겪었다. 호손이 그렇게 재미있다고 한 행상인의 "기묘하고 유머 넘치는 말솜씨"에는 이기적인 측면이 있었다. 설득이라는 암술에 기초했던 행상인들의 꼬임에는 "기묘한 것을 이해하지 못하는 갈매기 떼 같은 손님들을 걸려들게 하려는" 의도도 있었다. 순진한 소비자와 노련한 소비자 모두 행상인의 약속에 쉽게 속아 넘어갔으며, "교활한 여우가 꾸민 일종의 계략과 덫"의 희생양이 되었다.[10] "계략과 덫"은 다양한 형태로 나타났다. 1829년 한 평론가는 "예전에는 상품마다 고유한 성격이 있어서 이름으로 상품을 구분할 수 있었다"고 지적했다. 직물을 예로 들자면, 포장지에 정확한 폭과 길이가 표시돼 있었다. 상품 각각의 이름에는 해당 상품의 품질, 구성, 구조가 반영되었다. 평론가는 그러나 "이름과 길이는 이제 정말 아무 의미가 없다"며 말을 이었다. 직물이 더 이상 표준 치수대로 재단되거나 일관된 양으로 제공되지 않았기 때문이다. 핀도 마찬가지로 길이와 치수에 따라 번호가 매겨지곤 했는데, "그러나 지난 몇 년 사이 핀 번호가 전부 제멋대로 놀고 있다"고 평론가는 말했다.[11]

　초보 소비자들은 특히 이전에는 접하지 못했던 것들의 가치를 판단하는 데 도움을 받을 지침과 그런 변화에 대응할 수 있는 경험이 훨씬 적었다. 저가품을 공급하는 업자들은 이러한 시장 변화를 정리하고 해결한 것이 아니라 오히려 자신들에게 유리하도록 활용하는 편을 택했다. 다양성은 소비자의 관심을 고취시키는 데 도움을 주었지만 동시에 더 큰 상품 묶음 내에 있는 특정한 물건의 참되고 정당한 가치를 결정할 능력을 교란했다. 다수의 품목이 뒤섞여 있으면 정확한 등가관계를 확립하는 것이 어려웠기 때문이다. 우리는 다수의 품목을 한 번에 경매에 부치는 '패키지' 경매에서의 경험을 통해 이 점을 잘 알고 있다. 상품을 둘러보는 사람들은 잡화점에서와 마찬가지로 가장 좋은 것에 매료되는 경향이 있었는데, 그 때문에 묶음 중 품질이 떨어지는 상품들의 가치를 평가하는 것이 불가능했다. 한 관찰자는 일부 구매자가 상품 묶음 가운데 "가장 가치 있는 물건 중 하나의 추정 가격에 따라 전체를 입찰할 정도로 충분히 고민하지 않았고, 따라서 실제 가치보다 훨씬 더 많은 금액을 지불하는 것"은 "놀랄 일도 아니었다"고 지적했다. 구매자들이 등가관계를 잘못 설정하고 최고의 것에만 눈을 돌리도록, 상품들은 "기술적으로 훌륭하게" 제시되는 경우가 많았다.[12]

양철류, 직물, 핀, 리본, 장난감, 철물 등의 생활필수품뿐 아니라 소소한 사치품까지 팔았기 때문에, 잡화점도 비용과 품질 사이의 관계를 모호하게 만들기는 마찬가지였다. 넘쳐나는 상품을 강조함으로써 광고는 감정에 호소했다. 광고를 보는 소비자는 합리적인 상품들과 함께 등장하는 이런 호소에 긍정적인 반응을 보였다. 상품을 매우 저렴하게 만듦으로써 잡화 상인들은 소비자가 알지 못하도록 가격과 품질의 상관관계를 교란시켰다. 한 상인은 "이보다 더 싼 적은 없었다"는 경매인의 끈질긴 외침이 "효과가 있다"고 지적했다. "싸다! 싸다!

J CHEAP! CHEAP!! CHEAP!!!
USTUS EARLE, 287 Broadway, has this day opened another corton of very cheap Bobbinet Laced Veils, work'd with thread, some only $4 50. Also, an elegant assortment of Thread Laces, Edgings and Insertings, which will be sold much lower than they can be bought for elsewhere. Also, a few scarlet Merino Long Shawls, over 3 yards long, of superior quality and very cheap—together with a seasonable assortment of fall goods of recent purchases.   oc 16 2t

SPRING GOODS.
CHEAP! CHEAP! CHEAP!!

CHRISTIAN HYSINGER,
(IN CLEAR SPRING,)

HAS just received his supply of Spring Goods, embracing nearly or quite every article in demand, which he is determined to sell low and very low. Having been particularly careful and judicious in his purchases, and making none except in which he got Bargains, he is now prepared to give Bargains, & cheerfully invites all who like the best end of a bargain to call and examine a stock of goods, (right from under the hammer) composed entirely of BARGAINS.
May 13   29-4w

Cheap! Cheap! Cheap!
WM. ROBINSON,
Lower wing City-Hotel, intending to close his business in this city, offers for sale
200 Packages
BOOTS & SHOES,
WELL ASSORTED
60 Rolls Sole and Harness Leather
40 Bales Domestics:—Cloths, Casimeres, Satinets, Blankets, Flannels, Bombazetts,—Prints, black Sarnets, Choppas, black Silk Handkerchiefs, Hosiery, Gloves, &c. &c. &c. on 6 month credit to Country Merchants for city acceptances at cost and charges.
W. R. would sell his entire stock of Merchandize, much lower than Factory prices. on 6, 9, and 12, months credit for satisfactory paper, and let the purchaser have the store now occupied by him, free of any charge for rent to the 11th October next.
Feb. 22   41 3m

Cheap! Cheap! Cheap!
RUFUS L. BRUCE, has just received from his manufactory, and offers for sale as cheap as can be purchased in the city, an elegant assortment of SILVER SPOONS, viz:
Table Spoons from $4 to 6 per pair.
Tea   do   " $3 to 6 per set.
Desert do   " $1,25 to 3 each.
Sugar Tongs " $2 to 4 per pair.
Salt Spoons " 62 cts to $1,25 per pair.
Mustard do " 62 cts to $1,25 each;
Together with every variety of Plated Spoons.
R. L. BRUCE has also made large additions to his stock of JEWELRY.
Those persons from the country in want of a good article will do well to call at No. 242, Washington St. Sign of the Golden Comb, before purchasing elsewhere.   5t.   dec 2

CH EAP! CHEAP! CHEAP!!
Dagg & Fenton,
HAVE just opened next door to J. Dagg's Tavern Stand, a New and eneral Assortment of
Goods,
Selected with the greatest care and attention in the Philadelphia and Baltimore Markets, consisting of
DRY GOODS,
GROCERIES,
HARDWARE,
QUEENSWARE,
TUTANNIA, BRITTANNIA AND BLOCK-TIN TEAPOTS,
IRON,
WAGON BOXES,
TAR, FISH-OIL,
And a number of articles too numerous to mention, which they will sell at the lowest prices for Cash, or in exchange for Country Produce.
DAGG and FENTON invite persons wishing to purchase to give them a call; they intend selling Goods much lower than they have ever been sold in this market.
July 18th, 1829— 3t.

FRESH GOODS.
*CHEAP! CHEAP! CHEAP! *
Wilcomb & Tarleton,
No. 3, State-House Square, Concord,
ARE NOW OPENING
A PRIME ASSORTMENT OF
SPRING AND SUMMER
GOODS,
CONSISTING OF
NANKIN and Canton Crapes; Crape, Merino, Cassimere, and Printed Shawls; black and changeable Synchaws and Sarinects; black, white, and green French Crapes; Silk Florentine; Worsted and Cotton Vestings; India Book, Scotch Lawn, Leno, and Fancy Muslins; Fancy Silk Handkerchiefs; Real & Imitation Merino Handkerchiefs; Irish Linens; Linen Cambrick; Long Lawn; Cambrick Muslin; Cotton Cambricks; Parasols; Silk and Cotton Umbrellas; 3-4 and 4-4 superfine London Prints; Neutral Prints; figured and plain Satin; Russia Drilling; elegant Garnitures; figured Ribbons; silk, cotton, and worsted Hose; silk, kid, and beaver Gloves; gentlemen's Leghorn and Palm Leaf Hats; 2 cases Leghorn, Chip, and Straw Bonnets; a variety of Wreaths and bunches of Flowers; common and superfine Broadcloths and Cassimeres; Hat Trimming, &c.
2000 Yards DOMESTIC GOODS, consisting of bleached and unbleached Sheetings and Shirtings; Harback Cassimeres; Satinetts; Ticking; Ginghams; Checks and Stripes, &c. &c.
ALSO
50 Elegant Gilt Framed LOOKING-GLASSES, at the lowest Boston prices—from $2,75 to $25,00; and
1 Case Boston HATS, very cheap.
Crockery, Glass, China, Hard, and Hollow Ware,
W.I. Goods and Groceries;
10 Boxes LEMONS and ORANGES
Wines; Box and Cask Rasins; Figs; Nutmegs, and Cloves; Cassia, Pepper, Cayenne, Teas, Sugars, Coffee, &c. &c.
The above goods are warranted to be of the best quality, and are offered very cheap for cash or approved notes.
Wanted as above—
2000 yards good Tow and Linen Cloth, 2000 do do, Diaper.
Concord, May 27, 1822.

Cheap! Cheap! Cheap
The old and worn-out Lie over again But for Experiment's Sake can the Store of
Hofea Humphrey,
At Pawtucket,
And you shall truly see those W verified.
Where may be had for CASH YL, the following Goods, with many other Articles, viz.
BROADCLOTHS, Cassimeres; Flaffies, Orleans, Rattens, soft Cloths, Coatings, Fearnoughts Baizes, Flannels, Kid and Cotton Gloves, Swanldown, Velvets, Corduroys, Fancy Beads. Lustrings, tins, Sarfenetts, Modes, Silk and Cotton Shawls, Bandanno, and other Shawls, Bandanno, and other Silk Handkerchiefs, Chintzes Calicoes, Durants, Tammies, Ginghams, Ribbons, Wildbore, Poplins Handkerchiefs, Edgings and Lace India Cottons, Great, Common Little Pins, Irish Linnens, Brown Holland, Patent and other Stocking Tapes, Taftes, and Ferrets:—also a BASS-VIOL.
Many Articles of HARD-WARE and CROCKERY.
The above is but a part of the Articles of Goods at Store.
ALSO, FOR SALE AS ABOVE
WEST INDIA GOODS, GROCERIES, in general, and good Assortment of DRUGS and MEDICINES.
N. B. Effence of Peppermint, the pound or ounce, also Wheaton's Bilious Bitters, and Fallible Itch Ointment, for sale at Store.
January 8, 1808.

그림 1.2 물건이 '싸다!'고 외친 것은 행상인들만이 아니라 신문도 마찬가지였다. 19세기 초의 이 광고들이 그 점을 잘 보여준다.

싸다!"라는 글로 표현된 최면술적인 주문은 늘 신문 광고에 등장하며 소비자들에게 유사한 "영향"을 끼쳤다.[13] (그림 1.2) 1816년 『코네티컷 헤럴드』의 편집자에게 쓴 글에서 솔로몬 씨는 아내가 "싸게 살 수 있는 것은 아무렇지도 않게 다 사들임"으로써 구원받는 여자라며 비꼬듯 묘사했다. 그의 아내는 최근에 "원치도 않는 하찮은 물건"을 사는 데 50달러를 썼다. "'싸다!' 광고"는 그의 가족 전체에 영향을 미쳤다. 그의 자녀조차 값싼 물건을 소비하는 데 안달이 나 "이성을 잃었다". 새로 생겨나는 모든 저가품 가게의 매혹적인 광고를 보면 "어쩔 수 없이 파산하게 될 것"이라고 솔로몬 씨는 과감히 말했다.[14]

오늘날 설득의 유형과 비교하면 상대적으로 투박하긴 하지만, 놀라울 정도로 다양한 상품 목록을 가진 잡화점의 초기 광고는 1세대 대중 소비자를 실질적인 효용과는 거의 무관한 일종의 자유연상으로 끌어들였다. "환상적인 품목이 나올 거라는 기대를 심어주며 물건들이 담긴 짐꾸러미에 손을 집어넣는" 행상인의 행위를 텍스트로 표현해놓은 것이 바로 이와 같은 초기의 인쇄 광고라고 볼 수 있을 것이다. 이처럼 잡화점과 그 광고는 감정적 접근과 물질적 접근의 혼합으로 미국인들의 더 많은 욕구를 부채질했다.

소비자 심리의 관점에서 생각해보면 이와 같은 광고 호소는 "현명한 소비자라는 느낌"을 불러일으켰고, 상품을 대폭 할인된 가격에 구매할 수 있던 초기 미국인들이 이제 막 싹트기 시작한 쇼핑 실력을 자신하는 결과를 낳기도 했다. 그러나 현명한 소비자라는 느낌은 이성이 아닌 감정에 바탕을 두는 것이다. "'달러를 아끼세요!'라고 적힌 인쇄 광고"처럼 호소력이 크고 눈에 확 띄는 광고 구호는 비이성적이고 강렬한 욕망을 창출하는 "드라마"를 만들어낸다. 시선을 사로잡는 잡화점의 광고를 꼼꼼히 읽은 많은 사람은 상품을 실제로 보기도 전에 상품에 한 번, 낮은 가격에 또 한 번 마음이 흔들릴 공산이 크다. 그렇게 되면 "주변에 물리적으로 존재하는 대상과도 같은 욕구 자극 효과"를 가져다줄 "생생하게 떠올려진" 인상을 형성하기에 충분했다. 이렇게 상상할 수 있었기 때문에, 사람들은 사실상 그 물건들이 이미 자기 것이라고 생각하게 된다. 이제 그들이 해야 할 일은 잡화점 가게에 가서 물건을 확보하는 것이다.[15]

풍부한 잡동사니

그러나 초기 미국인들은 이처럼 급성장하는 시장에서 수동적으로 당하기만 하는 존재가 아니었다. 상품의 신세계를 앞에 두고 어찌할 줄 모르는 힘없는 존재도 아니었다. 크랩에는 부정할 수 없이 본질적으로 즐거운 무언가가 있었다. 물질적 잡동사니 덕에 사람들은 무한한 상상력을 펼칠 수 있었다. 게다가 낮은 가격은 잡화를 꿈의 물건에서 물질적인 현실로 둔갑시켰다. 이국적인 듯한 느낌을 주는 잡화들이 이제 말 그대로 손만 뻗으면 닿는 곳에 있었다.

이와 같은 물질적 풍요는 여러 원천에서 비롯되었다. 국내 생산자들이 잡화점에 물건을 공급하는 역할 일부를 담당하고 있었다는 것은 분명했다. 잡화는 파산 경매와 청산 판매 등 중고품 경로를 통해서도 나왔다. 하지만 저가품 대부분은 해외에서 유입되었다. 중국과 인도 등 멀리 떨어진 곳에서 장사하던 영국의 제조업자와 무역업자들에 의해 공급되는 경우가 많았다. '저급' 상품에 대한 미국인들의 날로 증가하는 수요를 충족시키는 과정에서 세계 무역이 촉진되었고, 그 당시 확립된 무역 패턴이 오늘날까지 이어지고 있다. 미국에 존재하는 크랩의 대부분은 여전히 해외에서 유입되고 있으며, 다수가 노동 착취의 결과물이다.

풍부한 구색과 저렴한 비용이 무엇보다 중요했고, 품질은 낮았다. 1840년대 초의 「스코틀랜드의 행상인The Scotch Pedlar」이라는 제목의 시는 행상인의 반짝거리는 물건의 단명성短命性을 다음과 같이 조롱했다. "저 섬세한 머슬린과 화려한 깅엄● / 그리고 금으로 만든 물건 상자. 관능적인 꽃은 죽기 위해 태어난다. / 저 화려한 색깔은 날아가버리기 위해 만들어진다."16 잡화가 저렴한 데에 다 이유가 있다는 것은 주지의 사실이었다. 그러나 사람들은 "입김의 신비한 힘"에 빠져 열광적인 구매활동을 지속해나갔다.17

그러나 조잡한 상품조차 놀라운 풍요의 가능성을 제공할 수 있었다. 이러한 모순은 초기 미국인들을 괴롭게도 즐겁게도 했다. 남북전쟁 이전까지 사람들은 전염병처럼 퍼지며 손이 닿는 모든 것의 품위를 떨어트리는 "가격 후려치기 관행과 싸구려 판매 정신"을 비난하고 있었다.18 1845년 한 비평가는 "싸구려만 찾는 습관을 우리는 어리석은 행동이라고 비웃지만, 이는 잘못된 행동이라고까지 비난받아도 마땅하다"면서, 생산자들이 경쟁에서 살아남으려면 "값싼 것에 대한 병적인 사랑을 만족시키기 위해, 가장 쓰레기 같고 쓸모없는 상품을 생산하기 위해" 안 그래도 가난한 노동자들의 임금을 낮춰야 한다고 덧붙였다. "가격 후려치기 열풍"은 상품의 질을 떨어뜨리고 시장의 신뢰를 무너뜨림은 물론이며 노동 착취라는 결과까지 낳았다.19 모든 사람과 모든 것을 타락시켰다.

1846년 출간된 책 『행상인Cheap Jack』은 카리스마 넘치는 행상인들과 매혹적인 싸구려 상품을 묘사했고, 미국인들과 크랩 간의 갈등

● 면직물의 일종.

관계도 잘 보여주었다. 주인공은 마을과 마을을 돌아다니며 순식간에 자신과 상품에 '빠져든' '순진한' 현지인들에게 상품을 최신 유행으로 부풀려 팔면서 "즐거운 군중이 독을 꿀처럼 삼켜버리는 것 같다"고 말한다. 휴대용 톱을 구부려 노파를 위한 "모자"로 바꾸고 "야성적인 인도 패션을 선보인 후" 공중에서 도끼를 빙글 돌리는 행상인의 매력적인 인성과 유머 넘치는 과장법 덕에 손도끼와 소금 통 같은 "가정용" 물건들은 생명을 부여받을 수 있었다. 저자는 "이런 매력을 거부하는 것은 불가능하다"고 말했다.

그러나 마을 사람들의 순진함은 저렴함에 숨은 위험성을 암시하기도 했다. 순진한 고객들의 환상은 그들을 비웃듯이 실현되곤 했는데, 이에 대해 책의 서술자는 씁쓸한 어조로 다음과 같이 말했다.

우리는 이 촌스러운 기행이 벌어지는 광경의 이면을 보아야 한다. 대패 하나를 구입한 가난한 목수는 공구를 세팅하는 데만 반나절을 허비했고, 그 대패는 사용하기가 무섭게 반으로 동강이 났다. 대여섯 명의 농부는 조끼가 (…) 작살이 나버리리라는 것을 알게 된다. 수목 관리원은 도끼 머리가 주강鑄鋼이 아니라 주철鑄鐵로 만들어진 것임을 알게 된다. (…) 어린 떡갈나무 뿌리를 몇 번 두드리기만 해도 도끼는 부러진다.

사람들이 "순수한 신뢰"를 필연적으로 상실하게 된다는 이 이야기는 미국인들로 하여금, 그들이 소비사회에 점점 더 개입하게 됨에 따라 세련된 벨벳 옷을 입은 사기꾼들의 "미소 뒤에 숨겨진 환심 사기, (…) 꿀처럼 달콤한 기만" 같은 의심스러운 시장의 유혹에 취약해졌다는 현실을 깨닫게 해주었다. 위험한 제안은 시대의 징조였고, 소비자들은 나쁜 결정에 따른 대가를 스스로 치러야 했다. 미국인들이 점점 더 끌어안게 된 물신주의는 상품은 물론이고 사회 자체까지 규정하기에 이르렀다. 현대적인 "싸구려 판매 정신"은 다음과 같이 널리 퍼져 있었다.

저가 소매점, 저가 양복장이, 농장주, 제빵업자, 도축업자, 일반 상인 등 많은 이가 공동체의 행상인에 속한다. 여행용 화물 마차는 전면이 유리와 금박으로 화려하게 장식된 "대형 상점" "점포" "상업 마트" 등 여러 이름으로 불리는 가게들에 의해 대체되었다. (…) 유혹의 속삭임은 전단 광고에 실리고, 농담은 입에서 뿜어져 나오고, 거대한 광고에 (…) 연설은 장황하다.[20]

그렇다면 이와 같은 열망은 광고 문구에 운율을 부여해 저급 상품의 구매라는 행위를 무해한 즐거움으로 보이게 함으로써 시장에 대한 일체의 의구심을 누그러뜨리려 했던 많은 저가 잡화점 운영자의 경향을 설명해줄지도 모른다. 1822년에 존 브라운은 자신의 가게를 다음과 같이 묘사했다.

잘 갖추어져 있습니다.
상품들로, (진솔한 마음으로
세심한 주의를 기울일 만한) 다양한 종류로……
다른 상품도 많이 있습니다.
현찰로 구입 가능합니다.
감히 말씀드립니다, 돈만 지불하시면
빚을 두려워할 필요는 없다고.[21]

뉴욕주 올버니의 한 점주 피스는 1843년에 잡화점을 광고하기 위해 비슷한 접근법을 활용했다.

저희 가게에는 수없이 많은 물건이,
모든 이름과 종류의 물건이 있습니다.
원하는 것이 무엇이든지,
당신은 분명 찾을 수 있을 겁니다.[22]

심지어 산문체 광고들도 평범한 상품의 격을 높이고 소비자의 이성보다는 감성을 자극하기 위해 서정적이고 환상적인 분위기를 불러일으켰다. 1845년 밴 샤크의 매머드잡화점 광고를 보면 "이런 즐거움을 선호하는 사람들을 여러 종류로 다양하게 구분하는 수많은 잡화점이 있다"라고 나와 있다.[23]

저렴함의 다양한 의미

19세기 중엽에 잡화점이 부상하면서 '저렴함'의 의미는 분화되었다. 16세기 중반부터 저렴함이라는 단어는 가격과 품질을 모두('싸고 질이 낮은') 묘사하기 위해 사용되었고, 일반적으로 반의어인 '비싼dear'과 짝을 이루며 등장했다. 17세기 초에는 저렴함의 의미가 미묘하게 바뀌었다. 구매하기에 부담 없는 무언가를, 그러니까 본질적인 가치가 거의 없는 무언가를 의미할 수도 있었다(예를 들어, 새뮤얼 존슨의 "공허한 칭찬의 값싼 보상"). 시간이 지나면서 미국의 잡화점 운영자들은 싸다는 것이 무엇인지를 분명히 하려고 노력했다. 크랩을 파는 점주들이 꽤 잘 알고 있었듯이, 시장의 민주화가 의미하는 바는 크랩이라는 상품이 손쉽게 구할 수 있는 것 혹은 품질이 떨어지는 것이라는 인식을 배격함과 동시에 누구든 손만 뻗으면 살 수 있을 정도로 가까운 곳에 상품을 갖다놓는 것이었다.

초기의 매장 광고는 다양성이 가져다주는 즐거움을 강조했을 뿐만 아니라, 저가품을 저질스러움 없이 제공하려는 가게 주인들의 노력도 잘 보여주었다. 다양성을 강조하면 고질적인 품질 문제는 쉽게 감출 수 있었다. 크랩을 같이 끼워두면 전체적인 상품 묶음의 격을 높이는 동시에 개별 품목들의 저급함을 초월할 수 있었다. 소비자가 개별 품목의 품질이나 가치를 평가하는 것이 더욱 어려워지기도 했다. 게다가 잡동사니는 저마다 그 자체로 참신했다. 말하자면, 참신함을 마치 잡동사니처럼 모아두면 또 다른 참신함을 얻게 되는 것과 같은 이치였다.

그런 의미에서, 저가품 판매업자들이 엔터테인먼트 사업을 추구하고 겸한 것은 당연한 일이었다. 예를 들어 존 브라운이라는 한 업주는 잡화점 옆에서 사교장도 함께 운영했다. 다른 한쪽에는 서점도 거느리고 있었다.[24] 보스턴 소재의 홀든앤드커터스 팬시구즈앤드토이스는 잡화점의 일반적인 취급 품목을 넘어서, 뉴잉글랜드 지역 "최고의 폭죽"을 공급했다.[25] 또 다른 업주 도미니커스 핸슨은 잡화점에서 "새롭고 개선된" 품목을 취급했을 뿐만 아니라 "신선하고 순수한" 특허 약품, 즉 즉각적인 회춘을 약속하는 묘약도 취급했다.[26]

가게 주인들은 자신이 취급하는 상품을 "팬시 상품fancy goods"이라고 완곡하게 불렀다. 'fantasy'[판타지]를 현대적으로 줄여 이르는 'fancy'[팬시]가 'variety'[잡화]보다는 더 세련된 표현이었기에 커프스단추, 5센트짜리 손수건 등의 저급 상품을 상상의 영역으로 끌어올리는 데 도움이 되었기 때문이다. 어떤 설명에 따르면 '팬시'는 "여성이 즐겨 구입하는 '쓸데없이 좋은' 물건들"을 의미한다.[27] 한 현대 소설에 따르면, 이처럼 싸고 환상적인 소비재의 신시대 이전에는 "파이 굽는 팬은 아직 '꿈의 나라'에 들어가지도 않았다. 중국산 접시와 은쟁반이 알라딘 램프와 포르투나투스의 지갑●과 함께 경이로운 물건에 속했다".[28] 1844년에 발행된 『올버니 가이드Albany City Guide』는, R. H. 피스의 점포 템플오브팬시에서 취급하는 품목을 "우리가 생각하고 꿈꾸고 읽었던 그 어떤 것보다 다채롭고 우아하다. (…) 지금처럼 상품 구성이 풍부하고 매력 있었던 적은 없었다"라고 표현했다. 중요한 것은, 이런 매력이 접근 가능성과 결부되어 있었다는 점이다. 피스를 예로 들어보면, 고객들은 피스의 가게에서 "이전 가격보다 훨씬 저렴하게" 특별한 물건들을 구입할 수 있었다.[29] 피스가 가장 환상적인 행상인인 산타클로스를 자신과 결부시킨 것도 타당한 측면이 있었다. 선물이 가득 담긴 산타클로스의 두툼한 선물 꾸러미처럼, 많은 물건이 진열된 피스의 잡화점 선반에는 한 아이의 순수한 상상력을 뛰어넘는 특별한 물건들이 놓여 있었다.

시간이 지남에 따라, 판타지와 저렴함으로 호소하려는 전략만으로는 전보다 더 똑똑해진 소비자들에게 저가품을 충분히 설득력 있게 홍보할 수 없었다. 저가의 잡화에 노출된 1세대 소비자들을 크랩의 세계에 파묻혀 잘 성장한 세대가 계승했다. 이런 세대를 대상으로 장사하기 위해서는 좀더 정교한 마케팅 전략이 필요했다. 그래서 확정가격firm price이 잡화점 광고에 등장하기 시작했으며 판타지보다는 돈 이야기가 더 많아졌다. 비용상의 장점을 선전하는 전략들은 소비자의 마음속에 가치 개념을 고착시켰으며, 저가품을 정의하는 용어들을 바꿔놓은 것으로 보인다. 예를 들어, 볼티모어의 한 점주 D. 바지

• 무진장의 보물창고를 의미하는 표현으로, 『앤드루 랭의 그레이 동화』라는 책에 등장한다.

는 "보스턴센트스토어에서 취급하는 상품들은" 매우 저렴해 "거저 주는 것이나 마찬가지였다"고 주장했다.[30]

'싸구려'는 짜증스러울 정도로 모호한 수식어였기 때문에, 소비자들은 그 말이 품질을 뜻하는 것인지 아니면 가격을 뜻하는 것인지를 알아내야 했다. 저가라는 의미의 싸구려 상품은 싸고 좋은 상품이었고, 저품질이라는 의미의 싸구려 상품은 정반대였다. 그래서 고정 가격은 구매자들이 품질에서 비용으로 초점을 전환하는 데 도움을 주었다. 1845년의 대표적인 광고는 다음과 같이 쓰고 있다.

> 보스턴센트스토어, 각종 품목 항시 저렴. 미터당 1달러 60센트짜리 아마사亞麻絲 레이스가 45센트, 50센트, 62.5센트, 75센트에 판매 중. 품절되기 전에 서두르세요. 테두리 장식 레이스 가격 상동. 장갑, 바늘, 핀, 테이프, 양말류도 염가 판매 중. 신사용 멜빵도 염가에 모십니다. 레이스, 망사, 테두리 장식, 다양한 가격대, 최신 스타일 목걸이 25센트, 망사형 모자 3, 4센트. 머리빗 2, 3, 4센트. 25센트짜리 상태 양호한 이빨이 6.25, 12.5센트. 드레스류 각 50센트. 아몬드 비누 개당 3센트. 솔빗, 칫솔, 각종 향수도 염가에 모십니다. 숙녀분들은 특히 주목하세요.[31]

잡화점 취급품의 상당수는 품질이 열등했기 때문에 저렴한 가격은 판매를 위한 실용적인 방편이었다. 2차 산업혁명이 일어나기 전 대부분의 저가품은 부둣가에 풀어헤쳐진 화물이나 운송 중인 다른 화물들과는 별도로 구분된 기묘한 수입품들로 구성되었다. 깨지기 쉬운 도자기 컵, 찢어지기 쉬운 면 손수건, 물이 빠지기 쉬운 직물, 재고 서적 같은 것들이었다.

경기 침체기에 가격에 대한 호소는 품질을 무의미한 것으로 만들었다. 사람들이 예산에 크게 압박을 받을 뿐 아니라 파산 기업들의 재고가 저가품을 노리는 상인들에게 유리한 구매 기회를 제공하던, 즉 한 사람의 실패가 다른 사람의 성공이 되던 때였다. 예를 들어, 1857년의 공황기에 뉴욕시의 경매사 토머스 벨은 "손상된 상품, 장난감 등"을 비롯한 "팬시 직물과 잡화점 품목을 경매로 판매한다"고 발표했다.[32] 코네티컷주 하트퍼드 소재의 업체 서전앤드코는 자투리 천을 비롯한 직물을 '공황' 가격에 조달하여 구비해놓았다고 자랑했다.[33] 매사추세츠주 세일럼의 한 업자 W. W. 파머는 "무지막지하게 싼 가격에" 조달한 잡화 품목을 이제는 "공황 가격에 판매할 수 있다"고 자랑했다. "당신이 어떤 종류의 상품을 원하든, 저희 가게에 오기만 하세요. (…) 이제는 1달러로 구매할 수 있는 물건이 많아져 돈까지 아낄 수 있습니다"라고 말할 정도로, 파머는 다양성과 경제성 모두를 제공했다.[34]

전국이 전란에 빠져 팬시 상품이 기세를 펼 여유가 없었던 남북전쟁 기간에는 돈이 훨씬 더 중요했다. 이 시기에 처음으로 등장한 균일가 매장one-price store은 이후에 '파이브앤드다임 스토어five-and-dime store'로 불리다가, 오늘날에는 '달러 스토어dollar store'로 불리고 있다. 최초의 균일가 매장 중 하나는 1862년 피츠버그의 제임스케네디앤드브로스10센트스토어였다.[35] 조지 허스티드는 1866년 펜실베이니아주 해리스버그에서 25센트 매장을 개업하고 보석, 얼음 주전자, 목재류, 석탄 등을 팔았다.[36] 허스티드는 취급하는 품목을 광고에 나열했지만 다른 가게들은 그러지 않았는데, 품질에 대한 우려를 숨기려 했기 때문이다. 예를 들어, 보스턴 소재 휴턴앤드코의 나우덴스토어는 가게를 1달러 매장, 3실링 매장, 0.5달러 매장, 50센트 매장 등 다양한 이름으로 홍보했다. 그런데 광고가 가격 관련 내용으로 도배되다시피

그림 1.3 잡화점에서는 낮은 가격이 상품 자체를 무색하게 하는 경우가 많았다. 「트렌턴 스테이트 가제트」, 1879. 5. 23., 럿거스대학 특별전시관 소장.

하면서 후프 스커트hoop skirt, • 꽃병, 앨범 등의 취급품은 아주 작은 글씨로 나열되었기 때문에 취급하는 품목이 무엇인지 알려면 두 배의 노력이 필요했다.[37] 중요한 것은 판매 중인 상품이 어떤 것이든 쇼핑객들은 단지 가격이 싸다는 이유로 구매했다는 점이다. 원투스리달러스토어의 광고는 상품에 대한 언급이 전혀 없다.[38] 뉴저지주 트렌턴의 한 99센트 매장의 광고는 작은 5로 구성된 큰 5가 지면 대부분을 차지했다.(그림 1.3)

•   탄력 있는 철사 따위로 그 속을 넓힌 치마.

19세기 후반 미국 제조업의 성장과 세계 무역의 확대로 저가의 잡화 품목이 늘어나면서 균일 가격 현상은 더욱 두드러졌다. 저렴한 가격과 균일 가격은 물질적 상품이 판치는 혼돈의 세계를 합리화하는 역할을 수행함과 동시에 물건 자체와 물건의 품질, 양은 논외로 치게 만들어, 다양성보다는 1달러(또는 센트) 같은 돈 문제를 부각시키는 역할도 했다. 특이하게도 균일가 매장은 소비자들이 상품을 공정하게 판단하고 비교할 수 있게 함으로써 현명한 선택을 하고 있다고 믿도록 만들었다. 그러나 이처럼 기묘한 등가관계는 거짓이었기 때문에 신뢰할 만해 보이는 결정들을 교란시킬 뿐이었다. 균일가 매장은 합리적인 것처럼 보였지만, 사람들이 실제로 좋은 거래를 하고 있는지 그렇지 않은지를 판단할 능력을 흐려버렸다.[39]

이를 잘 보여주는 예가 바로 균일가 매장의 개념을 '창시한' 것으로 알려진 프랭크 W. 울워스의 경력이다(그의 점포보다 적어도 10년 이상 앞서 문을 연 다른 점포가 많기 때문에 이 주장은 전혀 사실이 아니다). 울워스는 균일가 매장 모델의 가치 교란 효과를 알아차리고 대중화시켰다. 회고록에서 그는 뉴욕주 워터타운 소재의 직물 가게에서 젊은 점원으로 일하던 중 기발한 판매 방법에 관한 이야기를 들었다고 회상했다. 미시간주의 한 직물점 주인이 원가에도 못 미치는 수준인 5센트에 손수건 한 줄을 팔고자 하는 떠돌이 판매원과 협업관계를 맺고 있었다. "다른 상품"을 손수건에 끼워 팔면 이익 실현이 가능하다는 것이었다. 그 판매원은 "몇 년째 매대에 놓인 채 죽어가는 낡은 상품들"을 새 손수건에 끼워 팔 수 있는 5센트 매대를 설치하자고 점주에게 권했다. 점주는 큼지막한 표지판을 설치해 이 매대에 있는 어떤 상품이라도 5센트면 살 수 있다고 알렸다. 울워스에 따르면 1만 2000개의 손수건은 "즉각적으로 팔려나갔고, 손님들은 손수건과 같은 가치를 지녔다고 생각하며 매대에 있는 다른 모든 것도 사갔다. (…) 즉각적인 성공이었다." 그는 감탄하며 "가게에 사람들이 몰려들었다. (…) 그 매대에 물건을 진열하는 것은 거의 불가능할 정도였다"고 덧붙였다.[40] 다른 가게들이 곧 그 뒤를 따랐다. 1860년대 중반 뉴올리언스의 브래셀먼앤드코는 25센트 매대로 "전대미문의 성공"을 누리고 있다고 밝혔다. 가게 주인은 "한 달 넘게 쉬지 않고 영업을 해왔고, 이제는 고가의 상품을 대거 들여와 그 어느 때보다 더 매력적이다"라며 마치 흥행하는 공연처럼 인기가 넘치는 매대를 자랑했다.[41] 노스캐롤라이나주 윌밍턴의 잡화점 왓슨스차이나의 광고 캠페인의 주인공은 크랩 매대와 "5센트, 10센트 매대 위의 환상적인 물건들"이었다.[42] 보스턴의 헤이어브러더스와 같은 일부 가게는 "매대 물품", 즉 5센트나 10센트에 소매하는 다양한 저가품을 전문적으로 취급했다.[43]

이와 같은 전략이 효과가 있다고 확신한 울워스는 상관 무어에게 전략을 채택해달라고 촉구했다. 무어는 마지못해 수락했고, 도매업자로부터 구입한 신선한 상품을 "다른 오래된 쓰레기들"과 함께 매대에 놓았다. 울워스는 매대에 물건을 충분히 쌓아놓는 것이 "불가능에 가까웠다"고 말했고 "가치 있는 상품이든 아니든 아무런 차이가 없었다. 가게에서 찾을 수 있는 오래된 물건은 모두 매대에서 내려오기가 무섭게 즉시 팔려나갔다"고 언급했다.[44] 그는 "케케묵은 상품" "팔리지 않는 상품" 같은 죽은 재고를 "누구든 원하는 상품" "정말 멋진 상품", 아주 인기 있는 상품으로 둔갑시킬 수 있었다. 한 설명에 따르면 "사람들은 저가품을 사기 위해 싸움까지 벌였다. 가게를 방문한 이들은 다른 재고 상품들도 더 높은 가격에 구입해갔다."[45] 초라하고 싸고 조잡하고 팔리지 않는 상품들을 호감 가는 상품으로 둔갑시킴으로써, 이제 저렴한 가격은 예전에 다양성의 전유물이었던 매력을 함께 발휘했고, 동시에 "흥분과 혼란"도 불러일으켰다.[46] 게다가 더 좋은 것은 균일가 매대의 존재만으로도 소비자들이 의도와 다르게 "재고 상품"을 제값을 다 주고 구매해야 했다는 점이었다.

파산 위기에 처했던 무어앤드스미스를 첫날 올린 매출만으로 회생시킨 매대의 성공에 용기를 얻어 울워스는 이 개념에 바탕을 둔 자신만의 점포를 설립했다. 그는 1879년 뉴욕주 유티카에 첫 5센트 매장을 열었는데, 이 가게는 40가지의 저가품으로 가득 채워졌다. 몇 달 후에는 펜실베이니아주 랭커스터에 그레이트5센트스토어라는 가게를 개업했다. 개업 첫날 30퍼센트 이상의 재고가 팔려나갔다. 이듬해에는 10센트 상품을 추가했는데, 비록 10센트 상품들이 사업의 수익성을 높이기는 했지만, 울워스에 따르면 높은 가격대가 5센트 전략의 "매력" 일부를 상쇄시켰다. 그러나 그는 1884년 펜실베이니아주 레딩에 직판장을 열었고, 나중에는 뉴욕주 북부, 델라웨어주, 뉴저지주의 소도시들로 확장해나갔다. 1만2000달러에 불과했던 울워스의 매출액은 5년 뒤인 1889년 말에 이르러서는 24만6700달러로 늘었고 점포 수도 12개로 늘었다.[47]

19세기 후반에 이르러 잡화점, 균일가 매장, 할인점이 전국으로 확산됨에 따라, 일리노이주 퀸시의 유리카50센트스토어("이 도시에서 가장 싼 곳! 각종의 좋은 물건을 사러 오세요!"), 신시내티의 몰런호프스 칩 테이블스("금도 싸고 물건도 싸고"), 오마하의 99센트스토어, 시카고의 뉴욕피프티센트스토어("이 도시에서 가장 좋은 상품 구성"), 보스턴의 먼슨스뉴99센트스토어 등이 우후죽순처럼 생겨났다.[48](그림 1.4) 균일가 매장은 할인하는 기기 또는 그릇을 찾는 가난한 주부는 물론이고 거의 모든 사람을 사로잡은 것으로 보인다. 일례로, 균일가 매장은 돈이 없는 대학생들에게 매우 요긴했다. 1873년 불황기에 예일대학의 잡지 『예일 쿠란트Yale Courant』가 지역 99센트 매장을 "학생이라면 좋아할 만한 잡화를 1달러도 안 되는 가격에 파는, 학생들의 안식처"라고 불렀다고 잡지 『윌리엄스 비뎃Williams Vidette』은 전했다. 매사추세츠주 사우스브리지의 한 도서관은 1874년 소장 도서를 50권 늘렸는데, 모두 지역의 99센트 매장에서 저렴하게 구매한 것이었다. 1875년 「퍼블리셔스 위클리」의 편집자는 "목걸이, 에나멜 장신구, 남성용 장신구, 월터 스콧•의 소설 시리즈, 해리엇 비처 스토••의 소설 시리즈, 순금이 박힌 반지, 홀랜드 박사의 작품, 디저트용 스푼 세트, (…) 금테를 두르고 다이아몬드와 큰 판형으로 아름답게 제본된 아주 찬란한 엄선 시집, 아름다운 조각이 새겨진 자물쇠 등등의 다양한 상품을 살 수 있다"며 99센트 매장의 상품은 저소득층에게도 매력적이라고 말했다.[49]

예산에 민감하고 물건에 정신이 팔린 대중은 이와 같은 소매업의 부상을 환영했지만, 그렇지 않은 대중도 있었다. 낮은 가격을 강조하는 것으로는 의심스러운 품질과 저렴함의 연관성을 완전히 가릴 수가 없었다. 균일가 매장의 참신함이 식기 시작하면서 싸구려는 질 낮고 쓸모없을 뿐이라는 걱정스러운 정서가 다시 한번 표면화되었고, 이에 따라 저가품을 취급하는 소매상들은 수세에 몰렸다. 예를 들어, 매사추세츠주 로웰에 있는 그릇 회사 가이앤드브러더스 유니언크로커리는 경쟁사인 뉴욕99센트스토어를 공격하려는 것으로 보이는 광고에서 "가격을 낮추기 위해 쓰레기를 팔 생각은 없습니다. 사람들이 재구매하고 싶어하는 양질의 상품을 팔려 할 뿐입니다"라고 주장했다.[50] 아칸소주 리틀록의 업자 M. M. 콘은 "우리 상품은 스스로 팔리는

• 스코틀랜드 출신의 낭만주의 시인이자 소설가.
•• 미국의 사실주의 소설가.

SEE WHAT 99 CENTS WILL BUY
AT MUNSON'S NEW
99 CENT STORE
18 Hanover Street, Boston.

1 large Walnut Frame, glass back, and mat.
1 large White Bed-Spread.
12 Linen Towels.
2 Ladies' Skirts.
1 Scholar's Companion.
1 Set nice Table Cutlery.
1 Set Table Mats.
1 Hat. 1 Cap.
1 Silver-plated 5-bottle Castor.
1 Splendid Photograph Album.
1 Work Basket.
1 Black Walnut Writing Desk.
1 Black Walnut Work Box.
1 Silk Fan.
1 Parchesi Board.
1 Morocco Wallet.
1 Large Wall Pocket.
1 Large Towel Rack.
1 Table Cloth.
12 Heavy Glass Goblets.
1 Large Checkerboard.
1 Pair nice Candlesticks.
1 Lotto Game.
1 Glass diamond-cut Tea Set.
1 Large Steel Engraving in frame.
1 Rocking Chair.
1 Large Rocking Horse.
1 Large Bead Cushion.
1 Large Chromo in frame.
1 Traveling Bag.
1 Set Plated Jewelry.
1 Pair Plated Bracelets.
1 Gent's Plated Chain.
1 Doll Carriage.
1 Stove.
12 Views.
1 Ladies' Plated Chain.
1 Beautiful Toilet Set.
1 Beautiful Wine Set.
1 Chamber Pail.
1 Package 144 Toys.
1 Package 100 Toys.
18 Heavy Glass Tumblers.
1 Coal Hod.
12 Plated Tea Spoons.
1 Real Hair Switch.
3 Steel Dining Knives, Silver Plate.
1 Doz. Bone Napkin Rings.
1 Nobby Cane.
1 Good Whalebone Whip.
1 Glass Globe and Stand for Wax Flowers.
15 Balls Amber Soap.
1 Regulation Ball and Bat.

1 Marble Railway.
1 Bureau with three drawers.
6 Plated Table Spoons.
1 Hand Mirror.
1 Package 72 Toys.
1 Camp Chair, folding.
1 good Fish Pole.
1 Silver Napkin Ring.
2 Plated Napkin Rings.
1 Large Wax Doll.
1 Russia Wallet,
1 Stereoscope.
1 Large Looking Glass.
1 Crumb Pan and Brush.
1 Pair elegant Vases.
1 Elegant Card Basket.
1 Solid Gold Ring.
1 Piano.
1 Gold-plated Finger Ring.
1 Gold-plated Locket.
1 Nice Umbrella.
1 Weather House.
1 Silver Fruit Knife.
1 Smoking Set.
1 Segar Case.
1 Violin.   1 High Chair.
1 Tamborine.
1 Silver-plated Call Bell.
1 Handkerchief Box.
1 Boquet Table.
1 Music Folio.
1 Carving Knife, Fork & Steel.
1 Clock.   1 Opera Glass.
1 Shell Box.
1 Large Harmonicon.
1 Fish Basket.
1 Large Lamp.
1 Cart.
1 Wheelbarrow.
1 Kitchen.
1 Plated Goblet.
1 Package 48 Toys.
1 Package 24 Toys.
1 Package 10 Useful Articles.
1 Step Ladder.
12 Colored Views.
1 Nursery Chair.
1 Twelve-Blade Pocket Knife.
1 Genuine Merschaum Pipe.
1 Genuine Merschaum Cigar Holder.
1 Bird Cage.
1 Elegant Work Stand.
1 Loaded Cuspador,
1 Lava Cuspador, decorated.
1 Full Croquet Set, 8 Mallets, 8 Balls, &c.

1 Saw and Saw Horse.
1 Wash Bowl and Pitcher.
1 fine Shirt, Linen Bosom.
3 Gold-front Studs.
1 View Rack.
1 Lantern.
1 Twenty-key Concertina.
1 Gold Pen and Holder.
1 Market Basket.
1 Dulcimer.
1 Elegant Bead Basket.
1 Large Drum.
1 Nice Hat Rack.
1 Water Bottle
1 Pair Gold plated Sleeve Buttons.
1 Spice Box.
1 Knife Tray.
2 Heavy Silver-plated Butter Knives.
1 Lap Board.
Set Plated Forks.
1 Ladies' Companion.
1 Splendid Accordeon.
1 Elegant Bound Book.
1 Novelty Bank.
1 Tammany Bank.
1 Elegant Hassock.
1 Splendid Mat.
1 Fruit Dish.
1 Child's Tray.
12 Nice Napkins.
12 Pairs Hose.
1 Shaving Set.
1 Clothes Basket.
2 Feather Dusters.
1 Package 12 Toys.
1 Package Shaving Implements
1 Package 24 Cakes Soap.
1 Tivoli Game.
1 Farm House.
1 Large Tin Cart.
1 Large Britannia Tea-Set.
1 Large China Tea-Set.
2 Stew Pans.
1 Johnson's Cottage House.
4 Lava Flower Pots, decorat'd.
1 Bronze Bracket & Flow. Pot.
1 Box Crandall's Blocks, Large Size.
1 2-foot brass bound box w'd rule
1 Large Toy Wagon.
1 Mechanical Engine.
1 Large Box Tools.
1 Large Trunk.
1 Beautiful Ink Bottle.

The Trade supplied at the Lowest Wholesale Prices

그림 1.4 사람들은 1달러 미만의 가격으로 각종 물건을 구입할 수 있었다. 보스턴 소재의 먼슨스뉴99센트스토어 광고 전단(1870), 필라델피아 도서관조합 소장.

상품입니다. 단언컨대, 쓰레기나 경매품이 아닙니다"라고 주장했다.[51] 10센트 매장의 "즐거운" 상품에 대해 "무한할 정도로 다양하지만, 일반적으로 저렴한 상품이며 온갖 것이 다 있지만, 가치 있는 것은 없다"고 주장하는 사람들에 대응한 것으로 보인다.[52] 당시에 다음과 같은 농담이 유행하며 떠돌고 있었다.

> 농부 솔: 어젯밤 균일가 매장에 도둑이 들었다는 얘기 들으셨습니까?
> 짐꾼 하이럼: 아니요. 많이 도둑맞았답니까?
> 농부 솔: 예, 두 시간이나 가게를 털어 거의 1달러어치나 훔쳐갔대요.[53]

잡화점이 잡동사니, 주인 없는 물건, 불량품을 팔았고 소비자가 이를 구매했다는 것은 세기말에 이르러 상식이 되었다. 싸구려의 매력이자 저주는 바로 이런 것이었다. 미국인들은 이처럼 싸구려 상품에 한번 매료되었다가 혐오감을 드러냈다.

가격 후려치기 열풍

큰 경제 문제들도 저가품 시장을 괴롭혔다. 남북전쟁 이전에도 잡화점의 확산세는 소매업자들의 가격 인하 관행과 소비자들의 '저가품 사냥'에 대한 비판을 불러일으켰다. 소비자들은 저가품의 과잉 공급으로 인해 증대되는 물신주의를 혐오하고 외면하기보다는, 공정 가격의 원칙을 전복시키고 제조업체, 소매업체, 노동자들에게 실질적인 경제적 영향을 초래하는 '가격 후려치기 열풍'의 유행에 적극적으로 가담했다. 저가품을 찾는 사람들은 시장에서 상품들이 더 낮은 가격에 제공되기를 기대함으로써 간접적으로 임금을 낮추었고, "싸구려에 대한 병적인 사랑을 만족시키도록" 제조업체들을 강요함으로써 노동 착취를 장려했다. 누군가 말했듯이, "세상이 그렇게 빨리 돌아갈 때 열정은 싸구려를 향하고 있었다".[54] 또 다른 누군가는 균일가 매장이 "원하지도 않는 25센트짜리 물건을 네 배의 값을 주고 사야할지도 모르는 곳"이라고 훨씬 더 간결하게 말했다.[55]

다른 기업인들 역시 잡화점의 "만성적인" 확산 현상에 불만을 표시했다.[56] 저렴하게 균일가로 판매하는 "백화점식 잡화점"은 직물점, 의류점뿐 아니라 식료품점, 그릇 거래상 같은 전문점과도 경쟁했다. 신문 및 잡지 편집인 일부는 "점포의 성격 때문에"라며 균일가 매장의 광고 게재를 거부했고 그들이 사실상 상설 매장에서 장사하는 행상인에 불과하다고 의심했다. 한 편집자는 "우리가 알고 있는 한" 시카고의 균일가 매장들은 "직물점이나 식료품점처럼 명예롭게 장사를 하고 있다. 하지만 균일가 매장은 새로운 형태이며, 사기꾼들이 재빨리 그쪽으로 기차의 진로를 바꿀 것이다. 우리는 결코 사기꾼들이 칼럼에서 승객에게 구걸하도록 두지 않을 것이다"라고 썼다. 그러나 결국 독자들은 "자신의 판단력을 발휘하도록" 방치되었고 "절반의 가격으로 어떤 것을 사려고 시도한 뒤 그 가격 절반의 가치조차 없음을 알게 되어도 불평하지 말라"는 경고를 받았다. "그건 부정직함에 어리석음까지 더하는 짓이다"라고 편집자는 결론지었다.[57]

잡화점들은 출판사의 독과점적인 책값 통제까지 잠식하겠다고 위협하기도 했다. 1875년 『퍼블리셔스 위클리』에 보낸 독자 편지에서 "저스티스 씨"는 서적 판매업자들의 가격 후려치기 관행에 심각한 우려를 표명하면서, "이런 관행 때문에 10, 12, 14실링짜리 책이 달러 스토어와 99센트 스토어에서 할인된 가격, 즉 1달러나 99센트에 팔리고 있으며 (…) 이와 같은 일이 전국적으로 벌어지고 있다"고 덧붙였다.[58] 소매 서점에서 폐기된 잡화점 도서는 "새롭거나 신선"하지도 않았고 수요가 가장 많은 책도 아니었다.[59] 이에 아랑곳하지 않고, 많은 고객은 전통적이고 더 평판이 좋은 것으로 보이는 서점보다 값도 싸고 "원하는 모든 것을 파는 잡화점"을 선호하는 것 같았다.[60]

'가격 후려치기 열풍'의 영향을 받은 것은 유통업체만이 아니었다. 가격을 끌어내린 주범인 소비자 자신들도 저가품을 고가품인 것처럼 서로 주고받기 시작했다. 1870년대 초 한 신부가 『고디스 레이디스 북Godey's Lady's Book』이라는 여성 잡지에 편지를 썼는데, 이 내용은 당시로서는 분명히 일반적인 문제였다. 그녀는 도시에서 "최고로 손꼽히는 보석 세공인"이 만든 소금 통 한 쌍을 약혼 선물로 받았다. 이미 비슷한 것을 선물로 받은 그녀는 소금 통을 교환하려고 했지만, 소금 통이 균일가 매장의 물건이라는 사실을 알게 되었다. 이 잡지는 "통이 큰 이 남자가 매우 부유한 집안 출신이라는 사실을 덧붙여야 할 것 같다"고 말했다.[61] 1876년에 작성된 한 기사는 "균일가 매장에서 구입한 물건 대부분은 나눠주기 위한 것이다"라고 예리하게 지적했다.[62] 또 다른 여성 잡지 『하퍼스 바자』에 나온 어떤 이야기에 따르면, 크리스마스 선물로 남편이 무엇을 줄지 상상하며 "멋진 선물일 게 확실해"라고 아내가 생각하는 바로 그 순간 남편은 균일가 매장에서 점원에게 "여기서 샀다는 표가 안 나게" 상자에 어떤 흔적도 남아서는 안 된다고 말하고 있을지도 모를 일이었다.[63]

잡화점 상품에 대한 여러 의문은 끊이지 않았다. 그 품질과 가치에 관한 것뿐만 아니라, 소비자들이 저가품의 풍요를 받아들여야 하는지 배척해야 하는지 같은 것들이었다. 아무리 현명한 쇼핑객이라도 상품이 콜드웰스, 베일리스, 티퍼니스 등의 로고가 박힌 상자나 쇼핑백에 담겨 있으면 고급품인지 저급품인지 구분할 수 없다는 두려움도 사람들을 불안하게 만들기는 마찬가지였다. 사칭과 사기에 대한 소문은 잡화 자체뿐만 아니라 판매자와 구매자 모두를 괴롭혔다. 1873년 한 평론가는 "직물 상인이 가격을 내린다면 그 상품은 철이 지났거나, 무늬가 인기 없거나, 열등한 상품이다. 균일가 매장에 가면 사기를 당할 가능성이 크다는 점을 모든 이가 잘 알고 있다"고 말했다.[64] 저렴함은 많은 이가 상품의 세계에 발을 붙이지 못하게 하던 돈이라는 진입 장벽을 없애주기는 했지만, 저렴함이 가져다준 민주화는 모든 것을 가장 낮은 공통분모로 평준화시킬 위험이 있었다.

그러나 가치는 다양한 기준에 의해 결정되는 주관적인 것이었다. 한 목격자는 "균일가 매장에 매력적으로 진열된 도서의 겉싸개가 값싸고 참담하다면 분명 상품 가치에 아무런 도움이 되지 않는다"고 불평했다.[65] 그런데 그가 옳았을까? 어쨌든, 화려한 겉싸개는 문고본의 조잡한 밝은 노란색 포장지보다 더 큰 기쁨을 주기 위한 것이었다. 사실, 가격과 마찬가지로 취향이나 미적 기준도 가치를 결정할 수 있으며 실제로도 그런 경우가 많았다. 울워스는 오랜 경력 내내 고객의 선호에 대한 예리한 감각을 키웠다. 그는 매장 매니저들에게 자기 감성보다 손님의 감성에 주의를 기울이라고 촉구했는데, "예전 언젠가 어떤 꽃병은 정말 추했는데도 수요가 있었고 나도 내 취향이나 판단과는 반대로 그걸 살 수밖에 없었다. 그 꽃병이 얼마나 많이 팔렸는지 모른다"고 덧붙였다.[66] 어떤 독일 여행에서 울워스는 목재에 장착된 개당 7달러 50센트짜리 온도계를 발견했고 이 정도면 좋은 가격이라고 직원들에게 편지를 썼다. 그는 이 온도계들이 "국산품만큼 좋지 않다"는 것을 인정했지만, "좋은 구경거리가 될 것"이었기 때문에 어쨌든 구입했다.[67] 중요한 것은, 비평가들의 비난에도 불구하고 잡화점 저가품은 수많은 소비자가 물질적 열망을 실현하는 데 도움이 되었다는 사실이다.

점주와 고객 모두 그런대로 괜찮은 품질 대비 낮은 가격의 균형을 끊임없이 잡아나갔다. 미온적인 동시대인들은 균일가 매장을 "충분히 합법적인" 것으로 여기면서, 크랩 거래의 실상을 인정했다.

파는 물건 중 상당수가 싸고 좋은데 그렇지 않은 것도 있다. 물론 이윤을 내는 것이 목적이고, 모든 품목에서 이윤이 나기는 하지만, 이윤이 많이 나는 품목도 있고 적게 나는 품목도 있다. (…) 다른 곳보다 싸고 더 나은 물건이 거기에 있을 수 있는가는 각자가 스스로 결정해야 할 문제다.[68]

비평가들 대부분은 사람들이 크랩을 사고 있음을 스스로 이해한다고 생각했다. 속임수가 개입될 여지가 없다고 알려진 한, 소비자는 자유롭게 구매할 수 있어야 했다. 이는 1810년대 후반과 1820년대 초반에 "이 자유롭고 행복한 공화국에서는 모든 사람이 자기 방식대로 망가질 권리가 있다"고 주장했던 경매 옹호자들의 구호였다.[69] 소비자는 "싸고 좋은" 것을 살 수도 있고, "별로 좋지 않은" 것을 살 수도 있다. 어느 쪽이든, 그들은 스스로 마음속으로 그린 소비자의 천국에서 선택의 자유를 가진다.(그림 1.5) 1878년에 한 균일가 잡화점이 간결하게 선언했듯이, "아껴야 부유해진다".[70]

저렴한 물건의 풍요라는 속삭임은 유혹의 외침을 이어나갔다. 특히 세계 시장이 개방되고 소매 부문이 확대되며 국내 생산이 증가하면서 더욱 그랬다. 싸구려는 미국인들을 유혹했을 뿐만 아니라 이들을 탐욕적인 소비자이자 시장의 적극적인 앞잡이로 정의하게 되었다. 이들은 이에 대해 변명할 필요가 없다고 느꼈다. 사실, 미국인들은 모순처럼 보이는 이런 것들에 전혀 모순이 없다고 여겼기 때문

그림 1.5 신상품은 새로운 아이디어를 대표했으며, 저가품은 물질적, 정서적 웰빙의 가능성을 확대시킬 뿐이었다. 뉴아이디어 잡화점(제이컵 새턴버그에 의해 1886년 설립) 사진. 프로비던스공공도서관 로드아일랜드 전시관 소장.

에 상당히 편안하게 살았다. 이러한 사고방식은 『브라운 부인, 수도를 방문하다Mrs. Brown Visits the Capital』라는 풍자적 작품에 잘 나타나 있다. 1896년에 출판된 이 책은 크랩의 풍요는 물론이고 2차 산업혁명, 백화점과 우편 주문 카탈로그의 부상 덕에 찾아온 변혁의 시대에 잘 어울리는 한 여행자의 이야기다. 브라운 부인의 코코런 미술관 여행이 중단된 것은 인근 49센트 매장에 전시된 '시계태엽 감는 기계'의 색조가 미술품보다 더 흥미로웠기 때문이다. 국회의사당 방문은 물집을 완화하기 위해 49센트짜리 카펫 슬리퍼를 사는 것만으로도 의미

있는 행동이 됐다. 위싱턴 기념탑과 같은 미국의 상징은 49센트 매장과 가깝거나 49센트 매장을 생각나게 하는 역할을 했기 때문에 의미가 있었다. 심지어 대통령을 직접 만나는 것이 중요했던 것은 단지 49센트 매장에서 남편을 위해 산 넥타이와 똑같은 "죽여주는" 넥타이를 대통령이 매고 있기 때문이었다. 그녀의 여행기는 어떤 장소보다 더 중요한 장소인 크랩 소매점에서 산 저가품에 관한 이야기들로 구성되어 있다.[71]

브라운 부인은 싸구려 잡화의 어지러운 세계에 휩쓸린 수많은 미국인 중 한 명이었다. 싸구려는 물질적 만족의 원천이자 풍자의 대상이었다. 아내의 분별없는 소비로 인해 궁지에 몰린 남편의 시각에서 쓰인 20세기 초의 한 시에는 다음과 같은 구절이 있다.

> 별거 아니야, 그녀가 가져올 물건은.
> 보통은 이상한 거지만.
> 중요하지 않은 것, 쓸모없는 것, 하찮은 것.
> 벽난로나 화덕을 장식하기 위한 거겠지.
> 나는 심지어 그녀가 내게 말하도록 만들지.
> "용도가 뭔지 모르겠어요.
> 하지만 생각해보면 용도를 찾을 수 있을 거예요.
> 어쨌거나 10센트 매장에서 산 거예요!"[72]

1920년에 출판된 『기묘한 것의 치명적인 유혹The Fatal Lure of the Whim-Wham』에서 작가 헨리 행크먼은 저가품과의 만남을 스스로 풍자했다. 행크먼은 "즉각적인 서비스, 보장된 균일가, 높은 만족도가 증명된 상품 구색"을 기대하며 신발 끈을 사러 10센트 매장에 발을 들인 이야기를 전한다. 하지만 그는 들어서기가 무섭게 "물밀듯이 풍겨오는" 향 비누와 향료, 구두약 냄새에 압도당하고 만다. 그는 휘황찬란한 보석 매대를 보고 넋을 잃은 채 아내를 위해 "화려한 모조 다이아몬드"를 구입한다. 그런 뒤 넋이 나간 채로 "눈앞에 펼쳐진 다양한 세계 무역품" 매대로 발을 옮긴다. 그는 "복도를 왔다 갔다" 하며 양말, 액자, 가죽 신발 밑창, 옷걸이, 연필을 차례로 구경한다. 물건들이 매우 저렴한 관계로 그는 아내와 재미를 함께 나누고자 "향이 끔찍한 향수 한 병"을 구입하는 아이러니까지 보인다. 책, 젤리, 퍼즐, 지도도 구입한 뒤 땅콩, 타월, 못, 시곗줄, 양철 호루라기까지 "사젖힌다". 저렴한 품목들이 있는 지하실을 더 둘러본 뒤 "쇼핑한 물건들로 두둑하게 찬 주머니, 팔에 낀 폐솜, 셀룰로이드 물고기와 부딪치며 덜컹거리는 모조 다이아몬드, 엉덩이를 쿵쿵 때리는 망치, 풀풀 풍기는 비누 냄새"와 함께 가게를 나선다. 지금 행크먼은 늦은 관계로 나가는 길에 눈에 들어오는 담뱃대, 종이꽃, 귀걸이, 과일 시럽, 중국산 술 같은 다른 상품들을 볼 겨를이 없다. 결국 원래 사러 갔던 신발 끈은 아직 사지도 않았다.[73]

비록 냉소적이긴 하지만 물질적 과잉의 전율을 찬양하는 이와 같은 이야기들은 지나치다 싶을 정도로 낙관적인 미국인들의 물신주의를 포착했다.(그림 1.6) 그러나 그다지 낙관적이지 않은, 저가품이 가져다준 "진보"라면 무엇이든 거부하는 이들도 있었다. 미술공예운동의 가장 노골적인 옹호자들은 잡화점과 균일가 매장의 부흥을, 고상함과 세련됨을 보여주기 위해 천박한 장식품 같은 것들로 집 공간을 채우는 중산층의 공허한 지위 획득 노력의 결과로 보았다. 그들은 쓸모없는 물건의 과도한 포용은 만연한 소비자 문화와 그 시녀인 산업화의 물결에 의해 촉발된 정신적 병폐를 상징한다고 믿었다. 교양 있

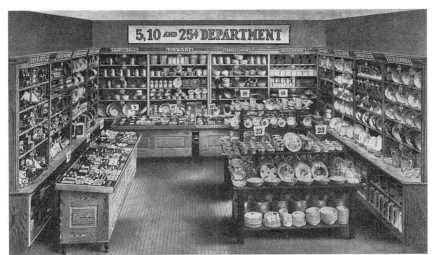

그림 1.6 전국 각지의 미국인은 잡화점의 저렴하고 풍부한 물건을 즐겼다. 버틀러브러더스의 일반 잡화 진열 방식 예시, "일반 잡화점에서 5센트, 10센트, 25센트짜리 상품을 진열하는 법"(1913년 1월).

는 엘리트들에 따르면 이 시대는 "저가품과 싸구려 인간" 및 "보편적인 저렴함"의 시대였으며, 단순성과 미니멀리즘이 아니라 "무한 생산성, 넘쳐나는 의류, 수많은 가구, 무제한적인 꼴불견"에 대한 사람들의 선호에 의해 정의된 시대였다.[74] 이와 대조적으로, 그들은 적을수록 좋다고 믿었다.

크랩의 세계에서는 많을수록 좋다는 사실을 그들은 깨닫지 못했다. 팽창하는 시장의 '치명적인 매력'에 사로잡힌 미국인들이 그다지 똑똑한 소비자가 아닐 수도 있다는 점은 확실했다. 그러나 그들은 신경조차 쓰지 않았을 것이다. 사람들은 단순히 상상의 나래를 펼치고 모든 것을 소비할 수 있는 물질의 세계에 편입됐다는 것에 만족했을지도 모른다. 깨달았든 못 깨달았든, 그들은 뻐꾸기시계와 방 자물쇠를 메고 다니는 행상인에 의해 처음으로 명백해지고 이후 울워스와

1장 가격 후려치기 열중에서 보편적 저렴함으로

같은 소매 체인 거물들에 의해 실현된 관행을 이어나가고 있었다. '보편적인 저렴함'의 시대를 살 수 있다는 것 자체가 핵심의 전부였다.

2장

체인점 시대의
저가품

미국인들이 보편적인 저렴함을 포용했음을 증명하는 증거로, 저가품을 전문적으로 취급하는 체인점의 부상보다 더 나은 것은 없다. 19세기 후반에 이르러, 독립 잡화점 점주들은 혁신적인 판매 전략을 소매 시장에 가져온 지역 기반의 체인점이나 전국적인 체인점들과의 더 큰 경쟁에 직면했다. 체인점의 판매 전략은 초기 행상인들이 도입한 감정에 호소하는 전략을 유지하면서도 더 체계적이고 질서 정연한 마케팅 기법을 포함하고 있었다. 저가품은 저렴함을 환상과 축제처럼 요란한 분위기와 연계시키는 전략을 통해 퇴물이 되지 않고 현대에 맞도록 개선되었다.[1]

혼란에 질서 부여하기

잡화점들은 경이로움을 자아내야 한다는 책무와 합리적 소비를 촉진하는 것처럼 보여야 한다는 책무 사이에서 분투를 이어나가고 있었다. 예를 들어, 울워스의 매장은 특별한 것을 발견하게 될지도 모른다는 희망을 품으며 매장을 둘러보도록 고객들을 부추기는 노벨티 또는 제철 상품과 함께 생활필수품을 배치하는 시도를 했고, 산업화 이전 시장의 놀라움과 무작위성을 가미시킴으로써 현대적 쇼핑 경험을 향상시켰다.(그림 2.1) 잡화점과의 조우를 가장 효과적으로 만든 것은 가능한 한 많은 감각에 호소하는 상품들이었으며, 이런 상품들은 완벽한 몰입감을 선사해주었다. 건축 비평가 에이다 루이즈 헉스터블은 이와 같은 공간에 대한 생생하고 다중 감각적인 기억을 다음과 같이 표현했다.

가게들에서는 사탕 냄새와 화장품 냄새뿐 아니라, 벽을 따라 마련된 오찬용 카운터에 놓인 탄 토스트 냄새도 났다. 딱딱한 나무 바닥을 밟는 발소리, 낡은 금전 등록기에서 울려 퍼지는 밝은 소리, 기분 전환하기에 좋은 종소리도 울려 퍼졌다. (…) 그리고 많으면 많을수록 좋다는 판매 이론과 미학 이론에 근거해 기하학적 정밀도를 유지하며 진열된 상상할 수 있는 모든 종류의 장식품을 바라보는 절대 순수의 눈이 있었다. (…) 줄지어 있는 똑딱단추와 차곡차곡 쌓여 있는 컵과 받침 접시 옆에는 무한한 용도를 가진 새로운 색상의 플라스틱뿐 아니라 이제는 수집가의 물건이 된 흔하디흔한 키치도 같이 진열돼 있다. (…) 매대는 풍요의 보고였다. 기념 문구는 "중동에 바자가 있다면 미국에는 울워스의 가게가 있다"고 말한다.[2]

백화점은 극적인 조명, 화려한 진열장, 성당 같은 공간들로 소비자를 위한 꿈의 세계라는 더 세련되고 정교한 감성을 불러일으켰다. 그러나 상품의 신속성과 달성 가능성을 높임으로써, 즉 꿈을 현실로 만

그림 2.1 악보, 용기, 바구니, 조각상 등 다양한 상품이 진열된 초기 울워스 점포의 전경(장소 미상, 1900년경).

그림 2.2 균일가의 합리성은 다양성과 저렴함이라는 매력과 함께 제공되었다. 광고 부록에서 발췌. *"Jim Lane" The Price Wrecking Fool in Charge*(1920년 혹은 1925년경).

듦으로써 잡화점은 다른 세련된 소매점들이 제공하지 못하는 무언가를 제공했다. 울워스 가게의 사장이 말했듯이, "5센트나 10센트 매장에 들어가는 고객 한 명 한 명은 모두 잠시이긴 하지만 부자가 된다. 가게에 들어선 고객은 '내가 보고 원하는 것은 무엇이든지 살 수 있다'고 혼잣말을 한다."[3]

소매업 광고는 "체계적인" 계획을 제공함으로써 이와 같은 유익한 구매 환경을 조성하는 데 기여하는 역할을 했을 뿐 아니라, 시장이라는 혼돈의 세계를 체인섬이라는 합리성의 세계로 이행시키는 역할도 했다. 이와 같은 판매 전략으로는 효과적인 조명 설치, 조직화된 디스플레이 공간 구축, 가격 표시 등이 있었다.[4] 할인품을 팔며 동네를 누비던 한 폐업품 전문 판매업자는 6이나 7로 끝나는 눈길을 끄는 가격표를 부착했다. 이런 가격은, 그의 표현에 따르면, "아무리 거리가 멀어도" 사람들이 찾아와 쇼핑하도록 "만드는" "믿을 수 없는 가격 인하"였다.[5](그림 2.2)

능숙한 소매상들도 쇼핑을 보물찾기로 둔갑시켰다. 고객들이 사고 싶은 것을 스스로 알고 있다고 여겨지는 오랜 역사의 직물점과 달리, 잡화점은 이전에는 존재조차 몰랐던 물건들을 필수품으로 만들었다. 저가의 잡화는 소비자들을 "부지불식"에 빠뜨리며 잡화점으로 끌어들였다. 저렴한 가격에 판매되는 "잡동사니를 보고 싶은 유혹을 거역할 수 없었기" 때문이다.[6] 시어스로벅 같은 유수의 통신 판매 회사조차 잡동사니의 경이와 매력을 활용하기 위해 『저가품 매대 소식지: 잡동사니 저가 판매Bargain Counter Bulletin: Low Price Sale of Odds and Ends』라는 월간 소식지를 발행해 폐업품, 유행이 지난 상품, "정가에 팔기에는 너무 적은 수량"으로 제조된 상품들을 처분했다. 시어스로벅은 "실망하지 않으려면 이 안내지를 받은 날 바로 주문할 필요가 있다"

며 안내지를 받아보는 사람들을 재촉함으로써 시곗줄, 신발, 식탁보, 스푼 등의 할인 품목을 사려면 서두를 필요가 있다는 느낌을 만들어 냈다.[7]

시장의 임의적 요소들을 질서 정연함, 합리성과 결합함으로써 잡화점 매장의 상품 배치는 새로운 종류의 소매 공간을 만들어냈다.[8] 소매업자들이 수익성 높은 "조합"을 만들기에 다소 유리한 상품 배열들이 있었다. "치약과 칫솔은 서로를 추천하는 것이 명백하므로" "매출 상승 효과를 내게 하기 위해서는" 가까이에 진열해야 한다고 1925년에 발행된 『잡화점 운영 지침Manual of Variety Storekeeping』은 조언 했다.[9] 상인들은 정가의 상품들을 질서 정연하게 배치하는 것이 중요하다고 강조했고, 사람들이 품질과 가격을 스스로 보고 만져본 후에 결정하도록 유도하기 위한 상품 배열법을 보여주는 도표를 동원하며 이와 같은 원칙을 실증적으로 입증해 보일 때가 많았다. 흥미로운 것은, 쓰레기통에 쌓여 있는 물건들 옆에 깔끔하게 정리된 물건들을 두는 것으로 뒤죽박죽인 상품이 값싸고 좋은 물건이 되는 효과가 났다는 점이다. 초창기 소매 체인점 소유주 중 한 명이었던 얼 찰턴은 칫솔, 빗, 솔빗과 같은 것들을 "쌓아두는 것이" 판매에 "엄청나게 도움이 됐다"고 말했다. 다른 물품들도 마찬가지여서, "철사로 연결된 고무 굽 같은 경우, 가게의 한 구획에 쏟아부었다. 상자에 담긴 고무 굽을 옆에 배치해 같이 보여주었다"고 그는 말했다. "쏟아부어" 쌓여 있는 고무 굽이 깔끔하게 정리된 같은 고무 굽보다 이를테면 열 배 정도 더 잘 팔렸다. 쌓여 있는 품목이 상대적으로 싸 보였고, 따라서 "똑똑한 쇼핑객이라는 감성"을 불러일으켰다. 뒤죽박죽으로 섞인 품목은 희소성과 긴박감 또한 만들어내며, 이제까지 찾지 못했던 "알 수 없는 욕망의 대상"을 발견할지도 모른다는 생각까지 불러일으켜

그림 2.3 가장 매력적인 잡화점은 풍부한 상품 구색이라는 통제된 혼돈을 제공했다. 일리노이주 스코키 소재의 균일가 매장 내부 전경(1930년대). 스코키역사박물관 소장.

소비자심리학 전문가들이 말하는 "사냥의 스릴"을 자극했다.[10]

　점주들은 보유한 물건의 배치로 만족도와 판매에 영향을 주는 방법에 대해 점점 더 많이 알게 되었다. 전문 자문가들은 업주들에게 다양한 종류의 상품을 강조할 것을 촉구하면서도 남성용 담배 파이프 옆에 있는 위생용품이나 "사탕에 매달려 있는" 머리빗과 같은 "그로테스크하고 어울리지 않는 조합"을 경계했다. 상인들은 점포를 상품물신성을 담아내는 살아 있는 유기체로 여겼다. 찰턴은 "삶을 만드는 좋은 물건"을 비축하고 있는 자신의 매장 중 하나가 왜 실패하고 있는지를 알 수 없었다.[11] 그 품목들 자체는 명성과 힘을 가진 독립적인 존재로 생각되었다. 소매업 지침서는 업주들에게 "터무니없는 암시를 일으킬 수 있는 물건과 당신의 상품을 불규칙하게 연관시켜 당황하게 하지 말라"고 경고했다.[12] 상인들은 "움직이지 않는" "죽은 재고"에 대해 똑같은 걱정을 했다.(그림 2.3)

박리다매의 문제

"살아 있는" 잡화 상품은 매장 안팎에서 빠르게 움직였다. 체인점들은 1년 동안 평균 4.5회 이상 혹은 몇 년 동안 5회 이상 재고를 회전시켰다. 적은 이윤을 활용해 돈을 버는 균일가 매장들은 이처럼 재고를 효율적으로 회전시킬 필요가 있었다. 임대료, 임금, 광고비를 비롯해 각종 비용을 지불한 후 이익을 내기 위해서 점주들은 대량으로, 싸게, 자주 팔아야 했다. 대량 구매의 혜택에도 불구하고 1930년대 중반 각 매장은 판매할 때마다 거둬들이는 수익이 몇 센트에서 몇십 센트에 불과했으며, 그릇, 유리제품, 장난감, 전기용품, 문구류 같은 20센트 미만에 팔리는 물건으로 이익 대부분을 벌어들였다.[13]

균일가 매장의 일부 품목은 미국 제조업체가 조달했는데 적은 이윤에 팔리는 저가품을 생산하기에는 국내 인건비가 너무 높았다. 그래서 과거처럼 업주들은 해외 생산자로 눈을 돌렸다. 19세기 후반에 이르러서는 저가품 상당 부분이 독일에서 들어왔는데, 특히 연하장, 파티용품, 노벨티, "염가 장난감", 인형 같은 것들이었다. 머지않아 일본은 저가품 시장을 확장시키며, 도자기 조각상과 칠기 상자에서부터 펠트 천으로 만든 동물 모양 노벨티와 파이프 청소기에 이르기까지 온갖 상품을 수출했다.[14]

울워스가 거둔 큰 성공은 저비용 노동력을 확보해 비용을 절감하는 능력에서 비롯된 측면이 크다. 잦은 해외 구매 여행으로 그는 공장에서 직접 값싼 물건을 조달할 수 있었고, 경쟁자들이 무엇을 주문하고 얼마를 지불하여 조달하는지에 대한 정보를 수집할 수도 있었다. 유럽의 대량생산 중심지에서 생산되는 상품들은 특히 수익성이 좋았다. 예를 들어, "세계에서 가장 질이 좋은 도자기와 가장 질이 낮은 도자기들이 모두 만들어지는" 영국 스태퍼드셔, 인형 생산지로 유명한 독일의 조네베르크, 구슬과 크리스마스트리 장식을 생산하는 독일 라우샤, 세계 최대의 다기 제조 지역인 독일의 고타, 유리 제조 공장들이 있는 보헤미아 같은 곳들이었다. 그러나 울워스 역시 무엇이 팔릴지와 얼마가 이윤으로 남을지에 너무 집중함으로써 일종의 상품물신성에 굴복하게 되었는데, 직접 보기 전까지는 그도 마찬가지로 자신의 상점에 공급되는 값싼 크랩이 어떻게 만들어졌는지 완전히 이해하지 못했기 때문이다.

> 독일인들이 어떻게 인형과 장난감을 그렇게 싸게 만드는지는 내게 더 이상 미스터리가 아니다. 대부분 이곳에서 32킬로미터 이내에 있는 가정집에서 여성과 어린이에 의해 생산되기 때문이다. 미국 여성 중에는 자신이 해야 하는 일이 힘들다고 생각하는 사람도 있겠지만, 밤낮으로 일하며 장난감을 만들고, 그렇게 만든 인형들을 30킬로그램 넘게 등에 메고, 16~32킬로미터의 진흙 길을 걸어가서 인형을 파는 이곳의 가난한 여성들과는 다르다. 10센트 정도에 팔릴 양질의 인형을 3센트 정도에 판다. 받은 3센트로 머리카락, 셔츠, 인형을 만들 재료를 사야 한다. (…) 투입한 노동의 대가로 약 1센트 정도가 그들에게 돌아간다.[15]

1910년대에 이르러, 울워스는 음지에서 투명 인간처럼 일하는 어린이와 가난한 사람들에 의해 만들어지는 상품을 구매하는 데 연간 수백만 달러를 지출하고 있었다. 크랩 기반의 사업 모델은 소매 제국

을 건설하는 데 도움이 되었다.[16]

울워스만 그런 게 아니었다. 20세기 전반 미국의 해안 지역으로 흘러 들어오는 저가품 공급 때문에 그는 점점 더 많은 경쟁에 직면했다. 시간이 흐르면서, 균일가 매장의 수익이 꾸준히 증가하고 기업들이 더 많은 매장을 추가함으로써 저가품 체인점이 소매업계에서 차지하는 입지는 크게 확대되었다. 서배스천 크레스지는 1909년에 42개 매장에서 510만 달러의 매출을, 1957년에 이르러서는 692개 매장에서 총 3억7720만 달러의 매출을 올렸다고 밝혔다. 크레스 잡화점은 1896년에 1호점을 설립하여 3만1100달러 매출을 기록했고, 1957년에는 261개로 매장을 늘렸으며 연간 총 1억5860만 달러의 매출을 올렸다. 1912년에 이미 631개의 점포를 가지고 있던 비히모스 울워스는 연간 6060만 달러의 매출을 올리고 있었다. 1957년에 이르러서는 점포가 2121개로 늘어 점포당 연평균 38만8400달러, 총 8억2400만 달러의 매출을 기록했다.[17]

균일가 매장의 지속적인 성공은 저가의 크랩을 취급했다는 데에만 의미가 있는 것이 아니라 미국인들이 계속해서 크랩을 소비했다는 데에도 의미가 있었다. 처음에 쇼핑객들은 비교적 적은 위험이 수반되는 구매 행위와 노력 없이도 얻을 수 있는 참신함에 끌렸다. 그러나 대공황 시대에 이르러 저렴함은 예산에 민감한 사람들의 구매 결정에 영향을 미치는 더 중요한 요소가 되었다. 그리고 상품은 궁핍한 시기에 쉽게 대체될 수 없었기 때문에, 품질 또한 훨씬 더 중요해졌다. 1932년 한 여성은 "단과 이음새를 고려하지 않고 만들어진" "값싼" 스타킹과 "값싼" 드레스, 입으면 입을수록 "더 모양이 이상해지는" "값싼 신발"의 "갑작스러운 해짐"에 좌절했다.[18] 국민 경제를 침체에서 구하기 위해 여성의 소비를 촉구하는 대중 언론의 소란스러움에 그녀는 특히 화가 났다. 그녀와 같은 수백만 명의 여성은 제 몫을 했지만, "나에게 질 나쁜 물건을 팔겠다는 핑계로" 낮은 가격을 활용하는 "파괴적인 시스템"에 희생당했다.[19] 검소하게 살려는 그들의 노력은 내구성이 떨어지는 물건에 의해 좌절되었다. 하지만 그들은 무엇을 기대했을까? 미국인은 세대를 거치며 저렴한 제품은 품질도 낮을 수 있다는 사실을 잘 인식하게 되었다.

균일가 매장은 다른 많은 소매상보다 불황을 잘 견디며 소폭의 매출 감소만을 경험했다. 그렇게 된 부분적인 원인은 낮은 가격을 강조했을 뿐 아니라 축제처럼 요란한 분위기와 잡화의 오랜 연계를 약화시켰다는 데 있다.[20] 그러나 낮은 가격조차 신기루일 뿐이었다.[21] 수년 동안 많은 균일가 매장 물건은 구성 덕에 팔렸다. 예를 들어, 달걀 거품기의 가격은 실제로 30센트인데 이를 구성하는 그릇, 거품기, 돌려 끼우는 뚜껑 각각은 10센트씩이었다. 커튼은 가격이 1미터당 약 11센트였는데 세트로 구성될 때는 1달러가 넘었다. 양말이나 스타킹을 고정해주는 가터는 개당 10센트였지만 2개 단위로만 구입할 수 있었다. 당시 한 작가는 셔츠를 소매는 10센트, 단추는 5센트, 등판은 10센트, 나머지 부분은 10센트에 나눠 팔게 될 날이 머지않았다고 농담했다.[22]

대공황이 심화됨에 따라, 경영자들은 물질적 풍요라는 열광의 시대에 어울렸던 물건 쌓아두기 전략을 포기하고 매장을 "판매 부문"별로 조직화되고 깔끔하게 정리된 더 합리적인 공간으로 탈바꿈시키는 전략으로 선회했다. 이 새로운 접근법은 쇼핑객들이 물건을 우연히 발견하게 하기보다는 찾고 있는 것을 더 정확하고 더 쉽게 찾을 수 있게 해주기 위한 것이었다. 한 광고인은 "눈을 감고 있어도 물건을 구매할 수 있었다. (…) 왼쪽에는 아이스크림, 샌드위치, 소다수, 가운데

에는 사탕, 오른쪽에는 보석류가 있으므로"라고 말했다.[23](삽화 2)

점주들은 질서 있는 공간을 만들고 가격을 확정함으로써 쇼핑 경험을 합리화하려고 시도했고, 어려운 시기에도 더 많은 감정적 충동은 소비자들을 계속해서 몰아붙였으며, 실제로도 특히 그런 효과가 있었다.[24] 잡화점들은 일주일 동안은 리넨 커튼, 다음 주에는 전기코드 제거기 같은 식으로 정기적으로 진열을 바꾸었다. 성공적인 품목은 "강력한 눈부심 가치"를 가지는 경향이 있었다.[25] 대공황 시기의 판매자들은, 가장 성공적인 품목은 소비자 스스로 "보고 느끼는" 시험을 통해 판단할 수 있을 때 "감각적으로" 판매될 것이라고 주장했다.[26]

합리적인 것과 선정적인 것 사이의 균형을 잡는 일은 1930년대에 균일가 매장들이 가격 상한선을 25센트로 올렸을 때 특히 중요해졌다. 균일가 매장에서 쇼핑을 하기에는 스스로가 너무 좋은 "부류"라고 생각한 이가 여전히 많았기 때문에, 업주들은 저렴한 가격에 대한 기대를 관리하기 위해 친숙하고 참신한 전략을 사용하여 계속해서 핵심 단골들에게 호소해야 했다.[27] 10센트의 장벽을 깨버림으로써 잡화점들은 더 다양한 종류의 상품을 비축할 수 있었다. 중요한 것은, 이 덕분에 쇼핑객들이 좀더 분별력 있다고 느낄 수 있었을 뿐 아니라 고가 상품과 저가 상품의 품질을 직접 비교할 수 있었다는 점이다. 어떤 물건이 싸구려임을 감추려 하는 대신, 점주들은 사실상질 나쁜 상품을 활용해 값비싼 물건을 팔 수 있었다. 싸구려는 포장지가 되었다. 동시대의 한 판매자는, 쇼핑객들이 서로 옆에 놓여 있는 다른 종류의 상품들을 볼 수 있을 때 "일반적으로 그들은 고가의 상품을 선택하기로 결정한다"고 설명했다. 그러나 이 전략은 저가의 그림 액자가 진열대에서 죽어감을 의미하지는 않았다. 저가의 그림 액자들 역시 일정한 길이의 액자용 철사나 "인기 있는 영화 스타의 저가 인쇄물"과 같은 공짜 선물과 함께 제공될 때는 바람직한 상품이 되었다.[28]

그러나 가장 "합리적인" 공간조차 품질과 가치를 판단하는 소비자들의 능력을 교란시킬 수 있었다. 가게의 주력 상품 중 하나인 5달러, 10달러짜리 조리도구를 예로 들어보자. 용해된 알루미늄 찌꺼기로 만들어진 저품질 주조 알루미늄 수입 냄비는 기름, 합금, 기타 오염물질이 스며들어 국내산 스테인리스 냄비나 팬보다 훨씬 저렴했다. 쉽게 눌어붙고 변색되었다. 업계 관계자들은 이러한 품목을 "F&G", 즉 거절의 의미를 담고 있는 '깃털과 내장feathers and guts'이라고 했다.[29] 그러나 명성 있는 제조업체들은 보통 다양한 등급의 제품군을 나란히 판매했다. 더 좋은 품질의 상품에는 도장을 찍은 반면 낮은 품질의 상품에는 찍지 않을 때가 많았다. 경량 알루미늄 제품과 크레스지 잡화점용 고품질의 '미로Mirro'라는 상품을 생산한 구즈컴퍼니의 한 임원은 "기준에 미달하는 상품에는 브랜드를 절대 붙이지 않을 것"이라고 인정했다. 그러나 이 회사는 또한 "특정 조건을 충족시키기 위해" 모조품을 생산했고, 분명히 그는 "이 제품의 판매를 권장하지 않는다"고 말했다.[30]

명료한 표식이 있는 품목도 완전히 믿을 수는 없었다. 모조 실크 양말에는 흔히 "인조 실크" "새로운 실크" "실크sylk", 심지어 "실크silk"라는 라벨이 붙어 있었다. 면을 비롯해 비非양모 섬유는 "모" 직물로 분류되는 때가 많았다. "아일랜드산"(실제로는 중국산) 레이스는 "품질과 가치 면에서 열등"했다. 1925년 연방거래위원회로부터 수입 정지 명령을 받은 73개 제품 중 상당수는 의료용품, 비누, 양말, 드레스용 똑딱단추, 만년필, 사탕 등으로, 잡화점의 진열대에서 흔히 찾아볼 수 있는 것들이었다.[31] 이 수십 가지 제품이 각각 어떤 품목인지 소비자들이 이해할 수 있는 방법은 없었다. 현재 수천 개의 품목이 판매되고 있을 뿐 아니라, 특히 기만적인 상품에 의해 소비자들이 추가로 혼동된다면 더욱 그랬다.[32]

메이드 인 재팬

오랜 전통을 가진 가정용품 덕분에 일본은 특히 잡화점용 저가품 생산의 적지였다. 세계 무역에 항구를 개방한 직후인 1870년대부터 일본은 일찍이 저가품을 만들어 수출하고 있었다. 여성과 아이들은 일본 공장법의 기준을 충족하지 못하는 소규모 가정집에서 대부분 무급으로 일했다. 여성과 아이들의 손에 의해 종이 제품과 파티용품에서부터 대나무 바구니와 철조망에 이르기까지 온갖 것이 만들어졌다. 이 품목들은 조립 과정을 기계화할 수 없는 다양한 부품으로 구성되어 있어, 수작업으로만 생산될 수 있었다. 그럼에도 불구하고 기껏해야 1센트짜리 동전 하나에 판매되었다. 오늘날과 마찬가지로 미국 소비자들은 이와 같은 착취적인 노동 관행의 수혜자였다.[33]

유럽의 노동자들과 마찬가지로, 일본의 노동자들도 열악하고 비위생적이며 위험한 환경 속에서 소위 "상업 조직자"를 위해 노동하곤 했다. 상업 조직자는 공장 생산을 감독하고 조정하며 생산자와 도매상 사이에서 중간 역할을 했다. 농부들은 도시의 공장에서 일하기 위해 "예비"로 채용될 때가 많았다. 그리고 1920년대까지 노동자들은 자신의 일거수일투족을 감시하는 회사들이 운영하는 기숙사에서 생활할 것을 강요당했는데, 이 모델은 오늘날 많은 국제적 생산업자에 의해 유지되고 있다.[34]

1920년대에 이르러, 일본 생산자들은 저가품 업계를 지배하게 되었다.[35] 합성섬유의 혁신이 과거 일본의 주요 대미 수출품 중 하나였던 비단 시장을 잠식했기 때문에, 일본 제조업자들은 균일가 매장으로 향할 상품을 생산하는 데 전념하기 시작했다.[36] 1930년대 초에 이르러 미국은 진정한 "무역 붐"을 경험했다.[37] 일본 장난감과 인형에 대한 미국의 수입은 40년도 채 되지 않아 75배나 증가했고, 1932년에 이르러서는 높은 보호 관세에도 불구하고 대표적인 일본산 수입품이었던 차와 수산물을 앞질렀다.[38]

'메이드 인 재팬'은 낮은 가격과 품질의 동의어가 되었다. 1930년대 초까지 잡화점에는 장난감 말고도 도기, 종이 상품, 철사, 대나무 물품, 고무 제품, 조형물, 양철 제품 등 온갖 종류의 일본산 상품이 모여 있었다. 1933년의 잡지 기사 「미국의 일본산 크리스마스Made-in-Japan Christmas in the United States」는 그해 약 8000만 개의 일본산 전구와 5400만 개의 일본산 난초 크리스마스트리가 미국의 집을 장식할 것으로 추정했다.[39] 이 기사를 쓴 기자는 소비자들에게 중요한 것이 원산지가 아니라 "가격, 색상, 모양"일 뿐이라는 사실에 실망했다. 그는 이어 "장기적으로 보면 그런 상품들은 오히려 더 비싸다"고 하면서 "가령 전구는 수명이 짧아 오히려 더 많은 비용이 든다"고 말했다. 이런 정서는 제너럴일렉트릭 램프 광고에 반영되어, 소비자들에게 "전류를 낭비하고, 너무 빨리 수명을 다하며, 가슴 패드처럼 기만적인 것으로 판명되는 열등한 '저가의' 램프를 주의하라"고 촉구하기까지 했다.[40] 전적으로 설득력 있는 주장은 아니었지만, 낮은 가격 덕에 침체된 경제에서 판로를 찾을 수는 있겠으나 "언젠가는 품질이 실망스러운 것으로 판명될 것이며 이에 따라 일본 제품들은 초기의 인기를 잃게 될 것"이라고 다른 한 관찰자는 주장했다.[41]

그러나 제2차 세계대전이 시작될 때까지, 그리고 보호주의적인 관세와 수입 쿼터제가 시행된 이후에도 미국의 도매상과 소매상들은 일본의 저가품을 대단히 큰 규모로 계속 수입했기 때문에 소비자 옹호자와 보호론자들은 일본이 저가품을 부당하게 덤핑하고 있다고 비난했다.[42] 비록 미국 제조업자에 의해 생산되는 무명의 열등한 제품군을 포함해 저가 잡화품은 전 세계에서 조달되었지만, 일본 수출품은 쉽게 비판의 대상이 된 것으로 보인다. 1937년 한 비즈니스 잡지는 "체인점 품목 공급업자들은 공급원을 찾기 위해 전 세계를 뒤진다. 평균 2만5000개의 개별 품목이 체인점들에 의해 처리되기 때문에 공급원은 계속 개방되어야 한다"고 했다.[43] 이런 "개방성" 때문에 저가품의 진가를 평가하기가 더욱 어려워졌다. 왜냐하면 각국에서 다양한 품질의 다양한 소비 품목을 생산했는데, 제품이 같은 공장에서 생산될 때도 있었기 때문이다. 제품이 의도적으로 잘못 표기된 경우도 많았다. 1930년대에 이르러 원산지는 더 이상 품질에 대해 신뢰할 수 있는 신호가 되지 못했다. 미국에서 생산한 상품의 격을 높이기 위해 '수입품'이라는 라벨을 붙이는 국내 제조업체들도 있었던 반면, 외국산 제품에 '메이드 인 U. S. A.'라는 라벨을 붙이는 국내 제조업체들도 있었다.[44] 대중의 상상 속에서 품질은 지리적으로 구별될 때도 있었지만, 항상 그런 것은 아니었다. 소비자들은 예를 들어, 쿠바산 시가, 중국산 차, 아일랜드산 리넨, 프랑스산 향수는 긍정적으로 생각했지만, 일본산으로 의심되거나 일본산으로 알려진 모조품, 라벨이 잘못 부착된 상품은 점점 의심했다.

1930년대 후반에 이르러 비평가들은 일본의 중국 침략, 일본 상품의 낮은 품질, 불공평한 덤핑에 대한 인식, 차별적인 무역 정책의 비난, 일본 내 친미 감정의 동반 상승 등 정치적, 경제적 이유로 미국 소비자들에게 일본 상품에 대한 불매운동을 촉구했다. 이와 같은 외부의 압력에도 불구하고, 소매상들은 자신의 매장 물품을 공급하는 주요 국가가 일본이었기 때문에 일본산 상품의 판매 중단을 꺼렸다.

특히 미국인들이 원하는 저가품을 일본이 너무 많이 제공했기 때문에 소비자들 스스로가 반일이라는 대의를 전적으로 지지하는 데 어려움을 겪었다. 1937년 발간된『불매운동자들을 위한 쇼핑 가이드 Shopping Guide for Boycotters』는 독자들에게 실크 스타킹, 실크 내복, 실크 드레스, 실크 넥타이 등 어떤 종류의 실크 상품도 사지 말 것을 촉구했다. 이 기사의 위협적인 어조는 여성들이 어쨌든 계속해서 불쾌감을 주는 물건을 구입할 가능성이 있다는 사실을 암시했다.[45] 이것은 상당 부분 "저가의 유혹"과 일본으로부터 들어오는 완전히 다양한 상품 구성 때문이었다.[46] 이 가이드에 따르면, 보이콧되어야 하는 다른 저가의 잡화점 품목에는 '메이드 인 재팬'이라고 표시된 온갖 품목이 포함되어 있었다. 구체적으로는 크리스마스트리 장식, "무작위적인 문양"의 깔개, "균일가 매장용 저가의" 양식 진주 및 모조 진주, 완구류(특히 저가의 기계식 완구, 자동차 장난감 세트, 셀룰로이드 완구, 악기 장난감 등 분명히 균일가 매장에서 파는 온갖 종류의 장난감), 저가와 고가의 도자기, 반려동물용 바구니("달걀 상자에 반려동물을 재우세요") 같은 대나무 제품, 칫솔, 성냥, 셀룰로이드 빗, 20센트 미만에 소매되는 선글라스, 나무 손잡이가 달린 우산, 빗자루, 저가의 돋보기안경, 소형 거울, 경량 장갑, 밍크 털 등이었다.[47] 무리한 요구였다. 한 저자는 전반적으로 "불매운동 자체보다 운동에 찬성하는 정서가 훨씬 더 강하다"고 인정했다.[48] 이런 무리한 요구는 주로 균일가 매장의 핵심 단골인 저소득층과 중산층을 강하게 압박했다는 점에서 불매운동이 실패한 원인이기도 했을 것이다.

그러나 진주만 폭격 이후 구매자와 판매자들은 선택의 여지가 없었다. 소매상들은 패전국인 추축국에서 생산된 상품을 모두 선반에서 자진해서 퇴출시켰다. 울워스와 같은 일부 체인점은 "하찮은 일본 상품들을 쓰레기통에 버리고" 더 좋은 품질의 상품들을 창고에 비축했다. 결국 문제가 된 것은 상품 자체가 아니라, 상품이 당시에 상징하는 것뿐이었다. 불쾌감을 주는 품목에서 라벨을 제거하거나 '메이드 인 재팬'이라는 불순물이 안 보이게 하려는 체인점도 있었다. 선반에서 추방된 물건들을 자선단체에 기부한 체인점도 물론 있었다.[49]

일본의 제조업은 히로시마와 나가사키에 투하된 원자폭탄과 다른 주요 도시를 강타한 화염에 의해 전쟁 중에 마비되었다. 미국 소비자들은 처음에는 일본 상품 구매를 꺼렸지만, 1947년에 이르러 두 나라는 일본의 제조업 부문을 재건하기 위해 노력하고 있었다.[50] 미국의 국무장관 존 포스터 덜레스는 칵테일 냅킨을 미국에 수출하는 것이 일본 경제를 재건할 한 가지 방법이라고 제안했다. 입바른 소리이기는 했지만, 맞는 측면도 있었다.[51] 사실 일본이 전쟁 후 미국에 수출한 최초의 소비재 중 일부는 "저렴하고 대부분 일회용인 균일가 매장 물품"이었으며, 대나무 낚싯대와 크리스마스트리 장식, 하모니카, 부활절을 기념하는 면제綿製 병아리, 성 패트릭 기념일을 기념하는 인공 토끼풀처럼 "미국 소비자들이 일본 제조업으로부터 기대하는 바로 그런 것"이었다.[52] 일본 전체 경제의 활성화 여부는 미국인들의 크랩 구매에 상당 부분 달려 있었다.

그리고 비록 사람들이 일본 상품을 싸구려와 더 많이 연관시켰음에도 불구하고 수요는 계속되었다. 1953년 「전후의 일본 산업Japanese Industry since the War」이라는 보고서는 하청 계약과 저임금 노동력의 사용이 "품질과 균일성의 희생"을 초래했다고 지적했다.[53] 그러나 이는 일본의 소규모 제조업이 반세기가 훨씬 넘는 기간 동안 작동되어온 방식이었을 뿐만 아니라 황폐화된 일본을 되살릴 수 있는 타당성 높은 유일한 생산 전략이었다. 라디오에서부터 고무 컨베이어 벨트에 이르기까지 여러 저급한 품목을 나열한 한 작가는 1949년 "전쟁과 점령은 전 세계 시장에서 일본의 전통적 불량품 덤핑 경향을 바꾸지 못했다"고 불평했다.[54] 1958년 한 조사 결과에 따르면, 가격, 품질, 스타일이 같은 품목을 고려하면 미국 소비자의 1퍼센트만이 일본 제품을 최우선적으로 선택하는 것으로 나타났다.[55] 편견은 여전했다. 소비자 행동에 관한 한 연구는 일본이 1967년까지도 "일본산 제품에 대해 강한 부정적인 태도"에 직면해 있다고 지적했다.[56] 제품의 품질에 대한 인식을 다룬 또 다른 연구는 사탕과 신발에서부터 도자기와 텔레비전 세트에 이르기까지 일본 제품들이 모든 범주에서 꼴찌를 차지했다고 지적했다.[57]

그러나 미국 소비자들은 잡화점용 저가 상품뿐 아니라 이를 대량으로 공급하는 외국인들에게도 의존하게 되었다. 1941년 미국 정부는 대부분 가격과 품질이 모두 낮은 일본 상품들의 감축 효과를 열거했다. 분석가들은 미국산 도자기와 유리그릇을 "저렴한 등급"의 일본산 상품으로 대체할 수 있다고 제안했지만, 실제로 그렇게 될지에 대해서는 의문을 달며 대신에 국내 소비가 "급격하게 감소할 것"이라고 예견했다.[58] 마찬가지로 일본산 수입품이 없으면 모든 플라스틱 제품의 공급이 급격히 감소할 게 뻔했다. 미국에는 밀짚 자체를 대체할 수 있는 원재료도, 밀짚을 짜는 저렴한 노동력도 대체할 대안이 없었기 때문에 저가의 밀짚모자 공급도 감소할 게 뻔했다. 거의 전적으로 장난감, 노벨티, 장식품, 가치가 낮은 싸구려 등으로 구성되어 있고 "내구성"이 중요하지 않은 비非생필품 소비는 70퍼센트 정도 줄어들 것이었다. 이 제품들은 미국 제조업체들이 굳이 대체품을 만들려고 하지 않을 정도로 "하찮은 것"이었고, 대체한다 하더라도 수익성을 확보할 수 없는 것들이었다. "실제로 모든" 하위 등급과 중간 등급의 도자기 그릇은 일본산이었다. 일본산이 없었다면, 미국 소비자들은 30~50퍼센트의 웃돈을 얹어 더 높은 등급의 그릇을 사야 할 판이었다. "구매력이 그다지 높지 않은" 사람들은 도자기 그릇 없이 생활해야 했을 것이다. 이들은 일본만이 사실상 유일한 공급원이었던 신형 소금 통과 후추 통, 동물 조각상 같은 "내재적 가치가 낮은" 장식용 도자기 상품도 포기해야 하는 상황이었다. "주로 5센트 및 10센트 잡화점을 통해 유통되는" 버클, 브로치, 장신구 같은 피록실린 플라스틱 품목의 90퍼센트 가까이가 고가의 국내산 제품으로 대체되어 사라져야 할 판이었다.[59] 저가품에 대한 접근이 사라지면 잡화점 체인의 성장이 위축될 뿐만 아니라 많은 이가, 특히 자신들이 익숙한 방식으로는, 시장에 완전히 참여할 수 없게 될 것이었다.(그림 2.4)

이에 전쟁이 끝나자 미국인들은 구할 수 있는 것, 즉 일본에서 만들어진 크랩을 받아들였다.[60] 사기업과 정부 스스로 일본 제품의 격을 높이고 고정관념을 없애려 노력했다. 전후 신설된 일본무역진흥기구JETRO는 전쟁 이전에는 긴요한 중개인 역할을 했던 대형 도매 무역회사들의 역할과 위상을 회복시키고, 국제판매 대행 기관으로서 기능하고, 소규모 생산업자에게는 자본을 제공하는 역할을 수행한다는 목표를 갖고 있었다.[61] 품질관리 노력도 다양하게 전개했다. 그중 하나는 "더 나은 품질을 위해 끊임없이 노력하라"고 업계를 독려한 일본품질검사협회Japan Inspection Association였다.[62] 나머지 하나는 일본 도예인들이 외국 디자인을 표절하지 못하도록 하고 품질을 향상시켜 "판매를 확대하라"고 한 일본도예디자인센터Japan Pottery Design Center였다.[63]

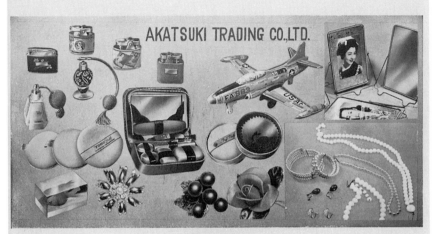

AKATSUKI TRADING CO.,LTD.

Fancy Goods

Spray, Toilet Set, Brooch, Earring, Bracelet, Powder-Puff, Hair-Pin, Hair Ornament, Clip, False Eyelashes, Comb, Imitation Pearl Jewellery, etc.

Sundries

Tooth Brush, Hair Brush, Shoe Brush, Cloth Brush, Fan, All Net, Nail Clipper, Cutter, Buckle, Button, Fastener, Band, Mirror, Pencil Case, Soap Case, Spectacles, Roupe, Safety Pin, Needle.

Rubber Goods

Ball, Tennis Ball, Diapper, Elastic String, Bust Pad.

Bags and Purses

Wallet, Suit Case, Hand Bag, Bamboo Basket, Shoulder Bag.

Toys and Games

Celluloid Toy, Mechanical Toy, Cloth Toy, Rubber Toy, Wooden Toy, and Games.

Porcelain Products

Tea Cup, Vase, Dishes, Brooch, Earring and etc.

Hardware & Alminium Wares

All kinds.

Others

Cigarette Lighter, Grass Mat, Glass Cup, Vinyl Sheet, Textile Piece Goods, Gloves, Gold Fish, Paper Weight.

AKATSUKI TRADING CO., LTD.

Trade Mark

Head Office : 1 Junkeimachi-dori 2-chome, Minamiku, Osaka
P.O. Box No. 15 Minami, Osaka
Cable Add. : "AKATSUKEI" Osaka

Open Bank : The Bank of Tokyo, Osaka Branch
Ref. Bank : The Bank of Tokyo, Shinsaibashi Branch, Osaka

그림 2.4 전후 시대에 일본은 저가품의 핵심 공급처로 다시 부상했다. 미국으로 수출된 일본산 "팬시 상품"들. 일본무역진흥원연합회, 「일본이 제공하는 상품들Merchandise That Japan Offers」(1955년).

이와 같은 대책들은 일본산 저가품들도 완전히 크랩인 것은 아니라고 소비 대중을 안심시키기 위한 것이었다.

그러나 현실은 다소 다를 때가 많았다. 일본 사업자들이 악의적인 행동을 했기 때문이라기보다는, 아주 적은 이윤으로 거래하는 것을 일컫는 "싸구려 구매split penny buying"를 잡화점 장사꾼들이 정기적으로 일삼아 "유용성이 명확히 훼손될 정도의 상품 가격 인하를 촉발시켰기" 때문이다. 예를 들어, 많은 주방 기구는 열이나 습기에 노출되면 "뒤틀림과 강도의 상실"을 겪을 정도로 열등한 플라스틱으로 만들어졌다. 플라스틱 장난감과 노벨티들은 보기 좋은 색으로 나왔지만, 폐자재를 녹여 만들어질 때가 많아 내구성이 떨어지고 "쓸 수 있는 경우가 드물었다".[64] 대나무 제품은 변질되기 쉬워 소비자들이 "불만족스러운 물건에 대해 항의"하곤 했다. 저가의 셀룰로이드 꽃들은 불이 붙을지도 몰랐다.[65]

가격을 최대한 낮게 유지하기 위해 체인점 임원들은 계속해서 제조업자들을 압박했다. 제조업자들은 잡화점과의 계약에 지나치게 의존하게 되어 어쩔 수 없이 제품의 품질을 희생시키고 인건비를 절감했으며, 때로는 이익을 포기하기도 했다. 예를 들어, 대형 잡화 체인과의 사업을 확보하려는 장난감 자동차 제조업자들은 시제품을 한 조각의 주물 금속이 아니라 두 가지 색상으로 된 두 조각의 주물 금속으로 나눠 만들어야 한다거나 금속 타이어 대신 고무 타이어를 장착시켜야 한다는 말을 들어야 했다. 여전히 5센트에 소매되는 제품을 생산하는 것은 불가능할 뿐이었다. 그럼에도 불구하고 그래야만 했기에, 많은 희생이 따랐다. "커다란 눈물방울이 제조업자의 뺨을 타고 흘렀지만, 결국 집으로 돌아가 두 가지 색상으로 된 두 조각의 주물 금속으로 자동차를 제조한다"고 할 정도였다. 체인점 임원들은 "제조업자에게 지시를 내리는 판매업자가 더 나은 가치를 창출한다"고 믿었지만, 그렇게 믿은 것은 제조업자들이 대형 체인점들의 압력과 명령에 응할 수밖에 없기 때문이었다.[66] 크랩의 논리는 낮은 가격을 기대하는 소비자들로부터 품질에 돈을 아끼고 임금을 삭감하며 원자재를 더 나은 가격에 확보하기 위해 공급자들을 압박해야 한다고 주장함으로써 원가를 절감한 소매업자로 옮아갔다.

미국 소비자들은 필요, 무지, 무관심 때문에 저가의 일본 상품을 계속 사들였다. 예를 들어 일본 도자기 수출액은 1955년에 5400만 달러에 달했는데, 이는 지난 10년과 비교하면 거의 1000배에 달하는 수준이었다. 미국에 수입된 모든 도자기의 50퍼센트 가까이가 일본에서 수입되었다.[67] 같은 해, (기저귀 바지, 온수병, 단추, 기타 자질구레한 고무 제품은 말할 것도 없고) 일본산 고무 완구만 따졌을 때 50퍼센트 가까이가 크레스지, 울워스, 크레스, 매크로리, 뉴베리를 비롯한 다양한 체인점으로 흘러 들어갔다.[68] 20년 전 8억7300만 달러였던 체인점 전체 매출이 1954년에는 30억 달러 이상으로 증가했는데 저가의 일본산 상품이 없었다면 그렇게까진 증가하지 못했을 것이다.(삽화 3)[69]

사라지지 않는 싸구려

20세기 말 수십 년 동안 저가품 제조업은 일본에서 타이완과 홍콩으로, 그리고 마침내 중국 본토로 옮겨갔다. 가내수공업이 대규모 생산시설로 편입되면서 질 낮은 제품의 생산량이 크게 늘었다. 미국인들은 자신이 사고 있는 것에 그 가격만큼의 가치가 있을 것이라고 기대하지는 않았지만, 1980년대의 한 무역 전문가에 따르면, 미국인들은 "덜 까다로워졌다". 싸구려의 낮은 가격과 질이 똑같이 긍정적인 역할을 했다. 따라서 해외 제조업체들은 "품질에 대해 그다지 많이 걱정할 필요가 없었다".[70] 1980년대 후반에 이르러 대만의 생산업자들은 "플라스틱 장난감 및 일회용 잡품 같은 싸구려로 바가지를 씌우는, (…) 저가 모조품과 균일가 매장용 기기로 유명한 행상인들"로 알려졌다. 명성을 높이기 위해 일본이 지난 수십 년간 들인 노력을 흉내 내려고 한 대만 정부는 "국가 품질의 달"을 포함해 4000만 달러의 홍보 캠페인을 시작했다.[71]

홍콩은 고급 양배추 인형에서부터 저급 플라스틱 닌자 거북이 인형에 이르기까지 장난감 생산에 주력하면서 후기의 저가 상품 무역을 지배하는 데 있어 대만의 대열에 합류했다. 1989년에 이르러 홍콩은 연간 수출액이 20억 달러를 넘어설 정도의 세계 최대 장난감 생산국이 되었다.[72] 장난감은 물론이고 많은 상품이 열등할 뿐만 아니라 실제로 해롭다는 사실에도 불구하고 이루어낸 성과였다. 소비자 감시 단체들은 홍콩산 제품이 위험할 정도로 날카로운 모서리를 하고 있거나 쉽게 부서지거나 유해한 플라스틱으로 만들어졌다는 점에 주목했다. 1987년에만 미국소비자제품안전위원회US Consumer Product Safety Commission는 35명의 사망자를 포함해 11만3000건의 장난감 관련 사고(떨어져 나온 부품을 입에 넣어 질식한 어린이에서부터 독성 페인트 표면을 핥은 어린이에 이르기까지)를 보고했다.[73] 애석한 것은, 많은 제품이 0937이라는 라벨이 붙은, 즉 뒤집어서 읽으면 'LEGO'〔레고〕로 읽히는 플라스틱 벽돌 장난감처럼 유명 브랜드 상품의 모조품임이 확실하다는 점이었다. 같은 해 캘리포니아 장난감 검사관들은 안전하지 않은 수입 완구 200종을 확인했는데, 개수를 따지면 총 30만 개에 이르렀다.[74] 과거처럼 관계자들은 "쇼핑객들이 '소비자 스스로 주의하는 태도'를 갖춰야 한다"고 권고했다.[75] 이렇게 하는 것은 점점 더 어려워졌다. 소비자들은 이 모든 싸구려의 풍요를 환영했을 뿐만 아니라, 이전과 마찬가지로 품질을 정확하게 판단하고 싶어도 그렇게 할 수가 없었다.

20세기 후반 중국의 급속한 산업화는 크랩에 대한 미국인들의 끝없는 욕구 덕분에 이루어진 것이라 할 수 있다. 1990년대 중반까지 중국은 연평균 10퍼센트의 경제 성장률을 기록했고, 불과 20년 만에 세계 최대의 상품 수출국이 되었다.[76] 이와 같은 놀라운 성장은 주로 크랩 생산에 기인했다. 다시 말해, 무역 용어로는 의류, 장난감, 신발류 등 "기타 공산품" 혹은 "중국 수출의 특징적인 예로서 오랫동안 확인된 품목들", 즉 저가품에 기인한 것이었다.[77]

저가품의 맹공이 제대로 먹히기 위해서는 새로운 종류의 소매 공간이 필요했다. 이미 증가세에 있었던 대형 할인점들이 전국의 저가품 사업을 지배하게 되었다.[78] 월마트, 타깃, 코스트코와 같은 대기업뿐만 아니라, 변화무쌍한 저가품들을 제공함으로써 성공을 거둔 빅라츠와 딜달러도 이 대열에 합류했다. 달러제너럴과 패밀리달러와 같은 소위 "소량 거래 균일가" 체인점들도 저가품 시장에서 경쟁했다. 크레스지는 1977년 K마트에 편입되었고, 1987년에는 남은 점포들을 매크로리에 매각했다. 울워스는 1997년에 폐업했다. 매크로리와 뉴베리는 2002년 그 뒤를 이어 폐업했다.

앞서 존재했던 소매점들과 마찬가지로 신규 체인점들은 경제에 다양성을 제공했고, 히스패닉과 고정수입이 낮은 노인 인구를 포함해 "가격 및 예산에 민감하다"고 특징지어졌던 소비자들과 가까운 곳에 매장을 설립했다. 할인점들은 "대량 거래, 판매업체와 공급업체 간의 강력한 관계 유지, 재고 상품 구매"를 통해 가격을 이처럼 낮추어 물품을 제공할 수 있었다. 게다가 달러트리 같은 업체들은 균일가를 유지하기 위해 포장을 생략하고 상품 묶음당 품목 수를 줄였다("수량 조정"). 예전과 매우 유사한 새로운 가치 교란 방법이었다.[79]

현대적인 것처럼 보이지만, 다른 전략들도 이전의 설득 방식을 차용한 것이었다. 예를 들어, 균일가 매장은 가게의 물동량을 증가시키기 위해 식품용 냉동기와 냉각기를 설치했고, 그 결과 초기 소매점들이 균일가 품목의 판매를 증가시키기 위해 5센트 매대를 활용했던 것처럼 "이윤이 더 높은 임의적인 상품을 포함한 모든 범주의 상품을 활용해 판매를 늘렸다."[80] 일부 품목에 대한 할인은 저가품을 찾는 사람들의 열성에도 불구하고 모든 품목에 대한 할인을 의미하지는 않았다. 치약이나 세탁 세제 같은 균일가 매장에서 흔히 볼 수 있는 생필품은 사실 대형 체인점보다 더 비쌌다. 쇼핑객들은 편리함 때문만이 아니라, 어울리지 않는 상품들과 섞여 있어 상황적으로 저가품처럼 보였기 때문에 그런 상품들을 구입했다. 여기에는 비정규 상품, 늘 구비되어 있지는 않은 상품, 케케묵은 제철 상품이 포함됐다. 점포들은 이런 방식으로 "소매업자들이 더 나은 가치를 제공할 것처럼 보이는" 상품을 판매할 수는 있었지만, 실제로는 그렇지 않았다고 한 무역업계 보고서는 지적했다.[81]

먼 과거에 확립된 다른 판매 전략들도 새로운 세대의 크랩 소비자들에게 계속 작용했다. 가격을 의식하고 이성에 호소함으로써 수입이 고정된 소비자들 사이에서 더 큰 시장 점유율을 차지하자, 균일가 매장은 점포의 크랩 재고와 혼란스러운 분위기를 판매 포인트로 삼아 축제처럼 요란한 분위기를 강조했다. "쇼핑하기 쉽고 재미있게" 만들어 "쇼핑 경험"을 향상시키려는 점포도 있었다.[82] 반면에, "고객 중심의 상품 구색"을 선보이는 점포도 있었다.[83] 경영 분석가들은 그럴 만한 이유가 있다고 생각한 듯하다. 예를 들어, 달러제너럴은 "낮은 재고 회전율" 때문에 경쟁업체보다 "낮은" 실적을 지속적으로 보여왔다.[84] 이에 대응하여 달러제너럴은 "상품 구색"을 향상시키고 "상품 진열 수준을 최적화"하기 위해 노력했다. 이는 기본적으로 더 눈부신 잡동사니를 제공하는 것을 규정하는 새로운 용어들이었다.[85]

미국인들이 처음으로 싸구려를 받아들인 18세기 말 이후로 많은 것이 바뀌었다. 크랩은 더 이상 영국에서만 오거나 항구를 통해 흘러들어오는 것이 아니라, 독일, 일본, 대만, 중국 등 전 세계로부터 공급되었다. 독립적인 잡화점 소유주들은 더 멀리 퍼져나간 체인점과의 경쟁뿐 아니라 엄청난 구매력을 훨씬 더 큰 이점으로 활용했던 양판 소매상들과의 경쟁에서도 결국은 밀려났고, 미국 소비자들은 늘 열등하고 단명하는 물건들과 살아가는 법을 배웠을 뿐 아니라 그런 물건으로부터 더 이상 아무것도 기대하지 않게 되었다.

그러나 여러 면에서 이야기는 원점으로 돌아온다. 초기 미국 시장으로 들어온 다양한 저가 식기류나 섬유 같은 저가품은 대부분 중국산이나 인도산이었는데, 중국과 인도가 또다시 미국 소비자들에게 크랩의 공급원이 되었다. 그리고 많은 신규 크랩 소매업자가 고객을 유인하고 가치를 교란시키기 위해 예전의 전략을 채택했다. 저가품에 대한 미국인들의 기대는 시간이 지나면서 점점 현실화되고 낮아지기는 했지만, 미국인들은 여전히 크랩이라는 속박에 머물러 있었다. 각종 자질구레한 사치품, 장신구, 저렴한 가격의 도구 등 용감한 행상인의 짐꾸러미 속에 한때 숨겨져 있던 보물들은 미스터리, 경이, 즉시성이라는 열광의 도가니 속에 뒤섞여 있었다. 저렴하고, 접근하기 쉽고, 경이로웠다. 대다수가 시장의 애송이였던 초기 소비자들은 저가품에 현혹된 것에 대해 면죄부를 받을 수 있었다. 저렴함은 초기의 소비자

혁명을 촉발했을 뿐만 아니라 상품과 아이디어가 확대된 시장에 중하류층도 더 완전하게 참가할 수 있도록 해주었다. 저렴함은 그들에게 힘을 주었고, 그들이 탈출할 수 있도록 도왔고, 그들이 더 넓은 가능성의 세계로 들어갈 수 있도록 해주었다. 풍요로의 접근에는 소비자가 가격과 품질을 측정하는 방법을 스스로 결정해야 한다는 의미도 있었다. 시장에 참여한다는 것은 그것이 가져다준 해방만큼이나 위태로웠다.

점점 더 정교해진 마케팅 전략은 시간이 흐르면서 소비자의 건전한 구매 결정 능력을 더욱 좌절시켰을 뿐이며, 실제로 그렇게 할 의욕을 꺾어 소비자들이 싸구려의 풍요라는 감각적인 로맨스에 휩쓸리게 했다. 나중에 싸구려 세대의 유산을 물려받은 소비자들은 좀더 합리적이고 현실적으로 크랩의 세계에 접근하는 데 더 제격이었을 것이라고 생각할지도 모르겠다. 그러나 쇼핑객들은 시장의 지배하에 머물러 있었고, 좋든 싫든 보편적인 저렴함, 즉 모두를 위한 크랩을 계속해서 실현해나갔다.

OH! THEM GOLDEN SLIPPERS! . . . A glitter-
ing fashion touch for sleek silk & velvet pants,
floor-length skirts, all your "at home" outfits.
Marshmallow-soft golden vinyl; sparkling tas-
sels. Suedine foam sole; faille-lined.
] Golden Slippers
Small 4½-6 (H-32623
Medium 6-7½ (H-326...
Large 7½-9 (H-32649D) . . . .

GENUINE HUMMEL NOTES . . . The original,
world-famous Berta Hummel designs repro-
duced on quality note paper. Adorable collec-
tor pictures in soft rich colors—trimmed in
...ple... ...ve! Ass't prints. Fine
... ...ap... ...r fold—4½" x 3½". 15
... Hummel Notes (H-31948D) $1

제2부
더 나은 삶을 위한 기기들

Presidents of the U.S.A.

KENNEDY

LIVE THE LIFE OF A MERMAID . . . Dive, swim,
shower and keep expensive hairdo in. Spe-
cially fabricated rubber strip fits comfortably
under bathing cap. Absorbs no water. Adjusta-
ble. Velcro closing. Seals at the touch. Protects
bleaches & tints.
]Mermaid Band (H-35683D) $1

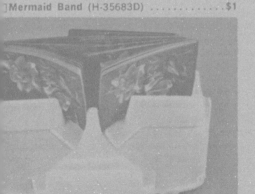

SHUFFLE CARDS AUTOMATICALLY!! . . . 1, 2,
even 3 decks at one time . . . Card Shuffler does
a thorough job automatically!! Never a shadow
of a doubt! Fast, easy . . . just place cards on
...ay and revolve! Presto: a "square deal" every

34 PRESIDENT STATUES . . . COMPLETE FROM
WASHINGTON TO KENNEDY . . . A magnificent
collection . . . your own museum display of
miniature carved statues of every president of
the United States. Each authentically detailed
from head to toe—from the lifelike, familiar
faces to the typical gestures & dress of each
president. Each poses on a gilded pedestal
printed with name & dates of office. An impres-

3장

끊임없는 개선

잘 알려져 있듯이, 미국인들은 타고난 호기심, 창의력, 무언가를 발명하려는 충동을 늘 가지고 있다. 식민지 주민으로서 생존하기 위해 고뇌와 결단력뿐만 아니라 외부 세계에 대해 즉흥적으로 무언가를 고안하고 실행하는 능력도 필요했다. 그 후 미국의 팽창은 예지력을 지닌 선구자들에 의해 추진되었다. 개선을 향한 끝없는 탐구는 생활양식뿐만 아니라 진보 정신과 함께 살아남은 진취적인 개인이자 한 국가의 시민으로서의 사고방식도 근본적으로 심오하게 형성하며 혁신을 촉발시켰다. 이 이야기의 상당 부분은 좋든 싫든 사실이다. 이리운하, 조면기, 콜리스●의 증기 기관, 포드자동차의 모델 T 같은 혁신이 미국을 시골의 황무지에서 오늘날과 같은 산업 강국으로 탈바꿈시키는 데 도움을 주었고, 전력을 공급해 일의 효율성을 높였으며,

● 19세기 미국의 발명가.

일반적으로 삶의 수준도 끌어올렸다는 사실은 부인할 수 없다.[1]

그러나 미국의 진보에 대한 좀더 정확하고 미묘한 이야기는 더 평범하고 더 널리 퍼진 혁신을 통해 논의될 수 있다. 멀게는 라이트닝 버터 교반기, 미러클 공구 세트, 갤배닉 전류 치료 벨트로부터 좀더 최근의 것으로는 핸즈프리 모발 재생기, 휴대용 반려동물 계단, 바이오피드백 자세 교정기, LED 통증 완화기에 이르기까지 온갖 것이 이에 포함된다. 이 사소한 기기機器, gadget들도 자신만의 방식으로 미국적 창의성Yankee ingenuity이라는 정신을 구현했다. 미국적 창의성이란 천재, 사기꾼, 괴짜들의 늘 창의적이고 대부분 설익어 있으며 때로는 정말로 예지적인 상상력의 물질적 발현이었다.

쓸모없는 기기와 유용한 도구를 구분하는 것은 맥락의 문제일 때가 많다. 예를 들어 자동응답기는 한때 게으른 부자들의 재미있는 장난감에 불과했지만, 오늘날 음성 메시지 녹음기는 생활필수품이 되었다. 그러나 다른 형태의 크랩과 마찬가지로, 이는 이름값을 충실히 하는 예외적인 기기일 뿐이다. 행동보다 말이 많은 기기들 대부분은 겉보기에만 유용하다. 그러나 미국 기업의 신화적 정신과 독창성을 구현함으로써, 기기는 에디슨의 전구나 그레이엄의 전화기처럼 더 자랑스러운 발명품들과 중요한 공통점을 지닌다. 동시에, 기기는 미국적 특징의 또 다른 중요한 부분인 "협잡과 헛소리의 몰염치한 축하"를 진지하게 포용하고 뻔뻔스럽게 촉진시켰다. 기기화gadgetization는 노골적이고 과감하게 크랩화된 혁신이다.

다른 형태의 크랩과 마찬가지로, 쓸모없는 기기들은 19세기 초로 거슬러 올라가는 긴 역사를 가지고 있다. 매코믹은 수확기, 싱어는 재봉틀, 에디슨은 축음기와 전구를 설계했고, 수많은 다른 기기 제작자도 제품을 부지런히 설계하고 있었다. 창의적인 충동과 이윤 동기에 이끌린 이들도 독창적인 기기에 대한 미국 소비자들의 증대되는 욕구를 활용할 수 있기를 원했다.

크랩의 논리에 집착하는 기기들 대부분은 냉소적이고 모순적이었다(오늘날에도 마찬가지다). 기대를 심어주지만, 비교적 간단한 일을 더 복잡하게 만들고 전에는 없던 문제를 새로 만들어낸다. 심지어 더 많은 작업이 필요한 상황을 만들어낼 때도 있다. 그러나 기기 찬성론자들은 최신식 기기가 소비자들이 사용하던 구식 제품들보다 더 낫다는 점을 소비자들에게 확신시켰다. 기기는 신기함을 제공하고 호기심을 자극했으며 새로운 경험을 약속했기 때문에, 궁극적으로 기기가 실제로 작동하는지 작동하지 않는지는 중요하지 않을 때가 많았다.

미국적 창의성

더 주요한 혁신이 이루어졌을 때와는 다르게, 초기 기기들 덕에 평범한 미국 시민들은 진보와 개선의 본질에 관한 더 거대한 대화의 장에 뛰어들 수 있었다. 정치경제학자, 제조업자 등이 19세기 초반에 내부적 개선의 이점을 내세우고 미국적 창의성을 찬양하기 시작했을 때, 수많은 평범한 시민은 점점 더 집 안으로 들어오는 무수한 신기한 물건에 의해 촉발된 소위 진보라 불리는 것이 무엇을 함축하는지에 대해 궁금해했다. 이를 열렬히 환영한 열정적인 '얼리 어답터'가 많기는 했지만, 새로운 기기들이 자신의 자율성을 약화시킬 뿐이라고 믿는 사람도 적지 않았다. 1817년 한 기자는 그 시기를 "발명품의 증가로 인해 한때 삶의 공통 관심사로 불렸던 많은 행위가 무용지물이 된 개선의 시대"라고 묘사했다. 이는 좋은 일이 아니었다. 왜냐하면 기계로 생산된 물건은 "노력 없이 얻어진" 것이기 때문이었다. 너무 쉽게 만들어진 기계 생산품은 "즐거움 없이 소유되었다".[2] 다시 말하면, 사람들은 수작업으로 제작된 물건만큼 기계 생산품을 높이 평가하지 않았다. 게다가 노동력을 절약하는 기기들이 "자기 의지가 있는 하인"의 문제에 대한 해답을 효과적으로 제공해줄 수도 있지만, "명령을 잘 수행하는 기기"도 고용주를 쓸모없게 만들 위험이 있었다. 잡화점이 불러온 "가격 후려치기 열풍"을 목격하거나 이에 참여했을 가능성이 컸던 일부도 끝없는 참신함의 탐구를 우려했다. 내구성이 강하고 오래 지속되며 "가족의 일부"인 오래되고 믿을 수 있는 기기는 새롭고 더 흥미롭지만 우월하지는 않을 수도 있는 모델들 때문에 버려지기 마련이었는데, 이는 마치 추파를 던지던 연인에 의해 버려진 충실한 짝과 같은 것이었다.

시간이 지나면서 혁신에 대한 사람들의 저항, 특히 새로운 유형의 기기에 대한 저항은 너욱 활기를 띠었다. 스스로를 "시대와는 동떨어진 남자"라고 칭한 한 사람은 1839년 "속도, 이익, 효용, 편리함이 시대의 우상"이라고 주장하며 기기에 반대하는 목소리를 높였다. 그는 "최신식 발명품이라는 역병"은 육체와 정신을 사용하지 않게 함으로써 육체가 "왜소해지고" 정신은 "피폐해지는" 결과를 가져올 것이라고 주장했다. "이와 같은 기계의 시대에 인간의 정신은 빠르게 폐기되고 인간의 신체는 작고 다양한 인공적인 것에 의해 보살핌을 받으며 애지중지될 것이다. 그래서 인간은 점차 자신의 능력을 상당 부분 사용할 수 없게 될 것이다"라고도 선언했다.[3] 그러나 기계가 힘을 얻고 그 기계를 사용하는 인간들이 약해짐에 따라 기기 창조자들은 분명히 엄청난 이익을 얻을 것이다. "고지식한" 한 농부가 말하길, "그런 싸구려 물건들은 어떤 사람들에게는 어울릴지 모르지만, 내게는 어울리지 않을 것이다. 나의 써레는 기계식 쇄토기碎土機만큼, 아니 그보다 더 잘 땅바닥을 샅샅이 부순다. 어떤 사람들이 이런 새로운 유행의 기기들을 좋아하는 그 절반만큼 일을 좋아한다면, 칭찬받아 마땅하다".[4] 물론 문제는, 정말로 실용적인 혁신과 우스꽝스러운 "새로 유행하는 기기"를 구별하기가 어렵다는 데 있었다. 게다가 사람들은 일상생활에서 기계의 적절한 역할이 불확실하다고 여겼고 이를 걱정스럽게 바라볼 때가 많았다.

이러한 문제들은 소형 장치들이 점점 더 미국 가정에 침투함에 따라 더욱 관련성이 깊어졌다. "미국적 창의성"이 적용된 참신한 제품들이었는데, 미국적 창의성은 칭찬의 의미와 비난의 의미가 똑같이 사용된 용어로, 중대한 혁신과 팬시의 불가능한 비상을 모두 책임지고 있었다.[5] 예를 들어, 1824년에 출판된 한 광고는 "노아의 방주에 있는 다양한 동물처럼 거의 모든 형태의 기기들이 진열된" 보스턴의 한 농기구 회사를 광고했다. 아마도 "스스로 일하며 순식간에 약 4000제곱미터의 땅을 갈 수 있는 쟁기를 볼 수 있을지도 모른다". 진정으로 가능한 일이었을까 아니면 과장된 헛소리였을까?[6] 자동 선풍기, 통나무에서 나무 널빤지를 잘라낼 수 있는 새로운 공법, 치과의 사용 의자로 개조되는 휴대용 여행 트렁크 같은 것들을 탄생시킨 미국적 창의성과 혁신의 "유능성"은 경이의 대상이었고, 비현실적 세계로 근접해가는 기적의 가능성을 선사해주었다.[7]

1833년 잡지 『메인 파머Maine Farmer』에 기고한 한 통신원은 더 많은 양의 옥수수를 가공할 수 있고 옥수수의 영양가도 높일 수 있는 한 뉴잉글랜드산 분쇄기를 소개하면서 직면했던 "비판과 비웃음"을 언급했다. 소위 말해 친구들조차 그를 비웃었다.[8] 뉴잉글랜드를 제외한 다른 지역의 미국인들은 그러한 새로운 장치들에 마음을 빼앗기지도 않았다. 발명을 위한 발명과 물질적 과잉을 보여주기 위한 것이

었기 때문이다. 그뿐만 아니라, 새로운 장치는 지역 풍습과 사회 질
서의 안정성을 위협하는 사상을 구현한 것들이었다.(그림 3.1) 중서부
와 남부인들은 이 모든 새로운 상품과 양키 노션을 가지고 다니는 북
부인들의 침탈에 저항했다. 이와 같은 신상품들은 영리하게 무역하는
행상인들을 통해 전달될 때가 많았다. 이른바 "밀수꾼 조너선trafficking
Jonathans"이라고 알려진 이 행상인들은 달갑지 않은 이방인으로 여겨
졌을 뿐 아니라 지역 자금을 북부 시장으로 빼돌리는 해외 무역상으
로도 여겨졌다.[9] 새로운 도구를 자주 검토했던 한 농업 잡지 작가는
"뉴잉글랜드산"이거나, "새로운 것"이거나, 신흥종교처럼 너무 "열정"적
으로 홍보된다면 "일등급"의 장치라 해도 무조건 불신받는 경향이 있
음을 인정했다.[10]

YANKEE INGENUITY.

A company has been formed for the purpose of towing
icebergs to every port in the world, where a sale may be an-
ticipated.   We wish the project all success.

그림 3.1 이 만평을 보면 알 수 있듯이, 많은 이는 미국적 창의성을 우스꽝스럽고 비현실적
인 아이디어와 동일시했다. 『일러스트레이티드 뉴욕 뉴스』(1851년 6월 21일 자), 미국골동
품학회.

사람들은 재미있는 과장을 통해 미국적 창의성에 대한 비판을 표현할 때가 많았는데, 그런 과장이 기기의 지나친 어리석음을 가장 잘 포착하는 것 같았기 때문이다. 예를 들어 1832년 『파기자의 회고록 Memoirs of a Nullifier』이라는 책은 "절반이 익으면" 베이컨을 자동으로 뒤집어주는 '후커의 스스로 움직이는 박애주의 프라이팬'이라는 자동 프라이팬을 상품화하려는 한 진지한 발명가의 잘못된 영웅적 시도를 풍자했다. 발명가가 생각한 것은 완벽하게 말이 되는 사업 제안이었지만, 끝내 어리석고 엄청난 실패로 드러났으며 사람들은 이를 즐겼다.[11] 『버지니아, 노스캐롤라이나 연감』에 실린 1834년의 글 한 편도 비슷하게 필요 이상의 미국적 창의성의 기발함을 "대단하지만 가치가 없는, 평범한 사람들의 기계화"라며 날카롭게 비판했다. 그 글은 살아 있는 돼지를 흡입시키면 "완제품 소시지"와 "특허 솔"이 압축 성형되어 나오는 '뉴잉글랜드산 소시지 및 솔 제작 기계'의 환상적인 작용을 묘사했다.[12] 이 장치는 유사하게 놀라운 이야기, 즉 농부들의 꿈이었던 '조너선의 노동 절약형, 자기 조정식 특허 돼지 가공기'와 혼동되려던 것은 아니었다.

> 돼지 한 마리가 1초도 안 걸려 기계를 통과하고, 머리 솔 40개, 칫솔 100개, 상표 붙은 훈제 햄 2개, 진품 보증된 돼지 꼬리 초 2개, 원하는 모양대로 썬 돼지고기, 소시지 약 90킬로그램, 돼지머리를 고아 만든 치즈가 나온다.

심지어 기계 바닥에서 떨어진 "토막난 뼈"까지 "단위당 2실링의 저렴한 가격으로" 의과대학에 팔 수 있었다.[13] (그림 3.2)

그렇다 치더라도 이처럼 기상천외한 기기는 돼지 도살이라는 암울하고 잔인하며 노동집약적인 현실과 너무나 거리가 멀었기 때문에 장

Jonathan's Patent Labor-Saving, Self-Adjusting Hog Regenerator.

그림 3.2 기기들은 많은 경우 돼지의 비명을 제외한 모든 것을 가공할 수 있는 '조너선의 노동 절약형, 자기 조정식 특허 돼지 가공기'와 같이 완전히 지어낸 것이나 마찬가지였다. 『양키 노션즈Yankee Notions』(1853년 5월 1일), 미국골동품학회.

난처럼 작용했다. 그 기기가 처리하는 고난의 작업에는 몸무게가 수백 킬로그램이나 나가는 죽이기 힘든 돼지들에 마구를 채워 놀래는 작업, 목을 베는 작업, 피의 솟구침과 마지막 죽음의 고통을 견디게 하는 작업, 돼지 사체를 뜨거운 물이 담긴 통에 넣고 꺼내는 작업이 포함되었다. 그런 뒤 돼지를 완전히 분해하여 사용 가능한 부분으로 가공할 수 있었는데, 그 자체가 칼과 피, 뼈와 살의 문제였다. 그런 뒤 가공된 부분들은 염장하는 작업과 온갖 피를 푸딩과 같은 상태로 만드는 작업을 거쳐 보존 처리되어야 했다.[14] 윌리엄 유앳은 돼지에 대해 "그런 면이 거의 없지만 유용하다"라고 썼다. 그의 설명에 따르면 고기 그 자체 말고도 발, 머리 그리고 "창자의 일부분"조차 미식가들이 소중히 여겼고, 자투리 고기는 소시지와 돼지고기 파이로 만들어졌으며, 지방은 향료, 제과업자, 약제사들이 원했고, 피부는 주머니 등 여러 용도로 사용되었을 뿐 아니라 털은 솔을 비롯한 다양한 소비재로 만들어졌으며, 용도를 설명하기는 힘들지만 방광 또한 유용했다.[15] "노동 절약형" 기계가 하나의 생명체인 돼지를 효율적이고 쉽게 소비할 수 있는 제품들로 바꿀 수 있다고 생각하는 것은 엄청난 망상이었다.

그런데 불과 몇 년 만에 시카고와 신시내티 중심의 산업화된 육류 가공업이 바로 그 일을 해냈다. 한때는 농담 조였던 기계화에 대한 이야기가 1860년대 중반에 이르러서는 거의 현실이 되었다. 이러한 "노동 절약형" 장치의 규모와 효율성은 매년 약 50만 명이 육류 포장 공장을 방문할 정도로 놀라운 광경을 만들어냈다. 우리를 구경하는 것부터 도축이 일어나는 층에 있는 전망대를 방문하는 것에 이르기까지, 공장 투어에는 온갖 것이 포함되었다. 새로운 메커니즘 덕에 "해체 라인"은 전례 없는 규모와 최대의 효율성을 달성할 수 있었다.[16] 그리고 사람들을 가축 도살 과정으로부터 멀어지게 함으로써 기계화는 근본적으로 노동과 음식에 대한 미국인들의 관계를 변화시켰다.

당시 기기에 대한 비판은 많은 것이 그저 멍청한 아이디어라는 사실에만 집중되지 않았다. 그 비판은 이 새로운 장치들이 인간의 삶을 의도하지 않은 심오한 방식으로 변화시킬 수 있다는 반대 논리에도 더 집요하게 집중했다. 진정한 개선이든 변덕스러운 공상이든, 기기들은 새로운 미래를 수용하는 사람들과 구시대적 과거에 단호하게 갇혀 있는 사람들을 대결하도록 만드는 화해 곤란의 갈등을 초래했다. 어느 쪽이든, 사람들은 노동의 본성과 적절한 지위를 고려해야만 했다. 노동을 덜 부담스러운 것으로 만들어야 하는가, 아니면 그러한 변화는 단지 나태함을 조장하고 인간의 기계에 대한 의존도를 증가시키며 궁극적으로 그런 변화를 무의미한 것으로 만들 것인가?

기기들이 넘쳐나면서 등장한 변화의 양상과 속도를 감안할 때, 남북전쟁 시기에 이르러 기계화의 명암에 관한 성가신 의문은 심화되기만 했을 뿐이다. 특히 여성의 노동을 대신하는 기기들이 그랬다. 1847년 한 "노부인"은 낡은 것도 새로운 것도 본질적으로는 좋은 게 아니라고 주장하면서 효능을 판단하려면 혁신을 신중하게 평가하라고 조언했다. 그녀는 시간을 절약하는 것이 돈을 버는 일만큼 중요하며, 새로운 것에 대한 현명하고 "자유로운" 투자가 농장에는 "큰 이윤"을 제공해줄 것이라고 주장했다. 여성을 짐 나르는 짐승에 비유하면서, 그녀는 "농장 부엌에서 노동력을 절약하는 기계는 시간뿐만 아니라 힘을 절약하게 해주므로 가장 중요한 것이다"라고 썼다.[17] "소리를 내지 않는 친구"인 새로운 소시지 만드는 기계와 같은 "자유로운 편의성"은 여러 혜택을 제공했는데, 예전에는 남성의 일이라고 간주되었던 것을 이제는 여성이 할 수 있게 되었을 뿐 아니라 더 빠르게 할 수 있게 되면서 여성의 역할을 증대시키고 일의 효율성도 높여주었기 때문이다. 작업을 단순화함으로써, 기기들은 작업을 더 많이 창출해냈다.[18]

남성보다 여성이 기술적 진보의 이점을 더 높이 평가한 것으로 보인다. 인쇄 광고, 시, 강연 및 에세이는 노동 절약 기술에 대한 접근 방식이 성별에 따라 어떻게 다른지 지적하면서 가정용 기기의 상대적 장점을 다룰 때가 많았다. 예를 들어, 1840년대 후반에 유행했던 「부엌 노래The Kitchen Song」는 선구적 페미니스트들의 동원령이었다.

호호 흥, 얼마나 좋을까.
저 주전자와 접시는
뉴잉글랜드산 기계로 닦을 수도 있어.
많이 절약할 수 있을 거야,
아침저녁으로 해야 하는 가사 노동을

설거지하고 빨래하고 청소해주는 기계를 가지면······

유리 자르는 기계도 있고
잔디 깎는 기계도 있고
모든 소원을 들어주는 기계도 있어.
하지만 그들은 한 번도 생각해보지 않았어,
축배를 들고 자기 건강을 기원하면서
설거지를 해야 하는 불쌍한 여자들의 건강을······

그리고 완성되면
발명가는 환영을 받을 거야.
가난한 사람들로부터 찬사를 받을 거야.
그리고 모든 여성이
잔을 채울 거야,
맑은 물로 잔을 채워 건강을 기원할 거야![19]

1866년 잡지 『프레리 파머Prairie Farmer』에 실린 한 이야기는 기술적 성차별주의를 더욱 직접적으로 다루었다. 농부 존 메릴은 "기계가 없는 낡은 수작업 체계"를 신뢰하면서 최근 농업의 개선 사항 중 어떤 것도 채택하기를 거부했다. 그에게는 인생이 그냥 괜찮았지만 아내의 노동량은 가혹한 수준이었고, "자식들이 주위에 있기 때문에 참을 수 있는 한 원시적인 스타일로 굽고 썼고 다림질한다"고 할 정도로 새로운 도구를 요구할 권위가 없었다. 그녀는 모든 가족 구성원뿐 아니라 고용된 일꾼을 위해서도 빨래를 했고, 매일 여러 마리 젖소의 젖을 짜 "평범한 나무 항아리"에 담았다. 결국, 이와 같은 아내의 노동량은 대가를 치러야 했다. "예전 모습의 그늘"에서 벗어나지 못한 그녀는 마침내 늙은 말처럼 "작동을 멈췄다". "미국적 창의성을 신봉하는 성향이 있는" 시누이가 집안을 위해 특허 버터 교반기와 탈수 기능을 겸하는 세탁기를 비롯한 "유용성 높고 장식적으로도 예쁜" 장치를 사자고 주장함으로써 결국 구세주가 되었다. 최신식 장치 덕분에 "그녀는 행복하게 살 기회를 얻었고" 남편은 "시대에 발맞춰 살 수 있게 되어" 행복해했다.[20] 최신식이기는 했지만 이런 도구들은 삶을 변화시키는 도구가 될 수 있었다. 아니면 우리가 보게 될 것처럼, 판매를 위해 활용된 과장 광고와 약속만큼 유용하지 않을 수도 있었다.[21]

특허 출원의 폭증

19세기 중반에 이르러서는 진정으로 유용한 수많은 발명품이 소비자 대중을 위해 생산되고 수용되었다. 『사이언티픽 아메리칸』 『패턴트 레코드Patent Record』 『인벤티브 에이지Inventive Age』 같은 출간물은 발명품 시장을 기록하고 홍보하고 창출함과 동시에 혁신 자체의 아이디어를 축하했다. 유용한 것과 불필요한 것 사이의 경계를 모호하게 함으로써, 기기 제조자들은 주류主流 출판물에 등장하는 발명품의 증대되는 위신과 합법성에 편승했다. 쓸모없는 기기들, 즉 "보통 특허를 받은 신기한 물건들"은 "역사적으로 유명하고 친숙하며 중요한 기계들"을 월등히 능가했고 수익성도 훨씬 더 높았다.[22] 일찍이 1834년에, 『머캐닉Mechanic』이라는 잡지는 특허청에 도달한 "무의미한 기계"에 대한 설계가 많다고 비판했다. 그중 상당수는 "사용할 수 없는" "적절하지 않은", 심지어 "하찮은" 것이었다. 저자는 "악마들이 점점 더 나빠지는 것 같다"고 불평했다. 이에 대한 이유로 저자는, "머리에 떠오른 모든 개념"에 대해 특허를 출원하려는 "일반 상식을 가진 사람보다 천재성을 가진 사람을 막기"에 특허 신청료 30달러가 역부족이라는 점을 들었다.[23] 무모한 아이디어를 돈으로 바꾸는 능력만 있는 괴짜들과는 다른 기기 제작자들은 타고난 창의성은 아니더라도 최소한 어떤 것으로도 돈을 벌려고 노력하는 미국인의 정신을 증명해주는 증거였다.

점점 더 많아지는 기기 제작자와 그들의 고안품으로 인해, 소비자들은 "진실하기보다는 떠벌리기 좋아하는 언변 좋은 행상인"이 퍼뜨리는 값싸고 "빨리 팔리는" 물건들을 진정으로 유용한 것들과 구별하기가 점점 더 어려워졌다는 것을 알게 되었다.[24] 예를 들어, 1840년대 후반 다양한 신형 버터 교반기를 평가한 『오하이오 컬티베이터Ohio Cultivator』라는 신문은 "여러 종류의 특허 버터 교반기를 일반 농가들에 팔아넘기려 하거나 교반기를 생산할 권리를 얻기 위해 많은 기계공이 높은 비용을 지불하도록 유도하려는 큰 노력"이 이루어지고 있다고 지적했다. 저자는 사례 대부분이 "아예 가치가 없거나, 더 적은 돈으로 살 수 있는 오래된 사양보다 열등하다"고 결론지었다.[25] '루이스앤드존슨 대기압 교반기'가 그중 하나로, 지식 있는 작가조차 처음에는 "이를 추천할 마음이 있다"고 말할 정도로 인상적인 모습을 보였다. 하지만 그 제품은 버터를 훨씬 더 빨리 만들기는 했으나 더 좋은 버터를 만들어내지도 않았고, 그다지 많이 만들어내지도 않았다. 이와 마찬가지로, '해밀턴앤드샤이어 스프링 교반기'는 여성들이 "요람을 흔드는 것과 같은 방식으로" 버터를 휘저을 수 있고, 동시에 뜨개질도 할 수 있으며, 독서도 할 수 있다고 약속하는 "빛나는 광고 문구가 그림"과 함께 나왔다. 그런데 싸구려 깡통과 결함 있는 스프링으로 만들어진 이 제품은 "엄청난 사기 제품"임이 드러났다. '발로 콤비네이션 교반기'는 청소하기 어려웠고, '콜버 회전식 오목면 교반기'는 "수여된 표창을 받을 자격이 없었다". 권장되는 모델은 비록 가장 기기다운 기기의 경이로운 변형 능력은 부족했지만 합리적 재료로 잘 만들어져, 가격은 저렴하면서도 디자인은 단순했다.

합법성을 추가함으로써, 특허는 실용성과 효능에 관한 소비자 혼란을 가중시킬 뿐이었다. 냉소적인 부당이득자들이 그렇게 많은 허위적인 "특허 출원된 개량품"으로부터 어떻게 돈을 벌 수 있었는지 시골 독자들에게 예시하기 위해 『프레리 파머』는 다음과 같은 시나리오를 제시했다.

특허 씨뿌리개를 파는 한 남자가 있다. 모든 필수 부품은 오래되었고 물론 특허를 받을 만한 것이 아니다. 특허를 받기 위해 존스는 소위 "더블 백 액션 링 볼트"를 발명(!!)하여 씨뿌리개에 장착했다. 문제는, 그 볼트가 씨뿌리개에 아무 쓸모 없다는 것이 아니라, 그 볼트 덕에 씨뿌리개가 이름을 가질 수 있게 되었다는 점이다. 그래서 그 씨뿌리개를 "존스의 더블 백 액션 씨뿌리개"라 명명했다.[26]

1867년 『사이언티픽 아메리칸』은 지식재산권 거래로 이득을 보는 특허 대리인이 늘어나는 것에 고무된 "많은 이가 이런 쓸모없는 발명품들을 사람들에게 강요하는 현상이 끊이지 않고 있다"고 불평했다.[27] 이 잡지는 합법적인 혁신 옹호자로서의 명성을 유지하기 위해 기기화를 비난하는 기존의 이해관계를 가지고 있었다. 편집자들은 불필요한 개선에 불필요한 개선을 더하는 행위, 손으로 하는 것보다 비효율적으로 작동하는 지나치게 복잡한 기계를 설계하는 행위 등 당시 만연한 발명가들의 기만 행위를 비난했다.

 "합법적인" 혁신을 널리 퍼뜨리려는 고상한 이들의 최선의 노력에도 불구하고, 최신 기기들은 기기를 구입하고자 하는 소비자와 기기를 제조하고 판매할 권리를 사는 데 관심 있는 자본가 양쪽 모두를 계속해서 자극했다. 1870년대 초 한 작가는, 순진한 대중에게 "가치 없는 특허 버터 교반기, 세탁기 등을 팔아넘긴 특허품 행상인들에 의해" 농부들이 연간 수만 달러를 "갈취"당했다고 추정했다. 전문 운송업자들은 가족들이 이사할 때 이런 값비싼 물건을 두고 떠나는 경우가 많았다고 말했다. 왜냐하면 "돈키호테가 성직자에게 그런 것만큼이나 그 목적에 있어 쓸모없는 것들이었기 때문이다."[28]

 기기에 대한 과대광고는 발명품이 해결하는 것보다 더 많은 문제를 일으킬 수 있는 다양한 방법을 의도치 않게 상세히 기술했다. 초기의 세탁기를 예로 들어보자. 홈매뉴팩처링컴퍼니의 '홈 워셔'라는 세탁기는 원단에 해가 가지 않고 사용자를 다치게 하지 않는다고 주장했는데 이 두 가지는 세탁기가 "그렇게 보편적으로 폐기되게 하는" 원인이었다. 그리고 회사는 이 세탁기가 가장 무거운 세탁물도 "완벽하게" 세탁하고, 세탁물을 더 하얗고 더 깨끗하게, 1분 안에 세탁한다고 주장했지만, "우리 세탁기가 노동 혹은 사람의 도움 없이 세탁할 수 있다고 주장하는 것은 아니다"라고 덧붙였다.[29] (그렇다면 무슨 의미가 있었을까?) 밴더그리프트 세탁기 제품의 많은 개선 사항도 마찬가지였다. "세탁기 바닥 부식의 원인이 된" 내부 나무 블록을 제거하는 것, 더러운 비누 거품에서 나는 "불쾌한" 냄새가 빠져나가지 못하도록 보온 목적의 더 꽉 끼는 뚜껑을 만드는 것, 주물이 운송 중에 파손되지 않도록 기어링을 기계 덮개에 고정하는 것, "사용 후 항상 금이 가거나 쪼개지는 원인이었던" "일반적 방식대로" 세탁기에 직접 못을 박을 필요가 없게 새로 디자인된 배송 상자에 포장하는 것, 테가 빠지는 것을 막기 위해 바닥이 더 넓은 세탁조를 사용하는 것, 톱니가 "이탈하고 미끄러지는 것"을 방지하기 위해 새로운 기어 시스템을 구현하는 것 등이 이에 포함되었다.[30] 마찬가지로 스트래턴앤드터스티그의 개선된 세탁기도 녹을 방지하기 위해 아연도금 주조물, "수축이나 악취를 허용하지 않는" 편백나무 목재, 환기 및 곰팡이 예방을 위한 탈착식 널빤지로 제작되었다.[31] 가장 중대한 문제는 개선된 세탁기의 기어가 빠지고 녹이 슨다는 점이었다. 세탁조는 냄새가 나고, 갈라지고, 썩고, 곰팡이가 피기 쉬웠다. 악취를 풍기고 물을 따뜻하게 유지하지 못했다. 옷도 쉽게 손상시켰다. 고된 노동을 덜어주지도 못했고, 사용하기에 위험할 수도 있었다.

　개선된 세탁기가 만들어내는 무수한 문제에도 불구하고 여성들은, "노동 절약"이 상대적인 것이기는 했지만, 이와 같은 "노동 절약형" 기기를 일상에 점점 더 포함시켰다.[32] 다른 수많은 이처럼 1890년대에 아내에게 식기세척기를 선물한 미네소타의 한 농장주는 기기가 그녀의 작업량을 줄이고 생산량을 증가시키기를 바랐다. 기기는 "큰 개수대 한 개, 세탁조 두 개, 크랭크 한 개, 톱니바퀴, 레버, 내부 부품 및 걸레"로 구성되어 있었다. 난로 위에서 가열되고 통에서 혹은 통으로 운반되는 "엄청난 양의" 물을 필요로 했으며, 휘젓는 크랭크는 손으로 돌려야 했다. 노동을 절약하기보다는 노동을 만드는 이 식기세척기는, 작은 세탁조는 남편이 발 씻는 용도로 사용하고 "더 큰 세탁조는 작은 걸레와 함께 손으로 설거지하는 용도로 사용해야 했을 정도로" 그 구성 부품이 더 생산적이었다.[33]

혁신 찬양

잠재적 구매자들은 친구, 기자, 자신의 판단력과 같은 믿을 만한 정보원의 조언에 의존할 수밖에 없었다. 그러나 이는 매우 어려운 일이었다. "기사형 광고Advertorial"로 신문과 잡지에 실리는 제품 보증은 어느 정도 믿을 수 있었지만, 1857년 『플로, 룸, 앤빌Plow, Loom and Anvil』이라는 책에서 인정한 바와 같이, 편집자들은 "주의를 기울일 만한 도구들을 농부에게 알리고 경고하기 위해 많은 일을 했음에도" 돈에 쉽게 매수된 결과 가치 없는 물건을 찬양하는 "음모에 가담"하게 되었다. 이에 대해 편집자들은 "그럴 가능성을 배제할 수 없는 것은 당연하다"고 지적했다.[34]

엘프Yelp와 아마존 리뷰가 존재하기도 전에, 기기 제작자들은 잠재 소비자들에게 자신의 제품이 그냥 유용한 게 아니라 기적적으로 유용하다는 것을 확신시키기 위해 사용자 추천을 게재하고 있었다. 예를 들어, 브루클린에서 세탁부로 일한 앤 라이스 부인은 홈매뉴팩처링컴퍼니의 '홈 워싱 머신'이 회사가 약속한 것처럼 여섯 명분의 노동력 몫을 한 것이 아니라 실제로 **열 명분**의 몫을 했다고 주장했다. 그뿐 아니라, 손으로 빨았을 때보다 옷이 더 하얗게, 덜 해져 나왔다. 그녀는 초기 투자 금액인 15달러를 매일 기계를 사용하면서 회수했다고 주장했다.[35] 마찬가지로 호러스 실라이 부인은 앨라배마주 몽고메리에서 보낸 글에서 '리치 로스터 앤드 베이커'라는 조리기를 추천하면서, 불을 직접 피우거나 제대로 조절되지 않은 석탄과 나무로 가열한 난로 위에서 요리하는 시대에 "고기, 닭고기, 칠면조 등을 조리할 때 육즙 문제를 걱정할 필요가 없었으며 조리기에서 조리된 칠면조는 매우 연했고 전혀 마르지 않았을뿐더러 색깔도 아름다운 갈색이었다"고 증언했다.[36] 쉽고, 번거롭지 않고, 결과물도 완벽했다.

제품 시연을 활용하기 훨씬 이전부터, 그리고 TV에서 방영하는 인포머셜이 등장하기 훨씬 이전부터, 이와 같은 제품 추천은 어떻게 기계가 사람들의 삶을 변화시킬 수 있는지를 보여주는 데 말보다 더 효과적인 삽화들과 함께였다. 이프리엄 브라운은 1856년 감자 찜통을 들임으로써 사람들이 얻는 이득과 그렇지 않을 경우 어떤 고통을 받는지를 보여주는 삽화를 담은 광고와 함께 신상품을 출시했다. 광고에 실린 두 장면은 사람들이 감자를 먹는 모습을 보여준다. 한 그룹은 감자가 잘 조리됐다고 칭찬하면서 "감자가 잘 쪄졌어!"라고 외친다. 다른 그룹은 감자가 쪄지지 않아 "나쁜 독!"이 되는 바람에 불평한다.[37](그림 3.3)

소비자의 기기 사용 전후의 생활상을 보여줌으로써 판매자들은

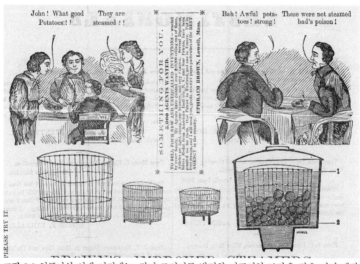

그림 3.3 인포머셜 시대 이전에는, 감자 조리기를 발명한 이프리엄 브라운 같은 기기 제작자들은 자신이 만든 제품의 효능을 보여주기 위해 사용자 추천에 크게 의존했다. 『라이프 일러스트레이티드』(1857년 4월 15일 자), 듀크대학 루벤스타인도서관 및 대학 자료실 하트먼센터.

'그런 찜기가 필요한가?' '찜기가 효과적인가?' '찜기가 공간을 너무 많이 차지하지 않는가?' '청소하기 어렵지는 않은가?' '찜기가 감자를 더 잘 조리하는가?' 등의 사용 가치에 대한 의문을 회피했다. 그 대신, '하룻밤 사이에 여성들은 더 나은 요리사가 될 것이다' '가족은 행복하다' '저녁 손님들은 만족했다' 등과 같은 생활 방식의 혜택에 초점을 맞췄다. J. C. 틸턴은 '여성의 친구'라고 불린 '스팀 워셔' 홍보물에서 "낡은 방식"의 옷 세탁과 결별하는 "새로운 이탈"을 삽화로 표현한 집 안 광경을 보여주었다. 세탁기를 들인 덕에 어쨌든 아이들은 더 나은 행동을 하게 되었고, 세간의 개선을 통해 집안의 품격도 올릴 수 있었다.(그림 3.4) 마찬가지로, "새로운 스타일"의 의류 덕에 집안의 정돈 상태는 혼돈을 벗어날 수 있었고, 옷들은 이제 깔끔하고 정갈하게 정리되어 걸릴 수 있었다. 이러한 묘사는 기기가 가진 매력의 진정한 본질을 집약적으로 보여주었다. 사람들은 이런 것들을 좋아했다. 기기들이 실제로 할 수 있거나 하는 일 때문이 아니라 기기들이 약속한 일 때문에 그랬다. 기기들의 세계는 영구적 개선의 세계였고, 낡은 방식과의 영원한 결별이었으며, 더 희망찬 미래를 향해 가는 길을 구매하는 것이었다.

최상급 표현은 기기의 생활 개선 가능성을 가장 잘 표현해주었다. 1884년 J. E. 셰퍼드의 주방용 노벨티 판매 카탈로그에는 "무한한 가치를 지닌" "타의 추종을 불허하는" 주방용 파이프 선반이 포함되어 있었다.[38] 1890년 베어드앤드코는 "생활필수품 제조업자"로서 주방 전체의 편의성을 제공했다. '개량형 아이언 시티 식기세척기'가 있으면 "일반 가정에서 사용하는 식기를 세척도 완벽하게! 건조도 완벽하게! 광택도 완벽하게! 모든 것을 2분 안에 할 수 있었다". '아이언 시티의 완벽한 흙 터는 도구'는 "칼, 스푼, 시간, 노동을 절약해주었다". 놀

The Steam Washer, or Woman's Friend.

그림 3.4 홍보하는 사람들에 따르면, 새로운 기기를 택하는 것은 인생을 바꿀 만한 일이었는지도 몰랐다. J. C. 틸턴, 「15만 개가 이미 팔렸다150,000 Already Sold」(1873년), 듀크대학 루벤스타인도서관 및 대학 자료실 하트먼센터.

랍게도, 이 회사는 또한 '라이트닝 교반기'로 "시간의 문제를 해결했다." '천하무적 교반기 겸 거품기'는 "그 이름에 걸맞은 것"이었다.[39]

최상급 표현이 제조사와 판매자들의 주장을 왜곡했다는 것이 핵심이었다. 다른 종류의 크랩에 대해 펼쳐졌던 주장처럼, 이런 표현들 역시 실제 문제에 대한 굉장히 비현실적인 해결책을 제공함으로써 욕구를 창출해냈다. 소비자들이 편리함, 편안함, 완벽함으로 장식된 생활 방식의 가능성을 즐기도록 장려함으로써, 광고의 미사여구는 실제로 20세기까지 미국인 대부분을, 특히 시골 여성들을 괴롭혔던 노동 부담을 폭로했다. 미네소타 시골 농장주의 아내 메리 카펜터도 그중 한 명으로, 노동의 "단조로움"을 경험했다. 이웃인 브리태니아 리빙스턴은 아픈 자신을 걱정하며 "보는 곳마다 실패를 목격했다". 여성들은 '이다' '하다' '고생하다' 같은 "동사일 뿐"이었다.[40] 그렇다면, 그렇게 많은 사람이 '유리카 빗자루 거치대'나 '챔피언 달걀 교반기' 같은 믿을 수 없을 정도로 영웅적인 장치에 믿음을 두는 것은 당연했다. 그들은 정신 건강을 위해서 최소한 그럴 필요가 있었다.

사치스러운 허무함

그러나 기기들은 영웅적인 효용성보다 "사치스러운 허무함"을 더 많이 가지고 있었다. 도구 세트나 다용도 도구와 같은 장치들은 미국적 창의성뿐만 아니라 그 동맹인 자본주의적 기업의 대담한 헛소리를 구체화했다. 혁신에 관한 한 시장은 결코 멀리 떨어져 있지 않았다.[41] 기기의 진정한 목적은 물론 실용적 효용이 아니라 생산자들의 수입이었다. 19세기의 유명 논문 「기계 및 제조 경제에 관하여On the Economy of Machinery and Manufacture」의 저자 찰스 배비지는 제조업자가 되기 위해서는 장치가 실제로 얼마나 잘 작동하는지보다 장치의 수익성에 대해 더 많이 생각해야 한다고 설명했다. 전체 설계가 제조 공정 자체와 함께 "신중하게 정리"되어야 "가능한 한 적은 비용으로 생산"할 수 있었다. 가장 많은 수의 소비자를 끌어모을 수 있을 만큼 저렴한 기기를 만들기 위해서는 "제조 공정상의 비용 절감"이 요구됐다. 즉, 창의적인 천재성이나 개선의 정신보다는 이윤이 독창성을 견인했다는 것이다. 성공적인 혁신가는 "경쟁업체보다 싸게 파는" 방법을 알아낸 사람들이었다.[42]

그래서 발명가들은 이윤의 꿈을 추진력 삼아 특허를 얻었고, 다양한 과정을 만능의 단일 물건으로 창의성 있게 압축시킨 가장 별난 창작물이자 많은 것이 기묘하게 접목된 잡탕 제품을 시장에 내놓았다.

이런 기기에 해당되는 초창기 예는 조지프 길버트가 1812년 발명한 양철 상자였다. 이 상자는 "계절에 따라 발 난로, 찻주전자, 신선로 냄비, 접시 온열기, 버터·주류 냉각기 등으로 사용될 수 있도록 온갖 제품의 기능을 조합해 만들어졌다."[43] 다른 예로는 폐 검사 및 가슴 확장 복합기, 온수병·발 온열기·아이스팩·관장灌腸 기능이 있는 만능 인체 부착형 복합기, 가솔린 충전식 옷솔, 메모장으로 전환 가능한 셔츠 커프스단추, 동물 인형 모양의 오븐 장갑 등이 있었다. 18세기 후반부터 19세기 후반까지 이와 같은 수천 개의 복합 기기가 특허청에 등록되었다. 여기에는 지우개와 지우개깎이, 살코기 포크와 그물 국자, 시계와 파리 덫, 부츠 벗기기 기구와 도난 경보기, 침 뱉는 그릇, 발 온열기 등이 포함되었다.[44] 기기 제작자들은 무한해 보이는 새로운 아이디어를 생각해낼 수 있었다.

가장 인기 있고 그럴듯하며 오랫동안 존재한 복합 기기 중에는 (오늘날에도 사람들이 구매하는) 다목적 공구가 있다. 피니어스 바넘•은 어렸을 때 고급 주머니칼에 흠뻑 빠졌다고 회상했다. 고급 주머니칼은 "유용하고 장식적인 모든 것을 결합시켜놓은 것"으로 두 개의 칼날, 구멍을 뚫는 천공구, 코르크 마개 따개를 포함한 것이었다. 어린 바넘은 이 "축소판 목공소"를 갈망했다.[45] 목공소보다 더 저렴하고 더 실용적으로 보이는 이와 같은 다목적 공구는 시장에서 특별한 매력이 있는 것으로 드러났고, 저렴한 기본 도구들로 가구를 장식하고 싶어하는 중산층 가정에서 인기를 끌었다. 다목적 공구는 또한 육체노동보다는 정신노동을 하고 집수리를 위해 외부인을 고용하려 하며 진정으로 유용한 도구가 필요치 않은, 부상하는 중산층에 적합한 물

• 미국의 유명한 쇼맨이자 서커스 사업가, 영화 「위대한 쇼맨」의 소재가 된 인물.

건들이었다. 사치스러운 허무함을 잘 보여주는 이와 같은 장치는 급성장하는 중산층을 위해 맞춤 제작되었다. 시장이 다양한 문제에 대한 즉각적인 해결책, 그리고 비효율적일 때가 많은 해결책을 제공하기를 기대하는 것은 그들에게 지극히 논리적이었다. 예를 들어, '하우스홀드 킹'이라는 공구는 부엌, 사무실은 물론이고 심지어 배에서도 사용할 수 있었다. 제조사는 "사실상 이 공구가 필요한 곳이 너무 많아 이루 말로 다 할 수 없다"고 주장했다.(그림 3.5)[46] 또 다른 다목적 공구로는 '워싱턴 해칫'이 있었다. 제조업체는 이 공구를 "모든 소형의 가장 좋은 등급의 도구로 가득 찬 상자"라고 묘사했다. 워싱턴 해칫은 경첩이 달린 손잡이를 통해 조작할 수 있는 "잘 균형 잡힌" 망치부터 "완벽한 수준으로 열처리된" 도끼 머리와 "완벽하고 날카로운 날"을 가진 도끼까지, 열 개의 "완벽하고 유용한" 도구를 포함하고 있었다. 파이프 렌치는 "비싼 배관공을 고용하지 않고도 많은 수리 작업을 할 수 있었다". 그리고 장도리, 펜치, 철사 절단기, 제침기, 스플라이서$_{splicer}$• 등 모든 도구는 "과학적 원리에 따라 작동했다". 회사는, 열등한 제품과 달리 "단순히 팔기 위해 가능한 한 많은 조합을 창출하려는 노력에서 만들어진 것이 아니다"라고 주장했다.[47] 다시 말하면, 쓸모없는 고안품이 아니라 유용한 도구라고 주장했다.[48] 광고가 이 점을 강조한다는 것은 다른 시사점을 주며, 찰스 배비지가 수십 년 전에 가짜 혁신의 시장 논리에 대해 주장했던 요점을 강조해줄 뿐이었다.(그림 3.6)

생명을 부여해준 협잡과 과장 광고가 없었더라면, 이 도구들은 대부분 활력 없고 뭔지 헤아릴 수 없는 것들이었다. 광고, 우편 주문 카

• 필름·테이프 따위를 잇는 도구.

그림 3.5 떠돌이 대리인이 판매할 때가 많았던 다목적 공구는 19세기 후반에 처음 인기를 끌었다. 이후에 나온 유사한 장치처럼, '하우스홀드 킹'은 다양한 "유용한 도구"를 하나로 통합했다고 주장했다. 「영의 최신 발명품 월보M. Young's Monthly Publication of New Inventions」 (1875년).

탈로그, 여행 판매 대리점들의 입을 통해 전달된 미사여구는 경박한 기구를 가정용 필수 도구로 둔갑시켰다. 판매자들이 소비자들에게 이 도구들을 가지고 있어야 한다고 설득할 수 있는 한, 그것들이 효과적인 것인지 혹은 내구성이 높은지는 중요하지 않았다. 특히 시골 고객들의 경우가 그랬는데, 값싼 기기들은 더 큰 시장으로의 연결 고리를 형성하는 데 도움을 주었을 뿐만 아니라 시골 고객의 특정한 요구에 맞춰진 것처럼 보였다.[49] 조잡한 상품을 제조하고 판매하는 업

그림 3.6 많은 것을 한다고 약속했지만 실제로 할 수 있는 것은 없었던 '워싱턴 해칫' 같은 다목적 공구는 "화려한 허무함"을 보여주는 예였다. 토머스매뉴팩처링(1900년경), 듀크대학 루벤스타인도서관 및 대학 자료실 하트먼센터 소장.

자들은 "농부들 혹은 대개는 농부의 부인들을 설득해 일회성 구매, 즉 '거래적 성격의' 매매를 하도록 만들 목적으로 고안된 복잡한 판매 전략을 엄격하게 짜고 있었다".[50]

19세기 말에 이르러서는 전문 제조업체들이 번창하고 있었다. 민첩한 소규모 전문 제조업체들은 촉박한 일정으로 접수되는 소량 주문을 처리할 수 있었다.[51] 이 업체들은 주로 목재, 전선, 경강 및 플라스틱 등을 기구 제작을 위한 주재료로 활용해 거품기, 교반기, 낚시 도구, 명함 통 같은 수많은 것을 제조했다. 1885년 필라델피아는 노벨티 전시회를 개최했는데, 전화나 엘리베이터와 같은 위대한 발명품들이 "하찮지는 않더라도 소소한" 발명품들과 주목 경쟁을 벌였다. 그중에는 (수많은 큰 칼, 슬라이서, 추출기 등이 복합된) 여러 종류의 조리용 노벨티와 셀룰로이드 코르크 따개, 편지 개봉용 칼, 무수한 최신식 종이 클립, 고정 장치 같은 것이 포함되었다.[52]

기기를 통한 삶의 질 향상

영구적인 빨랫줄과 자동 세척 기능을 갖춘 육두구 강판 같은 수많은 "혁명적인" 노동 절약형 장치에 동참한 것은 건강, 외모, 웰빙 같은 측면에서 개인적인 변모를 약속하는 장치였다. 의심스러운 의료 기기는 특허 의약품 공급업자들이 행상으로 판매하던 뱀 기름의 또 다른 물질적 표현일 뿐이었다. 노동 절약을 약속하는 수많은 새로운 장치처럼, 이 가짜 장치들도 평범한 미국인들이 안고 있는 실질적 문제를 해결하려 했기 때문에 인기를 끌었다. 냉소적인 기기 제조업자들의 터무니없는 주장을 믿고 구매한 순진한 소비자들을 비난하고 싶어질 수 있지만, 온갖 의료 기구의 존재감이 증대된 것은 전문 의학의 실패로 인해 대중이 얼마나 고통받았는지를 잘 보여주었다. 정식으로 교육받은 의사들은 찾기 어렵고 비용이 많이 들었으며, 그들이 보유한 지식도 제한적이었다. 다른 종류의 기구 발명가들처럼, 의료 기구 개발자들은 상업적인 기회를 이용하는 동시에 실제적인 정신적, 육체적 욕구를 충족시켰다. 의료 기구의 유혹적인 약속은 의사들의 일을 더 가볍고 빠르게 만들었을 뿐만 아니라 근본적으로 삶을 변화시켰다.[53] 화장실 마스크로 알려진 L. 쇼의 '코스메틱 페이스 글러브'는 "안색의 전체적이고 효과적 개선"을 보장하는 약품 처리된 마스크였다. 다른 기기들과 마찬가지로, 이 제품을 사용하면 "정상적인 순수와 아름다움으로" 좋은 안색을 되찾을 뿐 아니라 "충실하게 사용하고 나면 가장 친밀한 동료도 몰라볼 만큼 변할 것이다".[54] 돌팔이 치료법과 기기가 손을 잡았던 것이다.(그림 3.7)

나쁜 피부보다 더 인체에 해로운 청각 장애는 소비자들이 손쉬운 치료법을 찾으려는 또 다른 질병이었고, 기기 제작자들은 이를 기꺼이 반겼다. 특허를 받은 "진정한 과학 발명품"인 '덴타폰Dentaphone'은

(Patented Sept. 4, 1877).

그림 3.7 의료 장비는 즉각적이고 마법과도 같은 변모를 약속했다. '코스메틱 페이스 글러브'는 사용자의 외모를 너무 향상시킨 나머지 친구들이 더 이상 알아보지 못할 정도였다. L. 쇼, 「미인이 되는 법을 알고 싶은 여성들을 위한 매뉴얼How to Be Beautiful! Ladies' Manual」(1886년경). 듀크대학 루벤스타인도서관 및 대학 자료실 하트먼 센터 소장.

치아에 장치의 끝을 얹은 채 음파를 모아서 치아와 얼굴 뼈를 통해 청각 신경까지 전달할 수 있는 "특이한 구성"의 부채 모양을 한 장치였다.[55] 복잡한 도표와 텍스트는 그 장치가 어떻게 작동하는지 설명했다. 100명의 "산증인"의 사용자 추천은 회사의 주장에 신빙성을 부여했다. 진정으로 효과적인 골격 전도 보청기는 거의 한 세기가 지나서야 발명되었지만, 아메리칸덴타폰 같은 회사들은 청각장애인들이 듣고 싶어하는 말을 해주었다. 회사들은 심지어 덴타폰이 귀 없이 태어난 사람들에게도 효과적이라고 주장했다.

소비자들은 자신이 단순한 기기 하나가 아니라 혁신의 시스템 전체를 구입하고 있다는 사실을 알게 되었다. '폐결핵 치료를 위한 앤드럴 브로커 디스커버리Andral Broca Discovery for the cure of consumption'는 하나의 예에 불과했다. 이 회사의 70쪽짜리 홍보 책자에는 치료 전후의 사용자 후기, 해부학적 도표, 마지막으로 오직 특허 치료 시스템에 가입해야만 받아볼 수 있는 "치유 상태를 유지하는 방법"에 대한 지침 등이 적혀 있었다. 이 시스템에 가입하면 그레이던 박사의 직접 흡입기, 복합 흡입기, 비강 세척기, 분무 장치 같은 의료 기기를 하나 이상 충실하게 사용해야 했다. 새뮤얼 홉킨스 애덤스는 1906년 돌팔이 약에 대해 설명하며 그레이던 박사의 시스템을 "무가치한 흡입제와 가치 없는 것보다 더 나쁜 약의 결합"이라고 비난했다.[56] 그것은 서서히 죽어가는 사람들의 손에서 절박한 마지막 달러를 갈취하는 기만이 난무하는 기발한 결핵 사기 중 하나일 뿐이었다.

기기 제작자와 판매자들은 가치 없는 장치와 변혁적 발명 사이의 불분명할 때가 많은 경계선을 활용했다. 전기는 삶을 변화시키는 많은 혁신에 책임이 있었기 때문에, 특히 기괴한 기구와 기구 시스템의 출현에 기여했다. 다목적 도구가 많은 작업의 수행을 수월하게 한다고 약속했던 것과 마찬가지로, 전기 의료 기기 역시 많은 질환을 치료할 수 있다고 약속했다. 배터리 기술이 개선된 세기말에는 전류 충격이 여러 장치를 통해 여러 신체 부위로 전달되는 것이 비교적 용이해졌다. 피어스 박사의 엉터리 상품 '조이 투 인밸리즈'는 전기를 사용해 "활력 에너지와 물리력"을 만들어냈다.[57] '저먼일렉트릭 벨트'는

"위생적인 갤배닉 전류 장치"로 국내외에서 특허를 취득했으며, 소화불량, 간 질환, 신장 질환, 요통, 불면증, 발기부전, 변비 등을 5달러라는 저렴한 가격으로 치료한다고 주장했다.[58] '더 캉커러' 같은 전기 반지는 류머티즘을 치료할 수 있는 전자석을 함유하고 있었다.[59] 트웬티스센추리 일렉트로큐어는 "어떤 신경 쇠약이든""등 결림 100건 중 99건""대다수의 기침 증상 및 폐 질환""소화불량을 거의 확실하

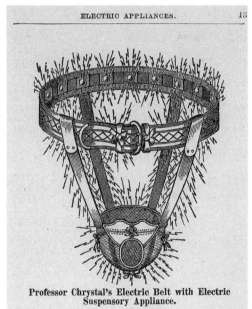

ELECTRIC APPLIANCES. 13

Professor Chrystal's Electric Belt with Electric Suspensory Appliance.

Practical experiments have proven that for all diseases of the sexual organs, *no matter what the disease may be*, and all diseases caused by early indiscretion, excessive sexuality, loss of manhood, nervous debility, etc,, etc., with all their horrible attendants, my electric belt with suspensory appliance, *will give relief, in from three weeks to three months, according to the length of time the disease has been running and the severity of the same.* In no case of this character will it take longer than three months to effect a permanent

그림 3.8 19세기 말, 보이지 않고 미스터리하며 위험할 때가 많은 동력원인 전기는 '전기 벨트와 전기 음낭 장치' 같은 수많은 의료 기기에 영감을 주었다. 앤드루 크리스털, 『크리스털 교수의 전기 벨트와 기구들 카탈로그Catalogue of Professor Chrystal's Electric Belts and Appliances』(1897년).

게""만성두통""무기력증"을 남녀 불문하고 치료할 수 있다고 말했다.[60] 그리고 '크리스털 교수의 전기 벨트와 기구들'은 척추 골절과 요통을 치료할 뿐만 아니라 기억력을 향상시키고 신경과민도 감소시켰으며, "왜소하고 수축되고 미발달된 성기의 확대"를 도왔다.(그림 3.8) 남성 강화 장치임과 동시에 그 이상이었다.[61]

19세기 말에 이르러 기기는 미국인들의 생활에 있어 필수적인 부분이 되었다. 그때쯤 미국 고유의 미국적 창의성에 대한 애국주의적 주장은 아이러니하게도, 규모가 크고 중요한 산업의 혁신이 아니라 대부분 평범하고 쓸모없는 수많은 국내 장치에 의해서 오랫동안 증명되었다. 미래 지향적이고 혁신적인 기구들은 노동의 고됨을 덜어주고 중대한 개인적 변혁을 가져다줄 것이라고 약속했다. 더 중요한 것은, 이러한 수많은 새로운 장치와 개선은 아무리 냉소적인 동기에 이끌리고 헛되더라도 소비자 들에게 주체 의식을 심어주었다는 것이다. 많은 사람에게 그것은 환영할 만한 모순이었다. 기구의 터무니없는 주장을 믿었든 안 믿었든 간에, 미국인들은 여러 복합 도구, 기적의 얼굴 마스크, 전류 발생 벨트가 약속하는 변혁적인 작용에 여전히 열광했다. 항상 가능해 보이는 개선과 혁신의 흐름을 제공함으로써 기기 제작자들은 미국인들이 진정으로 원하는 영구적인 낙관론을 구매할 수 있게 해주었다.

4장

기기 열풍

20세기 초에 이르러 미국인들은 기기 대다수가 돈 낭비라는 것을 깨달았어야 했다. 그쯤 되어 어쨌든 미국인들은 분명히 수많은 신문 기사를 읽고, 대중의 불평을 듣고, 쓸모없는 기기들을 쓰레기 더미에 꽤 많이 던져버렸다. 그러나 시간이 흐르면서 기기 제작자들은 개량 플라스틱과 전기처럼 마음 놓고 사용할 수 있는 새로운 기술과 재료로 맞섰다. 그들은 또한 더 정교한 형태의 설득 기술을 활용할 수 있었다. 미국적 창의성이 깃든 새로운 제품들은 스스로 구식이 되어버린 반면, 소비 시장은 희망과 약속뿐 아니라 민주적 물질주의를 실현해준 것으로 보이는 진보, 개선, 향상에 대한 믿음에 의해서도 추동되었다. 기기 시장은 미국인들의 끊임없는 낙관주의뿐만 아니라 믿음을 향한 단호한 욕구, 잘 속아 넘어가는 성질 덕에 번창했다.

마술처럼 작용하는 제품 시연

우리가 알아본 바와 같이 초기 기기 제작자들은 "전문가"의 권위 있는 주장, 직접 사용자 추천의 진실성, 상품 사용 전후의 사진 등 이론의 여지가 없는 증거들을 활용하여 인쇄 문화를 마케팅의 도구로 활용하는 데 능숙해졌다. 이런 설득의 기술들이 점점 더 세련되어가는 소비자들을 유혹하기에 더 이상 충분하지 않자 회사들은 개인 판매 대리인들에 의존해, 어떤 일들이 가능한지를 직접 보여주는 제품 시연을 시작했다. 판매 대리인의 제품 시연은 크랩을 믿을 만한 상품으로 둔갑시키는 데 도움이 되었다. 연극 배우와 마술사들에게서 차용한 기술을 활용한 판매 대리인들은 미국인들의 타고난 호기심, 스스로 물건을 보고 판단하려는 욕망, 경이로움에 대한 감각, 기발함과 즐거움에 대한 향유를 이용할 수 있었다. 일반적으로 판매 대리인이 주장하는 대로 작동하지 않거나 전혀 작동하지 않는 물건들을 팔기 위해 이런 판매 기술들이 모두 동원되었다.[1]

기기 제작자들은 이와 같은 판매 기술을 활용해 다양한 제품을 과장 광고했다. 그런 제품에는 'US 케미컬 익스팅기셔'라는 소화기도 포함돼 있었다. 유나이티드매뉴팩처링은 이 소화기를 판매하기 위해 최상급 표현을 동원했다. "영원히 지속된다" 혹은 "녹이 슬거나 부식되지 않는다"고 보증했다. 이 활성 화학 물질들은 "굳거나 뭉치지 않고 수분을 흡수하지 않으며 강도가 약해지지도 않는 등 어떤 식으로든 나빠지지 않는다". 그리고 심지어 어린이들도 작동시킬 수 있었다.[2] 회사가 제공하는 시연용 샘플 하나만 있으면 판매 대리인들은 제품을 최대 200번 시연할 수 있었고, 시연용 샘플을 추가로 보내달라고 요청하면 회사는 "넉넉한 양"의 추가 샘플을 보내주었다.

회사의 영업 대표들은 한 예비 판매 대리인 헨리 존스에게 여가 시간을 활용해 이 "당대 최고의 발명품"을 판매하면 쉽게 돈을 벌 수 있다고 장담했다. 이 제품은 그야말로 저절로 팔려나갔고, "만약 돈을 많이 벌지 못한다면 당신의 잘못"이라고 말할 정도였다.[3] 그러나 실제로 수행하는 기능이 아니라 수행하고자 의도한 기능에 그 가치가 있는 기기들은 저절로 팔려나가지 않았다. 훌륭한 기기 판매원들은 효과적인 환상을 만들어내고 현실에 마법을 부리는 능력에 성공이 달려 있다는 것을 잘 알았다. 헨리 존스는 처음에 회사의 소화기를 파는 데 필요한 책략을 그리 능숙하게 동원하지 못했다. 존스에 따르면, 그가 판매를 맡은 소화기는 "특수 화학 물질"이 아니라 모래로 채워져 있어 아무리 작은 규모의 화재라도 진압할 수 없었다. 존스가 회사에 불만을 제기하자 임원들은 극적인 연출이 부족하고 시연이 자극적이지 않았다며 그를 비난했다. 시원찮은 쇼가 문제지, 제품이 문제가 아니라는 것이었다. 임원들은 다음과 같이 썼다.

존슨 박사 귀하

귀하는 훌륭한 소방관이 아닌 것 같습니다. 훌륭한 소방관이라면 귀하처럼 종이 쪼가리로 낸 불을 끄는 데 화학 물질을 활용하지 않을 것입니다. 발로 끄겠지요. 게다가 종이로 낸 불은 우리 소화기를 테스트하기에 공정한 대상이 아닙니다. 종이로 낸 불로는 화학 물질이 작용하기에 충분한 열이 생성되지 않기 때문입니다. (⋯) 모든 테스트에서, 화학 물질을 적절히 던질 수 있도록 화재로부터 충분한 거리를 확보하십시오. 그런 뒤 화학 물질 분말이 구름을 이루도록 힘 있게 던지십시오. 그러면 모든 원자가 분리되어 각각이 화재 진압 효과를 내게 될 것입니다.[4]

과학적인 근거는 제쳐두고, 유나이티드매뉴팩처링은 효과적인 제품 시연을 위해 소화기의 마법을 보여주어야 한다는 점을 분명히 했다. 행상인들은 넋이 나간 고객들을 사로잡는 마법사가 되었다. 초보 판매자인 존스는 회사의 비밀 지침서, 특히 "제품 시연하는 법" 부분을 자세히 살펴봤을 것이다. 여기에는 실내외에서 제품을 시연하는 법이 장황하게 설명되어 있을 뿐 아니라 판매 대리인과 소화기가 어떻게 움직이는지를 보여주는 삽화까지 포함되어 있었다.

시연자는 상품만큼이나 중요했다. 누구나 예상할 수 있듯이, "가솔린 시험"은 "가장 인상적인 시연"을 창출해냈다. 판매 대리인들은 작은 병에 담긴 휘발유를 가까운 표면에 무심한 듯 부으라는 권고를 받았다. 그런 뒤 소화기에서 나오는 분말을 화염의 알맞은 부분에 알맞은 속도로 뿌려 침착하게 진압하는 것이었다. 물론 이와 같은 상황은 실제 화재의 조건과는 달랐고, 사람들의 반응도 실제 화재 진압 시에 나타나는 당황스러운 반응이 아니었다. 그러나 소화기가 발휘하는 효과보다는 시연이 주는 충격과 두려움이 핵심이었다. 판매 매뉴얼에 따르면 구경꾼들은 "처음에는 위험한 액체를 다루는 시연자의 부주의함에 놀라고" 그런 뒤 "마치 마법처럼 화염이 사라지는 것을 보고 놀란다". 화재 진압에 성공한 판매 대리인은 "소화기를 끄고 주문을 받아라"라고 되어 있다.[5] (그림 4.1) 따라서 헨리 존스 같은 시연자들은 기기가 하는 말과 행동을 대신해서 전달하는 인간 전달자였다. 효과적인 제품 시연이라면 새로운 장치들로 전혀 힘들어 보이지 않는 방식으로 작업을 수행하고 마치 "마술처럼" 인상적인 결과를 만들어낼 수 있어야 했다. 이를 통해 소비자들은 자신들도 같은 위업을 달성할 수 있다고 생각할 수 있었다.

그 후 기기화의 논리는 작업 수행을 쉽고 효율적인 것으로 만들었을 뿐 아니라 마술적인 것으로도 만들었다. 판매되는 것은 물건 자

This cut shows how to throw a handful of chemicals into the fire. Throw forcefully at the base of the flames.

그림 4.1 사람들은 기기의 실제 용도만큼이나 시연에도 끌렸다. "이 장면은 화학 물질을 불길에 뿌리는 법을 보여준다. 화염의 근원에 강하게 뿌려라." 유나이티드매뉴팩처링, 『판매원 지침: 총괄 매니저가 영업 대표에게 직접 전달하는 비밀 영업 자료Instructions to Salesmen: A Confidential, Man-to-Man Talk with our Representatives by the General Manager』(1910년경). 듀크대학 루벤스타인도서관 및 대학 자료실 하트먼센터 소장.

체가 아니라 마법과도 같은 과정이었다. 따라서 이제 막 자동차 운송을 받아들이기 시작한 미국에서 일상적인 타이어 수리 키트 같은 것을 팔기 위한 "실시간 행동 요원"의 필요성이 대두되었다. 자동차 타이어를 "낡은 방식"으로 수리하는 것은 적어도 한 시간이 걸리거나 효과가 없을 수도 있었다. 나이아가라머천다이스의 새로운 시스템은 그 시간을 불과 몇 분으로 단축시켰다. 결속 작업이나 가열 작업도 필요 없었고, 심지어 자동차를 잭으로 받치는 작업도 필요 없었으며, 내구성도 뛰어났다. 열 살짜리 사내아이도 할 수 있었다. 회사는 "자동차 소유주에게 이와 같은 사실을 보여주고 주문을 받기만 하면 된다"고 주장했다.[6] 회사는 수리 과정을 밟아나가도록 고객들을 성공적으로 안내하기만 하면 "마술은 끝난다"고 판매 대리인들을 확신시켰다.[7]

확실히 "마술"은 편리한 픽션에 불과했다. 다른 기구들처럼 '신치 타이어 수리 키트'는 어느 정도 쓸모가 있었을지 모르지만, 부풀려진 혜택과 약속에는 미치지 못했다. 예를 들어, 초기 신치 키트에 사용된 플러그는 고무 피복이 없는 황동으로만 만들어졌다. 타이어를 복원하기보다는 "플러그가 닳아 떨어질 경우" 더 큰 피해를 초래할 수 있었다. 키트는 새로운 타이어와 호환되지도 않았다.[8] 마지막으로, 키트가 단일 장치가 아닌 "시스템"의 일부였기 때문에, 구매자는 고무 절단기, 압력 클램프, 플러그와 같은 회사의 독점적인 보조 제품을 사용할 의무가 있었다. 이 모든 제품은 당연히 추가 비용을 내고 오직 공인 판매 대리점으로부터만 구매할 수 있었다.[9]

과장 광고의 과학적 원리

기계 장치 시연자들은 과장 광고, 절반뿐인 진실, 쇼맨십 등 희대의 사기꾼 바넘의 전통을 유지하면서도, 마법을 창조하기 위해 점점 더 과학과 합리성에 근거한 미사여구를 차용하기 시작했다. 프레더릭 윈슬로 테일러가 만들어낸 개인적이고 기술적인 효율성을 극대화하는 새로운 원칙은 기기들을 노동 절약을 위한 장치로 마케팅, 활용, 고안하는 새로운 원칙과 표준을 만들어냈다. 이 기기들은 단순히 미국적 창의성을 반영한 더 똑똑한 제품이 아니었으며 "과학적 원칙"에 의해 평가되었다.[10] 하인의 활용을 줄이고 여성들이 스스로 집안일을 더 많이 떠맡으면서 노동 절약형 장치의 존재는 중상류층 가정에 점점 더 필수품으로 자리 잡았다(중산층 미만의 가난한 여성들은 이 일을 스스로 해야 했지만).

크리스틴 프레더릭은 1915년 자신의 역사적인 저서 『가사 엔지니어링Household Engineering』에서 특히 "하인 없는 가사"를 운영하는 여성들을 위해, 최신 노동 절약형 도구에 투자할 필요성에 대해 장황하게 썼다. 여성들은 "좋은 도구와 고급 장비"만을 구입하고 그러한 것들이 어떻게 작동하는지 이해하면서 똑똑한 소비자가 되어야 했다. 여성들은 또한 당시 시장에 넘쳐났던 각종 "가치 없는 장비"에 현혹되지 않으면서 좋은 것과 가치 없는 것을 분별해야 했다. 여성들은 "비용만을 보고 잘못 구매"하는 위험을 무릅썼고 기기 사용 횟수 또한 고려할 필요가 있었다. 예를 들어, 1달러짜리 체리 씨 제거기는 (주름 마사지기, 소형 인쇄기 등과 함께) 구매를 망설일 필요가 있었다. 여성들은 그러한 장치를 구입하도록 "영향받을 수는" 있었지만, 주의를 기울여 구매를 진행할 필요가 있었다. 그녀는 특히, 여성들이 "판매원과 설명용 광고 전단"에서 정보 대부분을 얻었다는 점을 감안할 때

"품질"은 "정보 제공이 필요한 가장 어려운 부분"이라고 썼다.[11]

1900년대에 이르러 기기를 경고하는 성격의 이야기가 기기 자체만큼이나 많아진 것으로 보인다. 프레더릭을 비롯한 많은 이는 기기들이 사실로 받아들이기에는 너무 좋은 경우들을 열거했다. 지나치게 복잡해서 사용할 수 없는 경우도 있었다. 일부는 재료비와 생산비를 최소화하려다보니 너무 짧거나 길거나 둥글지 않고 평평하거나 하는 등 인체공학적 설계 개념이 부실하게 적용되어 "손의 편안함을 배려하지 않는 형태를 띠"기도 했다. 가장자리의 "납땜이 불완전해 표면이 무척 거칠어서" 손이 베이는 아연도금 식기 건조기나, 경첩이 "너무 들쭉날쭉해서" 옷이 찢어지는 비가열 조리 기구처럼 마감이 부실한 것도 있었다.[12]

핵심 기능에서는 진정으로 노동을 절약해주지만 간접적으로는 더 많은 노동을 창출하는 기기도 다수였다. 서로 맞물려 작동하는 다수의 복잡한 부품으로 구성되는 여러 장치는 청결을 유지하기가 너무 어려웠고, 재조립도 너무 어려웠다. 장비를 양호하게 작동 가능한 상태로 유지하는 데 필요한 시간과 노력은 노동 절약이라는 혜택을 무색하게 할 때가 많아 이런 점들이 "장치가 사용되는 전체 시간의 일부"였다고 프레더릭은 지적했다. 그러한 상품들의 과잉 공급과 이에 따른 가격 인하 등 이런저런 배경을 근거로 새로운 상품을 잘못 판단하기 쉬웠다. 프레더릭은, 구매한 기기들이 거대한 주방 찬장의 소중한 공간을 모두 차지하고 있던 한 여성을 인터뷰했다. "가지고 있어야만 했다"는 이유로 "잘못 고른" 장치들을 여성들이 부엌에 과도하게 쌓아두는 것은 드문 일이 아니었다.[13]

여성들에게 새로운 주방 도구와 가정용품이 너무 많아서 『굿 하우스키핑』이라는 잡지는 더 이상 잡지 자체에 제품 리뷰를 실을 수 없었고 별도의 인쇄물을 발행해야 했다. 여성 잡지의 작가와 편집자들은 프레더릭처럼 새로운 소비재, 특히 기기에 대한 신뢰할 수 있는 비상업적 정보가 소비자들에게 더 필요하다는 사실을 인정했다. 독자들이 "엄청난 수로 증가했기" 때문이다. 『굿 하우스키핑』이 1년 동안 리뷰를 실시한 1015개의 기기 중 412개(약 40퍼센트)가 『굿 하우스키핑』으로부터 승인을 받지 못했다. 소비자들은 자신들이 구입 가능한 "저렴하고" "쓸모없고" "허접한" 각종 상품 때문에 "실망과 환멸을" 느꼈다. 제조업체의 "과대 주장"을 충족시킬 수 없는 기기가 많았다. 구매자들은 제조업체의 주장을 "말 그대로" 믿었고, 따라서 진정으로 "환멸"을 느끼며 그야말로 마법에서 빠져나왔다.[14]

사람들이 때때로 느끼는 환멸에도 불구하고 기기들은 여전히 인기를 유지했다. "미국의 방탕한 소비"에도 불구하고, 그리고 그 때문에, 소비자들은 "노동 절약형 장치와 시간 때우기용에 지나지 않는 장치를 구분"할 수 없었다.[15] 마케팅의 설득력 있는 유혹은 사람들이 기적을 행할 수 있다며 계속해서 설득했다. 한 동시대인은 "'기적의 두뇌' '전동' '마법사의 눈' 등과 같은 용어를 사용하지 않고도 성공적으로 광고할 수 있는 기계가" 있을지 궁금해했다. 아마도 없었을 것이다. 왜냐하면 소비자들이 돈을 주고 사는 것은 이와 같은 표현들이 암시하는 효율성과 용이성이었기 때문이다. 한 관찰자는 "작동 중에 주의를 기울여야 하는 기구는 어떤 것이든 현 시류에 뒤떨어진다. 사람들은 기계로부터 노동력을 절약하는 성능을 기대하도록 배워왔다"고 말했다.[16] 국내 과학자들과 제품 시험자들에게는 실망스럽게도, 평균적인 소비자들은 이성적 회의론에 따른 공평함으로 혁신을 환영한 것이 아니라 가벼운 믿음, "순수한 경이로움" "호기심" "놀라움"으로 혁신을 환영했다.[17] 전문가들이 구매 대중에게 "기기는 자주 실패한다"

고 반복적으로 지적하는 것은 문제가 되지 않았다. 거의 완전히 핵심에서 벗어난 것이었기 때문이다.[18]

기기에 대한 광기

많은 기기는 명백히 터무니없는 것처럼 보였다. 실제로 그랬기 때문이다. 산업화된 미국에서 흔히 그랬듯이, 기기들은 문제를 찾아 해결하는 장치였으며 일상생활의 우여곡절을 복잡하고 혼란스럽고 노동집약적인 것으로 보이게 함으로써 사치스러운 허무함을 설득력 있는 마케팅 책략으로 둔갑시켰다. 그 결과 소비자들은 (때로는 비평가들까지) 괴짜와 그 기묘한 기계 장치들로부터 선구자와 그 유용한 발명품들을 구별해내는 데 어려움을 겪었다. 그 차이는 물건 자체의 효용성과는 아무런 상관이 없었으며 대부분 시장에서 사람들을 끌어당기는 능력에 달려 있었다.

사람들은 기기 제작자들의 무모함과 간단한 작업마저 복잡하게 만드는 그들의 방식을 비판하면서도 찬양했는데, 그 마음을 가장 잘 포착한 것은 아마도 루브 골드버그의 만평이었을 것이다. 한 역사학자는 1914년에 처음 등장한 골드버그의 만평에 대해 "자동화와 함께 사는 법을 배우면서 자신의 세대가 느끼는 사회적 고통과 즐거움을 모두 극적으로 보여주었다"고 말했다. 많은 미국인처럼 골드버그의 주인공은 과거와 미래 사이에, 즉 인간과 자연 사이의 "생명 부여적인 조화"와 새로운 기술적 지평 사이에 붙잡혀 있다.[19] 실제 기계와 마찬가지로, 골드버그 만화 속의 기계들은 완전히 환상에 불과한 문제들 또는 현대화가 제기한 문제들에 대해 바로크 양식처럼 터무니없기 그지없는 해결책을 제안했다.(그림 4.2) 이처럼 공상적이고 광적이

그림 4.2 새로운 기기가 끝없이 쏟아져 나오는 것을 비웃는 이도 많았지만, 사람들은 기기 구매를 멈추지 않았다. 루브 골드버그, "자동 악보 넘기기 기계", 루브골드버그 주식회사.

며 덜 익은 기계들은 소비자들의 끝 모르는 "작은 기도와 욕망"의 대상이었던 수많은 "마법의 물건"과 거의 구별할 수 없었다.[20]

다른 익살스러운 작가들 또한 새로운 기기들의 부조리함과 소비자들의 구매욕을 알아차리고는 이를 풍자했다. 한 익살꾼은 발명가들에게 "떠나기 전에 한 시간 동안 사람들이 둘러서서 밤 작별 인사를 할 때 사용할 수 있도록 출입구 위에 무언가를 달아놓으라"고 촉구했다. 이 장치는 침입자에게 물이 담긴 양동이, 커스터드 파이, 달걀 한 판을 던질 수 있었다. "욕조에 몸을 담그고 있을 때 초인종을 울리는" 성가신 (아마도 기기를 판매하는) 방문 판매원의 머리 위에 솜을 덧댄 볼링 공이나 시멘트 봉지를 떨어트려 자동으로 쫓아낼 수도 있었다. 일상적인 번거로움으로 인해 수많은 혁신이 일어났다.

(A) 영화에서 머리를 숙이고 발을 밟는 사람들을 위한 기기.

(B) 사람들이 주류 가격에 대해 불평하는 것을 막는 기기.

(C) 웨이터가 테이블 위에 수표를 엎어놓는 것을 방지하기 위한 발명품.

(D) 날씨에 대한 대화를 없애기 위한 장치.

(E) 광고 이야기와 에디 캔터* 방송을 걸러주는 라디오 부착 장치.[21]

    1934년 「이달의 광기This Month's Madnesses」란 제목의 칼럼에서 한 잡지는 여러 새로운 장치를 묘사했는데 그중에는 "금속 마개에 구멍이 뚫릴 정도로 세게 누르는 동안 몇 차례 욕을 하게 만드는" 병따개 '피즈-잇'이 포함돼 있었다. 지렛대를 "두 손을 마주 잡고 빌듯이 눌러 작동시킬 수 있다면" 내용물이 탄산화된다. 또 다른 "광기"로는 '리츠 프릴러'가 있었는데 마치 세상에 "파도 모양의 파스닙**과 물결 모양의 비트"가 필요하기라도 한 양 "채소를 구부려주고 휘게 하는" 기기였다.[22] 아내가 "단조로운 일을 하는 악령이" 되는 것을 막고 싶었던 한 선한 남자는 계절 오렌지 압착기, 믹섬 교반기, 파파스 팔 면도날 숫돌, 두 종류의 감자 껍질깎이, 노스쿼시 우유병 따개를 집 안에 들였다는 이야기를 전했다. 이 모든 기기는 쓸모가 없었을 뿐 아니라 우스꽝스러운 허구와 구별하기 어려웠다(다만 '피즈-잇'과 '리츠 프릴러'는 진짜배기였다). 이런 기기들이 동등하게 그럴듯한지 그렇지 않은지는 미국인들이 신상품에 빠져 구식 상품을 외면하는 정도를 보여주었다.[23] 기름 램프냐 전구냐, 말이냐 자동차냐, 과일칼이냐 회전식 사과 껍질깎이냐를 선택하는 과정에서 소비자들은 미래를 지향할지, 과거에 고착된 채로 남아 있을지 결정해야 했다.(그림 4.3)

시들 줄 모르는 기기 사랑

    현대적 삶은 끊임없이 새로운 골칫거리를 공급했고 그중 대다수는

* 20세기 초 유명한 라디오 프로그램 진행자이자 가수.
** 배추 뿌리같이 생긴 채소.

그림 4.3 판매자들의 주장에 따르면, 최신 기기를 택하지 않는 사람들은 과거에 갇혀 사는 편이 더 나을지도 몰랐다. '스피도 컬렉션'이라는 캔 따개와 칼 가는 기계는 전구와 자동차 만큼이나 현대적인 것이었다. 스피도 컬렉션 주방 기기 광고, 「이걸 사용하시겠습니까? 아니면 이것을?」Do You Use This—or—This?」(1934년), 듀크대학 루벤스타인도서관 및 대학 자료실 하트먼센터 소장.

기기 제작자가 스스로 만들어낸 골칫거리였기 때문에, 신상품 시장은 영구적으로 갱신될 수 있었다. 소비자들은 도움이 되지 못한 수많은 장치로부터 무언가를 배우기보다 다음 차선책이 마침내 삶의 짜증과 부담을 사라지게 하리라는 낙관론을 언제까지나 유지했다. 마케팅 전문가 닐 보든은 1942년에 쓴 글에서, 소비자 제품의 확대는 진정한 혁신에서 비롯된 것이 아니라 "의미 없는" 또는 "하찮은" 제품상의 차이를 끝없이 만들어낸 데서 비롯되었다고 말했다.[24] "작은 차이가 제품에 내재되어 있다"는 것이 아니라 "광고 작가들이 종종 이러한 차이를 활용해 정당한 범위 이상으로 확대한다"는 것이었다.[25] 그 결과 모든 새로운 기구는 올바른 구매 결정을 내릴 소비자의 능력을 시험할 수 있었다.

소비자들에게는 실용적인 것이든 이국적인 것이든 끝없이 새로운 기기를 포용하는 것이 "구태"를 버리고 미래를 영구적으로 내다보는 길이었다. 따라서 신기함이 실용성보다 늘 우선시되었다. 가장 가능성이 없는 기기들조차 좋을 때든 나쁠 때든 언제든지 시장에서 판로를 확보할 수 있었던 이유다. 집에서 노동 절약형 장치를 활용해 혜택을 본 "뚱뚱한 주부들"조차 개선된 완두콩 껍질 제거기, 자동 냉장고, 혹은 "아침 식탁을 함께 준비해주는" 전기 토스터와 커피 메이커 같은, "거의 초인적인 지능으로 역할을 수행하겠다"고 약속한 기계에 현혹될 수밖에 없었다.[26] 물질주의를 비판한 비평가들은 "다양한 기계 장치에서 행복을 찾게 된 사람들이 단순한 삶을 사는 기술을 잊어버린 것은 아닌지" 궁금해했다.[27]

정말 유용하고 오랜 시간 시험된 기기들도 영원히 구식이 되어버린다는 점이 문제를 복잡하게 만들었다. 새로운 상품은 점점 더 빠른 속도로 구식이 되어갔다. 즉각적인 판매에 따라 생계가 좌우되는 방문 판매원들은 모두 최신식의 "마술"을 열심히 시연했다. 한 여성은 담뱃재를 없애고, 갈라진 틈 사이에서 실을 제거하고, 바닥을 닦고, 나방을 죽이는 등 기능이 개선된 "신형의 초과학적 모델"이 불과 6년 밖에 안 된 최첨단 진공청소기를 이미 대체해버렸다고 한탄했다. 신형 기계는 심지어 머리를 말려줄 뿐 아니라, 그녀의 냉소적 표현에 따르면 "베개 속에 담긴 모든 깃털을 한 베개에서 다른 베개로 옮겨주기"까지 했다.[28]

최신식 "마술"을 파는 일은 대공황과 제2차 세계대전 동안 훨씬 더 어려워진 것으로 판명되었다. 당시 가정들은 생계를 위해 고군분투했고, 인내심이 바닥을 드러냈으며, 심지어 처분가능소득마저 적

Come Clean in A Shower Chapeau
We're singing in the shower . . . about this wonderful new veiled cap that keeps your hair and face completely dry in the shower. Incredible, but true — you can actually bathe without dripping ends marring your pretty hairdo. And, if Hubby wants to go "first", don makeup while waiting; Chapeau keeps it perfect. Pastel plastic with "see thru" front.
B 7075 . . . . $1.00

그림 4.4 '샤워 샤포' 같은 도구 덕에 전후의 가정은 효율적으로 운영되고 성에 의해 규정된 역할을 유지할 수 있었다. 『밴크로프트의 기상천외 모음집Bancroft's Out of this World Selections』(1950년대).

었기 때문이다. 그러나 무엇도 혁신의 정신과 그 약속을 완전히 꺾지는 못했다. 전쟁 이후 소비자 시장이 회복되자, 기기들은 교외 주택의 다양한 장식적이고 실용적인 물적 과시를 위한 물건들 사이에 자리를 잡았다. 그리고 많은 기기 제작자는 기기가 전후 가정의 효율적인 운영을 도울 뿐 아니라 성별에 따라 규정된 가정 내 역할을 돕는다고 선전했다. 자동 치약 짜기는 "아빠의 면도용 크림치고는 멋졌고" '닐 이지패드'라는 욕실용 깔개는 왁스로 바닥을 칠하고 욕조를 닦으면서 생기는 "하녀 무릎"을 예방했으며, '샤워 샤포'라는 얼굴 가리개는 "남편"이 먼저 샤워를 하는 동안 기다리면서 화장을 한 뒤 샤워할 수 있도록 도와주었다.[29](그림 4.4)

한층 더 비싸고 쓸모없어진 고급 기기 시장은 한동안 중단 없이 이어졌다. 부유한 사람들은 새롭고 불필요한 물건에 관심을 끊임없이 이어가는 것 같았고, 물건은 터무니없을 정도로 별나고 비실용적일수록 좋은 것처럼 보였다. 예를 들어, 1930년대에 사업을 축소하지 않은 자랑스러운 철물점 해머커슐레머는 발명품과 고급 기기 부문을 크게 확장했다. 이 회사는 팝업 토스터, 전기 칫솔, 전화 응답기와 같은 불필요하고 "경이로운 것들"을 최초로 제공한 회사 중 하나였다.[30] 지금에 와서는 평범해 보이는 것들도 있지만, 이 기기들은 그 당시로서는 과도한 효용과 무의미한 진보를 증명해주었다.

부유한 사람들을 위한 기기를 만들고 판매하는 것은 엄청난 수익성이 있는 것으로 밝혀졌고 해머커슐레머와 같은 회사들이 공황과 제2차 세계대전 때 살아남고 번창할 수 있도록 도와주었다. 1962년 제품 개발을 장려하고 총괄하는 자회사 인벤토프로덕츠를 출범시킨 해머커슐레머는 자사의 이름으로 판매할 수 있는 세계 각국의 품목을 포함해 "새롭고 색다른 물건들을 거래하는 교환소"가 되었다. 다년간 부자들의 문제를 해결하는 고도로 전문화된 기기에는 각설탕을 반으로 자르는 집게, 삶은 달걀에서 바로 윗부분을 잘라내는 가위, 아스파라거스 하나를 집어주는 집게, 프랑스산 콩 절단기, 소형 후추 분쇄기, 파슬리 분쇄기, 전기식 초콜릿 분쇄기, 달걀 신선도 측정 장치(디 에그스 레이), ("새롭고 즐겁고 쉬운") 고급 천연 요구르트 자동 제조기와 '더 베이커나이저'라고 불린 베이컨 만드는 기구 등이 있었다.[31] 이 회사는 또한 마사지 테이블, 위스키 통, 전기식 바지 다리미, 사우나, 심지어 음주 측정기와 같이 전문적이거나 또는 대중적인 환경에서만 볼 수 있는 개인적인 가정용 제품들을 제공했다.(그림 4.5)

Portable Sauna Dry or Steam Bath

그림 4.5 무엇보다 해머커슐레머는 1967년에 휴대용 건식 및 습식 사우나를 265달러에 판매했다. 2019년 기준 약 2000달러에 해당되는 금액이다.

TV에서 본 것처럼

여러 이유로, 제2차 세계대전 이후 다시 한번 미국의 중산층 가정에 기기들이 침투하기 시작했다. 군대에 의해, 그리고 군대를 위해 개발된 기술들을 가정에 적용하고 활용하게 되었다. 이와 같은 기기의 변혁은 주요 제조업자들이 평시 생산 체제로 다시 전환하는 데 도움을 주었다. 1950년대 초반에는 더 많은 시골 가정에 전기가 보급되고 있었고 가전제품도 마찬가지였다. 게다가 대공황 시기부터 억눌렸던 소비자 수요도 상당했다. 마지막으로, 많은 미국인은 처분가능소득을 다시 지출할 수 있게 되었다. 세탁기와 전기다리미에서부터 라디오와 진공청소기에 이르기까지, 모든 새로운 소비재 중에서도 가전제품은 여성들이 가장 구매하고 싶어하는 것들이었다.[32] 더구나 갓 지은 교외 주택을 채우기 위해 새로운 세간을 구입하는 것은 공장 일을 그만둔 선후 여성들의 역할에서 중요한 부분을 차지하게 되었다.

전후 여성들이 구매한 것 중에는 뉴스, 코미디 쇼, 드라마, 광고 같은 콘텐츠를 송출하는 매체인 텔레비전도 있었다. 사실 이 빛나는 바보상자는 기기 홍보에 완벽히 적합했다. "맥락, 설명 또는 시연을 요구하는 제품"이었기 때문이다.[33] 수많은 시청자 앞에서 생생하고 최면술적이고 액션으로 가득 찬 제품 시연을 앞세운 텔레비전이라는 친밀한 매체는 이전 홍보 매체들이 하지 못했던 것을 기기들에게 해줄 수 있었다. 전후 텔레비전의 수는 기하급수적으로 늘어났고 1950년 한 해에만 거의 세 배나 증가하여 1000만 대를 훨씬 넘어섰다. 같은 기간에 총 광고 시간 판매가 증가함에 따라 방송국의 수도 비슷하게 증가했다. 방송사들은 "사용과 동시에 시연도 가능한 각종 제품 및 매대 진열이나 쇼룸 진열에 적합한 모든 상품"이 텔레비전에 기반한 호소에 힘입어 큰 도움을 받았다는 데에 의견을 같이했다.[34]

최초의 텔레비전 인포머셜로 다뤄졌던 '비타믹스Vita-Mix'라는 믹서가 그런 경우였다. 1949년에 방영된 이 쇼는, 한때는 행상인의 것으로 통했던 판매술을 "음식 전문가" 윌리엄 "파파" 바너드의 강렬하면서도 매혹적인 시연을 통해 선보였다. 바너드는 270달러라는 돈을 내고 구매한 1시간 30분 동안의 방송을 통해서만 대당 29달러 95센트를 받고 거의 300대의 믹서를 판매할 수 있었다.[35] 이 믹서는 옥수수, 밀, 콩을 가루로 분쇄할 수 있었다. 와플과 팬케이크용 반죽, 버터, 휘핑크림을 섞을 수도 있었다. 물론 파이 속을 채우는 소, 오믈렛, 알코올성 음료를 만들 수도 있었고, "건강 칵테일"도 만들 수 있었다. 기계의 형태로 구현된 만병통치약 같은 비타믹스는 기기의 이상을 충실히 지키면서도, "모든 사람에게 완벽한 건강"을 제공하는 것 외에 많은 작업을 훌륭하게 해낼 수 있다고 약속했다.(그림 4.6)

비타믹스와 같은 기기들은 텔레비전에 적합하도록 맞춤 제작되었

그림 4.6 1949년에 방송에서 비타믹스를 시연한 윌리엄 "파파" 바너드는 현대적인 인포머셜을 개발한 것으로 여겨진다. 이 기기는 스테인리스 재질의 용기와 함께 나왔다. 하지만 그는 시청자들이 작동 중인 기기를 더 잘 볼 수 있도록 유리 재질의 용기를 사용했다.

다. 텔레비전은 제품 시연을 연출하고 편집하고 재촬영할 수 있어서 실제 성능뿐 아니라 거짓된 약속까지 강조할 수 있었다. 게다가 광고주들은 "묘지" 시간대(오후 11시에서 오전 9시 사이)의 방송 시간을 싸게 구입할 수도 있었다. 지루한 불면증 환자들은 사로잡힌 청중이 되어주었고, 인포머셜은 야밤의 고요한 시간대에 특히 자극적이었다. 심야 텔레비전은 "신설 기업, (…) 방문판매원, 발명가" 같은 소규모 기업인들에게 완벽한 행상 판매 기회를 제공했다. 잠재적인 시청률은 사실상 무제한이었다. 이러한 점은 혁신가의 기묘하고 새로운 장치들뿐 아니라 30분 이상 지속되는 장시간의 광고를 제작하여 다른 프로그램이 없는 꼭두새벽이나 주말, 즉 저렴한 시간 동안 광고를 방송하는 비타믹스의 버나드 같은 사람들을 위한 기회를 제공해주었다. 1950년대 후반의 퀴즈 쇼 스캔들 이후 연방통신위원회FCC는 시간당 판매할 수 있는 상업 방송 시간의 양을 제한했지만, 1970년대 후반이나 1980년대까지도 케이블 네트워크에서는 여전히 인포머셜을 더 길게 방송하고 있었다.[36]

특정 제품을 홍보하는 것 외에도, 장르로서의 인포머셜은 구식 상품보다는 신상품을 옹호하면서 미국 기업에 대한 주요한 찬사를 강화하는 데 도움이 되었다. 초기 인포머셜을 통해 판매된 제품들이 겨우 50퍼센트밖에 성공하지 못했음에도 불구하고, 희망에 찬 발명가들은 계속해서 행운을 시도하고 시험했다.[37] '렘브란트 자동 감자 껍질깎이'는 텔레비전 세계에 맞춰 고안된 기기의 완벽한 예였다. 진정한 예술작품 같은 이 기기는 "몇 년 사이 나온 기기 중 가장 혁명적"이라고 내세워졌으며, 전통적인 감자 껍질깎이와 과일 깎는 칼뿐 아니라 이와 같은 원시적인 도구를 사용하는 주부들까지 열등해 보이게 만들었다. 이 도구의 깊은 플라스틱 그릇은 바닥에 고정된 흡착

컵을 받치는 발 위에 놓는다. 호스를 수도꼭지에 연결하고 감자를 안에 넣고 뚜껑을 잠그고 물을 튼다. 이론상으로는 1분도 안 되는 시간 안에 유압이 껍질을 벗기고, 세척하고, 감자를 요리할 준비를 한다. "배수구 아래로 벗겨진 껍질이 자유롭게 흘러내려도 하수구를 막지 않을 정도로 껍질이 잘게 벗겨지기" 때문에 청소할 필요도 없다. 정교하게 조정된 이 과정은 "가장 얇은 피부층만" 제거해 귀중한 영양소를 그대로 남겼다. 다른 모든 주방 도구를 쓸모없게 만든 이 도구는 궁지에 몰린 여성들이 마침내 "구식 야채 껍질깎이" 없이 살 수 있게 해주었다. "과학이 편의성, 여가, 경제성을 향상시킨 최신의 기여"였다.[38](그림 4.7)

그러나 기기의 근본 논리에 충실한 이 도구는 노동을 줄여준 것이 아니라 추가적인 노동을 만들어냈다. 지정된 업무를 수행하는 데 효율성을 떨어뜨렸으며, "과학의 원리"에 따라 작동하지도 않았고, 부엌에 대한 "기여"도 아니었으며, 허드렛일을 아예 사라지게 하지도 못했고, 확실히 "마치 마술을 부리듯" 하지도 못했다. (이 도구의 호기심 많은 고객 중 한 명이 나의 할아버지였다. 직업 때문에 1950년대에 밖을 떠돌아야 했던 할아버지는 종종 늦은 밤 혼자 낯선 호텔 방에서 기기들을 보며 깨어 있는 자신을 발견하곤 했다. 렘브란트 자동 감자 껍질깎이는 할아버지가 주문했던 많은 기기 중 하나였다. 할아버지는 할머니 모르게 허락도 받지 않고 기기를 주문할 때가 많았다. 할머니는 크리스틴 프레더릭 유형의 인물로, 실용적인 여성이자 합리적인 소비자였다. 낙관론자였던 할아버지가 기대했던 시운전은 바라던 대로 되지 않았다. 생감자는 마법처럼 우아하게 오븐에 넣기만 하면 되도록 준비되지 않았고, 스프레이처럼 뿜어져 나와 부엌 벽, 천장, 바닥에 억세게 눌어붙은 녹말 반죽으로 바뀌고 말았다. 사위의 지시에 따라 할머니가 집에 돌아오시기 전에 증거를 인멸하는 데 몇 시간이 걸

그림 4.7 기기는 해결하는 문제보다 더 많은 문제를 야기하여, 비교적 단순한 작업을 더 복잡하고 불편하게 만들 때가 많았다. 「렘브란트 자동 감자 껍질깎이 광고 전단」(1958년경).

렸다. 확실히 그 도구는 감자 껍질을 벗겨내기는 했지만, 예상과는 달랐다. 또한 도구의 본성에 충실한 나머지 불쾌감마저 주었던 감자 껍질깎이는 차고 한구석으로 추방되었고 수십 년이 지나서야 발견되었다.)

할아버지만 기기에 매료된 것은 확실히 아니었다. (1948년에 설립된) 이달의 기기 클럽GMC이라는 기기 추천 서비스는 순식간에 수십만 명의 회원을 자랑하는 수백만 달러 규모의 산업으로 성장했다. 각 회원은 한 달에 5달러를 지불하고 이름도 잘 생각나지 않는 시장에 출시된 여러 기기를 소개받았다. 한 고객에 따르면, "이 패키지는 편지 개봉용 칼이나 편지 저울에서부터 최신 세차 액세서리에 이르기까지 뭐든 포함할 수 있었다".[39] GMC는 소비자들이 단순히 더 많은 것을 축적할 방법뿐 아니라, 발명가들이 혁신을 시험하고 홍보할 중요한 방법도 제공해주었다. GMC의 "공정한 배심원"이 판단하기에 욕구를 채워주는 것이라면 무엇이든 최소한 10만 개 단위로 제조되었으며, 발명자는 판매 개수에 따라 로열티를 약속받았다.

탁월한 기계 제작자인 레이먼드 퍼필과 새뮤얼 퍼필 형제가 사업을 시작한 것도 이때였다. 비타믹스의 설립자처럼, 퍼필 형제도 가정 혁신에 대한 급증하는 관심을 활용했다. 행상인 집안에서 자란 퍼필 형제는 무의미한 혁신이라도 크게 성공할 수 있다는 것을, 특히 효과적으로 시연한다면 그럴 수 있다는 사실을 선구자들만큼 잘 알고 있었다. "특가 제공"과 "제한된 물량"에 이끌려 넋이 나간 청중은 인간과 기계가 조화를 이루며 일할 때 최고의 성능을 발휘할 수 있다는 것을 목격했다. 한 번의 구매를 통해 이와 같은 "수월한 작업"이 가능했다. 사람들은 장치 자체보다는 제품 시연을 믿고 구매했다. 새뮤얼 퍼필에 따르면, "무엇이든 쉽게 보이게 하는 것이 전투의 절반이다. 어설프면 손님이 가버린다".[40]

시연은 기기의 편의성을 보여주는 역할을 했을 뿐만 아니라, 잠재 고객들이 이성적 차원보다는 감성적 차원에서 제품 자체와 그 생생한 상업적 대리인에 이입하도록 만드는 역할도 했다. 판매 기술에 관한 20세기 중반의 한 매뉴얼은 "흥미롭고 열정적인 모습으로 빛나는 그림을 그리기 위해" 제품을 "드라마화"할 것을 판매 대리인들에게 권고했다. 이렇게 하면 미래의 구매자가 가격에 대해 덜 생각하게 만드는 효과가 있다. 좋은 시연은 아내에게 5달러짜리 수입 감자 껍질깎이가 필요한지 등의 "구매자의 마음속 다른 생각을 없애버리고 상상력을 고요한 강렬함으로 불붙일 것이다".[41]

퍼필 형제는 값싸게 생산할 수 있는 금속과 플라스틱 재질의 간단한 기기들을 시장에 내놓고 화려한 판매술을 펼치기에 적합하게 만드는 데 크게 성공했다. 저렴한 가격대(대부분 1달러 미만으로 판매되는 제품)는 소비자들이 쉽게 구매 기회를 잡을 수 있도록 해주었으며 기대에 미치지 못할 때라도 실망감을 덜 수 있게 해주었다. 새뮤얼의 아들 론이 초창기에 시연했던 '퍼필 찹오매틱'이라는 음식 분쇄기는 가장 성공적인 제품 중 하나였다.[42] 이 제품은 가정에서 노동을 절약해주는 새 가전제품을 원하지만 고급 전동 분쇄기를 살 여유가 없는 수많은 소비자에게 호소했는데, 그 결과 소비자들은 기본 기기 외에 "상당히 많은 보조 기구"를 사 모아야 했다.[43]

새로운 기기들은 합리성에 근거한 "과학적" 진보에 관한 이야기만큼이나 상상력을 자극했다. 수많은 "오매틱O-Matic"은 말할 것도 없고, '버트니어' '미러클 브룸' '타이디 드라이어' '키친 매지션' '포켓 피셔맨' '스피드 터프팅 키트' 등의 기구들은 집안일을 영웅적인 위업으로, 사용자들을 비범한 능력을 가진 마법사로 둔갑시켰다. 이러한 방식으로 기기 제작자들은 이전 형태의 상업적 주술로 다시 손을 뻗었다. 전후 핵가족들이 과학적이며 기계화된 삶을 힘들이지 않고 달성한다는 이루기 어려운 목표로 나아가도록 돕기 위해서였다. 퍼필을 비롯한 회사들은 최신 우주 시대의 독점 기술을 선전하는 텔레비전의 시청각적 호소를 통해 이 문화적 시대정신을 홍보하는 데 도움을 주었다. 예를 들어 소비자들은 거의 인포머셜을 통해 판매된 "더 베그오매틱"을 도합 1100만 개 이상 구매했다.[44]

기기 제작자, 공중파의 달인이 되다

기기의 거장 론 퍼필은 한 세기가 훨씬 넘도록 떠돌이 상인과 행상인에게 승리를 안겨주었던 마술, 쇼맨십, 사이비 과학 마케팅을 가장 성공적으로 활용했다. 퍼필의 '론코 텔레프로덕츠'라는 기구는 1964년에 텔레비전을 통한 마케팅 캠페인을 시작했는데 1973년에 이르러서는 연간 2000만 달러를 넘어서는 순매출을 기록했다. '론코'의 성공은 사람들이 스스로 보고 판단할 수 있도록 하고, 그들 자신이 기적적인 위업을 수행할 수 있는 퍼필이라고 상상하게 하는 광고 프레젠테이션을 통해 끝없이 이어지는 기기들을 마케팅하려는 회사의 전략에 바탕을 두고 있었다. 예를 들어, '런던 아이레' 스타킹이 찢어지거나 색이 바래지 않는다고 주장하는 것과 손톱 다듬는 줄, 수세미, 담배 라이터에 망가지는 스타킹을 지켜보는 것은 전혀 다른 일이었다. 퍼필의 시연은 아주 능수능란해서 다른 회사들도 그와 제휴했고, '버트니어' '실어밀' '홀라 호' '미러클 브러시' 등 판매가 부진한 제품을 수익성 있는 제품으로 둔갑시켰다.[45](그림 4.8)

가장 매력적인 도구들은 연극처럼 공연되었고, 그 가치는 구체적으로 무언가를 하는 행위가 아니라 연기와 시청이라는 행위에서 파생

그림 4.8 비범한 기기 제작자 론 퍼필은 머리에 뿌리는 스프레이에서부터 식자재 절단기에
이르기까지 온갖 기기를 파는 데 인포머셜을 활용하여, 인포머셜이라는 매체를 완벽하게
만드는 역할을 했다. 이 사진은 론이 튀김 기계를 광고하는 인포머셜의 한 장면이다.

되었다. 기기 제작자들은 고객들에게 "꿈, 마술적 변신"을 팔았다. 그
들의 진취적인 정신은 "앞부분은 말해주되 뒷부분은 스스로에게 맡
겨라"라는 것이었다.[46] 인포머셜은 효과를 과장하고 편의성을 설득력
있게 보여주었으며, 무엇보다 인포머셜의 공연 예술적 측면을 강조함
으로써 청중을 매료시켰다. 전후의 기기 제작자들이 성공할 수 있던
것은 상당 부분 텔레비전 덕분이었고, 그 반대의 경우도 마찬가지였
다. 1996년까지 인포머셜을 통한 총 판매액은 12억 달러에 달했고,
2015년에는 그 수치가 2500억 달러로 미국 GDP의 1퍼센트를 차지
했다.[47] "프로그램만큼 긴 광고"는 낮 방송 시간대를 서서히 잠식하
기 시작했으며, 직접 판매를 창출하고 시청자들을 상대로 시장 조사
를 실시하며 ("소매 드라이빙retail driving"으로 알려진) 소매 환경에서 구
매할 수 있는 상품이라는 인식을 조성하는 데 활용되었다.[48]
　본질상 연극적인 성격을 지닌 인포머셜은 (물론 효과적인 허구일 뿐

인) 변혁에 대한 설득력 있는 서사를 만들어냈다. 인포머셜의 상영은 "시각적 또는 극적인 효과"를 위해 조작될 때가 많았다. 제작자들은 제품이 실제보다 더 잘 작동하는 것처럼 보이게 하려고, 그리고 어떤 경우에도 작동하는 것처럼 보이게 하려고 시연에 "속임수를 동원했다". 인포머셜 전문가는 직접 반응 마케팅direct response marketing에 "어느 정도 조작이 개입"되는 게 일반적이라고 인정했다.[49] '매직 완드'라는 핸드 믹서는 말 그대로 비현실적인 분쇄 능력을 보여주기 위해 미리 갈아놓은 파인애플을 사용했고, 통 크림을 사용하면서도 탈지유라고 주장함으로써 거품을 내는 놀라운 능력을 보여주었다.[50] '긴스 나이프Ginsu knife'라는 유명한 칼의 인포머셜을 제작한 티머시 오리어리는 "흥미와 속임수 사이의 적절한 선을 걸어야 한다"고 시인했다.[51] 그러나 그들은 정말 그랬을까?

홍보 목적의 "조작"은, 소비자의 마음을 사로잡은 지 얼마 되지는 않았지만, 효과가 있었다. 왜냐하면 소비자의 마음에서 끓어오르기 시작한 욕구, 욕망, 불안, 희망, 공포를 활용했기 때문이다. 사람들은 때때로 인상적인 제품 시연에 속수무책으로 무아지경에 빠져, 자신들도 날로 늘어나는 허리선과 싸우고 완벽한 감자 스프를 만들며 생선을 능수능란하게 씻을 수 있다고 확신했다. 강력한 세탁기, 마당 잡초 제거기, 바지 고정 장치, 끈적임 없는 조리 용기에 이르기까지 무수한 제품이 많은 문제에 대한 손쉬운 해결책을 제공했기 때문에 사람들은 훨씬 더 잘 믿을 수 있었다. 다른 판매자들과 마찬가지로 인포머셜 전문가들도 소비자의 삶을 문제로 만들고 간편한 결제만으로 배송되는 해결책을 쉽게 제공하는 데 능숙해졌다. 20세기 말의 한 전문직 종사자는 다음과 같이 통찰력 있게 관찰했다.

마케팅을 업으로 하는 사람으로서, 우리는 더 많은 것을 원하는 개인의 욕구를 필요한 만큼 식별한다. 더 많은 안전을 추구하려는 욕구(권력, 지배, 자신감, 자기 보존, 상실감), 더 많은 부를 추구하려는 욕구(탐욕, 획득, 쓸데없는 것, 저렴한 물건에 대한 갈망), 더 많은 사랑을 추구하려는 욕구(허영심, 매력, 자존감, 특권 의식, 순응, 죄책감) 그리고 물론 더 많은 즐거움을 추구하려는 욕구(섹스, 고통 완화, 전동 도구, 부엌 기구!)가 필요하다. 이와 같은 욕구는 충족되어야 한다. 이에 대한 해결책을 제시하기 위해, 그리고 해결책을 제시하는 과정에서 관계를 정립하기 위해 우리가 존재한다.[52]

만약 어떤 것이 미국 소비자를 정의한다면, 그것은 더 많은 것을 추구하려는 미국인들의 욕망과 욕구일 것이다.

이러한 점은 왜 다양한 크랩스러운 기기가 지속적으로 사랑받는지, 왜 가장 가능성 없어 보이는 기기들조차 성공하는지 설명하는 데 도움이 된다. '사이마스터ThighMaster'라는 허벅지 운동 기구를 예로 들어보자. "두 개의 고리 모양 철선이 발포 고무로 싸여 있고 중간에는 스프링이 달린" 간단한 구조를 가진 이 운동 기구는 쉽고 저렴하게 제조되어 상당한 마진을 덧붙여 판매되었다(400퍼센트의 마진은 "예사"였으며, '샘와우' 등 청소용 천 같은 제품들은 "산업용 레이온과 폴리프로필렌 폐기물"로 만들어진 터라 도매가는 1센트에 불과했지만 소매가는 5달러 이상이었다).[53] 설득력 있는 과장 광고는 희한한 기기에 많은 가능성을 제시했다. "고리는 좋은 손잡이다. 고리를 팔 밑으로 집어넣으면 복부 라인을 위해 운동할 수 있다. 무릎 사이에 넣고 허벅지 운동을 해도 된다."[54] 동경의 대상인 인물이 광고에 출연해 사이마스터로 가꾼 몸매를 선보이며 효과를 입증했다. 다용도 공구나 다른 복합 기구들과 마찬가지로, 사이마스터는 단일한 용도의 물건이 아니라 다용도의 물건이었다. "우리는 사이마스터를 가방 속의 헬스장이라고 홍보한다"고 판매자는 설명했다.[55] 또한 결정적인 것은 매력적인 유명 인사로 통하는 수잰 서머스가 열정적으로 제품을 보증해준 덕에 사이마스터가 이득을 누렸다는 점이다. 회사는 제품을 출시한 지 5개월도 되지 않아 일주일에 7만5000대를 팔았다. 처음 2년 동안에만 600만 대를 넘게 팔았고, 사업은 수백만 달러 규모로 성장했다.[56] 발포 고무를 씌운 금속 조각에 불과한 사이마스터는 매우 인기가 많아 금세 매진되었다. 유사한 사례로, 조지 포먼은 발명가 당사자들도 판매할 가망이 없다고 한 탁상용 그릴을 부활시킬 수 있었다. 그도 처음에는 열의가 없었지만 판매를 이어나갔고 자기 이름을 딴 그릴을 판매해 2억 달러를 벌어들였다.

형편없는 기계 장치에 넋을 잃고 있던 이들은 대중만이 아니었다. 베이컨 굽는 기계와 아스파라거스 집게에 대한 열정을 키워온 엘리트들은 더 터무니없고 바로크 양식처럼 화려하기 그지없는 기계들을 계속해서 구입했다. 그런데 그 기계들은 인포머셜에 가장 많이 등장하는 "기만적인" 제품이 아니라, 고급 전시장이나 전문적인 고급 카탈로그를 통해 판매되는 더 고급스러운 것들이었다.[57] 이처럼 외관상 더 세련되고 덜 유치해 보이는 설득 전략은 더 세련된 감수성을 가진 엘리트들의 인식에 더 적합해 보였고 매우 유별난 낭비라는 가식을 추켜세웠다.

브룩스톤, 샤퍼이미지, 해머커슐레머와 같은 기업은 상류층 회원들에게 준準의료 기기(적외선 통증 패스, 안면 나노 수증기 공급기, 손 마사지기), 허세를 부리기 위한 기기(와이파이 반려동물 사료 분배기, 디지털 줄자, 버터 강판), 노벨티(스타워즈 토스터, 사무 의자용 슈퍼맨 망토, 무선 조작 비치볼)를 제공했다. 비록 더 터무니없고 비싼 물건들이었지만,

THE ONLY COMPLETE SWISS ARMY KNIFE.
This is the largest Swiss Army knife in the world, holder of the Guinness World Record for "The Most Multifunctional Penknife," with 87 precision-engineered tools spanning 112 functions. Made by Wenger, crafter of genuine Swiss Army knives since 1893, it uses stainless steel for all parts and is hand-assembled by just two cutlery specialists in Delémont, Switzerland, ensuring that every knife meets exacting standards. It has seven blades, three types of pliers, three golf tools (club face cleaner, shoe spike wrench, and · divot repair tool), 25 flat- and Phillips-head screwdrivers and bits, saws, wrenches, and more. It also has a bicycle chain rivet setter, signal whistle, 12/20-gauge shotgun choke tube tool, combination fish scaler, hook disgorger, and line guide tool, cigar-cutting scissors, laser pointer, tire-tread gauge, toothpick, tweezers, and key ring. See hammacher.com for a complete list of tools. 3¼" L x 8¾" W. (2¾ lbs.)
HR-74670 $1,400

그림 4.9 '디 온리 컴플리트 스위스 아미 나이프'는 2011년 해머커슐레머 「기프트 프리뷰」 카탈로그에 소개되었다. 가격이 1400달러에 이르고 약 112가지 기능이 있는 "최고의 다목적 나이프"라고 표현되었지만, 극단적 기기화 때문에 어떤 기능도 제대로 수행하지 못할 가능성이 컸다.

여전히 크랩이었다. 많은 고급 기기는 로봇 진공청소기(할인가 700달러)와 블루투스 3D 전신 안마 의자(4299달러 상당)에 의해 수행되는 손쉬운 작업이라는 꿈을 살 수 있는 고소득층 사람들에게 반향을 일으켰다. 동시에, 계절마다, 해마다 시장에 안정적으로 나타나는 이름 모를 각종 새로운 기기에는 흥미로울 정도로 창의적이고 낙관적이며 놀라운 무언가가 있었다.(그림 4.9)

분무식의 대머리 가리개 '헤어 인 어 캔'처럼 수수한 제품이든, 아니면 5만8000달러나 하는 호버크라프트형 골프 카트든, 새로운 제품은 우스꽝스러울 수도 있고 매우 멋질 수도 있었다. 20세기 말에 이르러 이와 같은 극한의 기기화는 더 많은 것을 추구하려는 미국 소비자들의 욕망, 즉 더 많은 기능, 성능, 작업을 더 효율적으로, 쉽게, 그리고 재미있게 수행하려는 욕망이 낳은 논리적 결과물이었다. 그래서 미국인들은 더 많은 것을 얻었다. 더 많은 비용, 낭비, 노동, 허무함, 실망, 그리고 어쩌면 더 많은 즐거움, 희망, 낙관을 얻었다. 그리고 많다는 것 자체가 가장 중요했기 때문에, 기기는 궁극적으로 미국인들의 이상하고 공허한 많은 약속에 부응했다.

H! THEM GOLDEN SLIPPERS! . . . A glitte
g fashion touch for sleek silk & velvet par
or-length skirts, all your "at home" outfits.
arshmallow-soft golden vinyl; sparkling tas-
es. Suedine foam sole; faille-lined.
Golden Slippers
all 4½-6 (H-32623D) . . . .
edium 6-7½ (H-32631D) . . .
rge 7½-9 (H-32649D) **$2.95**

GENUINE HUMMEL NOTES . . . The original,
world-famous Berta Hummel designs repro-
duced on quality note paper. Adorable collec-
tor pictures in soft rich colors—trimmed in
g . . . e to receive! Ass't prints. Fine
q . . . ck—single fold—4½" x 3½". 15

☐ Hummel Notes (H-31948D) $1

VE THE LIFE OF A MERMAID . . . Dive, swim,
ower and keep expensive hairdo in. Spe-
lly fabricated rubber strip fits comfortably
der bathing cap. Absorbs no water. Adjusta-
. Velcro closing. Seals at the touch. Protects
eaches & tints.
Mermaid Band (H-35683D) $1

President of the U.S.A.

KENNEDY

HUFFLE CARDS AUTOMATICALLY!! . . . 1, 2,
en 3 decks at one time . . . Card Shuffler does
horough job automatically!! Never a shadow
a doubt! Fast, easy . . . just place cards on
y and revolve! Presto; a "square deal" every

34 PRESIDENT STATUES . . . **COMPLETE FROM
WASHINGTON TO KENNEDY** . . . A magnificent
collection . . . your own museum display of
miniature carved statues of every president of
the United States. Each authentically detailed
from head to toe—from the lifelike, familiar
faces to the typical gestures & dress of each
president. Each poses on a gilded pedestal
printed with name & dates of office. An impres-

5장

손해 보는 장사?

19세기 초, 상품 자본주의의 발흥과 함께 신기한 일이 일어났다. 이윤을 극대화하려는 의욕이 더욱 강해지면서 기업들은 물건을 나눠주기 시작했다. 소비자 문화를 생각할 때 우리는 현명하게도 물물교환이나 현금 교환, 신용 구매가 이루어지는 구매자와 판매자 사이의 거래에 초점을 맞춘다. 하지만 많은 상품은 공짜라는 이유로 미국인들의 가정에 진출했다. 어떤 이름으로 부르든, 이와 같은 "기증품" "미끼 상품" "경품" "보상품" "포상"은 믿을 수 없을 정도로 성공적인 판매 계략임과 동시에 수령자들이 삶을 크랩으로 채우게 하는 효율적인 방법이었다.

공짜의 연금술

오늘날 공짜 티셔츠를 받겠다고 포인트 적립을 갈망하는 사람들은 다양한 종류의 공짜 물건을 수용해온 수 세대 전의 소비자에 기원을 두고 있다. 크랩이 미국 시장에 들어오자마자 기업가들은 크랩 자체를 판매했을 뿐 아니라 다른 물건들의 판매를 유도하는 데도 크랩을 공짜로 제공했다. 일찍이 1820년대에 『크리스천 애드보케이트Christian Advocate』라는 기독교 잡지의 발행인은 잡지사 소속의 떠돌이 판매 대리인들이 여섯 명의 구독자를 확보할 때마다 무료 구독권 하나를 지급했다. 주님의 말씀을 팔 때조차 인센티브가 필요했던 것 같다.[1] 몇십 년 후, 여행용 마차에서 제품을 팔고 "시류에 편승하다get on the bandwagon"라는 말을 만든 것으로 여겨지는 벤저민 배빗은 필수품이지만 매력은 없는 베이킹 소다의 판매를 촉진할 필요가 있다는 점을 스스로 깨달았다. 그는 소비자들이 한 상자를 구입할 때마다 저렴한 석판화를 증정했다.[2] 판화는 사람들을 배빗의 쇼로 유인해주었고, 편리하게 포장되고 독특한 브랜드가 붙은 그의 제품이 더 많이 팔리도록 도움을 주었다.

배빗 전략의 효과를 깨달은 다른 많은 이도 매출을 올리기 위해 업계에서 소매 프리미엄retail premiums으로 알려진 무료 경품을 활용했다. 이들 중 한 명이 "세계적 명성의 비누 인간, 로스 소령"이라고 자칭한 비누 상인 히버드 로스였다. 브랜드 없는 상품이었던 로스의 비누는 19세기 중반에는 생필품으로 여겨지지도 않았다. 비누는 스스로 팔리는 물건이 아니었기 때문에, 로스는 "뾰족한 신발, 반바지, 펄럭이는 조끼, 주름진 셔츠, 그리고 챙이 있는 모자"를 착용하고 몇 시간 동안 지속되기 일쑤인 떠돌이 쇼를 무대에 올렸다. "몸이 탄탄하고 열의가 넘친다"고 묘사된 그는 "뉴잉글랜드에서 가장 주목할 만한 방랑자 중 한 명"으로 알려져 있었다.[3](그림 5.1)

로스가 흥겨운 공연으로 예비 구매자들을 유혹한 뒤 구매할 때마

그림 5.1 떠돌이 비누 상인 히버드 로스는 비누를 구매할 때마다 무료 경품을 제공했다. 그는 공고 포스터에 "경품 제공 계획"을 눈에 띄게 명시했다. 「세상에서 가장 유명한 비누 상인 로스 소령The World-Renowned Major Ross Soap Man!」(1856년). 필라델피아 도서관 조합 소장.

다 배포되는 "경품 목록"으로 거래를 성사시키는 것을 충분히 상상해 볼 수 있다. 당시 로스는 그만큼이나 카리스마 넘치는 떠돌이 행상인 들과 경쟁해야 했을 뿐만 아니라, 개인 위생에 양질의 비누를 사용하는 것의 이점을 인정하는 데 더딘 완강한 대중과도 마주해야 했다.[4] 그래서 그는 거의 서른 가지의 경품을 제공했다. 25센트부터 500달러까지 가치가 나간다고 주장하면서, 1달러어치(비누 10개)를 사는 사람들에게 무료 상품들을 증정했다.[5] 리넨 손수건일 수도 있고, 『일러스트레이티드 매거진 오브 아트』의 무작위 발행물일 수도 있고, 금제 회중시계일 수도 있고, 아니면 철도역 근처 택지일 수도 있었다. 그는 "이번 행사에는 훈제 돼지고기 햄이나 부드러운 비누는 없다"고 장담하기도 했다. 로스의 고객들은 비록 대량으로 구매한 대가로 "경품"을 받았지만, 집이나 훌륭한 보석을 얻을 가능성은 정말 희박했다(만약 경품이 실제로 존재했다면, 아마도 확률이 2만분의 1쯤 됐을 것이다).

배빗과 로스 같은 초기 판매자들은 비록 값싼 손수건일지라도, 공짜로 무언가를 얻을 수 있다는 전망만으로도 사람들이 필요로 하거나 원하는 것보다 더 많은 양의 물건을 사도록 자극했다고 당연히 추측했다. 20세기의 소비자심리학자들은 공짜의 연금술이 어떻게 작용했는지 분석했다. 물건을 공짜로 얻는 것은 희망, 욕망, 기대, "선의" 등의 긍정적인 감정을 만들어내며 상인들이 원하는 대로 하도록, 물건을 사도록, 구매 행위에서 보람을 느끼도록 고객들을 부추긴다. "증정품" "선물" "경품" 등의 언어 자체는 긍정적인 감정을 자극하기 위한 것이다. 그러나 판매자는 친구가 아니라 이윤을 내려는 사업자이기 때문에, 공짜의 핵심에는 대가를 치르고 받은 것이라는 근본적인 모순이 존재한다. 필요 이상으로 많이 구매하거나 원하지 않는 물건(예를 들어 비누 열 개)을 구매할 때, 또는 다른 공짜를 얻기 위해 한 가지 물건에 더 많은 돈을 지불할 때처럼, 금전적인 비용이 따를 때도 있다. "선의"를 일으키려는 각종 "증정품"과 "경품"은 근본적으로 속셈이 있는 것으로, 가족, 친구, 이웃 간의 유대를 강화하기 위한 것이 아니라 판매자와 구매자, 판매 대리인과 사업 파트너 간의 상업적 의무를 만들기 위한 것이다. 그래서 사람들은 감정적으로도 대가를 치른다. 아마 공짜 물건의 가장 치명적인 비용은 상업의 세계가 크랩의 형태를 갖는 공짜 물건을 통해 가정의 환심을 살 수 있게 되는 방식일 것이다. 그렇다면 이는 물건을 나눠주는 것이 왜 자본주의적 기업 정신에 반하는 것이 아니라 더욱더 중요한 부분인지를 설명하는 데 도움이 된다.

남북전쟁 이전 시대에 이르러 소매 프리미엄은 생산자와 유통업자들이 고객에게 다가가기 위한 인기 있고 효과적인 전략이 되었다. 중요한 것은 남아도는 상품과 기타 판매 불가능한 상품을 처리할 현실적인 판로로서 "무료 증정품"이 기능했다는 것이다. 가치가 존재하지 않는 곳에서 가치를 창출하는 기발한 방법이었다. 초창기 예는 1860년대에 행상인들이 판매한, 저렴한 문구류 관련 제품을 "경품과" 함께 밀봉한 "경품 패키지"였다. 예를 들어 "훌륭하고 독창적인" 리카즈 경품 패키지는 "필기구, 판화, 복장 도판, 팬시 품목, 양키 노션, 게임, 조리법, 부자 되는 법, 파인주얼리에서 제작된 다채로운 증정품"으로 구성되어 있었고 "따로 구입하면 몇 달러일 것이 25센트에 불과"했다.[6] 오포지션 경품 패키지, 밸런타인 패키지("새롭고 매우 매력적인 군인용 패키지"), 유리카 경품 상자 패키지("역대 최대 판매") 등 그 외에도 많은 패키지가 있었다.[7]

이와 같은 허풍에도 불구하고, 이 패키지들은 소매 시장에서 아무런 가치도 없고 비밀의 보물로 위장한 것에 불과한 크랩을 포함하고 있었다. 캐틀리앤드코의 다임 팬프로스포지엄 경품 패키지는 짝이 안 맞는 봉투와 편지지, 구식 달력, 잡다한 잡지 페이지, 폐지 정도의 가치밖에 없는 출판사의 재고 출간물로 구성되었다.[8] "소중한 경품"은 수십만 명에 의해 생산되고 도매가가 몇 센트에 불과한 핀, 반지, 소매 단추 등 기타 저렴하고 쓸모없는 품목일지도 몰랐다.[9] 예를 들어, 앤드루스라는 한 상인은 점포 헤드쿼터스포칩주얼리에서 수백 품목이 포함된 패키지를 단돈 4달러 10센트에 팔았는데, 패키지에 들어간 품목 대부분은 저렴한 경품 패키지에 들어갈 수밖에 없는 것들이었다.[10]

서점의 책꽂이에서 잠자고 있는 재고 서적들도 다른 크랩과 함께라면 새로운 시장가치가 발견될 수 있었다. 경매인, 행상인, 중고 서점 주인들 외에도, 새로운 유형의 19세기 중반 재판매업자인 "기프트북gift-book 판매업자"가 저가의 할인 서적을 활용했다. 이 비즈니스 모델은 책 뒤표지 안쪽에 새겨진, 무작위 번호로 결정되는 저가의 경품을 제공함으로써 저가 서적의 판매를 도모했다. 판매자들은 재고 서적을 할인해서 판매하지 않고 오히려 가격을 올려 판매했다. 왜냐하면 사람들은 "경품"이나 "증정품"이 함께 제공되는 저가의 서적 한 권에 더 많은 돈을 지불할 용의가 있었기 때문이다.[11] 이와 같은 판매 전략은 펄프로 재활용될 뻔한 서적들을 시장에서 유통되는 서적으로 둔갑시켰고, 판매할 수 없었을 서적에 수만 달러의 가치를 부여해주기도 했다.

사람들은 책이 아니라 경품 때문에 기프트북 매장을 찾았다.[12] 가장 성공적인 운영자 중 한 명인 조지 에번스는, 고객의 전부는 확실히 아니지만 "상당수" 고객이 "책을 원하기 때문에" 구매를 했으며 "우리 책을 주문하는 사람 모두가 적어도 소중한 경품을 확보하려는 은밀한 희망을 갖고 있다는 것에 크게 의심할 거리는 없다고 생각한다"며 이를 인정했다. 에번스의 우편 주문 카탈로그는 "미끼 상품"인 상당히 많은 "시계류 및 보석류 카탈로그"를 일상적으로 전면에 배치했다. 서적 자체보다 더 두꺼운 이 카탈로그는 25센트짜리(골무, 펜 나이프, "화장실용 품목" 등 "기타 상품")에서부터 100달러짜리("영국산 레버식 탈진기 부착 금장 시계")에 이르기까지 50여 가지의 다른 "종류"의 "경품"을 열거했다.[13] 불법 복권을 운영한 혐의로 한 기프트북 서점 운영자가 기소된 사건에서, 당시 법원은 기프트북 서점들이 서적을 "실질 가치 이상"으로 팔았으며 피고는 훨씬 가치가 낮은 책을 1달러 주고 구입했는데 이는 책 자체를 사기 위해 지불한 것일 뿐 아니라 경품을 받을 기회를 얻고자 지불한 것이기도 하다고 강조했다(아이러니한 점은, 그가 구입한 서적 중에 『바넘의 일생The Life of Barnum』이라는 책이 들어 있었다는 것이다).[14] 사람들은 돈을 주고 공짜를 사는데도 상당히 흡족해했다.

기프트북 서점의 점주들은 경품이 조잡하다는 점을 쉽게 인정했다. 예를 들어, 한 점주 앨버트 콜비는 자신이 제공하는 "금" 보석류 경품이 "약간은 놋쇠"라고 표현했다.[15] 에번스는 경품이 "너무 좋아서 진짜일 리가 없다"는 주장에 대해, 가끔 현금으로 대량 구입할 때면 "제조 비용의 2분의 1도 안 되는 가격에 구입할 수 있었다"고 설명했다. 그는 또한 도산한 업체로부터 미판매 재고와 "수요를 초과해 생산된" 재고 제품을 구입했다고 자랑했다. 다른 말로 하자면, 그중 어느 것도 사실 그다지 좋은 것은 아니라는 뜻이었다.[16] 그런데 크랩은 공짜인 한 연금술과도 같은 효과를 발휘했다. 개별적으로 마땅한 판로가 없는 품목들은 특히 다른 크랩들과 함께 제공될 때 바람직한 상품이 되었다. 무언가를 사면 공짜로 무언가가 딸려온다고 생각한 소비자들은 19세기 들어 급증하는 소비문화의 흥분을 두 배로 만끽할 수 있었다.

이러한 품목 중 상당수가 새로운 것이었기 때문에 소비자들은 진정한 품질을 판단할 수 없었고, 따라서 시장에서 선심성으로 나눠주는 "경품"을 받을지도 모른다는 데 상당히 만족했다. 예를 들어, 1850년대 후반 조지아주 스톤 마운틴의 주민들은 『엉클 프랭크의 난롯가에서 읽기 좋은 책Uncle Frank's Pleasant Pages for the Fireside』, 새뮤얼 미첼의 지리부도와 지리학 교과서, T. S. 아서의 『천사와 악마The Angel and the Demon』 같은 비교적 흔한 책들을 조지 에번스의 판매 대리인 역할을 하고 있던 이웃 웰스로부터 구입했는데, 웰스는 책을 대량으로 구매하면 경품을 공짜로 준다고 약속했다. 구매자들이 받은 경품으로는 남성용 음각 금색 장식 단추 한 짝(2달러 50센트 상당), "새로운 무늬"의 여성용 평범한 금색 핀(2달러 50센트 상당), 은도금된 버터 칼(1달러), 남성용 커프스단추(2달러 50센트), 남성용 금도금 펜(2달러) 등이 있었다.[17] 내륙지역에 사는 사람들은 이런 도시의 자질구레한 사치품들로 기뻐했을지도 모른다. 그리고 에번스가 주장한 대로 정말 가치가 있는지 알 방법도 거의 없었다. 있었다 해도 그들은 아마 신경 쓰지 않았을 것이다.

소매 프리미엄은 무언가를 공짜로 준다고 약속함으로써 소비자들의 이성적인 자아에 호소했을 뿐만 아니라, 하찮은 싸구려임에도 불구하고 감성적인 욕망에도 호소했다. 전형적인 상품 패키지를 구입할 기회를 받은 한 여성은 "구매 욕구에 사로잡히는" 일을 묘사했다. 밀봉된 상자의 겉면을 세밀히 살펴본 그녀는 보석류와 무제한 문구류로 구성된 상자 안의 "매력적인 품목"은 물론이고 "1달러의 가치가 있다는 기만적인 약속을 검증해줄 25센트짜리 물건을 상당히 갈망했다",[18] 그녀는 경품 상자의 기만적인 약속과 "매력적인 품목"(냉소적인 인용 부호는 그녀의 것이다)의 의심스러움을 충분히 인지했음에도 불구하고 그 미스터리에 매혹되었다. 공짜 물건을 공급하는 업자들은 이와 같은 크랩이 소유욕을 불러일으킬 수 있다는 점을 잘 알고 있었다. 그들은 이와 같은 크랩을 "미끼 상품inducement"과 "인센티브incentive"라고 부를 때가 많았는데, 각각 "유도하다" "그을리다" "태우다"(즉 "소각하다")라는 근본적 의미가 있었다. 인센티브는 사람들로 하여금 어떤 긴급한 흥분을 느끼게 하여 그들이 어떤 행동을 하도록 이미 유도했거나 유도한다.

공짜의 시스템화

1870년대에 이르러 전국의 크고 작은 수많은 기업이 유인 전략을 채택하기 시작했다. 일례로 1860년대 중반, 애틀랜틱앤드퍼시픽티컴퍼니는 클럽 시스템을 시행했다. 대량 구매 그룹을 조직한 사람들에게 무료 차 상자를 제공하는 확장된 우편 주문 프로그램은 회사의 성공에 결정적인 역할을 했다.[19] 다른 기업들이 그 뒤를 따랐는데, 가령 라킨컴퍼니는 1890년대에 "클럽스 오브 텐" 제도를 도입하여 시골 여성들이 가족 네트워크와 사회 네트워크를 활용해 비누를 판매함으로써 판매 대리인 역할을 하도록 장려했다. 클럽을 조직한 이들은 임금이나 수수료 대신, 판매 할당량을 충족시키면 상품 할인 혜택이나 고급 경품을 받았다. 이 시스템이 매우 성공적이었던 덕에, 라킨컴퍼니는 모든 중간 상인을 없애고 우편 주문을 통해 직접 고객에게 판매할 수 있었다. 라킨컴퍼니는 소매 프리미엄을 대량으로 저렴하게 구입했고, 수익을 더욱 극대화하기 위해 자체 제작까지 했다. 20세기 초까지 라킨컴퍼니는 클럽 조직자들에게 1600개 이상의 소매 프리미엄을 제공했는데, 그다지 다양할 게 없는 자체 제작 비누보다 확실히 더 눈부실 정도로 다양했다.[20]

증정품은 기업의 광고 문구에서 중요성이 점점 더 커졌으며, 판매되는 제품 자체보다 공간을 더 차지할 때가 많았다. 마케팅 전문가 헨리 번팅이 당시로서는 획기적인 저서였던 『판매 강요의 프리미엄 시스템The Premium System of Forcing Sales』에서 지적했듯이, "사람들은 경품 때문에 그 상품을 구입한다. 상품이 아니라 경품이 유인책이다. (…) 상품을 판매하는 방법은 경품 제안을 공표하는 것이다".[21] 예를 들어, 보스턴에 본사를 둔 그레이트런던티컴퍼니의 1891년 도해 가격표는 차와 커피에 대한 설명은 10쪽이 채 안 되지만 회중시계, 청동 동상, 램프, 벽난로 시계, 쟁반, 단추 등 경품은 100쪽 넘는 분량을 차지했다. 마시거나 재판매할 차를 구입하고 싶지 않다면, "현금 가격"을 주고 경품들을 살 수 있었다. 걸이식 성냥 보관함은 1달러 25센트에, 130개의 식기로 구성된 도자기 식기 세트는 20달러에 살 수 있었다. 식기 세트에는 60달러의 차 상품권이 무료로 딸려 나왔는데, 60달러는 품질에 따라 약 27~45킬로그램에 해당되는 차를 주문할 수 있는 금액이었다. 성냥 보관함은 5달러어치의 차를 주문해야 받을 수 있었다. 어느 쪽이든 많은 차를 주문해야 했고, 평생 마시고도 남을 양을 주문해야 할 때도 있었다. 이 증정품들은 "단순히 더 많이 주문하도록 사람들을 유도하고 다른 이들을 주문에 참여시키려는 목적으로 제공되었다"고 회사는 설명했다.[22] 이러한 방식으로, 회사는 주문량을 늘림으로써 소비할 수 있는 양 이상으로 차를 팔 수 있었다. 잡지 출판업체와 같은 다른 기업들은 회사 대신 사람들이 구독권을 팔도록 하려고 소매 프리미엄을 활용했고, 하찮은 물건으로 임금을 지급

그림 5.2 판매 대리인들은 공짜라는 아이디어로 인해 인센티브를 받을 때가 많았다. 『가정과 청소년』 출판사 헤이버필드앤드기빈의 광고 전단(1880년대).

할 때가 많았다. 그런 기업 중 하나가 헤이버필드앤드기빈이었다. 『가정과 청소년Home and Youth』 구독권 60개를 판매한 대리인에게 "우리를 위해 더 열심히 일하도록 유도하기 위해" 15달러짜리 "은도금" 회중시계를 제공했다.(그림 5.2) 그리고 양판점들은 판매 실적을 충족시키는 것에 대한 보상으로 무료 상품을 제공함으로써 떠돌이 판매 대리인에게 인센티브를 부여했다.

M. W. 새비지의 광고는 소매 프리미엄과 이를 얻기 위한 복잡한 시스템을 상세히 설명하는 데 공간의 많은 부분을 할애하는 바람에 실제로 무엇을 팔려고 하는지 정확히 알 수 없었다. 그가 팔려고 했던 것은 '인터내셔널 스톡 푸드 토닉'이라고 불린 것으로, 1914년 판촉 책자 『새비지의 무료 경품Savage's Free Premiums』을 20쪽은 넘겨야 언급되는 제품이었다. 무료 경품 제도를 설명하면서 의식의 흐름 기법에 따라 작성된 듯한 문구를 담고 있는 페이지 어디에서도 그는 경품이 마음에서 진정으로 우러난 것이 아니라 사리사욕에서 비롯된 것이라는 사실에 대해 사과하지 않았다.

> 나는 경품을 무료로 나눠준다. 사업 확장을 돕기 때문이다. 경품은 또한 연말에 더 많은 돈을 벌 수 있도록 도와준다. 사업 규모가 커지면 어떤 사업이든 간접 비용이 대규모로 감소한다. (…) 나는 경품이 있으면 대형 신문이나 다른 주요 신문에 광고하는 것보다 더 적은 비용으로 판매량을 늘릴 수 있다는 것을 알게 되었다. 그리고 다른 사람들에게 나눠주지 않고 고객에게만 나눠주는 무료 경품은 사업을 확장하기 위한 필수 비용이다. 직접 만든 제조품이나 제품을 활용함으로써 엄청나게 큰 비용을 절감할 수 있는데, 비용 절감 혜택이 사업을 성장시키는 사람들의 주머니로 직접 들어가기 때문에 나는 이것이 실용적이고, 일상적이고, 공명정대한 협력이라고 믿는다. (…) 무료 경품은 실제적이며 당신에게 돌아가는 현금 경품의 형태를 띤 배당금이다.[23]

새비지는 크리스털 그릇에서부터 다이아몬드 반지, 가죽 동전 지갑, 주머니칼에 이르기까지 눈을 뗄 수 없을 정도로 다양한 상품

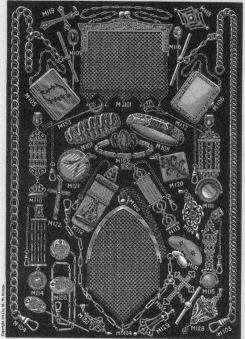

M. W. SAVAGE'S ELEGANT, EXTRA HIGH QUALITY FREE PREMIUMS

ARE BASED ON FAIR AND SQUARE, PRACTICAL CO-OPERATION.

그림 5.3a–b M. W. 새비지의 1914년 '인터내셔널 스톡 푸드 토닉' 쇼를 위한 광고 팸플릿에 실린 "우아한 고품질 무료 경품"을 설명하는 이 페이지처럼, 경품 홍보는 판매되고 있는 실제 상품들을 무색하게 할 때가 많았다.

을 제공했는데, 이 모든 것은 8포인트의 세밀한 글씨로 빽빽하게 채운 지면에 지나칠 정도로 상세하게 묘사되었다.(그림 5.3a-b) 새비지의 무료 경품 시스템은 '레귤러엑스트라 퀄리티Regular-Extra Quality'뿐만 아니라 '엑스트라 하이 퀄리티Extra High Quality' '스플렌디드 더블Splendid Double' '큐멀레이티브Cumulative'로 나뉜, 바로크 양식처럼 화려하고 세련된 시스템이었다.

거래 우표trading stamp 시스템과 쿠폰 시스템의 등장은 소매 프리미엄의 활용을 현대화, 체계화, 대중화했다. 거래 우표 시스템은 1892년 밀워키에 본사를 둔 슈스터 백화점에 의해 '블루 거래 우표 시스템'이라는 이름으로 처음 발행되었다. 쇼핑객들은 상품을 구매할 때마다 일정한 개수의 우표를 받았고, 그 우표는 정성스럽고 특별하게 디자인한 책자에 부착되었다. 당시 미국에는 스크랩북 만들기 열풍이 이미 불고 있었기 때문에, 미국인들은 혀로 우표를 핥아 붙여 넣는 작업에 꽤 익숙해져 있었던 것 같다.[24] 소매품을 50달러어치 구매했음을 뜻하는 우표 500개가 부착된 책자 한 권은 상품 1달러어치나 현금 70센트로 교환할 수 있었는데, 이는 상품에 대해서는 2퍼센트, 현금에 대해서는 1.4퍼센트를 할인(현재의 현금 보상 프로그램에 해당)해주는 것과 같았다.[25]

시간이 지나면서 소매 프리미엄 시스템은 더욱 정교해졌다. 거래 우표 시스템을 도입하는 회사도 많았지만, 무료 상품을 받을 수 있는 포인트를 발생시키고 적립해주는 "이윤 배분형" 쿠폰 시스템을 제공하는 회사들도 있었다. 쿠폰은 포장 자체에 통합되기도 했는데, 이 경우에 구매자들은 시가 포장용 밴드 또는 과일 포장지를 버리지 않고 모아두거나, 양철 깡통의 뚜껑을 자르거나, 담뱃갑의 특정 부분을 잘라 모아두었다가 나중에 쿠폰으로 사용해야 했다. 인쇄된 카드나 종이쪽지를 제품 안에 넣어두기도 했는데, 이 경우에는 카드나 종이 쪽지를 꺼내 모아두었다가 나중에 쿠폰으로 사용해야 했다. 그리고 특정 상품들이 아니더라도 일반 상품군을 최소 금액 이상 구매하면 대가로 경품 쿠폰을 배포한 소매상들도 있었다.

추적, 집계, 구매 등의 책임을 소비자들에게 맡기는 것은 기업들의 비용을 절감해주었다. 중요한 것은 모아두기, 부착하기, 보관하기와 같은 행위 덕에 소비자들이 상품 획득에 더 적극적으로 참여한다고 느낄 수 있었으며, 그 결과 제품을 구매하려는 소비자들이 받는 감정적, 경제적 자극이 증대되었다는 것이다. 더욱이 19세기 말에 이르러서는 상품과 상품에 관련된 특징에 중점을 둔 새로운 상업 언어를 배우기 시작한 소비자들 사이에서 브랜드 인지도를 높이는 데 도움이 되었다. 우표와 쿠폰은 포장과 라벨을 좀더 면밀히 검사해 분별력 있는 구매자가 되도록 소비자들을 장려했다. 그 결과, 단일 브랜드나 특정 제품군에 대한 소비자들의 충성도가 높아지는 이상적인 효과가 나타나기도 했다.[26] 향상된 인쇄 및 포장 기술 덕분에 이런 효과가 가능해졌으며, 그 덕에 판매자들은 구별되지 않던 상품을 특색 있는 패키지와 인상적인 라벨을 가진 개별 상품으로 둔갑시킬 수 있었고, 마치 상품이 사람인 것처럼 소비자들이 상품에 충성할 수 있도록 독특한 정체성과 개성을 부여할 수 있었다.

소매업과 제조업의 변화도 19세기 말 공짜 물건들이 번창하는 데 도움을 주었다. 우편 체계가 멀리 떨어진 지역으로 확대되었고, 저렴한 배송료가 우편 주문의 성장을 촉진했다. 구매자들은 마침내 떠돌이 판매 대리인은 물론이고 지역 소매점들과 유지해왔던 기존의 의존관계를 끊을 수 있었다. 게다가 대량 산업화는, 특히 미국 제조업체들 사이의 대량 산업화는 시장에 더 많은 저가품을 공급해주었다. 이제는 저가품을 어디서나 볼 수 있게 되었기 때문에, 손해를 보지 않고 무료로 소매 프리미엄을 제공하는 것은 기업들에게 어느 때보다 쉬운 일이 되었다. 더욱이 저가품은 더 이상 단순히 상업적인 재고 상품, 규격에 맞지 않는 상품, 작년의 구식 모델이 아니라, 증정할 의도로 특별히 제작된 품목들이었다. 전체 제조업 부문이 공짜 크랩을 제조하는 것만으로도 발전하는 양상을 보였다.

공짜의 비용

한 전문가에 따르면, 경품을 얼마나 활발하게 활용하느냐가 "전 산업 부문"을 좌우했다.[27] 1900년대가 되었을 때 왜 진정한 "경품 열풍"이 전국을 휩쓸었는지를 이 말이 설명해줄지도 모른다. 정치경제학자 I. M. 루비노는 "적어도 미시시피 동쪽에서는 중산층 가족이나 임금 노동자 가족이 거의 발견되지 않을 수도 있다. 미시시피 동쪽은 쿠폰을 모으지 않으면 무료 경품을 기대할 수 없는 곳이다"라고 말했다.[28] 작가 루시 새먼은 1909년 루비노의 의견에 동의하며, 소비자들이 "상상할 수 있는 모든 경품 시스템 형태의" 여러 "특별한 미끼"를 활용할 수 있다고 설명했다. 통조림 제품을 구매한 대가로 "레이스 손수건을 경품"으로 제공하는 건조식품 판매상에서부터 설문에 참여한 대가로 독자들에게 무료 여행을 약속하는 신문에 이르기까지, 공짜는 시장에 더 깊이 침투했다.[29]

그러나 모든 사람이 공짜에 그렇게 매료된 것은 아니었다. 많은 관찰자는 공짜로 무언가를 얻을 것이라는 전망에 뭔가 수상쩍은 점이 있다고 느꼈다. 우선 루비노는 소매 프리미엄을 "도덕적 전염병"이라고 불렀다. 최소한 소매 프리미엄은 필요한 것보다 더 많은 상품을 사도록 사람들을 설득했다. 연금술의 또 다른 부분을 통해, 경품은 관련이 없는 두 가지를 한데 묶어서 각각의 가치에 대한 모호성을 만들어냈다. 루비노는 이 경제적 "일탈"을 충분히 설명하지 못하고, "전혀 다른 두 상품을 묶은 결합 가격 현상은 가치의 본질에 대한 가장 신중한 탐구를 좌절시킨다"라고 썼다.[30] 이와 같은 "좌절" 때문에 사람들은 하찮은 상품을 과도하게 높이 평가했고, 부푼 가격으로 주요 제품을 구매했다. 게다가 다른 것에 다른 것을 얹으면 신기하게도 두 가지 모두가 더 매력적인 상품이 되었다.

기업들은 또한 서로 다른 종류의 교환 시스템을 동시에 시행함으로써, 즉 최소 상품 구매 조건을 충족시키면 경품을 무료로, 현금과 쿠폰으로, 현금으로만 제공함으로써 소비자들의 애를 태웠다. 현금 시스템과 부분 현금 시스템은 쿠폰을 원하는 것으로 교환할 수 있을 만큼 충분히 "기다릴" 시간과 인내심이 부족한 소비자에게 특별한 매력을 가지고 있었다. 쿠폰을 쌓으면서 소유를 향해 가는 이러한 구매자들은 이미 경품에 대해 정신적 투자를 감행했다(감정적 가치를 경품에 부여했다). 더욱이, 모순되게도 소매 프리미엄은 구매와 함께 무료로 제공될 수 있기 때문에 저렴하고 좋은 상품처럼 보였다. 그래서 많은 기업은 소비자들에게 즉석에서 소매 프리미엄을 구매할 기회를 주거나, 기업들이 주장하는 (항상 부풀어 오른) 시장가치와 구매자들이 이미 쿠폰이나 우표로 적립해놓은 포인트 간의 차액을 지불할 기회를 주었다. 사람들은 비용을 지불해야 하더라도 무료 경품이 매력적이라는 사실을 계속해서 알게 되었다.[31]

시간이 지나면서 점점 더 많은 소매상이 소매 프리미엄을 이미 애용하고 있는 경쟁자에 맞서기 위해 거래 우표와 쿠폰을 활용한 소매 프리미엄 시스템을 채택했다. 경쟁 압력은 공짜가 소매상에게는 실제로 돈이 많이 드는 것이 되었음을 의미했다. 왜냐하면 소비자들이 더 이상 특정 매장에 충성하지 않고 쇼핑할 수 있었기 때문이다. 예를 들어 담배 회사의 쿠폰 기반 경품 시스템 활용이 독점적인지에 대한 1914년 의회 조사에서, 한 증인은 현금 할인보다는 공짜 물건이 "쿠폰을 더 많이 얻기 위해 물건을 더 많이 사도록 만든다"고 증언했다.[32] 소매 프리미엄이 가져다주는 유형자산적 성질은 통화가치보다 우세하여 평범한 소매 프리미엄을 매력적인 소비자 유인책으로 변모시켰다. 헨리 번팅이 말한 바와 같이, 소매 프리미엄은 현금 할인이라는 "보이지 않는 증기"를 가져다가 "집중과 응결"을 통해 "소비자가 손가락으로 느낄 수 있는 실재적 유형자산"으로 변형시켰다.[33] 이는 정말이지 일종의 연금술이었다.

소매 프리미엄은 특정 소매점에 대한 고객 충성도를 높이는 데 도움이 됐지만, 특정 경품 시스템에 충실하도록 소매업자들을 압박하기도 했다. 소비자들은 공짜 물건을 기대할 수 있게 되었지만 소매업자들은 일반적으로 독자적인 경품 시스템을 실행할 수단이 없었기 때문에, 많은 기업은 전문적으로 공짜 물건을 제공하는 기업의 서비스를 이용해야 한다는 압박감을 느꼈고 그 과정에서 손해를 볼 때가 많았다.[34] 경품을 제공하지 않고는 비즈니스가 생존할 수 없다는 것을 소매업체에게 설득하고 특히 경품 시스템의 이점을 선전하기 위해 기업들은 전문 간행물을 통해 독자적 시스템을 설명했다. 경품 시스템을 통해 이익을 보지는 못했지만, 소매업체들은 경품 시스템이 쇼핑객들의 "습관 확립" 차원에서 "구매처를 고정하는 효과를 내기"를 바랐다. 예를 들어, 버펄로에 본사를 둔 펜필드머천다이스컴퍼니는 회사의 경품 시스템이 "이 점포에서 모든 거래를 하도록 유도하기 위한 것"이라고 사람들에게 설명했다.[35]

바꿔 말해, 경품 시스템은 시장에서 정의하고 관리하는 고객 충성도를 창출했다. 루비노의 표현대로, 소비자들이 대가로 받은 것은 "대량으로 생산된다는 것이 수수께끼인 쓸모없는 저가품, 소위 잡동사니 상품"이었다. 단골 관계가 싼 맛에 구매한 상품과 같으며 물질주의에 기반을 두고 있고 상업적 거래를 통해 형성되고 강화된다는 사실을, 공짜 정신은 매우 분명히 보여주었다. 자본주의 내의 고객 충성도란 이런 모습이다.[36]

거기에 더해, 공짜는 재료비가 무료였다. 경품 회사들은 무료 상품이 유용하고 품질도 최고이며 아름답기도 하다고 공들여 주장하곤 했다. 이 주장은 많은 최고급 경품에 대해서는 사실이었다. 피아노, 다이아몬드 보석 세트, 은제 다기 세트, 모피 코트, 빅터제 축음기 Victrola 같은 것들은 적어도 이론상으로는 달성 가능한 목표였지만, 경품 시스템 대행업체가 폐업하지 않는다는 가정하에 소매 프리미엄으로 얻으려면 몇 년이 걸리는 상품이었다. 1911년 A. J. 브라운은 동료 철도 직원들에게 센트럴 유니언 스모킹 토바코 라벨 2만 개를 보내 달라고 요청하는 공지를 『레일로드 텔레그래퍼Railroad Telegrapher』라는 철도 전보업 노동조합 기관지에 게시했다. 2만 개의 라벨을 모으면 2개의 의족을 받을 수 있었다. 그해 말이 되었지만 여전히 1만8000개가 모자랐다. 그가 받은 다른 담배 브랜드의 라벨 중 다수는 "무가치한" 것이었다. 1912년 F. E. 포머로이 역시 "의족이 몹시 필요하다"는 점에서 비슷하게 호소했다. 2년이 지났지만 목표를 달성하려면 라벨 1000개가 더 필요했다.[37]

공짜의 마력

고품질의 경품과 달리, 대부분의 경품은 시장에서 자유롭게 유통되는 그야말로 저가의 크랩이었다. 20세기 초 루시 새먼은 "고객들은 공짜로 무언가를 얻는다는 매력에 눈이 멀었다"고 말했다. 증정품이 저렴하게 컬러로 인쇄한 금테 액자인지, 균일가 매장에서 파는 양철 도금 냄비인지는 중요하지 않았다. 일부 비평가는 냉소적으로 경품을 "공짜로 얻을 수 있는 무언가"에 근거한 개념이라고 불렀다. 또 다른 이들은 주 상품과 미끼 상품 둘 다 상품 자체의 장점으로는 팔릴 수 없는 것이었기 때문에 "질이 열등하다"고 주장했다. "품질, 가치, 가격을 전혀 모르는, 노련하지 않고 순진한" 구매자들은 특히 경품의 매력에 취약했다.[38] 그러나 소비자 권리 옹호자와 경제학자들의 비난에도 불구하고 소비자들은 여전히 경품 시스템을 좋아했다. 1917년, 약 1000만 가구가 적어도 한 개의 "거래 우표 책자"를 가지고 있었다. 왜 그랬을까? 한 관찰자는 그 이유에 대해, "구매자 대중은 똑바로 생각하지 않거나, 똑바로 생각하더라도 행동해야 할 방식대로 행동하지 않기 때문이다"라고 말했다.[39]

공짜가 합리적인 소비자의 의사 결정 능력을 좌절시킨다는 것이 바로 요점이었다. 소비자들이 축제처럼 요란한 공짜 상품의 과잉을 탐닉했기 때문에 제조업체, 도매업자, 소매업자들은 바람직한 선물로 가장한, 팔리지 않을 가능성이 큰 저가품으로부터 이익을 얻을 수 있었다. 많은 상인은 축제가 제공하는 오락거리 자체의 심리적 작용에 영향을 받았고, 20세기 전반 전국 순회 축제들이 점점 더 인기가 높아지고 있는 것을 관찰했을 뿐만 아니라, 축제가 속임수 게임과 크랩 경품을 통해 엄청난 수익을 벌어들이고 있다는 것도 알게 되었다.[40] 단순한 오락으로 축제의 게임을 하는 것은 돈을 잘 쓰는 것만큼 중요했다. 그러나 농구 골대 안으로 공을 넣거나 우유병을 쓰러뜨리려고 했던 많은 축제 참여자는 "진열된" 경품을 받는 경우가 거의 없었고, 대신 값싸고 하찮은 물건을 받고 자리를 떠나야 했기 때문에 실망할 수밖에 없었다. "형편없는 싸구려"와 "쓰레기" 등으로 노골적으로 비유되는 축제 경품은 게임을 하는 데 드는 10센트보다 훨씬 적은 가치를 지니고 있었다.[41]

그럼에도 불구하고 공짜 경품은 더 많은 것을 얻으려는 사람들을 계속 돌아오게 했다. "크리퍼스" 같은 일부 게임은 단지 공짜 경품을 받기 위해 더 많은 돈을 쓰도록 선수들을 유혹했다. 축제 문화에 대한 설명에서, 작가 해리 크루스는 축제들이 "표적을 맞히고" 게임을 이어나가게 하려고 크랩 경품을 준다고 설명했다. 그는 전형적인 장면을 회상했다. "나는 결국 플러시 천으로 된 표적이 떨어져 나가는 것을 보고야 말았다. 이번에는 작고 약간 더럽혀진 천으로 만들어진 기린 표적이었다. 그 불쌍한 녀석은 시내에서 2달러 50센트면 살 수 있는 것을 얻으려고 12달러씩이나 지불했다."[42] 룰렛 휠과 같은 다른 게임들은 항상 유료였지만, 경품 가치는 게임 한 판 비용보다 낮았고 게임 운영자는 게임이 "싸구려 경품에 제격"이라고 여겼다.[43] 컨트리스토어휠의 보관함에는 "시계, 보온병, 큐피 인형 등 사람들이 원하지만 쟁취할 수 없는 물건들"이 가득했다. 게다가 바퀴의 움직임은 더 많은 사람이 자신의 운을 시험하도록 유혹했다. "돌아가는 바퀴를 봄으로 인해, 노름꾼이 '플래시flash'라고 부르는 감정의 용솟음이 자아내지고, 그 덕에 더 많은 고객이 몰려들었다." 게임이 잘못되었다는 것을 아는 참여자들조차 상을 받을 기회를 거부할 수 없었다. 게임은 미스터리 경품 상자만큼이나 "애타게 하는 매력"을 불러일으켰으며 참여자들이 "더 많은 것을 위해 돌아오게" 만들었다.[44](그림 5.4)

그림 5.4 축제에 참석해 큐피 인형 경품을 들고 있는 소녀들(1920년대). 축제에서 사기 게임에 참여한 사람들은 경품을 받기 위해 경품의 가치보다 훨씬 더 많은 돈을 썼다.

　공짜의 힘은 사람들이 차를 45킬로그램쯤 사든지 중간에 잘못된 게임을 하든지 간에 돈을 더 많이 쓰도록 동기를 부여했다. 소매상과 축제 호객꾼들 모두 저가품을 대중에게 보급하는 것을 도왔고, 그 과정에서 많은 크랩 생산자와 유통업자들에게 유효한 기회를 만들어주었다.(그림 5.5) 새뮤얼 포커 같은 일부 사업가는 그저 싸구려일 뿐인 물건을 팔면서 돈을 벌었다. 포커의 경우에는 크랩스러운 보석을, "가장 저렴한 등급의 화려한 싸구려 보석"을 팔았는데, 이 보석은 1930년대와 1940년대의 축제에서 그로스당(144개당) 2달러 또는 3달러면 살 수 있는 것들이었다(저렴해 보일지 모르지만, 불과 몇 년 전만 해

SOFT-STUFFED PLUSH CARNIVAL DOLLS

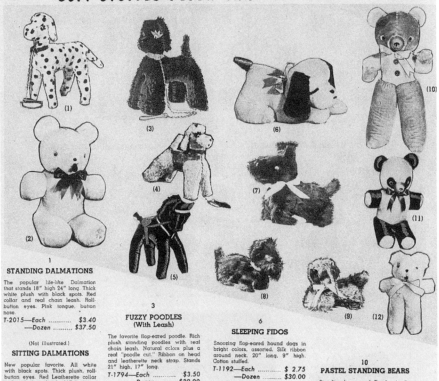

1

STANDING DALMATIONS

The popular life-like Dalmation that stands 18" high 24" long. Thick white plush with black spots. Red collar and real chain leash. Roll-button eyes. Pink tongue. button nose.

T-2015—Each $3.40
—Dozen $37.50

(Not illustrated.)

SITTING DALMATIONS

New popular favorite. All white with black spots. Thick plush, roll-button eyes. Red Leatherette collar and real chain leash. 21" high.

T-2014—Each $2.90
—Dozen $32.00

2
PLUSH GIANTS

Giant bears and Pandas. Full 38½" tall. Assorted Pandas and Honey bears. Includes the new all white bears.
Silk matching ribbons. Roll-button eyes.

T-2020—Each .... $ 6.90
—Dozen $80.00

(Not illustrated.)

PLUSH BEARS

A special! 25" tall plush bears in assorted colors. Roll-button eyes. button noses. Bright silk ribbon around neck. Cotton stuffed.

T-1217—Each $2.25
—Dozen $24.00

50

3
FUZZY POODLES
(With Leash)

The favorite flop-eared poodle. Rich plush standing poodles with real chain leash. Natural colors plus a real "poodle cut." Ribbon on head and leatherette neck strap. Stands 21" high, 17" long.

T-1794—Each $3.50
—Dozen $39.00

4
15" FUZZY POODLE

Identical to the above but a cuddly 15" high. Long curled plush, silk lined ears. Popular new pastel colors. Chain leash.

T-289—Each $2.75
—Dozen $30.00

5
RED HORSE

Soft stuffed, all red plush horse with plastic saddle and trappings. 19 inches tall.

T-4956—Each $3.25
Dozen $36.00

Same as above in assorted colors.

T-4956—Each $3.25
Dozen $36.00

6
SLEEPING FIDOS

Snoozing flop-eared hound dogs in bright colors, assorted. Silk ribbon around neck. 20" long, 9" high. Cotton stuffed.

T-1192—Each .... $ 2.75
—Dozen $30.00

7
FUR SCOTTY

Life-size Scotty dog with a long-hair natural looking fur coat. Ribbon bow around neck. All black or assorted black and brown. 16" tall, 18" long.

T-2310—Each $2.75
Dozen $32.00

8
FUR SCOTTY PUPS

Same as above except 9½" tall, 12" long.

T-1876—Each $1.50
Dozen $16.00

9
FUR PEKINESE

Cuddly, life-size fur Pekes in assorted colors. Ribbon bow around neck. 10" tall, 9" long.

T-1875—Each $1.50
Dozen $16.00

10
PASTEL STANDING BEARS

Standing bears and Pandas in the new pastel colors. Colors assorted. Cotton stuffed. Roll-button eyes. Plastic nose and mouth. Large silk ribbon.

T-2019—Each .... $ 3.60
—Dozen $40.00

11
PASTEL CUDDLE BEARS

New colors for real flash. Soft-stuffed cuddle bears in bright new pastels. Assorted colors. Plastic noses and mouth for realism. Silk ribbon.

T-2006—Each .... $ 3.60
—Dozen $40.00

12
CUDDLE BEARS

Soft-stuffed cuddle bears in assorted colors. 15" high. Roll-button eyes, button nose. Bright silk ribbon.

T-1509—Each $1.25
—Dozen $12.00

그림 5.5 킵브러더스 같은 회사들은 축제 오락장 운영자들에게 업계에서 소위 "싸구려 경품$_{slum}$"이라고 불리는 저가의 축제용 상품을 제공했다. 킵브러더스, 「축제용 카탈로그 166호」(1940년경).

도 이런 물건들은 그로스당 60센트에서 70센트에 거래되었다). 포커의 방대한 저가품 재고에는 10K라고 잘못 표기된 놋쇠 반지, "25달러짜리 순금 회중시계처럼 보이는" 1달러짜리 회중시계, 폐업 상품, "파손된 상품" 등 다른 시장에서는 팔 수 없을 것들이 포함되어 있었다.[45]

난데없이 가치를 창출해내는 광고업자와 축제 호객꾼은 표적을 보면 바로 알아차렸고, 표적에게 공짜를 판매함으로써 그들에게서 돈을 분리할 수 있게 되어 기뻐했다. 리매뉴팩처링컴퍼니의 홍보 카탈로그는 회사의 경품이 평범하다는 점을 무심결에 드러냈다. 이 카탈로그에는 도자기 세트, 유리 제품 등 다양한 무료 상품과 함께 균일가 매장에서 파는 화장용 파우더, 양모제, 미용 크림이 총천연색 삽화로 담겨 있었다. 사업 규모와 물량을 강조하기 위한 회사 내부 사진은 편지를 분류하고 전화로 주문을 접수하며 물품 포장 공간에서 작업하는 근면한 직원들의 모습을 담고 있다. 전체 층을 차지하는 주문 처리 부서 사진을 보면 직원들이 경품 주문을 부지런히 처리하면서 큰 통에서 도자기 접시, 컵, 접시 등의 상품들을 꺼내는 모습이 있다. 카탈로그에 멋지게 나온 상품들은 독특하고 질 좋아 보였지만 사실은 정반대였고, 생산처가 불분명한 익명의 제품이었다.(그림 5.6, 삽화 4) 하나 위에 하나를 쌓은, 싸구려 잡화점에서 흔히 볼 수 있는 이 상품들은 특별히 주의하여 취급할 가치조차 없었다.[46]

기업인들은 이성적인 결정을 감성으로 억누르는 방법을 활용했다. 심지어 받고 있다고 느끼는 것과 받고 있다고 알고 있는 것이 다르다고 소비자들 스스로 깨닫고 있는 경우에도 그러려고 했다. 소매 프리미엄의 많은 위험성을 지적했고 아마도 이에 대해 더 잘 알고 있었을 경제학자 루비노조차 자신이 "적어도 얼마간은 이런 유행의 희생자였고, 이를 입증하기라도 하듯 문양이 새겨진 꽤 훌륭한 유리 제품

그림 5.6 리매뉴팩처링컴퍼니 같은 회사들이 제공한 경품은 특별한 물건으로 선전됐지만, 저가의 대량생산품에 불과했다. *Lee's Wonderful Catalogue of Easy Selling Goods and Premiums*(1924년).

을 가지고 있다"고 인정했다.[47] 그 "훌륭한 제품"은 싸구려 상품이 가득한 또 다른 통에서 뽑은 것일 가능성이 컸다. 사람들을 교란시킴과 동시에 매력도 넘친다는 점이 공짜의 본질이었다.

어린아이들의 큰 꿈

쉽게 동기 부여를 받는 어린이들은 부모보다 공짜라는 동기에 현혹되기 훨씬 더 쉬웠다. 19세기 초에 어린이들은 학교에서 좋은 성적을 받거나 성경 구절을 정확하게 암송하거나 주어진 일을 잘하면 보상으로 동물 그림 장식이 있는 인쇄된 작은 증서를 받았다. 19세기 후반에 이르러서는 얇은 종잇조각에 만족할 필요가 더 이상 없어졌고, 대신 부모님처럼 시장에서 공짜로 실물을 얻을 수 있었다. 교사, 부모, 심지어 신의 권위까지 상업으로 대체되었다. 아이들은 잘 행동하거나 잘 배울 필요가 없었다. 돈을 잘 쓸 필요가 있었다.

1912년 크래커 잭이라는 캐러멜 코팅 팝콘의 상자에 미니어처 경품을 넣기 훨씬 전부터, 소매업자들은 사소한 것으로 아이들을 유인할 수 있다는 것을 깨달았다. 일찍이 1870년대부터 사탕 가게 주인들은 어린 고객들과 "우정"을 쌓기 위해, 가장 저렴한 사탕을 사도 무료 장난감을 제공하기 시작했다. 예를 들어, 필라델피아의 제과 회사 존 밀러앤드선은 사탕을 팔기 위해 불꽃놀이 기구에서부터 크리스마스 상품에 이르기까지 온갖 종류의 미끼 상품을 활용했다. 그 외에도 이 기업은 20여 종의 경품 상자를 만들어냈다. 도매업체에서는 12개당 2달러에, 소매업체에서는 개당 25센트에 판매한 본 톤이라는 사탕에는 현금과 보석류가 함께 들어 있었다. 5센트에 불과한 센테니얼이라는 사탕에는 보석과 다색 석판 인쇄물이 함께 들어 있었다. 유나이티드 스테이츠 민트 박스라는 사탕에는 25센트짜리부터 1달러짜리까지의 동전이 동봉되어 있었다. "가장 최근에 출시된 노벨티 중 하나"인 인터내셔널 프라이즈 앤드 포천 박스라는 과자 상자에서는 무료 운세 점괘가 함께 나왔다. 일부 상자는 보석 한 점, 금도금 회중시계는 물론이고 100상자마다 하나꼴로 100달러짜리 지폐가 들어 있다

A new candy prize package. Good for resale purposes. Very attractive because it is printed in very pretty colors. The box measures 6½x2¼x1 inches. Each box contains five pieces of Peanut Butter Kisses and a prize or toy that will please a girl or boy. The prizes used consist of many different styles such as rings, lanterns, pipes, tops, auto, etc. "Sweeties" are packed 250 to a carton; no less sold.

No. 12A1. Per thousand (4 cartons)............ **14.50** | Per carton (250 pkgs.)...................... **3.75**

그림 5.7 아이들은 경품과 함께 제공되는 사탕에 안달이 났다. 예를 들어 "스위티스"는 상자마다 "소년 소녀를 기쁘게 해줄 장난감"이 들어 있었다. 슈어컴퍼니, 「슈어 위너 카탈로그 121호Shure Winner Catalog No. 121」(1933년).

고 약속했다.[48] "이 사탕 상자들은 전례 없는 판매를 기록할 것으로 예상된다"고 회사는 자랑스럽게 말했다.[49] (그림 5.7)

심부름, 신문 판매, 고철 청소, 공장 노동 등을 통해 지출할 자기 돈을 이제 모으기 시작한 아이들을 위한 하찮은 증정품을 전문적으로 만드는 새로운 산업이 등장했다. 제조업자 W. C. 스미스는 "저가품"과 함께 나눠줄 여러 종류의 저가 장난감을 생산했다. 소매업자가 대량으로 구매하는 이와 같은 장난감 크랩에는 "퍼즐 휘슬, 프렌치 퍼즐, 팝 건, 틴 디시, 스탬프드 스푼" 등 어린아이들의 기호와 소소한 구매력에 호소하는 다양한 상품이 수없이 포함돼 있었다.[50] 어린이들은 특별한 경품을 손에 들고 가지고 놀거나 교환하고, 마치 행운의 부적처럼 호주머니 안에 소중히 간직하고, 갈망하고, 몇 안 되는 소유물 중 하나로 포함시켰다. (나중에 투시토이스라는 미니카 제작사가 된) 다우스트브러더스오브시카고가 만든 "메탈 노벨티스Metal Novelties"와 "페니 프라이즈 구즈Penny Prize Goods"는 주물 금속으로 제작한 작은 장식으로, 어른의 세계를 미니어처로 재창조함으로써 어린이

5장 손해 보는 장사?

처럼 경제적 여유가 많지 않은 이들 사이에서 어른의 욕망을 자극했다. "모든 디테일이 정확한" 다우스트의 과일 접시 복제 미니어처는 동경의 대상이었고, 소녀가 실제로 소유하든 동경만 하든 상관없이 "인형의 집에 이상적인 품목"으로 자리 잡았다. "마치 불이 켜진 것처럼 보이는" 투명한 모조 유리 구가 달린 작은 랜턴은 "아마도 시장에 나온 것 중 최고의 노벨티"였다. "모든 디테일을 보여주는 귀여운 복제품"인 여성용 신발은 "완벽한 비율"로 만들어졌으며, "프랑스산 최신 여성용 하이힐"이라며 아이들이 장난 삼아 자랑했고, "신발 양쪽 모두 마무리가 완벽했다".[51]

따라서 공짜는 현재의 소비를 자극했을 뿐 아니라 미래의 소비를 유도하는 관문으로도 기능함으로써, 어린 세대에게 자신들이 탐내야 할 것뿐만 아니라 어른으로서 탐내야 할 것을 훈련시켰다. 1909년 『노벨티 뉴스』는 "팽이, 호루라기 등 평화를 깨는 물건과 연, 유모차 등과 같은 장난감에 자유롭게 투자한 점주가 운영하는 점포들"의 매출이 증가했다고 지적했다.[52] 소매상들은 더 새롭고 젊은 고객을 얻을 수 있었다. 헨리 번팅은 "장난감, 노리개, 게임, 기계 장치를 판촉에 활용하는 무한한 분야가 열렸다"고 썼다. 아이들을 위한 공짜는 시리얼, 수프, 소금은 물론이고 심지어 커피를 파는 데까지 동원되었다. 번팅은 "점포 홍보를 보완하기 위해 장난감이 지능적으로 사용된 모든 경우가 좋은 실적을 올렸다"며, 다시 말해 장난감이 전통적인 광고에 더하여 훌륭한 홍보 수단이 되고 있다고 지적했다.[53]

동시에 장난감 제조업자들은 다른 소매 프리미엄용 상품 공급자들과 마찬가지로, 이와 같은 어린이 소비자들 사이에서 점점 커지는 저가품 욕구를 충족시키기 위해 생산량을 늘릴 수 있었다. 더욱이 어린이는 상대적으로 비위를 맞추기 쉽고 품질보다 새로움에 더 많이 반응했기 때문에, 장난감 크랩 제조업자들은 더 좋은 물건을 만들 이유가 없었다. 아이들은 단지 "비용 없이 소유할 가능성"에 신경 쓸 뿐이었기 때문이다.[54] 20세기 초의 한 장난감 제조업자는 크리스마스 시즌에 장사를 망친 후 장난감 재고가 1만1000개 남았다는 것을 알게되었고, "물건은 팔리지 않을 것이며, 그게 전부다"라고 생각하며 체념에 빠졌다. 그는 돈을 잃지 않기 위해 "시장에서 생각에게 초과근무를 시켰고", 가치 없는 장난감을 비누, 잡지, 차의 경품으로 활용할 수 있다는 것을 깨달았다. 아니나 다를까, 불과 두 달 만에 "재고는 처리되었고, 돈은 은행으로 들어갔으며, 장난감 제조업자는 형편없는물품들을 없앨 수 있었다."[55]

담뱃갑의 교환 카드, 캐러멜 팝콘 패키지의 장신구와 기념품, 시리얼 상자의 비밀 해독용 반지는 수년 동안 어린이를 위해 고안된 많은소매 프리미엄 중 일부였다. 이 기념품들은 아주 낮은 비용으로 장기고객을 확보하는 데 도움을 주었다. 즉, 어린이들을 가장 싸게 살 수있었다. 어린이들은 부모의 구매 습관에 영향을 줄 뿐만 아니라, 젊었을 때 각인된 상업적 충성심을 성인이 되어서도 유지하곤 했으며 평생 그럴 수도 있었다.[56] 1922년 한 기사는, "특히 어린이들은 자신의돈을 가지고 뭐라도 더 받을 수 있는 가게를 열심히 애호한다. 어린이들은 멋있는 장난감 목마가 있거나 셀룰로이드 공이나 다른 기념품을주는 이발소에 데려가달라고 부모들을 조른다. (…) 아무리 사소한 기억이라도 아이의 환심을 살 것이다"라고 지적했다.[57] 또 다른 증정품제조사인 뉴턴매뉴팩처링컴퍼니는 1923년에 "아이들은 감수성이 풍부하다. 호의를 기억하고 친구들에게 충성한다. 만약 거래 지역에 사는 아이들 절반의 우정을 얻을 수 있다면 당신은 그 아이들이 '어른들'에게 미치는 영향을 보고 놀랄 것이다"라고 말했다.[58]

판매자들은 1930년대 중반에 이르러 라디오라는 새로운 매체 덕에 어린이 시장을 파고들 수 있었고, 홍보에 소매 프리미엄이 포함된 경우 특히 그런 효과를 기대할 수 있었다.[59] 어린이들은 수집하는 것을 좋아했고, 공짜를 얻기 위해 우편을 보내는 것도 즐겼으며, 실제로 그렇게 했다. 의심할 여지 없이, 이 충동은 대공황 시기의 물질적 희소성과 공짜로 무언가를 얻으려는 욕망에서 비롯된 측면이 있다. 하지만 이를테면 동전의 양면처럼 기대감이 가져다주는 강렬한 고통과 즐거움 등 다른 심리적인 요인들도 작용했다. 아이들은 좌절된 기대감 속에서 우편물을 기다리며 며칠 혹은 몇 주를 보냈다. 크리스마스이브처럼 기다림은 영원해 보였지만, 다가올 소포가 어떤 것일지 공상하는 데 더 많은 시간을 할애했다.[60] 그 절묘한 기대에 근거한 욕망은 꿈이 현실이 되는 순간 사라졌다. 그러나 욕망은 또 다른 경품을 제공하겠다는 제안으로 인해 곧 재점화될 것이었다. 1930년대 판매자들과의 연이은 인터뷰에서 나타난 아이들의 반응은 이 점을 명확하게 보여준다. 패치라는 아이는 응모를 위해 상자 윗부분을 잘라 보낸 후 "매일" 우편 배달원을 만났고 "나를 이렇게 오래 기다리게 하다니, 어른들은 고약해"라고 결론지었다. 도니라는 아이는 "기다리고 싶지 않았"다고, "담당자들이 사무실에서 게으름을 피우는 줄 알았어요"라고 어머니에게 말했고, "저는 제 돈이 창밖으로 사라져버렸다고 생각했어요. 그냥 영원히 날아가버렸다고 말이죠. 그런데 마침내 경품이 왔어요"라고 덧붙였다. 경품을 받기 위해 3주를 기다린 유진은 "늦게 오기는 했지만 기뻐 날뛰었어요. 기다리기가 그다지 어렵지는 않았어요"라고 말했다.[61]

판매자들은 또한 아이들이 공짜 물건을 교환하기 위해 클럽을 결성하도록 장려하여, 일련의 경품을 수집하는 것과 경품을 손에 넣게 해주는 주 상품을 구매하는 것에 더 많은 관심을 갖게 만들었다. 그 과정에서 아이들은 소비자가 되는 것이 사회적으로 무엇을 의미하는지, 즉 한 집단의 구성원 자격과 지위를 확립하는 데 있어서 소유라는 행위가 어떤 역할을 하는지 배웠다. 휘티스 미니 자동차 번호판 세트를 통째로 수집해 우수 배지를 "획득"하려고 보이스카우트 단원들이 협력하고 경쟁하는 마을도 있었다. 따라서 상업은 진정한 미국적 방식을 통해, 부모님에게 그랬듯이, 어린이들의 정신세계에 매끄럽게 침투했고 시민으로서 해야 할 활동을 물질주의적인 추구와 융합시켰다.[62]

이 전략은 암호 해독 반지에서부터 보안관 배지와 카우보이 사진에 이르기까지 각종 판촉물을 유명한 라디오 진행자들이 홍보할 때 특히 효과적이었다.[63] 청취자들은 1930년대에 방송된 '톰 믹스 스트레이트 슈터스'라는 라디오 프로그램과 함께 조직된 식품 기업 랠스턴퓨리나의 톰 믹스 스트레이트 슈터스 클럽에 가입했다. 랠스턴 시리얼 상자 윗부분을 잘라서 더 많이 보내면 보낼수록, 만화책에서부터 카우보이 옷에 이르기까지 더 많은 공짜 경품을 친구들에게 자랑할 수 있었다. 이 전략이 큰 인기를 끌었다는 증거로, 회사는 상자 윗부분 수천 개를 매주 우편으로 받았다. 그 정도면 정말 많은 양의 시리얼이었다.[64]

상자 윗부분을 잘라 보내는 경품 판촉은 1940년대와 1950년대에 더욱 인기를 끌었으며, 특히 판매자들이 텔레비전을 통한 상품 제휴를 이용해 가정에 들어오면서 인기가 상승했다. 1941년에 이르러 미국의 회사들은 4억5000만 달러 이상(미국 거주민당 약 3달러 50센트 이상)의 경품을 증정하고 있었고, "어린이 시장"은 가장 큰 수혜자 집단이었다.[65] 1946년에는 300만 명 이상의 아이가 15센트와 킥스 시리얼 상자를 송부했는데, '밀스 장군'이 홍보한 많은 아이의 동경 대상인 원자폭탄 반지를 받기 위함이었다.[66] 어린이에게 "뇌물을 제공하려는" 이와 같은 노력은, 당시의 한 마케팅 전문가의 표현에 따르면, "상업적으로 유익한 많은 결과"를 가져다주었다.[67]

20세기 중반에 이르러서는 주류였던 인쇄물, 라디오, 텔레비전 광고보다 어린이 지향적인 소매 프리미엄이 더 효과적인 홍보 수단이 되었다. 자신의 지출이 부족한 아이들조차 부모의 구매 결정에 상당한 영향을 미칠 수 있어서, 무료 판촉을 진행하는 특정 브랜드와 제품을 구매하도록 압박할 수 있었다. 이에 관한 1957년의 한 연구는, 어머니들이 경품에 기반한 "술책"에 분개했음에도 불구하고 대부분 굴복했다고 결론지었다.[68] 1960년대 초의 다른 연구에 따르면, 71퍼센트의 아이들이 시리얼 브랜드를 인식하고 특정한 브랜드를 사달라고 요청했으며 90퍼센트의 어머니가 이에 응했다.[69] 그러나 어머니들은 냉소적인 태도를 취하는 것이 옳았다. 아이들을 위한 공짜 물건이 대부분 크랩이었기 때문이다. 한 마케팅 전문가는 다음과 같이 말했다.

> 어린이들을 위한 경품이 (…) 잠시 동안 매우 소중히 여겨진 뒤 고장 나거나 폐기될 가능성이 크다는 사실은 형편없는 품질이라는 다소 위험한 길로 일부 사용자를 내몰고 있다. 작동하지 않는 "액션" 링, 제대로 기능하지 않는 바퀴 달린 장난감, 잘 불어지지 않거나 전혀 불어지지 않는 호루라기 등, 형편없이 생산되었거나 형편없다고 인식되는 많은 물건이 청소년들에게 제공되기도 했다.[70]

잭 웹 시리얼 경품(인기 있는 라디오 쇼 겸 텔레비전 쇼 「드래그넷」과 연계된 플라스틱 경찰 호루라기)은 최고조에 달했을 때는 일주일에 400만

개 정도가 제조되었다. 호루라기 1개를 제조하는 데 2센트도 안 되는 비용이 들었는데, 설계 비용(제조물 책임 보험 조사 비용 포함), 제작 비용, 4개 부품의 조립 비용, 셀로판 밀봉 비용, 시리얼 공장으로의 운송 비용, 시리얼 상자 포장 비용, 광고 비용, 전국 유통 관리 비용 등을 고려하면 놀라울 정도로 낮은 수치였다.[71] 한 마케팅 전문가에 따르면 "업계에서는 잘 알려진 현상"인 "경품 역효과premium backfire"를 만들 정도로 경품이 충분히 조잡했는지는 알 수 없었다.[72] 아이들은 실질적으로 제공되는 어떤 것이든 공짜로 가져갈 수 있었지만, 동시에 강력한 비평가가 되어 저질의 무료 물건을 브랜드 자체와 동일시할 수도 있었다.

그 결과 기업들은 이윤을 저하시킬 정도로 더 좋은 것은 제공하지 않고 그저 기대감만 관리하려 했다. 한 전문가에 따르면, 어린이들은 "경품에 관한 생각을 낭만화하여 상품이 도착하기 전 기대를 품는 기간에 그 생각을 강화하려는 경향이 있다". 업계 문헌은 어린 소비자들에게 "미스터리한 기기의 제작에 대한 진솔하고 꾸밈없는 진실"을 말해주라고 판매자들에게 충고했지만, 아이들은 그럼에도 불구하고 그 이야기를 "확대하고 부풀릴" 것이었다.[73]

전문가적인 주의 사항을 제외하면 경품 대부분은 가능한 한 감각적으로 과장되었는데 킥스의 원자폭탄 반지 광고가 이를 잘 보여주는 예였다.(삽화 5) 상품을 팔기 위해서, 광고주들은 경품을 "추구할 가치가 있다"고 아이들을 설득해야 했다. 그리고 이를 행동으로 보여줌으로써 흥분, 긴박감, 경쟁심을 불러일으켰다.[74] 따라서 광고주들은 아이들이 개인으로서 그리고 집합체로서 소비재를 원하도록 장려했다. 광고주들은 아이들에게 광고 메시지에 주의를 기울일 필요성을 가르쳤고 특정 메시지 자체를 넘어서는 마케팅 해독 능력의 중요성도

가르쳤다. 광고는 문화 조언자이자 상업 중재자로서 주목해야 할 새로운 권위자로 부상했다.

광고주들이 두려워하던 대로(그리고 바라던 대로), 광고의 미사여구를 믿고 이를 "확대하며 부풀리려는" 아이들의 성향은 기대에 미치지 못한 상황에서도 현대 마케팅의 진정한 힘과 공짜의 특별한 효능을 보여주었다. 마케팅 인터뷰에 대한 대답이 이를 잘 보여준다. 패치라는 아이는 자신의 이니셜이 새겨진 반지에는 꽤 만족했지만, "오려낸 그림과 물건들로 가득 찬 큰 상자"일 것으로 기대했던 파티용품 세트가 "실망스러워요"라고 말했다. 상자가 아니라 단지 책일 뿐이었기 때문이다. 진이라는 아이의 암호 해독 판에 있는 숫자는 잘 보이지 않았다. 그녀가 받은 다른 경품에는 10센트가 들어 있었는데, 그녀는 "너무 싸요" 그리고 "돈만큼 가치가 없어요"라고 말했다. 조지라는 아이는 탄생석 반지를 "한 가지 이유로" 원했는데, 왜냐하면 광고주들이 탄생석 반지에 대해 한 말을 믿었기 때문이다. 그러나 반지를 받자, "별로 좋지 않았어요. 금박이 다 벗겨져 있었어요"라고 말했다.[75] 프랜시스라는 아이는 경품 대부분이 "싸기만 하고 아무런 가치도 없으며, 전혀 좋지 않았다"고 생각했다. 유진이라는 아이는 제대로 된 이름표를 정말로 원했지만 이를 받고 "실망"했다. 왜냐하면 "안쪽에 번호가 표시되어 있다고 했지만, 받고 나서 번호가 단순히 뒷면에 있다는 것을 알게 되었기" 때문이다. 아이는 "업자들의 설명과 그것이 무엇인지에 대한 내 생각은 맞지 않았어요"라고 설명했다. 아이들이 더 새롭고 더 희망적이고 더 나은 종류의 공짜 물건을 찾도록 촉구하며 그 과정에서 소비자들을 더 분별 있게 만듦으로써, 실망은 욕구를 꺾은 것이 아니라 실제로는 더 자극했다. 충족되지 않은 기대는 제품의 오류라기보다 특징이 되었으며, 더 많은 소비를 낳을 뿐이었다. 크랩은 더 많은 크랩을 불러왔다.

사실, 증정품은 전체 세트를 완성하기 위해 오랜 시간에 걸쳐 일련의 물건을 수집해나가도록 아이들을 유도할 때 가장 효과가 좋았다. 결국 아이들은 기름을 채울 때마다 공짜 장난감을 제공하는 특정 주유소들을 단골로 이용하자고 부모에게 호소했는데, 이 장난감은 맥도널드 해피밀스와 함께 제공되는 "수집품" 세트의 전신이었다. 가장 탁월했던 것 중 하나는 1970년대 초 애틀랜틱리치필드라는 정유회사가 제공한 노아의 방주 세트인데, 이 방주 세트에는 수십 마리의 동물이 함께 들어 있었다. 몇 달에 한 번씩 주유소에 새로운 동물 친구들이 들어왔는데, 아이들은 재고가 다 떨어지기 전에 동물 친구들을 낚아채야만 했으며 이는 어른들에게는 주유소를 많이 방문해야 한다는 것을 의미했다.(그림 5.8) 이 무렵 어린이 경품이 너무 만연

그림 5.8 1970년대 초 애틀랜틱리치필드의 노아의 방주 경품 캠페인처럼, 주유소들은 시간을 두고 시리즈로 나눠준 저가의 공짜 경품 덕에 가족 이용자를 크게 늘릴 수 있었다. 사진: 팀 티바웃, www.timtiebout.com.

해 있어서 정부는 경품이 젊은 소비자들의 취약한 마음을 사로잡고 있다고 우려했다. 1973년 연방거래위원회는 어린이들을 겨냥하는 경품 제공 광고를 금지할 것을 권고했다. 미국마케팅협회에 따르면, 이와 같은 금지 조치를 지지한 사람들은 경품이 "혼선을 주거나 혼란스럽게 하며" "합리적인 구매 선택을 막고" 물질주의를 조장할 수 있다고 생각했다.[76] 바로 정확한 요점이었다.

전후 시대의 경품

공짜가 성인에게 의미하는 바는 약간 달랐다. 물질 결핍의 시대에는 특히 그랬다. 대공황 시기에 사람들은 우표를 책에 붙이는 것처럼 노력이 추가로 필요한 경우엔 물건을 공짜로 얻을 수 있다는 전망을 거의 위안으로 삼지 않았고, 먹고살기 위해 애썼다. 아이러니하게도, 증정품은 그럴 만한 가치가 있는 것처럼 보여야 했다.[77] 많은 회사가 이런 소비자들의 태도 변화를 인식해 더 유용하고 오래가며 덜 크랩스러운 경품을 제공하기 시작했다. 예를 들어, 1931년 『노벨티 뉴스』의 한 호는 양모 담요("모든 여성이 원하고 필요로 하는 것")와 손전등("디자인이 좋고 튼튼하게 만든")에서부터 "고급 만년필" "튼튼하게 제작한" 고무 서류 가방, "손에 착 감기는 감각, 완벽한 균형감, (그리고) 완벽한 느낌"을 자랑할 뿐 아니라 실험실에서 시험을 거친 더 나은 강철로 만든 도끼에 이르기까지 다양한 경품을 홍보했다.[78] 당시에 『비즈니스 위크』는 "성인을 위한 경품은 효용성이라는 특징을 향해 열심히 나아간다"고 언급했다.[79]

불황이라는 고난의 시기가 계속된 만큼, 많은 제조업체는 자사 제품을 다른 브랜드의 경품 라인에 통합해야만 살아남을 수 있었다. 다시 말해, 자사의 상품을 거저 넘겨야만 수익을 낼 수 있는 제조업체가 많았다는 뜻이다. 소비자가 현금 할인보다 공짜 물건에 더 많이 반응했기 때문에 신규 회사들은 경품 전략을 새로이 채택해야 했고, 기존 회사들은 경품 전략을 더 공격적으로 실행해야 했다. 많은 기업이 국가부흥청National Recovery Administration의 가격 통제 법안을 우회하려는 방편으로 경품을 활용했다. 이 법안은 고난의 시기를 맞아 업계에서 바가지 씌우기 관행을 줄이고 체인점 경쟁에 직면한 중소 소매점들의 구매력을 균등화하려고 했던 법안이다.[80] "똑똑한 척하는 군소 업체들"은 계속해서 경품 크랩을 생산해가며 살아남았는데, 대형 업체들에게 유인책이 매우 필요하다는 것을 알고 있었던 덕분이다. 아이러니하게도, 합법적인 소매업자들의 지불 능력은 크랩을 나눠줄 능력에 좌우되었다. 저가의 여행용 가방, 주방 기구, 도자기, 유리 제품은 사업과 기업을 흥하게 할 수도, 망하게 할 수도 있었다.[81] 동시에, 어쩌면 더욱 아이러니하게도, 리비르코퍼, 코닝, 제니스, 오다이더, 이스트먼코닥 같은 대기업들도 자사 제품이 판촉용 경품으로 채택되도록 애쓰고 있었다.[82] 많은 면에서 공짜는 대공황 시기에 제조업과 판매업 부문이 돌아가게 하는 훌륭한 역할을 유지했다. "모든 사람에게 없어서는 안 되는 필수품에만 집중하는 시대에는 전혀 사지 않을" 경품 제품의 당시 연간 도매 가치는 3억 달러로 추정되었다.[83] 1938년에 이르러 미국 기업은 "공짜로 무언가를 얻고자 하는 선량한 인간의 욕구에 호소하기 위한" 경품 구입에 약 5억 달러를 지출했다.[84]

제2차 세계대전 동안 사람들은 전쟁 수행을 위한 직종에 종사하는 과정에서 더 많은 처분가능소득을 누리기 시작했다. 그러나 소비재에 대한 사람들의 선택은 크게 줄어들었고, 책자와 우표로 거래를 기록하고 유지한 목적은 배급을 받기 위한 것이지, 구매 내역을 기록하기 위함이 아니었다. 사람들은 더 바람직한 일을 하게 된 것이다. 폐업하는 거래 우표 회사가 많았고, 영업을 중단하는 거래 우표 회사들도 있었다. 그러나 1940년대 후반에 이르러 미국인들은 새로운 활력으로 소비하기 시작했다. 1950년대 후반에 한 분석가가 "거래 우표는 65년 역사상 가장 큰 호황의 정점에 도달했다"고 주장했지만, 그는 틀렸다. 거래 우표는 특히 식료품점과 주유소들 사이에서 곧 인기를 회복했다. 1970년대까지 슈퍼마켓의 40퍼센트 이상이 거래 우표를 제공했는데, 점주들은 거래 우표가 점포의 생존을 위해 필수라고 생각했다. 조사 대상 가구의 80퍼센트 이상, 일부 지역에서는 95퍼센트 이상이 거래 우표를 수집하고 경품으로 교환했다.[85]

　20세기 중반에 이르러서는 모조품, 남아도는 여분의 상품, 재고품이 아니라 가정에서 정말 유용하다고 생각하는 중·고급 상품들이 성인 소비자를 겨냥한 경품에 훨씬 더 많이 포함되었다. 거래 우표 프로그램이 "강제 충성"이라며 분개하는 소비자들도 있었고, 물질적이며 심리적인 이득을 준다고 하는 소비자들도 있었다. 우표에 침을 바르고 책자에 붙이는 것을 즐기며, 확실히 수집하고 책자를 완성하는 것에서 오는 만족감을 맛보는 사람들도 있었다. 많은 사람은 또한 알뜰한 쇼핑객으로서의 지위를 받아들였고, 공짜로 무언가를 얻는 것을 자랑할 수도 있었다. 그리고 물론 그 밖의 많은 사람은 삽화가 풍성하게 들어간 카탈로그에서 무료 상품을 선택하여 (단지 종이와 풀일 뿐인) 뻣뻣하고 끈적한 우표책을 아름답고 실용적인 것으로 바꿀 수 있다는 즐거움을 발견했다.(그림 5.9) 20세기 중반의 한 보고서에 따르면, "거래 우표 수집자의 3분의 1 이상은 경품으로 무엇을 받을지 미리 염두에 둔다. 그리고 대다수는 첫 경품을 받고 나면 다시 수집

그림 5.9 종이와 풀은 이처럼 아름답고 실용적인 가정용품으로 바뀔 수 있었다. 필라델피아엘로트레이드스탬프컴퍼니, 「엘로 거래 우표」(1957년).

을 시작해야 한다는 긴박감을 느낀다고 말한다."[86]

공짜의 매력은 기회와 모순을 제공했고, 소비자지상주의적 사고방식에 열광하도록 사람들을 가두어놓았다. 사람들이 편안히 집에 있을 때도 시장은 결코 그리 먼 곳에 있지 않았다. 지출은 마치 저축인양 가면을 썼다. 그리고 아이러니하게도, 사람들은 도중에 얻을지도 모르는 공짜에 의해 쇼핑할 동기를 얻는 경향이 있었다.

충성심의 대가

수 세기 동안 판매자들은 점점 더 많아지는 미국 소비자들에게 공짜라는 관념을 팔기가 아주 쉽다는 것을 알게 되었다. 특히 공짜 물건을 얻는 것은 매우 즐거운 일이기 때문이었다. 재미있고 축제처럼 요란한 미사여구라는 외투를 쓰고 있는 홍보용 증정품은 경품과 보상이라고 선전되었다. 겉보기에 공짜인 무언가를 얻는 것을 좋아하지 않는다는 게 가당키나 할까? 물론 우리가 보았던 것처럼 공짜는 많은 모순을 드러냈다. 증정품은 공짜도 아니었고, 소비자들이 사서 수집한 보상들 자체도 진정한 증정품은 아니었으며, 저렴하고 좋은 물건은 대부분 조건을 걸고 접근해왔다. 그러나 공짜에는 다른 차원이 있었다. 공짜는 소매 프리미엄을 넘어서 다른 형태로 되풀이되었다. 공짜 광고 판촉물은 무료로 무언가를 얻기 위해 가려운 곳을 긁는 것을 넘어서 더 음흉해졌으며, 받아들여지고자 하는, 어쩌면 사랑받고자 하는 더 깊은 욕망을 활용했다.

돈 주고 선의를 사기

1912년 미국광고연합회 제8차 연례 총회에서 전문 광고인 루엘린 프랫은 광고판이나 신문 광고와는 다른, "광고 캠페인에 개인적인, 인간적인 손길을 주는" 새로운 형태의 광고가 가져다줄 장점을 주제로 열광적으로 연설했다. 그는 이 새로운 광고가 "청중에서 친구를 골라내는 손짓 같은 개인적인 인사말처럼 구매자 마음의 떨림에 따라 흥하고 망한다"고 말했다.[1] 프랫은 수백만 명에 의해 생산되는 금속 쟁반, 셀룰로이드 단추, 가죽 일기장처럼 공짜 크랩으로 알려진 "광고 판촉물advertising specialty"에 대해 말하고 있었다. 바로 얼굴, 이름, 감정을 가진 공짜였다.

19세기 말 인쇄 기술과 재료 기술의 혁신 덕에 광고주들은 공짜 물건을 통해 미국 소비자들에게 다가갈 능력을 확장했다. 물론 소비자 대중은 우표를 수집하고, 쿠폰을 붙이고, 단골 우대 클럽에 가입하거나 다른 상품을 구매하는 등의 활동으로 받는 증정품으로 계속해서 삶을 크랩화했다. 그러나 프랫이 묘사한 광고 판촉물은 달랐고, 구매를 보상해주기보다는 환심을 사는 선물로 기능했다. 미끼 상품이라기보다는 상기를 위한 상품이었다. 광고 전문가 조지 메러디스는 "경품은 판매와 관련이 있으며, 정의상 중요한 조건이 붙어 있다. 반면에 광고 판촉물은 조건을 달 수가 없다. 공짜이며, 조건이 없고, 일반적으로 광고 각인이 찍힌 상품이다. 한마디로 광고 판촉물은 광고 매체인 반면, 경품은 상품화를 위한 장치다"라고 설명했다.[2]

간단히 말해서 광고 판촉물은 중요하고 강력한 상업 통화의 한 형태가 되었다. 소비자들에게 호의를 베풀고 브랜드 충성도를 강화시켜 고객과 친밀해 보이는 관계를 확립하도록 기업들을 도왔으며, 소비자들이 감사함과 안정감을 느끼게 만들었다. 광고 판촉물은 가정주부

같은 소비자 고객이든 기업 고객이든 고객과 상인 사이의 대인관계를 확립하는 데 도움을 주기 위한 것이었다. 이와 같은 상품의 성공은 돈과 감성을 매끄럽게 이어 붙이고 이를 공고히 하는 능력에 따라 좌우되었으며, 증정품 광고, 기업 기념품, 광고용 사은품, 개인 광고, 고객 호감도 광고 등 전문 광고주들이 붙여준 이름에 의해 구체화되어 나타났다. 내가 가장 좋아하는 표현이자 바로크 양식처럼 화려하기 그지없는 이름으로는, '심리적 순간 광고'와 '논란 종결 광고'가 있다 (오늘날에는 더 요점을 찌르며 "우리 모두가 받는 물건"[3]이라고 부른다). 준準증정품은 특정한 종류의 관계를 나타내며, 대인관계적인 것을 상업적인 것으로, 상업적인 것을 대인관계적인 것으로 굴절시켰다. 광고 판촉물은 중요해봐야 크랩의 부차적 형태였지만, 광고의 존재가 사람들의 삶에 있어 더 친밀한 부분으로 침투했다는 것을 반영했을 뿐 아니라, 선진 자본주의와 점점 더 엮이고 이에 의해 정의되면서 사람들의 상호 관계를 변화시켰다.

사업가들은 헨리 번팅이 1910년 이 주제에 관한 책『판촉물 광고 Specialty Advertising』를 출간하기 수십 년 전부터 홍보 전략에 광고 판촉물을 적극적으로 포함시켜왔다. 당시 번팅은 셀룰로이드 게임 카운터, 모노그램이 새겨진 돼지가죽 지갑, 압착 주석으로 제작된 온도계에서부터 부조 세공된 나무잣대, 황동으로 만든 편지 개봉용 칼, 다색 석판으로 인쇄된 달력, 에나멜 넥타이핀, 유리 문진文鎭에 이르기까지 50여 가지의 "개인용 광고 판촉물"을 거론할 수 있었다. 번팅은 "이 예기치 못한 작은 선물들이 (…) 주는 사람으로 하여금 왠지 누군가의 마음을 따뜻하게 해주고, 이 가게를 애용하는 것을 즐겁게 만드는 것이 사실이지 않은가? 정말로 그렇다"고 생각했다.[4] 이런 종류의 공짜는 경품과는 다른 종류의 연금술로, 사업 거래에서 나타날 수 있는 따뜻한 감정을 불러일으키기 위한 것이었다.

번팅이 공짜의 힘을 인정하지 않은 것은 아니지만, 그가 말한 것은 비누와 함께 제공되는 임의의 손수건, 난로 광택제와 함께 나오는 저가의 식기 세트, 시리얼 상자 속에 숨겨져 있는 암호 해독 반지보다 훨씬 더 세련된 것이었다.[5] "광고용 사은품business intimacy"은 경품이 그랬던 것처럼 올바른 종류의 상품을 구매한 소비자에게 보상하는 것이 아니라, 상업적 실체의 이름, 주소, 로고를 실어 업체가 사람들의 삶에 더 효과적으로 다가갈 수 있게 해주었다. 이는 증정품이었을까, 아니면 뇌물이었을까? 특별한 증정품이었을까, 아니면 광고용 크랩이었을까? 둘 다일 때가 많았는데, 이는 금전적 이익을 위해 개인적 감정을 활용하는 방법에 대한 20세기 초 상업계의 이해도를 상징적으로 보여주었다. 광고 판촉물을 나눠주는 것은, 사람들이 상품 주도형 시장의 익명적 소비자가 아니며 특정한 가게 주인들과 친숙하고 가게를 정기적으로 방문하여 그들과 대면하는 경우를 말하는 기존의 "도덕 경제moral economy" 내에서 상업 거래의 정신을 불러일으키는 방편이었다.

그러나 광고 판촉물의 논리는 사람들에게 쇼핑하는 방법 이상을 알려주었다. 18세기와 19세기에는, 감성을 불러일으키기 위해 활용된 유형 인공물material artifact은 사업을 위해 활용된 유형 인공물과 상당히 달랐다. 일기, 앨범 등 친밀한 물건들은 여성화된 가사의 영역에 속했다. 감정적인 유대감과 정의된 관계를 형성하고 유지하며 표시하는 방식으로, 여성은 이와 같은 친밀한 물건들을 남성보다 더 많이 창조하고, 개인화하고, 감상적으로 다루었다. 증정품은 특히 빅토리아 시대에 이러한 정서와 감성이 궁극적으로 구현된 것으로, "애정의 전달과 사회적 유대관계의 확립 및 유지를 위한 사회 시스템"의 일

6장 충성심의 대가

부로 활용되었다.[6] 매우 개인적이고 고도로 개인화된 이와 같은 품목으로는 머리 장식을 위한 장신구, 손으로 수놓은 자수, 손으로 그린 밸런타인 카드 등의 물건이 있었는데, 랠프 월도 에머슨의 표현에 따르면 "자신의 일부"와도 같은 것들이었다.[7] 대형 시장용 "기프트북"같이 목적을 갖고 제작된 증정품들조차 어떤 식으로든 개인화되었고, 일반적으로 이를 독특하게 만드는 진심 어린 글귀로 장식되었다. 개인적인 감정을 효과적으로 구현하고 다른 사람에게 전달하는 물건의 능력이 제일 중요했다.

이와는 전적으로 다르게, 원장, 예비 장부, 사업 서식과 같은 상업용 유형 인공물은 의도적으로 비인간적이었다.[8] 효율적이고 질서 정연한 이윤 극대화 기계를 유지하는 데 도움을 주는 도구일 뿐이었다. 장부는 꽃처럼 아리따운 시구가 아니라 손익을 표시하는 직선으로 채워졌다. 전체적으로 개인화는 조잡하고 실용적인 브랜딩의 형태로 나타났는데, 예를 들어 통이나 상자 같은 것에 스텐실로 회사 이름을 인쇄한 것은 상품을 식별하고 재고를 추적하기 위해서였다.[9] 시간이 지남에 따라, 에티켓 지침서의 저자에서부터 인기 있는 유행의 선구자들에 이르기까지, 문화 자문가들은 증정품이 더 유용하고 실용적인 것이 되어야 한다고 요구했다(이들은 빅토리아 시대의 미학에서 벗어나 좀더 현대적인 공예工藝의 감성으로 전환한 20세기 초의 시대에 부분적으로 영향을 받았다). 그러나 이러한 변화는 단순히 심미적 고려 사항이 바뀐 결과가 아니라, 상업과 정서의 경계를 없애지는 못하더라도 모호하게 하여 시장이 가정의 영역을 계속 잠식하고 있다는 신호였다.[10] 소매상들은 상품권을 제공하고 결혼, 생일, 크리스마스를 기념하는 데 적합하다며 다양한 상품을 홍보하기 시작했다.[11]

그와 동시에 상업의 세계는 증정에 특화된 품목의 필요성을 비즈니스 차원에서 창출함으로써 또 다른 중요한 방식으로 증정품 교환에 영향을 미치기 시작했다. 이로 인해 새로운 종류의 물건을 제조하고 거래하게 되었다. 광고 판촉물의 존재는, 그야말로 하룻밤 사이의 성공은 말할 것도 없고, 공공 분야와 민간 분야, 상업 분야와 개인 분야를 매끄럽게 연결시키는 마케팅 전문가들의 능력을 입증하는 증거였다. 그러한 이유로 20세기 초에 루엘린 프랫 같은 전문 광고인들은 사업적 이익을 위해 감성과 정서라는 관습을 활용하는 능력을 가지고 우쭐댈 수 있었다. 그 과정에서 전문 광고인들은 증정품 제공에 대한 대중의 통념을 자신의 크랩을 통해 변화시켰다. 소위 기업용 경품은 감정이 상품화되고 착취당하면서 따라온 온갖 변화를 입증하는 물질적인 증거였다. 그렇다면 이 또한 공짜의 대가였다.

번팅의 획기적인 저서 『판촉물 광고』는 홍보업자들이 수십 년 동안 활용해왔지만 아직 충분히 활용하지 못한 전략을 인정하고 상세히 설명할 정도로 새로운 마케팅 기법을 활성화시키지는 못했다. 일찍이 1860년대 사업가들은 이름과 주소를 찍은 납과 놋쇠 재질의 토큰을 거래했고, 1870년대 후반에는 상업적 정보와 함께 다채로운 이미지를 각인해 장식한 다색 석판 인쇄 명함과 달력이 전국에 넘쳐났다. 1880년대 후반에 이르러 회사들은 편지 개봉용 칼, 바늘꽂이, 잣대와 같은 광고 판촉물을 홍보하고 있었다.(그림 6.1a-b) 이러한 것들은 남성들이 무역 박람회나 판매 회의에서 다른 남성에게 주는 증정품으로, 기업 관계를 공고히 하는 분명한 목적으로 상업의 영역 내에서 주고받는 물건이었다. 기업들은 또한 자신의 이름, 주소, 서비스를 기억하도록 유도하기 위해 개별 소비자에게 이러한 것들을 증정했다. 예를 들어 1880년대 후반 볼티모어의 윌슨 매리엇은 자신의 광고용 줄자가 효과적이고 저렴한 홍보 형태라고 주장했다. "모든 숙녀가 원

그림 6.1a-b 19세기 후반에 이르러 기업들은 일련의 광고 판촉물을 제공할 수 있었다. 『쇼윈도를 멋지게 꾸미는 약 300가지 방법Nearly Three Hundred Ways to Dress Show Windows』(1889) 광고란. 해글리박물관및도서관 소장.

하는 것"이었기 때문이다. 그는 "이만큼 소중하게 여겨지면서도 저렴하게 나눠줄 수 있는 것은 없다"고 말했다. 더구나 수령자들이 쓰레기처럼 땅바닥에 던져도 그 밝고 붉은 글씨를 알아차린 사람이라면 누구나 "주워가는" 그런 것이었다.[12] 이런 식으로 하찮은 상품들은 얼마든지 3차원적인 명함으로 기능할 수 있었다.

번팅은 이런 기법을 뜻하는 여러 다른 용어를 나열했지만, 이 품목들을 "개인적인 광고나 개인적인 호소를 촉발하는 증정품 품목"으로 특징지으며 "개인 광고personal advertising"라고 표현하기를 선호했다. 그는 "개별 고객 및 잠재 고객과 우호적인 관계를 다지기 위해 디자인된 광고 형태"라고 설명했다. 그는 이어 "거의 모든 사람은 정신적 과 정보다 감정을 통해 쉽게 영향을 받는다. 개인 광고, 증정품 광고 또 는 기념품 광고는 감정의 문을 연다"고 덧붙였다.[13] 이러한 "감정의 문"을 여는 것은 광고주들의 제안에 마음과 집을 여는 것을 의미했다. 그리고 이는 크랩을 통해서 가장 잘 성취될 수 있었다.

시간이 흐르면서 광고 판촉물의 다양성은 더욱 확장되었다. 번팅 은 몇 가지를 예로 들었는데, 버로스 계산기, 메넌에서 나온 화장실 용 파우더 광고가 새겨진 ("당신의 사무실 소년"이 차고 있는) 셀룰로이 드 단추, '클리즈믹 워터'를 광고하는 "멋지게 상쾌한 그림"이라고 새 겨진 강철 재질의 모조 액자 유화, 인터내셔널하베스터라고 각인된 주·카운티 지도, 롱크리치필드의 로고가 새겨진 청동 재떨이 등 그 외에도 많았다.[14] 이 물건들은 광고주들에 의해 각각 개인화될 수 있 었고, 다른 광고 판촉물들도 소비자들이 선택할 상품으로 제시될 수 있었다. 『노벨티 뉴스』는 1931년 한 해에만 광고 판촉물 제조업체를 위한 디스플레이 광고를 230여 개, "기발한" 광고 판촉물을 찾는 기 업을 위한 3행 광고를 900개 이상 실었다.[15]

광고 판촉물은 증정품 교환을 위한 새로운 맥락과 기회를 창출했 다. 나중에 한 마케팅 전문가가 설명했듯이, "여기서 단서는 사람들의 욕구와 욕망을 찾아 값싼 증정품을 통해 충족시키는 것일 뿐만 아니 라, 그와 같은 욕구를 당신의 제품에 대한 욕구와 일치하는 방향으로 충 족시키는 것이다."[16] 따라서 광고 판촉물은 증정품 아닌 증정품이었 고, 관대한 존재이면서도 의무를 창출했다.[17] 사회적인 면에서, 아니 실상은 경제적인 면에서 관계를 구축했으며, 저렴하고 하찮은 존재이 지만 감정적인 힘을 지니고 있었다. 작은 거울처럼 하찮은 물건조차 "잠재 고객의 쾌락 동기에 강하게" 호소함으로써 "마음을 따뜻하게"

6장 충성심의 대가

하고 "사업을 성사시킨다".[18] 요컨대, 이런 유의 공짜 크랩은 끊임없이 확장되는 시장에 의해 구축된 새로운 종류의 관계를 완벽하게 구현했다. 각각의 크랩은 수령자의 예상된 욕망보다는 광고주의 즉각적인 욕구를 충족시켰다. 한 업계 전문가는 "광고를 전달하는 것이 매체의 가장 중요한 목적"이라고 단도직입적으로 언급했다.[19]

　전문가들은 뭔가를 알고 있었다.[20] 광고 판촉물은 업계 전문 문헌, 광고 및 마케팅 행사에서 곧잘 주제로 다뤄졌다. 전국광고판촉물제조업자협회는 1904년경 이 모든 "고객 호감도 광고, 연상 광고, 노벨티 광고"를 위한 판촉물을 제작하고 유통하는 업자들의 권익을 증진하기 위해 설립되었다.[21] 업계 전문지 『노벨티 뉴스』는 1905년에 창간되었다. 1912년에 이르러 광고 산업은 광고판과 인쇄 광고만큼이나 중요한 광고 판촉물을 명확한 홍보 범주로 인식하고 있었다. 그리고 "일반적인 형태의 홍보"와는 달리, 광고 판촉물은 "광고주와 잠재 고객 사이의 암시적 친분에 근거하여 이성이 아닌 마음, 감성, 선의에" "개인적으로, 사교적으로, 친근하게" 호소했다. 고객들은 이와 같은 "암시적 친분 관계"의 대상으로 선정되면 긍정적인 반응을 보였다. 광고 판촉물은 냉소적이면서도 "온화한 형태의 아첨"이었다.[22] 랠프 월도 에머슨이 1840년대에 말했듯이, "우리는 아첨에 속지 않지만, 우리가 구애를 받을 만큼 중요하다는 것을 보여주기 때문에 아첨을 좋아한다".[23] 이와 같은 친교와 아첨의 필요성은 기능하는 사회적 인간이라는 구성원으로서 타고난 것이었다. 전문 광고인과 제조업자들이 그것을 어떻게 수익으로 만들지 알아내는 것은 시간문제일 뿐이었다.

무차별적인 배포

20세기 초 "개인" 광고의 부상은 국내시장의 확대, 그리고 멀리 떨어져 있는 익명의 생산자들이 소비자와 개인적 친밀감을 확립하도록 돕기 위한 제품 브랜딩의 부상과 동시에 일어났다.[24] 브랜드들은 점점 상업적 관계가 약화되는 것을 인정하면서도 이를 완화하려고 시도했다. 당연히 광고 판촉물은 이처럼 더 거대해진 상업적 환경 안에서 자리를 찾았다. 새롭고 우려스러우며 복잡한 시장 역학을 구체화했을 뿐만 아니라 이를 활용한 것은 바로 광고 판촉물, 즉 진정한 의미에서 증정품과 상품 그 어떤 것도 아니지만 둘 다가 될 수도 있는 기발한 종류의 어떤 것이었다.[25]

광고 판촉물의 목적은 사람들이 남다르고 가치 있고 특별 배려를 받을 만하다고 느끼도록 하는 아첨과 관심을 통해, 전통적이지만 빠르게 사라져가는 애용 고객 및 단골과의 관계를 비인격화된 시장 내에서 불러일으키는 것이었다. 기업들이 유통하기로 선택한 특별 증정품은 고객으로서의 가치에 근거하여 증정 대상을 구별하는 데 도움을 주었다. 예를 들어, 박람회에서 출품 회사들은 "원하는 모든 사람에게 무차별적으로" 나눠주기 위해 "많은 양의 저렴한 광고 판촉물"을 구비해둘 때가 많았다. 더 중요한 고객들에게는 "숨겨 보관하고 중요한 개인에게만 배포하는 특별한 품목"을 주었다. "양질의" 핸드백, 금 시곗줄, 커프스단추 같은 것들은 "무차별적으로 배포하기에는 너무 소중했다".[26] 다양한 "등급"의 상품을 선전함으로써 광고 판촉물 제조업자는 고객 간의 범주적 구분을 인정하고 그에 맞춰 광고 판촉물을 제공했다. 예를 들어 한 업계 전문지는 양각된 금속 명판을 언급하면서, "싸구려" 가죽 열쇠 줄 역시 잠재 고객의 환심을 사는 데 "비록 싸구려라도 소중할 수 있"지만 "고급 광고 판촉물이 매년 점점

더 많이 사용되고 있다"고 말했다.[27]

광고 판촉물은 속셈이 있는 선물이었다. 아이러니하게도 증정품 제공은 은혜를 베푼 사람, 즉 제공자를 무언가 빚을 놓은 "채권자"로 확립시키는 힘의 역학을 만들어낸다. 모든 증정품은 받는 사람에게 의무를 유발하며, 순수하게 베풀려는 의도의 증정품은 없다.[28] 한 동시대인은 이러한 품목들이 어떤 추상적이고 수량화될 수 없는 형태의 선의를 가장 효과적으로 만들어낼 뿐만 아니라, 충성스러운 단골 외에도 훨씬 더 가치 있는 무언가를, 구체적으로는 다수의 잠재적 고객을 선사해준다고 설명했다. "이름과 주소를 알려준 대가로 판촉물을 줄 때도 있고, 사업장으로 전화를 하거나 샘플을 구매한 대가로 판촉물을 줄 때도 있다." 광고 판촉물은 "잠재 고객이나 고객 목록을 늘릴 목적으로 활용되지 않는다면" 낭비되고 있는 것이었다.[29] 1921년 광고업연합회 전국 대회 기조연설이었던 「광고 판촉물이 광고주에게 돈을 벌어다주게 하려고 우리는 무슨 일을 하고 있는가What We Are Doing to Make Advertising Specialties Pay the Advertiser」는 "판촉물이 성과를 내려면 제조업자들이 광고 판촉물을 어떻게 만들어야 하는가"에 초점을 맞췄다.[30]

"정기적인" 증정품과 같은 광고 판촉물이 부채와 의무를 만들었지만, 상환은 상업적 메커니즘을 통해 이루어지게 되어 있었다. 판매 대리인들은 새로운 사업을 창출하기 위해서뿐만 아니라, 기존 고객들에게 충성심을 심어주기 위해서도 판촉물을 활용했다.[31] 판촉물은 이러한 지속적인 관계를 공고히 하고 구체화했으며, 그 결과 개인적 의무(상업적 의무가 아닌)를 만들어냈다. 이 과정을 비즈니스 세계에서는 완곡하게 "고객 호감도 창출generating goodwill"이라 부른다. 판촉물은 미래를 위한 투자였다. 예를 들어, 뉴턴매뉴팩처링컴퍼니는 1923년

광고 회람에서 "내일의 판매는 오늘 창조한 선의에 달려 있다"고 외쳤다.[32]

호의의 몸짓은 그저 그런 크랩을 통하더라도 강력한 영향을 미칠 수 있었다. "무차별적인" 증정품이 아니라 배타적인 증정품을 받으면, 노련하고 박식한 사업가조차 선의의 애매한 따뜻함으로 인해 가슴이 부풀어 오를 수 있었다. 샌더스매뉴팩처링컴퍼니가 말했듯이 "어떤 사람도 증정품을 받고 흔들리기에 너무 '대단'하지는 않다. 〔기업〕 기념품의 효과는 대가를 잊은 후에도 오래 남는다".[33] 크랩의 왕 울워스는 사업용 증정품의 힘이 얼마나 막강한지를, 증정품이 조잡할지라도 그렇다는 점을 특히 잘 이해했다. 그는 매니저들이 증정품으로 인해 과도한 영향을 받지 않게 하려고 어떠한 거래처로부터도 혹은 회사와 "사업을 하는 그 누구로부터도" 어떤 종류의 증정품도 받지 못하도록 했다.[34] 사람들은 사업용 증정품의 불성실함을 완전히 이해한다 하더라도 증정품에 휘둘릴 수밖에 없을 때가 많았다.

물건, 관념, 의도가 뒤섞인 기묘한 잡종의 형태를 띠는 광고 판촉물은 증정품으로 가장된 상품을 광고하는 수단인 홍보용 크랩으로 점철된 덩어리였다. 판촉물이 증정품으로서 가진 지위는 미래의 고객에 대한 일차적인 의무뿐만 아니라 증정품 자체에 대한 충성심을 만들었다. 판매자들은 가치 있는 수령인들이 선물을 받아들이고, 돌보고, 이상적으로는 지갑, 부엌 서랍, 자동차 사물함에 보관할 것이라는 사실에 의존했다. 사업용 증정품은 버려지기보다는 오히려 일상생활에 통합되어, 기존 고객과의 단골관계를 군건히 하고 신선한 고객을 영원히 가꾸어나갈 것이라는 기대를 전달했다.(그림 6.2)

근본적으로 홍보용 도구였기 때문에, 광고 판촉물은 무언가가 눈에 띄게 새겨져 있었다. 그러나 모노그램이 새겨진 은제 식기, 꿰맨

그림 6.2 광고 판촉물은 손 가까이에 있거나 심장 가까이 있을 때 가장 효과적이었을 것이다. "광고를 고객의 주머니에…… 항상!Your Ad in Your Customer's Pocket…… All the Time!", 『노벨티 뉴스』에 실린 스티븐슨앤드코의 광고(1931년 4월).

리넨과 같은 제대로 된 선물처럼 수령자의 이름과 좌우명으로 개인화되지는 않는, 비정상적인 선물이었다. 대신 제공 업체의 이름, 주소, 로고가 들어갔다. 광고 판촉물은 이런 식으로, 진정한 증정품은 "자신의 일부"라는 에머슨의 말을 논리적이고 시장 지향적인 목적으로 수용했다. 증정품은 기업의 정체성을 나타내는 반면, 수령자는 대체 가능한 또 다른 고객이었다. 그래서 사업용 선물은 거짓되고 냉소적인 진실만을 전달할 수 있었다.[35] 뉴턴매뉴팩처링컴퍼니는 "파리채 휘두르기" 캠페인이 곤충 매개 질환으로 인한 사망률을 낮추는 데 도움이 된다고 강조함으로써 파리채 증정품 제공을 밀어붙였다. "질환을 전달하는 파리를 퇴치하는 것을 도와줌으로써 고객의 건강에 관심이 있다는 점을 보여줘라."[36]

가장 무차별적인 광고 판촉물은 주부와 그 가족들에게 배포되었다. 광고주들은 친숙하고 신뢰할 수 있는 가정용품이 가정생활에 완벽하게 접목되는 가장 성공적인 사례가 될 것이라고 거듭 강조했다. 단순한 파리채뿐만 아니라 줄자, 핀꽂이, 수건, 자, 쓰레받기를 비롯한 기타 생활필수품도 그런 물건이었다. 광고 판촉물에 반복적으로 노출되는 것은 사용자들이 그 물건을 판매 대리인이 선의를 퍼뜨리는 것으로 보는 데 도움이 됐을 것이다. 이상적인 것은, 사용과 노출을 통해 소비자가 이와 같은 상냥한 메시지를 내재화할 수 있었다는 점이다. 증정품 대다수가 초라하지만 실용적인 일상 생활용품이었다는 사실은 증정품과 그 중요성에 대한 이전의 개념을 바꾸어놓았다. 증정품이 보존하고 전달하는 것은 이제 정서적 가치가 아니라 사용 가치 및 경제적 가치였다.[37] 앞치마나 통조림 따개 같은 평범한 물건과 관련해, 한 업계 전문지는 "가사에 효용 가치가 있는 광고 판촉물이 가장 큰 호응을 얻는다. (…) 가정의 환경은 설명적 광고가 특히 잘 먹

히는 비옥한 분야"라고 지적했다.[38]

또한 헨리 번팅이 말한 바와 같이, 광고 판촉물을 받은 사람은 "품목의 내재적 가치에 어울리지 않을 만큼 과분하게 만족했다".[39] 실제로 셀룰로이드, 종이, 나무, 그리고 일반 금속으로 만들어진 이와 같은 일반적인 저가품은 독특한 것이 아니었으며, 대량으로 생산되었다.[40] 예를 들어 노벨티 제조업체 화이트헤드앤드호그는 수만 개의 기념 명판, 수십만 개의 압지押紙, 이보다 더 많은 수의 단추를 일상적으로 생산했다. 아메리칸타바코컴퍼니는 한 캠페인에서 100일 동안 하루에 100만 개의 단추를 생산했다.[41] 사실 대부분의 판촉물 공급업자는 제조업자가 아닌 인쇄업자였고, 미리 만들어둔 빈 명함에 회사 이름과 로고를 맞추어 넣었으며, 목제 장난감, 자, 기념품, 셀룰

그림 6.3 백지 로고는 미리 만들어두었다가 맞춤 제작할 수 있었다. 샌더스매뉴팩처링컴퍼니, 「가격 리스트와 카탈로그 30호, 광고 판촉물 일부 일러스트Price List and Catalogue No. 30 Illustrating a Few of Our Advertising Specialties」(1931년). 해글리박물관및도서관 소장.

로이드 단추, 커프스단추, 핀, 카드 계수기, 가죽 지갑, 동전 지갑, 열쇠고리, 금속 장식판, 탁상용 세트, 명판 등 크랩에 크랩을 얹어 다양한 크랩을 양산해냈다.[42] 예를 들어 세인트루이스버튼컴퍼니는 다양한 색상과 글씨, 심지어 사진까지 들어간 원형 및 타원형 단추를 생산했다. 내슈빌에 있는 샌더스매뉴팩처링컴퍼니가 제공한 판촉물에는 연필, 부채, 호루라기, 손거울 등이 포함되어 있었다. 이 회사의 1931년 판매 카탈로그는 자사 제품 목록 이외에도 일반 재고 삽화에서 가져온 디자인에 대한 제안과 다양한 상황에서 어떤 종류의 증정품이 가장 적합한지에 대한 조언을 제공함으로써 증정품을 그야말로 배려 없는 증정품으로 만들었다.(그림 6.3)

가정으로 침투하는 광고

미국 대중은 이처럼 저렴하고 상업적으로 개인화된 가짜 선물을 두 팔 벌려 받아들였다. 사실 광고 판촉물은 그 사소함 덕에 미국인의 가정과 삶에 더 깊이 들어갈 수 있었다. 한 마케팅 전문가는 "일부는 소비자의 벽을 차지하고(온도계), 일부는 책상이나 테이블에 머무르고(재떨이), 일부는 봉제 옷장에 묵고(자), 일부는 소비자가 직접 들고 다닌다(펜)"고 설명했다.[43] 판촉물은 회사가 과거에 제공했고 미래에 제공할 증정품을 "영속적"이고 "강력"하게 "침묵 속에서 상기시키는" 역할을 했고, 구매자들이 소비자보다는 빚을 진 단골이 된 느낌을 받게 만들었다.[44]

재떨이가 됐든 책갈피가 됐든, 판촉물의 상업적 필요성은 그대로 유지되었다. 예를 들어, 시카고의 캐럴컴퍼니는 셀룰로이드 줄자를 제공하며 "주부의 선의를 지키겠다"고 약속했고, "이 줄자는 물론 매우 필요한 가정용품이며, 광택이 나는 셀룰로이드 덮개와 테두리의 청결함이 특히 매력적이다"라고 말했다. 캐럴컴퍼니의 거울 달린 문진은 "매우 높은 평가를 받는" 증정품이었고, "오랫동안 광고주의 메시지를 끊임없이 반복하여 전달할 수 있는 곳인 책상 위에 즉시 자리 잡았다". 더 나아가, "우수 고객이나 잠재 고객에게 제공되는 15센트짜리 시가는 금세 잊힐지 모르지만, 탁상용 광고 판촉물 중 가장 내구성이 좋고 영구적인 것이라고 할 수 있다"고 덧붙였다.[45]

광고 판촉물은 소비자들의 경험을 충족시킨 "끝없는 영업망"의 한 부분에 지나지 않았다. 마치 최면처럼, 메시지에는 특정 상품과 서비스에 대한 "개인적, 집단적 정신의 반사작용을 호의적인 방향으로 훈련시키려는" 의도가 있었다.[46] 사람들은 가정과 사무실의 가장 사적인 휴식처에서도 광고를 허용했다. 캐럴컴퍼니가 꽤 타당하게 지적했듯이, "집 벽에 광고를 그릴 허락을 받기 위해 어떤 금액을 제시해도 주부가 거부할 수 있지만, 아름답고 세탁 가능한 다이얼 온도계가 달린 명판을 활용하면 똑같은 결과를 얻을 수 있다".[47] 인쇄된 달력은 "내부 광고판"으로 기능했고, 수령인은 이를 집 안에 전시할 "기회"에 감사했을 것이다. 기업의 각인과 연락처를 담고 있는 소품이라면 주머니 속의 열쇠고리든, 지갑의 손톱 줄이든, 옷장 속의 빗자루 걸이든 매일 이를 보거나 휴대하는 사람에 따라 그 효능이 좌우되는 "주머니 명함"으로 간주되었다.(그림 6.4)[48]

(소비자들이 현금 할인보다 증정품에 더 긍정적인 반응을 보였기 때문에) 기업들의 브랜드가 없는 소매 프리미엄의 사용은 대공황 시기에 실제로 급증했지만, 광고 판촉물 거래는 시들해졌다. 1930년대에 이르러, 더 이상 노벨티가 아니었던 브랜드화된 크랩은 "광고 메시지를 처리하는 능력을 잃었다".[49] 더 나아가, 지난 수십 년 동안 광고 판촉

No. 542
"Handy" Broom and Utensil Holder

Back made of heavy steel, finished in White. Spring made of cold-rolled spring steel, assuring strong tension and rust-proof cadmium finish assures everlasting service

Spring formed with two slots permitting hanging of whiskbrooms, dusters, etc., in addition to the broom or mop. No other broom holder affords this feature

PACKED IN INDIVIDUAL CARTONS WITH SCREW FOR ATTACHING

No. 542—White finish with Blue imprint
No. 543—White finish with Red imprint
No. 544—White finish with Black imprint

Quantity	Price	Quantity	Price
100 to 149	10c	350 to 499	7¾c
150 to 199	9c	500 to 749	7½c
200 to 249	8½c	750 to 999	7¼c
250 to 349	8c	1000	7c

그림 6.4 이상적인 것은 광고 판촉물이 가정에서 가장 친밀한 곳으로 들어가 일상생활에서 사용되는 것이었다. 스탠더드애드버타이징앤드프린팅의 "편리한" 빗자루와 세간 보관대"Handy" Broom and Utensil Holder, 「카탈로그 40M호」(1940년).

물 제조업자들은 명함 재고를 과다 구매했고, 이로 인해 그들은 쇠 재떨이, 가죽 열쇠고리, 나무 잣대 등의 장기 재고를 떠맡아야 했다. 이 때문에 힘겨운 시기에는 새로운 종류의 공짜 상품을 제공하는 능력이 제약을 받았다. 그 결과, 대공황 시기에는 시중에 떠도는 선의가 더 적었다. 정당성 여부를 떠나 소비자들은 전문 광고인의 과대광고 자체가 과소비를 부추기고 결과적으로 경기를 침체시키는 역할을 한다고 비난했다. 광고 산업은 전체적으로 수입, 급여, 직원 수가 현저히 감소했다. 1929년 20억 달러 규모의 산업이었던 광고업은 불과 4년 후 그 가치가 절반으로 줄었다.[50]

대공황기의 미국인들은 의무와 조건이 달린 공짜 물건에 훨씬 덜 반응했다. 이미 충분히 많은 빚을 지고 있었기 때문이다. 더 실제적인 이유는, 수많은 미국인이 집을 잃고 떠돌이 생활을 했다는 데 있었다. 그들은 결코 더 많은 물건을 필요로 하지 않았다. 이와 같은 궁핍의 시대를 헤쳐나가려는 사람들에게 광고 대행사의 밀실에 나온 판촉물은 거짓되고 불성실해 보였다. 광고 전문가 제임스 로티는 당시에 "전문 광고인은 사랑을 실용적으로 취급하며 금전적 이득을 취하기 위해 모든 수단을 동원했다"고 고백했다.[51] 1937년 『아메리칸 머큐리』의 한 작가는 일반 대중의 정신을 포착하며 "선한 감정을 가장하는 것은 부정직한 것만큼 쓸모없고, 진실된 선한 감정의 시대는 기성품으로 내놓을 수 없으며, 가까이에 있는 낡은 조잡한 물건으로 즉석에서 만들어질 수도 없다"고 말했다.[52] 아무리 노력해도 광고주들은 더 이상 단골의 애용을 그렇게 쉽게 살 수 없었다.

전후 시기에는 위선이 다시 증가세로 돌아섰다. 미국인들은 다른 수많은 소비재와 함께 광고 판촉물을 다시 한번 환영했고, 멋진 교외 주택에 넣을 물건들을 더 많이 축적하기 시작했다. 20세기 중반의 제조업체들은 작고 유연했으며 가족 경영 체제를 취하곤 했고, 책상 세트와 동전 지갑에서부터 비 올 때 쓰는 중절모, 잣대에 이르기까지 어떤 물건에도 기업명, 주소, 로고를 새겨 넣고 각인하고 채색할 수 있었다. 이와 같은 수백 개의 제조업체 중 하나가 1920년에 설립되고 미네소타주의 세인트폴에 본사를 둔 브라운앤드비글로스 리멤브런스앤드버타이징이었다. 1950년대에 이르러 100만 개 이상의 샘플을 갖춘 약 1100명의 판매 대리인이 맥주 거품 제거기, 종교 달력, 북엔드, 병따개, 컵 받침, 호루라기, 놀이용 카드 등 매년 1000여 개의 다양한 상품을 행상하고 있었다. 1950년 한 해에만 매출이 3850만 달러를 넘었다.[53] 회사는 리멤브런스라는 자체 브랜드를 가진 기념품을 내놓아 1년에 약 20만 개의 달력과 5만 개의 펜과 연필 세트를 판매했다. 이 회사만 그런 것이 아니었다. 전문가들은 미국의 기업들이 매년 5억 달러에서 7억 달러 상당의 광고 판촉물을 나눠주고 있다고 추정했다.[54]

제조업자와 판매 대리인들은 전미광고판촉물협회Advertising Specialty National Association와 미국광고판촉물조합Advertising Specialty Guild of America 같은 그들만의 동종 업계 단체를 설립하기도 했다. 프리미엄프랙티스, 카운설러, 스페셜티세일즈먼, 프리미엄머천다이징과 같은 새로운 업계 단체들이 생겨났고, 이런 단체들은 모두 기업들이 공짜 물건을 통해 누리는 "반복 노출"로부터 수천 명의 제조업자, 수입업자, 유통업자 및 고용주가 이익을 얻도록 기능했다.[55] 효과적인 형태의 다른 광고와 마찬가지로, 판매 메시지는 각종 판촉용 달력, 펜, 책상 세트와 함께 "매시간, 매일, 매주, 매월" 소비자의 마음을 파고들었다.[56] 공짜는 효과를 내기 위해 기능적일 필요가 없었다. 판매원들은 지난 달력이나 구형 모델과 같은 낡은 광고 판촉 샘플을 증정품으로 사용하기 위해 그 용도를 변경하고 "이런 물건들이 판매 도구로서 생명이 끝났을 때"조차 선의를 창출해냈다.[57] 악의 없는 증정품과 사소한 물건으로 보였던 광고 판촉물은 진정으로 강력한 홍보 수단이었다.

사업용 증정품 비즈니스

목적이 있는 모든 증정품이 종이와 플라스틱으로 만들어진 엉터리 폐기물인 것은 아니었지만, 크랩인 것은 마찬가지였다. 전형적으로 더 품질이 좋은 "사업용 증정품"은 또한 상업적 목적을 위해 감성을 활용했다. 사업용 증정품은 물질적으로는 열등하지 않더라도, 감성적으로는 열등했다. 팬시 펜과 연필, 각인된 황동 책상 세트, 합판 상자 등의 물건들은 일반 고객에게 "무차별적으로" 유통된 것이 아니라 더 지위가 높은 고객에게 주어졌고 고위의 사업 동료들 사이에서 교환되었다. 이 품목들은 고위 경영진들 간의 관계를 인정했는데, 고위 경영진들의 승진은 허위의 개인적 친밀감을 조성하는 능력에 따라 크게 좌우되었다. 부하 직원과 상사, 공급업체와 고객 또는 동료 임원들 사이의 관계는 상업적 의존성 때문에 존재했고, 그 때문에 계속 존재해나갈 뿐이었다. 그 관계들은 지위, 경쟁, 성공이라는 관점에서 이해되고 측정되었다.[58] 예를 들어, 듀로오라이트라는 회사는, "비즈니스의 이익을 도모하기 위해 특별히 맞춤화된" 자사의 제품들에는 "무엇을 어디서 살 것인가"를 고객에게 상기시키고, "우호적인 제공을 통해 더 나은 고객 관계를 발전시키자는" 의도가 있었다고 설명했다. 듀로오라이트는 다른 사업용 증정품으로 홍보·증정용 필기구, '우정 선물 세트' '신뢰 세트' 같은 것들을 제공했다.(그림 6.5)[59]

광고 판촉물과 달리, 사업용 증정품은 제공하는 회사의 이름, 브랜

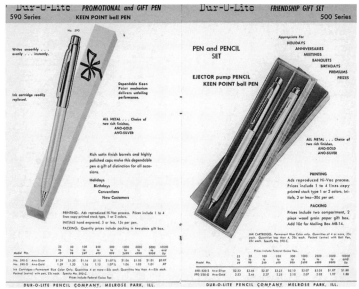

그림 6.5 "임원용 선물"은 상품화된 불성실함의 범주를 차지했다. 「듀로오라이트 사업용 증정품 카탈로그 54호Duro-O-Lite Business Gifts Catalog No. 54」(1954년).

드, 로고가 눈에 띄게 표시되지는 않았지만 초기의 증정품 제공 관례를 따랐다. 한 지침서는 "가능하다면 증정품을 개인화할 방법을 찾아라. 아마도 받는 사람의 이름이나 이름 머리글자를 각인할 수 있고, 눈에 띄지 않거나 착탈할 수 없는 방식으로 회사 이름을 포함시킬 수 있다. 사업용 증정품에 눈에 띄는 광고를 새기지 말라"고 조언했다.[60] 가장 효과적인 것은 탁상 문구 세트, 칵테일 제조 세트, 문진처럼 임원 사무실에서 흔히 찾아볼 수 있는 일반 물품을 개인화하는 것이었다. 저속한 물질주의를 거부하는 것처럼 보이는 매우 명시적인 표식으로서의 사업용 증정품은 저속한 물질주의를 똑같이 명시적으로 구현한 것이기도 했다.

회사 회식이나 골프 라운딩 중에 형성된 임원들 간의 협력관계가 없었다면 사업용 증정품은 존재하지 않았을 것이다. 마케팅 전문가들의 설명대로, 이러한 증정용 상품은 "과거 사업에 대한 감사와 미래 사업에 대한 기대감"을 위해 제공되었다. 증정용 상품은 "판매자의 사려 깊음을 상기시켜주는 것들"이었고, 수령자의 선호나 바람과는 거의 관계가 없었다.[61] 그리고 모든 이가 사업용 증정품의 불성실함을 알고 있었지만 교환을 멈추지는 않았다. 미국경영자협회에 따르면, 조사 대상 영업 관리자의 절반 이상은 사업용 증정품이 "관행적이고 당연한 것으로 기대되기 때문에" 고객에게 사업용 증정품을 건넸다.[62] 1955년 항공기 제조 회사 보잉은 "회사는 오로지 성과에 근거해 공급업체를 선정한다"고 단호하게 말하며 직원들이 공급업체로부터 사업용 증정품을 받는 것을 금지하는 지시를 내렸다. 『비즈니스위크』는 이를 "죄송하지만, 뇌물은 받지 않습니다"라고 번역했다.[63]

준증정품이었던 무수한 사업용 증정품은, 완전히는 아니지만, 크랩에 가까웠다. 제공자와 수령자 모두 이런 물건들이 의무를 수반하고 역할 수행적 성격이 있다는 점을 잘 알고 있었다.[64] 사업용 증정품은 "당연하게 여겨졌고", 없을 때만 눈에 띄었다.[65] 더욱이 사업용 증정품은 증정품인 동시에 분명 증정품이 아니기도 한 특정한 종류의 물건이어야 했다. 자문위원들은 사업용 증정품이 "비용 면에서 적당"해야 한다고 권고했을 뿐 아니라, 모든 이의 증정품이 거의 동일한 비용을 발생시켜야 하고, 따라서 각 증정품과 수령자의 개별성을 없애야 함과 동시에 수령자가 다른 사람이 받은 것을 바탕으로 자신의 상업적 계층상 위치를 분별하려고 할 것이라는 점을 인정해야 한다고 권고했다.[66]

사업용 증정품이 크랩스러운 정도는 물질적인 품질(대다수는 사실 꽤 괜찮은 것이었다)이 아니라 사업용 증정품의 빈곤한 정서와 거짓된 진심 어림으로 측정되었다. 사업용 증정품의 의무적인 성격, 형식적인 개인화, 그리고 교류의 자기 의식적인 맥락 때문에, 사업용 증정품은 결코 진정한 선물이 아니라 단지 조잡한 모조품일 뿐이었다. 에티켓 전문가들은 실제로 상당히 제한된 범위의 품목 중에서 선택하여 "본질적으로 특정 개인과 상관없는" 것으로 만들기를 권고했다. 담배 라이터, 만년필, 칼처럼 "명확하게 고급스러운 성격의 물건"이 가장 적절한 것으로 여겨졌다.[67] 이와 같은 수준의 표면적 개인화 때문에, 그렇지 않았다면 일반적이었을 물건도 독특한 증정품이 될 수 있었고, 따라서 공허하게나마 사려 깊음과 진심 어림을 상징할 수도 있었다. 동시에, 개인화는 이 물건들을 더 가치 없게 만들었다. 왜냐하면 사업용 증정품은 (이제는 모노그램으로 표기된) 납 재질의 대형 맥주잔이나 담배 라이터가 유용하다는 점을 알게 된 사람들에게는 전달될 수 없었기 때문이다. 사람들은 이런 물건을 버릴 수 없었고, 그 결과 증정품을 주어야 할 의무뿐만 아니라 받아야 할 짐으로 만들었다. 마지막으로, 임원들은 "증정품은 회사의 대표로서 준 것이지 개인적으로 준 것이 아니기 때문에, 증정품에 동봉하는 카드에서 회사가 주는 증정품이라는 사실이 주된 것이며 개인으로서의 역할은 부차적이라는 점을 확실히 하라"고 조언받았다.[68]

증정품을 고르고 구매해주고 지정된 고객에게 발송해주는 "증정품 구매 대행사" 서비스를 기업들이 사용하게 되면서, 증정품의 개인적 면모는 더욱 위축되고 상업 지향적인 면모는 강화되었다. 증정품 구매 대행사는 가격에 따라 결정된 범주에서 선물을 골라, 받는 사람의 "등급"에 맞추었다.[69] 그들은 카드 서명도 대행해주었다. 결국 자영업으로 운영되던 대리인들은 프리미엄서비스컴퍼니, 셀렉티브기프트인스티튜트 등의 이름을 가진 기업으로 번창해나갔다. 1962년 『비즈니스 위크』는 독자들에게 "이번 크리스마스에는 보통 때보다 더 큰 선물로 고객들에게 추억을 남기기를 원하게 될지도 모른다. 현재 증정품에 대한 국세청 금액 한도는 없다. 1인당 25달러의 새로운 한도가 1월 1일부터 시행된다"고 말했다. 따라서 사람들은 "선물에 '사업적 목적'이 있다는 증거"를 획득해야 한다는 것을 기억하는 한 진심이 결여된 증정품 제공에 훨씬 더 관대해질 수 있었다.[70] 사업용 증정품을 주는 사람들은 결국 순이익에 관심을 가졌다.

1975년경에 이르러 공짜는 삶에 완전히 통합되었다. 그러나 거저 주어지는 것이라고 기대했던 그 모든 것(시리얼 상자 안의 경품부터 브랜드 상품들까지)에는 사실 대가가 있었다. 증정품은 선물과 상품 사이에 한때 있었던 아주 분명한 구분을 용해하고, 둘 모두를 물질적인 것이면서 감정을 전달하는 매개체로 만들었다. 소비자들의 열렬한 동의에 따라 증정품과 증정품 교환의 관행은 기업에 의해, 그리고 증정품 구매를 장려하기 위한 하나의 방편으로 함께 선택되었는데, 이에 따라 진심 어린 정서를 구현하는 물건은 구매할 수 있는 누구나를 위해 대량생산되는 크랩으로 대체되었다. "선의"를 구축하는 "증정품"은 그 자체로 화폐가 되었고, 그 과정에서 감정도 다른 것과 마찬가지로 사고팔 수 있는 시장 주체로 소비자를 정의했다. 게다가 공짜는 시장 영역 밖에서 증정품 교환에 접근하는 방식에 영향을 주었다. 왜냐하면 공짜는 만들어지기보다는 구매되는 경우가 더 많고, 회사 이름이나 로고에 의해서만 개인화되는 무한하고 상호 교환 가능한 상품 중에서 선정되며, 비록 증정품이지만 수령자의 서명이 아니라 제공자의 서명이 물질적 소유관계를 드러내주었기 때문이다.[71] 게다가 브랜드가 있는 크랩은 공짜였기 때문에 부엌의 깡통 따개, 자동차의 재떨이, 침실 옷장의 셔츠 걸이, 욕실의 비누 접시처럼 가장 친밀한 개인 공간에도 쉽게 들어갈 수 있었다. 사람들은 다른 누군가의 이익을 위해 사생활의 불가침성을 희생했다.[72] 대신 물질적으로나 상징적으로나 빈약한 공짜 크랩을 얻었다.

증정품 교환과 같은 관행을 통해 표시되고 표현된 친밀한 관계의 충만함과 깊이는 상품 문화와 그 산물인 저가품에 의해 붕괴되었다. 저가의 증정용 상품은 고도화된 자본주의 때문에 점점 더 소외되어 가는 미국인들 사이의 관계를 앞당겼을 뿐만 아니라 이를 반영하기도 했다. 그리고 바로 그 소외 관계는 완전히 새로운 종류의 (수익 중심적이고 적절하게 모순되는) 물건, 즉 사업용 증정품을 만들어냈다. 증정품 교환에 관한 랠프 월도 에머슨의 에세이는 1844년에 출판되었음에도 여전히 유의미했다. "유일한 선물은 자신의 일부다. (…) 따라서 시인은 시를, 목자는 어린 양을, 농부는 옥수수를, 광부는 보석을 가져온다."[73] 현대인들은 광고 판촉물, "사업용 증정품", 다른 말로 "홍보 대사"를 가져온 사업가를 목록에 추가해야 할 것이다. 속담에 있듯이, 증정품에 대한 생각이라면, 공짜 물건 뒤에 숨겨진 생각은 개인들 사이의 깊고 지속적인 인간관계에 기인하는 유대보다 축적, 물질주의, 이익에 의해 더 많은 정보가 제공된다. 상업적 필요로부터 탄생한 증정품이라는 이 새로운 형태는 특히 현대 상품 자본주의에 깊이 빠져 있는 소비자들에게 적합한 것 같다.

제 4 부 •
취향도 가지가지

역사로
장사하기

진귀한 미술품. 장식품. 골동품. 장식용 소품. 먼지만 쌓이는 물건. 장식용 물건. 뭐라고 부르든, 이것들은 모두 크랩이다. 말린 꽃 화환, 낡은 나무 촛대, 얼굴이 없는 아미시Amish 인형과 같은 물건들은 단순한 가정용 장식품이 아니다. 이런 물건들은 또한 자신과 타인, 야만인과 문명인, 과거와 현재에 관한 미묘하면서도 그렇게 미묘하지만은 않은 메시지를 담고 있다. 진귀한 미술품은 특이하다. 처음에는 사소한 것처럼 보인다. 하지만 기만적인 것일 수 있다. 골동품은 특히 백인의 정체성을 찬양하는 것이지만, 알리바이가 확실하고 무해한 물건인 양 행세한다. 골동품은 종종 골동품이 아닌 무언가인 척, 아니 실제보다 덜 중요한 것인 척한다. 그렇게 함으로써 악의가 없는 것처럼 보인다. 그리고 크랩처럼 보인다.

다른 종류의 크랩과 마찬가지로, 장식품의 크랩스러움을 이해하는 것은 그 기원을 추적하고 역사를 푸는 것을 의미한다. 이 이야기는 우리를 19세기 후반으로 돌아가게 한다. 당시 상품처럼 보이지 않는 상품의 시장이 번창하고 있었는데, 상품처럼 보이지 않는 상품이란 대량생산된 동종 상품으로 넘쳐나는 세계 안에 존재하는 개성 넘치는 품목들이었다. 사람들은 그런 상품들을 일반 상업 공간과 구별되는 선물용품 전문점에서 발견했다. 그 안에서 고객들은 외국산 상품, 색다른 상품, 수제 상품 등 어떤 면에서 독특하다고 주장하는 상품을 구입할 수 있었다. 이런 물건의 가치는 제조업자들의 노고를 얼마나 구현하고 구매자들의 취향을 얼마나 보여주는 것 같은지의 정도에서 비롯되었다. 물건으로 바뀐 제조업자의 노고는 지위를 표현하기 위해 투입되었다. 다양한 문화의 풍요로움을 인정하기 위해 이러한 종류의 물건을 구입하고 전시하는 것은 사실상 전용轉用 행위였다.

진보에 맞선 복고

한 새로운 형태의 소매업 공간이 19세기 후반에 벌어진 대량생산의 활성화와 균일가 매장 체인의 부상에 대응했다. 작은 마을과 대도시에서 똑같이 나타나기 시작한 독립 전문점은 일반 상품, 평범한 상품, 대량생산품 중에서 독특한 것을 찾는 고객을 대상으로 영업했다. 이런 전문점 중 하나가 현대적인 선물 가게의 전신인 다방이었다. 도시와 교외 지역에 위치한 다방은 운영자가 거의 여성이었고, 주거 공간을 매장으로 활용하곤 했으며, 기이한 환경 속에서 사람들에게 간단한 다과를 제공했다. 고객들은 아름다운 실내장식과 다양한 색채의 장식품이 음식 자체만큼이나 매력적이라는 것을 알게 되었다. 기계의 시대가 맹위를 떨치는 상황에서 향수를 불러일으키는 휴지休止였다. 이와 같은 휴지는 골동품 가게가 그랬던 것처럼 역사와

전통에 대한 요구를 활용한 유서 깊은 선술집이나 방앗간에도 종종 존재했다.[1]

다방 방문객들은 주변 환경에 몹시 매료된 나머지 매장을 둘러싼 벽에 걸린 물건들, 탁자 위에 놓인 장식품들, 심지어 발밑에 깔린 양탄자까지 사고 싶어했다. 1882년 『데코레이터 앤드 퍼니셔Decorator and Furnisher』라는 잡지는 현대적인 다방들이 입맛에 맞는 음식을 내놓는 것으로는 충분하지 않다고 설명했다. 다방은 적절한 분위기도 만들어내야 했다. 다방을 개업한 한 젊은 여성은 이 글에서, 이전에는 유용했던 물건들이 이제는 장식적인 가치로만 귀중하게 여겨진다는 것을 이해하지 못하는 그의 할머니 얼팀슨 부인을 책망한다. 얼팀슨 부인은 약간 당황한 듯, "내 어머니의 식탁이나 찬장 위에서 나타난 도자기는 마치 구식 취향을 손님들에게 알려주듯 이 방의 벽에 매달려 있고, 도자기들은 유용한 물건에서 장식품으로 변모해버렸다"고 말한다. 장식 전문가인 미들먼 부인은 진귀한 미술품 보관함 내부와 주변에 있는 여러 품목의 내력을 말함으로써 근래의 취향을 얼팀슨 부인에게 설명하려고 애쓰며, 자신이 잘 아는 '감식안鑑識眼'이라는 용어를 동원해 다음과 같이 말한다.

방을 둘러싼 그림이 절묘하다. 그림은 천에 그려져 있고, 양각 세공은 아플리케 기법●과 켄싱턴 기법●●으로 바느질되었다. 위 선반에는 진품 세브르●●●산 다기 세트가 있고, 그 밖의 물품은 일본산 장식품이다. 다음 선반에 있는 별난 물건은 중국산 진품 차 보관 통이다.

● 작은 헝겊을 갖가지 모양으로 오려 붙여 장식하는 기법.
●● 바느질 기법의 하나.
●●● 프랑스의 도시로, 도자기 제조로 유명하다.

7장 역사로 장사하기

얼팀슨 부인은 "현대적이면서도 고풍스러운 가구들의 모순된 컬렉션", 즉 크랩 더미를 보면서 아직도 그것을 이해하지 못하고 있다. 그는 "예술 문화"를 이해하지 못하며 "아름다운 것에 대한 취향을 제대로 함양하지 못하고 있다".[2] 선물 가게의 물건처럼, 다방의 물건들은 탈맥락화되고 재맥락화되어 내용보다 겉모습을 강조하는 판매 가능한 상품으로 거듭났고 구매자와 판매자 모두에게 올바른 문화적 겉치레를 요구했다. 비록 대부분의 물건에 기원, 역사적 유입, 경제적 가치가 결여되어 있었지만, 아니 실은 그런 것들이 **결여되어** 있었기 때문에, "분위기"는 물건들에 중요한 의미를 부여하는 데 도움을 주었다. 얼팀슨 부인이 추측한 것처럼 그것은 기만이었다.

아마 다른 어떤 요인보다 자동차 여행이 다방의 수를 크게 확대시켰고, 소박한 소매점으로 시작한 다방은 결국 현대적인 선물 가게와 기념품 가게로 대체되었다.[3] 역설적이게도, 현대를 받아들인 자동차 여행자들은 다방에서 식사할 때, 영국산 크럼핏이나 갓 만든 코티지 치즈와 같이 아주 맛있는 특별한 음식과 "독특한 실내장식" 모두에서 향수의 정수를 섭취하고 있었다. 예를 들어, 보틀힐티숍은 "진기한" 양탄자와 "매혹적인" 안락의자를 강조했다. 구석 찬장에는 "매력을 더해주는" "흥미로운 도자기와 낡은 백랍 그릇"이 가득 들어차 있었다. 점주의 의도는 옛 빅토리아 시대 점포들의 절충주의적이고 지나치게 풍만한 장식을 복제하여 여행자들에게 시간과 공간 모든 면에서 편안함과 이국적인 느낌을 동시에 주려는 것이었다. 게다가 이 복고적인 물건들은 모두 판매용이었다. 자유롭게 떠다니는 문화적 기표와 수익성 있는 상품으로서 이러한 물건들이 가진 힘과 중요성은 홍보에서 되풀이하여 강조되었다. 한 브로슈어는 "우리 물건들은 비용을 발생시키는 대신 실제로 돈을 벌어다주었다. 물건 하나가 팔려

나가기 무섭게 다른 물건으로 대체되었다"고 언급했다.[4]

기념품과 선물용품이 가장 잘 팔렸다. 수수한 엽서 같은 것들일 때도 있었지만, "독특하고" "이국적인" 품목들이 훌륭함을 보여주는 기념품에 대한 고객들의 욕구에 호소할 때가 더 많았다. 이 기념품들은 구입하는 장소와는 아무런 관련이 없었으며, 현지에서 만든 특제 잼이나 수공예 냄비 받침 같은 것도 아니었다. 예를 들어, 보틀힐티숍은 "가장 질 높은 선물용품만을" 판매했다.

> 인도네시아 자바산 황동 제품, 코끼리 모양 종, 진기한 이탈리아산 리넨, 골동품 도자기가 가장 질 높은 상품에 속한다. 우리는 자체적인 디자인의 철제 촛대 등 다양한 선물용품을 처음으로 만들어냈다. (…) 손님들은 머핀을 먹고 접시를 사고, 차를 마시고 다기 세트를 주문할 때가 많다. 가장자리를 손으로 말아 파란색으로 마감한 우아한 정사각형의 일본산 직물로 만든, 각 모서리에 장식용 술이 달린 냅킨이 인기를 끌었는데, 현재까지 120종이 넘는 냅킨이 주문되고 판매되었으며, 호객 행위에 의한 주문은 없었다. 요리사를 제외하고, 다방이 제공하는 모든 것은 판매를 위한 것이었다.[5]

다방은 결국 음식 메뉴를 아예 없애고 상품만 내놓음으로써 '요리사 문제'를 해결하여 본격적인 선물용품점이 되었다.

자바산 황동 제품과 코끼리 모양 종을 살 때 사람들이 구매한 건 무엇이었을까? 그러나 일종의 문화적 박식함은 모호하게 표현되었다. 선물 가게 물건들은 기념품 같기도 했고 그렇지 않기도 했다. 기념품들은 장소와 경험에 대한 기억을 불러일으킨다(이 때문에 기념품은 구입한 곳에서 만들어지지 않았더라도 중요한 기억의 대상이 될 수 있다). 하지만 선물 가게의 물건들은 멀고 넓은 문화를 상징했다. 이 물건들은 고객의 개인적인 경험을 구매 장소와 직접 연결시키지 않고, 대신 물건 자체에 관한 이야기와 그 기원에 관한 이야기를 통해 마법으로 소환된 연상들의 집합체에 연결시켰다. 기억의 대상이라기보다는 지위로서의 선물 가게 물건들은 타인의 노동을 구현했고, 이국적일수록 더 좋았다. 상품화된 세계에서의 고상한 취향과 감식안을 나타내는 독특함에 대한 주장은 이러한 것들에 가치를 부여해주었다.[6] 이와 같은 주장들의 그럴듯함 때문에 선물 가게의 물건들은 크랩이 되었다.

모든 계층의 사람들이 1820년대부터 석고상을 구입해왔듯이 장식품을 수집하는 관습은 새로운 것이 아니었지만, 20세기 초 수십 년 동안의 "자동화" 열풍은 향수鄉愁의 상품화와 소비를 좀더 엘리트적인 활동으로 바꿔놓았다. 자동차는 처음에는 수백 대밖에 생산되지 않았던 터라 (유지비는 말할 것도 없이) 엄청나게 비쌌지만, 1920년대에는 중산층이 자동차 여행을 여가활동으로 점점 더 많이 향유했다.[7] 자동차 여행이 더 많은 자유를 제공하고 자발성을 유도하고 새로운 사람들을 만나고 새로운 것을 볼 우연한 기회를 약속했기 때문에 여행자들은 증기선이나 철도 여행보다 자동차 여행을 더 많이 즐겼다. 자동차 여행은 또한 가는 길에 새로 생긴 다방이나 선물 가게에서 물건을 살 기회를 여행자들에게 안겨주었다. 1915년 에피 프라이스 글래딩이라는 인물은 국토 횡단 자동차 여행 중에, "작고 매력적인 곳"이자 "취향이 뛰어난 여성이 운영하고" "단순하고 우아한 가구"가 있어 "집처럼 편안한" 곳으로 지정된 셰넌도어 계곡의 "녹차 주전자 간판"이 있는 가게에 꼭 들렀다. 미국 대륙의 반대편에 위치한 해안가 도시 몬터레이에 도착한 글래딩은 "진귀한 미술품 가게와 선물 가게를 둘러보았다".[8] 이와 같은 진기한 모습은 엘리트들의 자동차 여행에서 필수적이고 기대되는 부분이 되었다. 비어트리스 라니드 매시는 여행기를 통해, 여행 일정에 "매력적인 장소"가 부족했을 뿐 아니라 "무겁고 흉측한 가구"와 "구제 불능의" 벽지로 참담하게 장식된 호텔이 수도 없이 많았다고 불평했다. 그러나 베드퍼드 마을은 빅토리아 시대의 장식품들 때문에 "매력적인" 곳이었는데, 이는 정확히 말하자면 "현대적 싸구려 물건에 의해 더럽혀지지 않은 과거이자 선물 가게 내에서 포장되어 판매되고 있는 과거의 일종이었다".[9]

재즈 시대의 복고 취향

그레이스 너드슨이 1926년 『선물 및 예술품 가게의 판촉Gift and Art Shop Merchandising』을 출간했을 때쯤 선물 가게들은 시골 길가에서 번화가로 옮겨갔으며, 선물 가게의 물건들은 허세가 있는 소비자들에게 호소했다. 너드슨이 설명했듯이, "인간은 타고난 일부만이 진가를 알아낼 수 있는 어떤 선택에 '관여한다'고 느끼기를 늘 원해왔으며, 앞으로도 그럴 것이 거의 확실하다". 그는 "무리에 속한 여느 사람들과는 개성이 좀 다른 본능을 가지고 있다고 우리 모두는 느끼고 싶어 한다. 그리고 선물 가게의 매니저들이 이를 충분히 구현해낼 만큼 열심인 업체나 기관으로 우리 모두가 몰려들 것이 매우 확실하다. 좋은 광고의 미묘한 의미란 다음과 같은 메시지를 전달한다. '본인이 선택한 것이지만, 내 고객인 여러분은 선택한 것의 진가를 알아볼 수 있다'는 것이다"라고 말을 이었다.[10] 그는 점점 더 많은 선물 가게 손님을 우쭐하게 하는 대량생산된 물건들의 생생한 예를 제공했다. 뉴욕주 코틀랜드의 기프트눅이라는 선물 가게는 램프, 마른 행주, 촛대, 식기류 외에도 "고급 양탄자"를 취급했다. 코네티컷주 브리지포트의 해피니스기프트숍이라는 선물 가게는 "부수적인 가구들이 전시된

In the shop of which views are reproduced here and on pages 16, 23 and 35, note how perfectly the illusion of a distinguished home is achieved, through taste and discretion in the arrangement of the stock

그림 7.1 최초의 선물 가게들은 가정에 대한 보수적인 생각을 불러일으킨 다양한 종류의 가정용품을 통합했다. 이 가게의 풍경은 "상품 재고 배치의 취향과 재량을 통해 기품 있는 가정이라는 환상이 얼마나 완벽하게 달성되는가"를 보여준다. 그레이스 너드슨, 『선물 가게의 문을 통해Through the Gift Shop Door』(1923년). 해글리박물관및도서관 소장.

가정 환경"을 제공했다. "밝고 넓은" 분위기에서부터 소매상 물건에 이르기까지, 이 모든 것은 가정적인 분위기와 교양을 바라보는 전통적이고 보수적이며 오래된 시각에 따라 좋은 취향이 무엇인지를 시사해주었다.(그림 7.1)

선물용품 시대에는 좋은 선물을 고르는 것만으로 부족했다. 생각만 하는 것은 중요하지 않았다. 선물을 주는 사람들은 이제 올바른 선물을 선택할 것이라는 기대를 받았다. 즉, 주는 사람과 받는 사람 모두의 지위와 문화적 성향에 관련된 무언가를 가장 효과적으로 전달하는 선물을 선택할 것이라는 기대를 받았다.[11] 그러나 근본적인 문제가 남아 있었다. 겉보기에는 독특한 이런 상품들은 여전히 대량

생산되는 물건이었고 시장의 맥락과 관계 안에 매우 크게 자리 잡고 있었다는 것이다.[12] 그래서 이런 상품들은, 특히 분별력을 보여주는 것이 성실한 감정을 전달하는 것보다 더 중요해졌기 때문에, 좀더 개인적인 것으로 보이기 위한 이야기가 필요했다. 선물과 선물 가게는 개인적 애정을 상징하기보다는 취향을 외적으로 표현할 때가 많았다. 그런 뒤, 시장에서 창출된 선물용품을 중심으로 만들어진 서사는 개별적인 역사를 들임으로써, 이 물건들로부터 상품으로서의 지위를 제거함과 동시에 이 물건들을 색다른 무언가, 즉 반상품anti-commodities으로 둔갑시키려고 시도했다.

이 과정은 아이러니하게도, 이런 물건들의 상품으로서의 지위를 강화했을 뿐이다. 복고풍 스타일의 조명 기구, 우아한 도자기 컵과 컵받침, 싸구려 식탁용 접시 깔개, 집에서 만든 절임 식품 등 선물 가게에서 파는 "독특한" 상품 대다수는 경솔한 상업주의와 재즈 시대의 현대성이라는 흥분에서 벗어난 고상하고 차분한 가정이라는 느낌을 불러일으켰다. 가게들의 가장된 가정적 분위기는 가정에서 상품이 어떻게 보일지 고객들이 상상하는 데 도움을 주었고, 상품을 반상품으로 만들었다. 이런 특화된 소매 환경은 백화점의 압도적 웅장함과 균일가 매장의 저렴함에 지친 여성 쇼핑객들을 매료시켰다. 고객들은 선물 가게 안에서 개인적인 친밀감을 경험하면서 자신의 취향이 여성 판매원 및 상품들 모두와 일맥상통한다고 느낄 수 있었을 뿐만 아니라, 더 시장 지향적이고 천박한 쇼핑 공간에서는 찾을 수 없다고 믿었던 상품들을 구입하는 기회도 누릴 수 있었다. 사실, 이 시기의 선물 가게들은 매우 인기 있어서 백화점들도 샌프란시스코에서 검프스가 운영한 "보물 궁전의 분위기를 자기만의 독특한 방식으로 전달하는" 다반차티 룸Davanzatti Room처럼 선물 가게와 유사한 판매 공간을

열기도 했다.[13]

이와 같은 진귀한 물건을 취급하는 소매 공간들은 고객의 모든 감각, 특히 촉각을 불러일으키기 위해 노력했다. 상품을 손으로 만질 수 있게 된 덕에 또 다른 친밀감이 만들어질 수 있었을 뿐 아니라, 백화점 층마다 늘어선 멋지지만 무익한 유리 진열대와 선물 가게 진열대를 구별할 수도 있었다. 선물 가게 주인들은 자물쇠로 잠긴 캐비닛에 물건을 보관하기보다는 (이 자체도 판매용인) 열린 선반과 테이블 위에 상품을 진열하는 것을 선호했다. 그레이스 너드슨은 "선물 가게에서 손으로 만지고, 입으로 맛보고, 코로 냄새를 맡는 자유는 가게의 인기에 크게 기여했다. 바로 이 요인이 가정과 아름다움을 사랑하는 여성 대중에게 선물 가게라는 개념을 무의식적으로 '팔았다'"고 지적했다.[14] 양털 깔개와 벨벳 베개 덮개와 침대 덮개 같은 상품을 만지도록 허용함으로써 여성들의 획득 욕구는 강화되었고, 동시에 여성들은 냉혹한 상업의 세계에서 더 멀어져갔다. 고객은 오히려 "초청객"이었고, 가게는 업주의 "집"이었으며, 그렇게 희귀한 물건들과 물질적으로 접촉하는 것은 "특권"이었다. 너드슨은 구매자들이 실제로 물건을 사기 전에 심리적으로 물건을 소유한다는 것을 알아챘다. 그저 만지고 미래에 사용하는 것을 상상하기만 해도, 그 물건들은 "그들의 것"이 되었다.[15] 선물 가게는 취향과 감식안을 매끄럽게 상품화한, 집에서 떨어진 (상업적인) 집이었다.

선물 가게의 환경은 그 물건들이 물질적이지는 않더라도 문화적인 가치를 지니고 있다는 생각을 널리 알리는 데 도움을 주었다. 집은, 특히 세련된 사람들의 집은 성실한 관계와 감성적인 거래의 중심지였다. 그리고 집은 시장이라기보다는 가족 구성원이 문화화되고 가치를 이식받는 공간이기도 했다. 너드슨을 비롯한 소매업 자문가들은 무엇

보다 선물 가게 주인들에게 상품의 "진심 어림"과 "충실성"을 유지할 것을 촉구했다.[16]

진기함의 상품화

선물 가게들이 "진심 어림"과 "충실성"을 제공하려 시도한 것은 그들이 선물 가게의 장식품을 제조되고, 포장되고, 구매되고, 판매되는 다른 상품과 똑같이 취급했음을 의미했다. 시장 밖에 존재하는 것처럼 보이는 제품들만이 이러한 덧없고 인간적인 특질로 가득했다. 아이러니하게도, "진심 어림"과 "충실성"만이 존재했던 이유는 선물 가게 주인들이 장식용품을 판매함으로써 돈을 벌려 했고 위선적인 국내 상업적 환경에 장식용품을 배치함으로써 고객들의 선호도를 더 높이려 했다는 데 있었다. 선물 가게 점주들은 지역 상품을 운반하는 것은 물론이고, 너드슨이 제안한 것처럼, 비교적 교육받지 못하고 낙후된 지역에 사는 "지역 인재를 활용하는 것"을 포함해 몇 가지 주요한 방법으로 이를 성취할 수 있었을 것이다. 너드슨은 "예를 들어, 남부의 모든 산간 마을은 현재 특정한 스타일의 바구니를 만들어 전국으로 보내고 있다"고 썼다. 마찬가지로 뉴햄프셔주의 한 마을도 "양탄자 짜는 일에 행복하게 고용되어 있었다". 원시적인 수공예품이라는 빛나는 영기靈氣를 뒤집어쓴 것 같은 지역 공예 전통들조차 현대 시장의 산물이었다. 예를 들어 양탄자는 "배후에서 조종하는" 여성이 설계도를 만들고 노동력을 감독했다. "제품이 완성되면, 바로 그 여성이 도회지의 고급 상점을 찾아 완성품을 납품한다".[17] 시골 오지에서 만들어지고 "도회지의 고급 상점"에서 진열되는 이와 같은 품목들은 시간상 그리고 지리상으로 먼 곳에 확고하게 자리 잡았고, 유식한 사람들이 소비하는 찾기 힘든 상품으로 둔갑했다. 선물 가게를 빈번하게 드나드는 사람들은 체크무늬 덮개로 포장된 잼이나 소나무 향이 나는 크리스마스 화환 등을 구입할 뿐인 것처럼 보였다. 그들이 정말로 구입한 것은 자신의 엘리트주의였다.

이를 위해 상인들은 선물 가게 물건에 대한 매혹적인 이야기를 만들어, 공산품이 아니라 동떨어진 세계의 사람들이 만든 수공예품이라는 이름표를 자신의 물건에 달았다. 다른 사람들의 노동력은 고객과 가게 주인 모두에 의해 착취될 수 있는 것으로, 그리고 착취되어야 하는 것으로 여겨졌다. 그 과정에서 이처럼 모호하게 특이하고 이국적인 상품들은 우리와 그들, 자신과 다른 사람, 현재와 과거, 우월한 것과 열등한 것, 주체와 대상 간의 분명하고 지배적인 구분을 상징하고 강화하고 드러내 보이기도 했다. 현지인이 수작업으로 만들었든 외딴곳에서 수입했든, 더 비싼 상품은 진품성을 창출하며 독특하고 개성 있는 것처럼 보이기 위해 "설명", 즉 배경 이야기가 "필요했다".[18] 코네티컷주 포터킷의 폴슨갤러리가 판매한, 수작업으로 페인트칠한 ("특이하고 독특하고 향기로운") 목공예 선물용품은 "존경스럽고 재미있게 관심을 요구하는" "가장 흥미로운 인격"을 가지고 있다. 이 목공예 선물용품은 낸시 더 트와인 레이디Nancy the Twine Lady(끈 보관함), 로라Laura(골무 보관함), 빌 더 벨 보이Bill the Bell Boy(아프리카계 미국인을 닮은, 수작업으로 페인트칠한 손잡이가 있는 종)처럼 이름이 있었다. 점주들은 "그 물건들이 당신과 함께하게 되어 흡족해할 것임을 확신한다"고 언급했다.[19] 이와 유사하게 화이트스퀘인트숍은 수작업으로 페인트칠한 장식용 디자인이 있는 품목을 포함해 "사려 깊고 분별력 있는 사람들을 위한 독창적인 선물"을 제공했는데, 이 목공예 선물용품들은 "조금만 다를 뿐" "가치를 높여주고" "친구들에게 선물로

주기에 매우 바람직한 것"들이었다.[20]

선물 가게에서 여성들은 다른 소매점에서는 불가능한 방식으로 지위를 살 수 있었다. 예를 들어 선물 가게 상품은 잡화점 상품보다 높은 가격을 기록했는데, 품질이 좋았기 때문이 아니라 멋지게 진열된 맥락에서부터 흥미로운 배경 역사에 이르기까지 상징적인 장식과 개인 맞춤형 서사가 함께 제공되었기 때문이다. 높은 가격은 또한 물건의 문화적 가치를 확인시켜주는 것 같았다. 저가품의 물리적 표시였던 잡동사니 물건이 가득 담긴 균일가 매장의 물건 통과는 달리, 선물 가게는 물건을 극히 소량으로만 팔았고, 물건을 아름답게 만들어주는 준가정적 환경 속에 이들을 진열했다. 이와 유사하게, 선물 가게들은 더 크고 깨지기 쉬운 상품들을 비축할 수 있었다. 더 적은 수의 상품을 팔았던 터라 상품들을 더 주의 깊게 진열할 수 있었던 것이다. 이 모든 요소는 상품의 "등급"을 매기는 데 기여했고, 그 덕분에 특히 선물 가게들은 상품의 "독특함" "고유성" "명성"에 대한 관념을 형성하고 이를 수익으로 만들 수 있었다. 아서 필은 그가 쓴 매뉴얼 『선물 가게 경영하는 법How to Run a Gift Shop』에서 "선물 가게 상품에 우호적인 계층이 많이 찾는 동네"가 될 것이기 때문에 임대료가 높은 지역에 가게를 두는 것이 중요하다고 강조하면서, 그런 지역은 "사업의 품격이 보통 이상인 곳"임을 분명히 했다. 그는 "바로 이 점이 노벨티 가게, 일반 상점, 아트 살롱, 쇼룸 등과 선물 가게 사이의 차이점"이라고 덧붙였다. 그는 선물 가게의 점포들이 "같은 시장에 호소해서는 안 된다"고 강조했다.[21] 선물 가게 품목은 그 허세에도 불구하고 잡화점 상품과 같은 제조업자들로부터 조달될 때가 많았다. 또한, 잡화점 상품과 같은 상품이었지만 맥락에 의해 품격이 올라갈 뿐이었다. 선물 가게와 잡화점 모두 장식용 주름 종이, 도자기 접시, 조각상은 일본에서, 목제 조각상과 장난감은 스위스에서, 연하장과 인형은 독일에서 수입한 품목이었고, 금속 재떨이, 휴대용 술통, 탁상 문구 세트는 미국에서 제조된 품목이었다. 예를 들어 수작업으로 페인트 칠한 다양한 등급의 일본산 도자기는 상자 단위로 수입되어 미국의 보석 가게, 약국, 일반 상인, 소매 선물 가게로 향했다. 판매자들은 이 제품들이 "돈을 위한 멋진 장식품"이었으며 "예술품치고는 아주 저렴한 가격"에 제공된다고 묘사했다. 더 좋은 점은, 품질이 더 나은 영국산, 프랑스산 상품들보다 훨씬 저렴했다는 것이다.[22]

선물 가게에서 파는 물건의 배경 역사가 상업적 매력에 필수적이었기 때문에, 그리고 배경 이야기가 잡화점 상품과 선물 가게의 물건을 구별해주었기 때문에, 선물 가게 납품업자와 점주는 물건의 기원을 모호하게 하지 않고 오히려 강조했다. 특히 물건을 만드는 데 필요한 육체노동을 강조했는데 이는 왜곡된 형태의 상품물신성이었다. 심지어 수작업 채색, 모노그램 넣기 등 육체적 공예 작업을 통해 "독특하게" 만들어진 물건도 기계화의 산물이자 노동력 착취의 산물일 때가 많았다. 고객은 선물 가게 상품이 능숙한 외국인 노동자와 하급 노동자가 행복하게 일한 노동집약적 수작업의 결과물이라고 여길 정도로 선물 가게 상품을 중시했다. 손으로 수놓은 리넨 소재의 식탁용 그릇 깔개는 아일랜드산 혹은 체코슬로바키아산이었다. 예쁜 손수건은 "푸에르토리코산이었고" 수작업으로 제작되었다. "빌리저 핸디워크"라는 수공예품은 "적당한 가격"에 구입할 수 있었다. 금속 북엔드, 휴지통, 서빙용 쟁반, 셀룰로이드 칫솔 거치대, 아기 장난감, 목제 달걀 컵, 지갑용 손잡이, 브리지 게임용 도구 등 장식품을 비롯한 온갖 종류의 선물 가게 물건들은 손으로 장식되고 제작되었다.

선물 가게의 명성을 높인 수공예 장식품은 실용주의적인 가치가 없을 때가 많았다. 다른 사람의 이목을 끌기 위한 쓸모없음(경제학자 소스타인 베블런의 표현을 따르면, 낭비waste)이 핵심을 이루었다. 수작업으로 페인트칠한 쓰레기통이나 수작업으로 짠 손수건 같은 것은 어쨌든 쓰레기를 버리거나 코딱지를 닦는 데 쓰기에는 지나치게 좋았다.[23] 선물 가게 점주들은 이 점을 인정하며, 자신들이 취급하는 "실용적인" 목적을 지닌 상품들조차 "유용성 가치"를 가지려는 의도가 없다고 언급했다.[24] 멋진 슬리퍼는 취급했지만, 신발은 취급하지 않았다. 그리고 깨지기 쉬운 벽걸이형 수공예 도자기는 취급했지만, 식사용 접시와 물을 다시 채울 필요가 없는 꽃병은 취급하지 않았다.(그림 7.2)

따라서 가치는 지위에 의해 생성되었다. 진실에 기반을 두기도 하고 거짓으로 꾸며지기도 하는 매력적인 기원에 관한 배경 이야기들은 스포드[•] 도자기, 멕시코산 도자기, 스위스산 조각상, 스웨덴산 자수와 함께 떠돌며 독특함을 강조하고, 수요를 창출하고, 높은 가격을 정당화했다. 상품 가격은 오르면 오를수록 다른 사람들의 노동을 더 뚜렷하게 보여주었다. 하지만 서사를 만드는 것은 악의 없는 과정이 아니라 매우 정치적인 과정이었다. 소비자들은 타인의 노동을 구매하는 자로서 (특히 불필요하고 쓸모없는 크랩에 구현되었듯이, 즉 물신화되었듯이) 자신을 권력적 지위에 위치시켰다. "진기함"은 훨씬 더 많은 가치를 더했는데, 멀리 떨어져 있고, 전근대적일 뿐 아니라, 그 결과 인종적으로, 경제적으로, 그리고 문화적으로 열등하다고 생각되는 생산자들이 얼마나 더 격이 떨어졌는지를 암시해주었기 때문이다. 위의 모든 것이 함께 작용하는 것이 이상적이었다. 진기함을 만들

• 1800년경 영국의 스포드가 설립한 공장에서 만들어낸 자기.

1368—.50
Gretchen the Hair Pin Lady.

1429—.50
Brer Rabbit. Full of Twine.

1359—.75
Hungry Hans Bank. Eats Pennies

1377—.85
"Bill," The Bell Boy.

1450—.75

Butterfly
"The Loiterer."

1426—1.00
Bayberry Candlestick
For Bayberry Dips

1373—1.00
Soldier and Sal.
"A Corking Pair."

1373—1.25
"The Tall One."
With Hat Pins. Two of Sterling Silver.

1382—1.00
Cook and Count.
"Both indispensable."

그림 7.2 대부분의 경쟁자들처럼, 포터킷의 폴슨갤러리는 "재주 있는 예술가가 만든" "독특"하고 "진기한" 수공예품을 제공했다. 폴슨 갤러리 카탈로그(1925년경).

어내고 상품화하는 과정에서 이와 같은 인종적, 문화적, 경제적 위계 구조는 강화되었다. 먼 나라 사람들이 단지 선물 가게 고객에게 구매의 즐거움을 주기 위해 열심히 일하고 있다고 믿는 것은 낭만적이었다. 예를 들어, 아서 필은 선물 가게 주인들에게 "만약 핀란드 농부들의 비극이 함께 짜인 커튼을 가지고 있다면, 이 상품은 부르는 가격이 아무리 높아 보여도 부유한 여성이 기꺼이 값을 지불할 정도로 고객의 상상력을 자극할 수 있다"고 조언했다.[25]

문화적이고 물질적인 전용을 행상하는 선물 가게는 관념을 먼저 팔고 그다음에 물건을 팔았다. 선물 가게의 상품은 크랩일 때가 많았지만, 높은 가격과 낭만적인 서사라는 연금술은 선물 가게의 상품을 탈크랩화시켰을 뿐 아니라 "질 좋고 독특한 예술 상품"으로 둔갑시켰다.[26] 필은 이것이 어떻게 작동하는지에 대해 다음과 같이 설명했다.

> 뉴햄프셔주 화이트 마운틴스의 한 선물 가게를 찾은 어떤 젊은이가 스위스산 수공예 조각상 몇 가지를 한가롭게 살펴보고 있었는데, 그중 일부는 성격상 상당히 괴기했다. 가게 일을 돕는 소녀는 (…) 젊은이에게 이를 만든 농부 장인 상당수가 조각상 캐릭터의 아이디어를 어디서 얻었는지 아느냐고 물었다. 그가 모른다고 인정하자 그녀는 손으로 깎는 작업 대부분은 집에서 멀리 떨어져 있는 알프스산과 주라산 비탈에서 장시간에 걸쳐 소를 돌보면서 병행한 것이고, 그 조각 중 많은 것이 스위스 목축 마을에 사는 사람들의 진짜 캐리커처라고 말했다. 그러자 젊은이의 관심은 눈에 띄게 커졌다. 스위스산 조각상 세트는 그에게 새로운 가치를 가져다주었다. 스위스 알프스의 목각 작업자는 유머 감각을 갖춘 흥미로운 인간 캐릭터가 되었다. 작은 인물상들은 실제 사람들이었다. 그는 한 세트를 통째로 구입했다.[27]

이야기는 고객의 관심을 "눈에 띄게 높인" "새로운 가치"를 "괴기한" 인물상에 부여해주었다. 왜냐하면 이 인물상은 "흥미로운 인간 캐릭터"의 손에 의해 만들어지고, 판매 가능한 "지역색"으로 깔끔하게 정제되고, 미화되고, 상품화된 "농부 장인"의 작품으로 이해되었기 때문이다. 고객들은 미국의 선물 가게로 수출하기 위해 "괴기한" 캐릭터들을 깎고 일상적으로 소를 길들이며 이중으로 노동하는 알프스 마을의 남성들과 자신을 유쾌하게 동일시하는 경험을 했고, 낭만적인 선물 가게의 분위기에서 고상하게 구매함으로써 자신도 노동을 마다하지 않았다.

이러한 서사의 전달자였던 선물 가게 주인들은 박물관 큐레이터와 마찬가지로, 상류사회의 구성원인 척하지만 이를 뒷받침할 돈이 없거나 돈은 있지만 문화적 연고는 없는 20세기 초에 부상한 중산층 사이의 취향과 탁월함에 대한 중요한 심판자가 되었다. 중산층은 다른 방법으로는 접근하지 못할 수도 있는 문화 자본, 즉 "독특함" "질 좋음" "특이함"을 사려고 시도하고 있었다. "좋은 선물"은 그런 기회를 주었다. 고급 문화 자본을 소유한 사람들은 결국 미술관, 경매장, 보석가게, 골동품 가게, 진짜 진품을 파는 부티크 등에서 장식용품을 구입한 "고객"이었다.

선물 가게는 현실은 아니더라도 고상한 삶이라는 이미지를 장식품에 담아냈다. 조각된 산호 보석으로 치장한 주부들은 금속 쟁반에 담아 친구들에게 대접했던 빵 껍질 없는 샌드위치를 독일산 샌드위치 집게를 사용하여 손으로 칠한 도자기 접시에 올려놓았다. 그런 다음, 그들은 브리지 게임을 하면서 하트, 스페이드, 다이아몬드, 클로버 모양의 꽃이에 놓인 펜을 사용하여 맞춤식 모노그램이 새겨진 브리지 게임 점수 기록지에 점수를 매기며, 섬세하게 손으로 수놓은 리넨 냅킨으로 입꼬리를 조심스럽고도 가볍게 두드릴 수 있었다. 1932년 조지아주 애틀랜타에서 글을 쓴 매클루어 부인은 로버트 켈로그 주식회사가 제공한 "특이한 선물"의 선택 폭에 경탄했다. 그녀는 "당신의 주문은 언제나 꿈이 실현되는 것이었다. 당신의 집은 특이하고 예쁜 것들을 사랑하는 사람들에게 동화의 세계처럼 보여야 한다"고 달콤하게 속삭였다. 비록 조지아 시골에 살았지만 만족한 고객이었던 윌슨이라는 여성은 세련된 친구들에게 켈로그 선물로 깊은 인상을 줄 수 있었다. "켈로그의 작은 인도산 황동 식각 그릇들을 뉴욕에 있는 친구에게 보냈는데, 그녀는 그것에 매료되었다. 그녀는 5번가에서조차 그렇게 사랑스러운 것은 본 적이 없다고 내게 편지를 썼다. 그리고 나는 물론 그게 켈로그에서 받은 거라는 말을 하지 않았다. 그곳에서도 켈로그에서 선물을 어떻게 고르는지 알고 있다."[28] 켈로그의 좋은 취향과 문화적 화폐는 그녀 자신의 것이 되었다. 더 중요한 것은, 그릇 자체와 그릇의 결정적 특징(황동, 식각 무늬, 인도산)의 형태로, 세련되고 도시적인 친구에게 좋은 취향과 문화를 전할 수 있었다는 점이다.

과거를 판매하기

아방가르드적인 "예술"작품을 전문으로 하는 고급 판매점(다음 장에서 설명할 예정이다)을 제외하고, 선물 가게 대부분은 고객에게 지리적으로 그리고 시간적으로 거리감이 있는 상품을 제공했다. 멀리 떨어진 과거는 멀리 떨어진 장소만큼이나 호소력이 있었고, 고딕 양식을 되살린 현관 노커나 바로크풍 그림 액자에 넣은 마리 앙투아네트 복제 초상화처럼 쉽게 알아볼 수 있는 과거의 미적 양식을 복제한 상품으로 거래하는 선물 가게가 많았던 것은 우연이 아니었다. 이러한 방식으로 역사적 대상의 미적 뉘앙스와 의미는 크랩화되었다. "외양" 이라는 양식적 편법으로 정제되고 격하된 크랩은 전용되고 상품화되고 대중적으로 소비되기에 적합했다.

선물 가게의 전용을 가장 생각나게 하는 시대는 오랫동안 식민지 미국 시대였다. 식민지 부흥 양식Colonial Revival style은 1876년 센테니얼 박람회에서 처음으로 인기를 끌면서 미국인이 민족주의, 유산, 반이민 정서를 점점 더 포용하게 해주었다. 그 후 수십 년 동안 콜로니얼 윌리엄스버그와 올드 스터브리지 빌리지 같은 식민지 시대의 살아 있는 역사 박물관이 설립되었고 도터스 오브 디 아메리칸 레벌루션과 콜로니얼 데임스 같은 문화유산 관련 단체들도 형성되었다. 메리 리버모어, 앨리스 모스 얼 등의 작가들이 쓴 "구시대"의 낭만적인 삶의 이야기를 읽는 것에서부터 윌리스 너팅이 손으로 채색한 향수를 자극하는 식민지 시대적 인테리어를 소재로 한 사진을 벽면에 걸어두는 것에 이르기까지, 앵글로아메리카인은 다양한 방법으로 이상화된 식민지 시대의 과거를 받아들였다.

목가적으로 보이는 지난 시대의 가정성家庭性을 구현한 식민지 시대의 개방형 난로식 주방은 식민지 부흥의 기풍을 예시하게 되었다. 북군의 대의를 지원하기 위한 자금 조달 바자회였던 남북전쟁 시대의 "위생 박람회"를 위해 재창조된 개방형 난로식 주방은 후에 역사적으로 중요한 주택과 공공 박물관의 핵심이 되었다. 엘리트들은 개방형 난로식 주방을 집에 설치했다.²⁹ 1893년 세계 컬럼비아 박람회 기간에 식민지식 주방은 공공 박물관과 레스토랑 두 가지 다로 기능했고 과거 삶에 대한 특정한 비전을 박람회 참가자들에게 널리 알렸는데, 이는 인종적 다양성, 시민적 불만, 여성의 권리 쟁취를 위한 노력에 의해 단순화된 역사였다. 식민지식 주방은 상징으로 가득한 예술품을 배경으로 식민지적인 음식을 대접함으로써 이를 성취했다. 물레, 구리 주전자, 옥양목 헝겊 조각 사이에서 소비된 갈색 빵, 사과 파이, 돼지고기, 콩은 진짜처럼 보이면서도 적절하게 진기한 "구식"의 미국적 경험을 창출했다.[30]

식민지 부흥 양식은 현재에 의해 정제되고 이상화된 미국의 과거를 제시했다. 복고 스타일로서의 식민지 부흥 양식은 세기 전환기의 대변화에 대한 대응이었다. 세기 전환기에 미국은 일련의 경제 공황으로부터 회복하고, 이민의 물결과 이에 뒤따르는 외국인 혐오 반응에 대처하고, 재건 시대 이후 많은 아프리카계 미국인을 북부로 불러들인 인구 통계적 변화에 적응하고, 삶의 방식을 급격하고 현저하게 변화시킨 과학적 혁신과 기술적 혁신에 대처하고, 고용주와 피고용주의 권력관계를 위협한 노동 불안이라는 경련을 견뎌내는 등 많은 변화를 겪고 있었다. 그러므로 부유한 사람들은 예측하기 어려운 혼돈의 세계에서 안전한 피난처가 된 식민지 시대의 명백한 단순함과 미덕으로부터 위안을 얻었다. 물질보다는 스타일을, 현실보다는 향수를, 현재의 복잡함보다는 과거의 비전을 중시하는 식민지 부흥 양식의 물질적 장식은 완벽한 선물 가게 상품이 되었다.[31] 예를 들어 식민지 부흥 운동 전체를 구현하는 것이었던 주방은 노동을 암시하기는 했지만 실제로 행해지고 있는 노동은 결코 보여주지 않았다. 벽에 예술적으로 매달려 있거나 진기한 미술품 코너에 놓여 있는 집게와 국자, 주전자와 물레는 더 이상 생산 도구가 아니라 소비를 위한 물건이었다. 단지 간절히 원했지만 지속할 수 없었던 삶의 방식, 결코 존재하지 않았던 과거를 애도하는 유물이었을 뿐이다.[32]

식민지 부흥 양식의 과거 버전에서 사람들은 성에 따른 명확한 역할을 중시했고, 여성들은 만족스러운 노동이 남편의 동반자임을 알게 되었다. 당시 미국은 여성의 참정권과 신여성의 부상, "새로운 여성"의 찬양을 목격하고 있었다.[33] 이러한 도구를 단순한 장식용으로 격하시킨 현대 여성들과는 달리, 과거의 여성들은 물레, 양초 틀, 주전자 등에 의존하여 가족과 시장을 위해 음식과 상품을 생산했다. 그들은 자신의 사용 가치를 소비했기 때문에 상징적인 가치를 지니고 있었다. 식민지 부흥론자들은 단순성, 온전함, 수공예 전통 때문에 특정한 과거를 숭배했지만, 그들의 향수를 불러일으키는 물질적 장식은 현관 노커, 난로용 받침쇠, 양초 틀, 백랍을 주조해 만든 접시 등을 생산하는 제조 능력의 진보 덕분에 가능했다. 이와 같은 확장은 또한 이처럼 가짜투성이인 물건을 기꺼이 살 수 있는 소비자 기반을 만들었다.

자동차로 여행하는 사람들의 요구를 충족시키고, 쇼핑 분위기를 세심하게 연출하고(식민지식 주방을 모형화한 접근법을 반영하고), 비록 허구적인 과거라 하더라도 과거의 향수를 불러일으키는 진짜 골동품과 현대적인 복제품을 점포에 비축함으로써, 선물 가게는 1920년대와 1930년대까지 미국 문화에 만연했던 반反현대적인 정서를 활용할 수 있었다. 기프트하우스와 아트콜로니인더스트리스 같은 신규 회사들은 촛대, 벽면의 양초 홀더, 역마차 램프, 커피포트, 삼발이, 난로용 받침쇠, 땔감 보관함, 침대 난방기, 물통, 요강, 향신료 보관 통 등 "분위기를 창출해 집 안에 부여하며 대체품이 거의 없는" 물건들을 재생해내는 데 큰 성공을 거두었다.[34] 아트콜로니가 당연히 지적했듯이, 이러한 식민지 미국을 재연한 상품 중 상당수는 "전 세계"에서 수입되었다. 메노라Menorah라는 유대교 촛대마저 식민지 부흥 스타일로 다시 개조될 수 있었다(그림 7.3, 7.4). 게다가 요령 있는 회사들은 그 스타일 덕에 조잡함을 진품성으로 위장할 수 있었다. 예를 들어 주철 장식품 전문 업체였던 올버니파운드리컴퍼니는 자사의 복제 현관 노커, 북엔드, 난로용 받침쇠 같은 것들이 의도적인 크랩이었다고 설명했다. 홍보용 책자는 "강렬하고 날카로운 선과 강한 디테일은 골동품을 모방하기 위해 의도적으로 생략된다"고 언급했다.[35] 보스턴의 크로스턴스 같은 전국의 선물 가게에서 고객들은 골동품 같은 선술집용 오크 테이블(유용하고 예술적인)에서부터 철제 화분 받침에 이르기까지 각종 식민지 부흥 양식의 상품 중에서 선택할 수 있었다.[36]

모든 복고풍 스타일이 그러하듯이, 식민지 부흥 양식은 과거보다는 현재에 대한 감성을 반영했다. 식민지 부흥 가정은 "많은 중산층 구성원이 미국인의 생활, 가치관, 제도의 근간으로 여기는 건국, 선조의 가정, 강력한 가정생활과 관련을 맺고 있다".[37] 이러한 보수적인 정치적·사회적 태도를 선포하고 영구화한 식민지 부흥 양식의 작품들은, 앵글로아메리카인의 우월주의를 믿었을 뿐만 아니라 이를 적극적으로 널리 알리려고 시도한 사람들에게 판매되었다. 이 사람들은 또한 식민지 부흥 양식의 주거용 개발지에서 사는 것을 선호했다. 그중 하나였던 뉴욕주 뉴로셸의 윌멋 우즈는 한 광고에서 "사람이나 전통이 근본적으로 다른 집은 어울리는 이웃을 만들지 않는다"고 권위 있게 진술했다. 개발자는 주택 매매가 "세련된 미국 가정"에 "제한"될 것이라고 예비 구매자들을 확신시켰는데, 이는 한 역사학자가 말한 "백인 우월주의의 공간적 전략"을 실행하는 것이었다. 이는 곧 특권이 백인의 전유물임을 의미했다.[38] 이 지속적인 향수의 구체적인 정치적 차원은 식민지 부흥 양식에 따라 제작된 물건들에 어떤 매력이 있는지와 그것들이 왜 크랩이었는지를 모두 설명해준다. 보수주의와 심지어 인종차별주의까지 미적 자세를 취하는 "모양"으로 둔갑시킨 이런

그림 7.3 선물 가게 상품은 현대성에 맞서 복고주의를 지향하는 경향이 있었다. 아트콜로니인더스트리스의 광고(1921년 6월 11일).

그림 7.4 선물 가게는 상품 자체뿐 아니라 문화도 제공했다. 예를 들어, "가장 차별적인 고객을 끌어들이는" 상품을 제공한 크로스턴스의 카탈로그(1920년경).

물건의 제작자와 판매자 덕에 구매자는 우월감을 느낄 수 있었을 뿐만 아니라 다른 사람들에게 이러한 감성을 공개적으로 보여줄 수도 있었다.

이러한 양식적인 겉모습은 또한 진기한 선물 가게에서 파는 노골적인 인종차별적 물품에 대해 그럴듯한 경멸감을 주었다. 이런 물건들은 또 다른 특별한 미국의 과거와 장소를 소환하기도 했다. 바로 노예제 시대와 재건 시대 남부 플랜테이션의 과거와 장소였다. 잔디밭에 놓기 위한 기수 상이든 음악가를 주제로 한 재떨이든, 이와 같은 물건들은 "세련되고 제한된" 동네에서 잘 살고 있을 백인들의 통제 아래 있는 아프리카계 미국인들을 국내 노동자로서의 "지위"에서 벗어나지 못하게 했다. 노예제도는 끝났지만 흑인 차별 정책이 시행되던 시대에도 아프리카계 미국인들은 여전히 일, 평등, 정의를 위해 투쟁했다. 특권층 백인들은 공개된 시장에서 사고 팔리는 물질적인 대리물代理物을 통해 아프리카계 미국인을 계속 소환하여, 실제적 노동은 아니더라도 정치적 노동을 수행하게 했다. 예를 들어, 매사추세츠주 로웰의 프린스기프트숍이라는 선물 가게에 있는 "고려할 만한 가치가 있는" 물건 중에는 지저분한 밀짚모자를 쓴 흑인 소년의 얼굴처럼 생긴 손잡이가 달린 편지 개봉용 놋쇠 칼이 있었다.[39] 파이어사이드기프트라는 선물 가게는 많은 "예술적인 물건"을 제공했는데 그중에는 흑인이 표적으로 등장하는 스리 블랙 크로스 빈백 게임Three Black Crows Bean-Bag Game이라는 것도 있었다. "흑인들이 반드시 중심지로 다시 날아와 콩 가방을 통과해야 하는" 게임이었다. 또한 "자메이카에서 온 제미마 아주머니"라는 재떨이도 있었는데, 흡연자가 '제미마 아주머니'의 머리에 대고 담배를 끌 수 있어서 "식후 피우는 담배에 풍미를 더해주는" "유쾌하고 정다운" 여인상이었다. 바느질 실뭉치들은 "톱시 스풀 홀더"라는 실타래 고정 틀의 윗부분을 구성했는데, 틀 윗부분에는 "재미있는 초콜릿 처녀상"이 있었다. 체크무늬 천 소재의 '미란다 아주머니 옷가방'은 "팔을 뻗고 환하게 웃는 얼굴로 더러워진 옷을 맞이한다". 이와 같은 상품들은 순종적인 물건이었으며 "환한 미소"로 주인의 명령을 끝없이 받들 준비가 되어 있었다.[40] 이런 품목들이 존재하는 이유가 그것이었다. 형태는 다양하지만, 식민지 부흥 양식의 선물 품목과 인종차별주의적인 장식품도 똑같은 역할을 했다. 이 품목들은 "차별의 선물"로서 계급과 인종의 구분을 정상화하고 재조정했다.[41] (그림 7.5-7.7)

아프리카계 미국인에 대한 인종차별적 고정관념을 반영하고 말 그대로 대상화하는 장식 소품은 교양 있는 백인 가정의 환영을 받았으며, 그들은 이를 가정화하고 규율로 삼았다. 다른 사람들과 마찬가지

그림 7.5 삼보 편지 개봉용 칼을 비롯한 인종차별적인 상품은 선물 가게의 필수 품목이었다. 프린스기프트숍의 카탈로그(1915년경).

388—Dinah, the Darning Set that's the newest thing out. Consists of needle case, brightly enameled with hand painted thimble for cap. Beautifully enameled darning ball in black, red, white and blue, with handle measuring 5½ inches. 75 yds. of Heminway darning silk, 25 yds. tan, 25 yds. white, 25 yds. gray, on spools arranged on special holder with head of Dinah at top and bottom. A very splendid gift..............$1.75

그림 7.6 1920년대에 화이트스퀘인트숍에서 판매한 디나 더 다닝 세트. "매우 아름다운 선물"로서 제작되었다.

TOPSY SPOOL HOLDER
No. 741 (above)

This amusing chocolate maiden smiles proudly because she wears spools for pigtails. Hgt 5″; shpg wgt 6 oz; list price $1.00.

그림 7.7 톱시 스풀 홀더는 "흥미로운 초콜릿색의 소녀"라고 묘사되었다. 파이어사이드기프트, 「예술적인 물건들Objets des Arts」(1931년).

로, '디나 아주머니'라는 흑인의 얼굴이 새겨진 짜깁기 세트는 "아주 멋진 선물"로서 만들어졌다.[42] 짜깁기 세트, 실타래 고정 틀, 헝겊 가방은 가벼운 인종차별에서 비롯된, 가사 노동을 위한 실용품과 경박하고 흥미로운 물건 모두로 기능했다. 흑인의 노동을 작고 아동화되고 정적인 형태로 표현한 이 선물 품목들은 남부 플랜테이션의 잃어버린 노동력을 대신하는 물질적인 대용품이었다. 이처럼 야비한 상품을 산 사람들은 노예제도의 유산을 "취향"을 크랩화하는 또 다른 지표로 둔갑시켰다.

플라스틱 세상의 수제품

"미개인"에 의해 수제로 만들어졌든, 식민지 시대의 유물처럼 보이든, 인종차별주의적인 캐릭터의 형태를 띠른, "진기함"은 백인 우월주의적인 장식품에 편리한 변명거리를 제공해주었다. 비록 충분히 무해해 보였을지는 모르겠지만, 벽난로 위에 자리 잡고 벽에 걸리고 작은 탁자를 채운 이와 같은 물건 모두는 주인의 세계관을 강화하며 백인 앵글로아메리카인의 문명화 세력을 옹호하는 데 도움이 되었던 듯하다. 따라서 미화되고 "컨버세이션 피스conversation pieces●"로 둔갑했다는 것은 이러한 정치적 발언들을 상당히 온건해 보이게 만들었는데, 이는 이런 상품의 매력과 동시에 그 부정직함을 구성하는 요소이기도 했다.[43]

20세기 중반에 이르러, 시장에는 원시적인 생산자의 장식적인 크랩 같은 것에 대한 세련된 소비자의 요구를 충족시키는 더 많은 방법

●　19세기 영국에서 그려진 풍속화 양식.

이 있었다. 우편 주문 회사 덕에 쇼핑객은 원산지에서 직접 온 "진품"을 구매할 수 있었다. 예를 들어 테소리디탈리아 주식회사는 "손으로 잡고 불어서 만든 유리로, 귀금속으로, 조각된 나무와 금으로, 무늬가 새겨진 가죽으로 수 세기 동안 물건을 만들어온 것이 전통이자 예술"인 이탈리아로부터 우편으로 보내온 "성대한" 선물을 제공했다. 구매자는 "베로키오●의 멋진 분수를 훌륭하게 재현한 견과류 보관용 접시"(압축 유리 및 주조 무쇠 재질), 손으로 잡고 불어서 만든 베네치아산 유리구슬 줄(제조상 하자품일지도 몰랐다), "섬세한 이탈리아인의 손"으로 만든 의상 보석(은도금과 가짜 모자이크, 세트당 1달러 98센트), 열 개의 이탈리아 도시를 대표하는 얼굴을 손으로 칠한 인형들(독일에서 제조된 것으로 보이며 다른 국가에서 제조된 "진품" 인형과 구별할 수 없음)을 주문할 수 있었다.[44] "진짜" 이탈리아 소인과 세관 도장이 찍힌 소포를 받는다는 것은 그 물건들의 진품성을 확인해주고 가치를 더해줄 뿐이었다.[45] 그것은 또한 사람들이 '우편 주문 관광객'이 될 수 있게 했다.(그림 7.8) 마찬가지로, "수공예 애호가"는 캐나다 퀘벡의 "특수주의particularism"를 포착한 물건들을 주문할 수 있었다. 즉, 그 물건들은 "시간이 흐름에 따라 기법과 취향의 진화를 고려해 전형적인 프랑스식 캐나다 양식을 만들 수 있었다."[46] 새넌인터내셔널이라는 또 다른 회사는 "12개국 이상의 공예가의 수공예품"을 대표했고 아일랜드와 그 밖의 지역에서 생산된 품목들을 취급했는데, 회사의 "선물용 기념품"에는 블라니 성을 축소해놓은 오르골과 아일랜드 수도승 모양의 북엔드가 포함되어 있었다.(그림 7.9) 이 회사는 또한 "아일랜드의 역사, 문화, 민속, 현대 생활, 예술 등의 분야의 다양성과

●   15세기 이탈리아의 화가이자 조각가.

To Delight A Little Girl
A Handbag That's A Foreign Doll

These vivid felt dolls have expressive hand-painted faces, soft pretty "hair" and skirts that are really zippered hand-bags! All are made in Florence, Italy, but each wears the gay peasant costume of a different country.
There's Maria, a black-haired, blue-eyed Italian beauty (a) left; flashing brunette Carmen of Spain (b) center; Ilsa from Austria, in Tirolean dress (c) right; and Dutch Gret-chen with long yellow pigtails (d), not illustrated. Each is approximately 7½" long, with matching 5½" handle. Specify your choice by the letter.
#22 ————————————————— Each, $1.98 ppd.

Your Selections Shipped Direct from Abroad

그림 7.8 우편 주문 관광객은 지갑이기도 한 "외국인" 인형을 구입할 수 있었다. 테소 리디탈리아, 「1954년-1955년 선물 카탈로그: 이탈리아에서 직접 배송되는 멋진 선물 1954-1955 Gift Catalog: Magnifici Gifts Mailed Direct from Italy」(1954년).

그림 7.9 섀년인터내셔널 같은 기업에 의해 미국인에게 판매된 "선물용 기념품"은 수공예품과 대량생산된 품목을 융합시켰다. 섀년인터내셔널, 「쇼핑 및 우편 주문 가이드, 1962-1963년Shopping and Mail Order Guide, 1962-3」.

다채로움"을 다룬 "고급" 잡지 『아일랜드 오브 더 웰컴스』의 구독권도 판매했다.[47]

　멀리 떨어진 생산 시설에서 시내 중심가의 소매점으로 상품을 공급하는 중간 상인의 수가 증가함에 따라, "고급" 상품을 찾고 고르는 선물 가게 업주의 업무도 훨씬 더 쉬워졌다. 중간 상인은 뉴욕 기프트 쇼 같은 업계 박람회에서 상품을 전시할 때가 많았는데, 참여 업체 중에는 에인션트앤드모던오리엔탈임포츠, 카나스타스멕시카나스, 대니시캔들하우스, 유레이션임포츠, 샘힐루스오디세이임포츠, 하우스오브조던 같은 업체가 포함되어 있었다. 심지어 크랩을 공급하는 동종 업체끼리 거래할 때도, 중간 상인은 판매하는 물건들의 역사적 이야기를 영구화시키는 데 도움이 되는 이름을 택했다. 물건의 상당수는 사실 원산지로부터 온 것이 아니었기 때문이다. 팬아메리칸바터와 아프리칸우드카빙스 같은 이름들도 상품화의 오점을 감추는 데 도움을 주었다.

　여러 독특한 상품을 제공하는 것은 실용적인 방법으로 선물용품 공급업자들을 도왔다. (아마도) 독특한 상품은 비교 쇼핑을 방해했을 것이다. 한 사업주는 "출처 파악이 안 되는 물건들이 있어 비교할 수 없었다"고 간단히 언급했다.[48] 이런 절충주의는 또한 소매 공간 내에서 단일 상품들을 더 흥미로운 집합체로 만듦으로써 단일 상품에 대한 호감도를 향상시키는 비현실적이고 비상업적인 분위기를 창출하는 데 도움을 주었다. 뉴햄프셔주 하노버의 쇼핑인터내셔널이라는 업체를 예로 들어보자. 이 업체는 단일의 뚜렷한 소매 환경이 아니라 다양한 소매 환경을 조성했다. 공간은 아홉 개의 방으로 나뉘어 각각 "특정 국가의 스타일"로 꾸며졌다. 각 지역에 맞는 민속 음악이 배경음악으로 연주되어, "거기에 있는 듯한 인상을 강화"시켰다. 고객은 "다른 곳에서는 복제될 수 없기 때문에 값을 매기지 못할 정도로 소중한 시대적, 전통적 제품"을 통해 외부화된, "미스터리, 기분, 로맨스, 놀라움"으로 가득한 유혹의 말에 이끌렸다.[49] 이곳을 찾는 관광객, 방문객, 쇼핑객은 멕시코산 당나귀 재갈, 필리핀산 수제 현관 매트, 이란산 수제 주석 램프, 일본산 티크 재질 담뱃갑 등을 살 수 있었고, 아프리카관에서는 (미국 지폐가 들어가도록 제작된) 모로코산 남성용 지갑이나 모로코 카사블랑카산 무릎 방석을 살 수도 있었다.

과거는 현재다

식민지 부흥 양식과 이와 관련된 양식을 추구하는 마니아들이 찬미한 양식적 특징은 20세기 내내 인기를 끌었다. 향수는 영원한 것 같았다. 향수를 다르게 이르는 "촌스러움" "원시적임" "시골스러움" "오두막 스타일" "허름한 스타일"을 표현하는 상품은 빌리지페들러, 컨트리컵보드, 양키트레이더 같은 이름의 선물 가게로 옮겨졌다. 1980년대 후반 뉴햄프셔주 브리스틀의 더휠하우스 점주는 "시골 스타일은 이 근방에서 여전히 인기가 있다"고 말했다.[50] 어울리지 않게 "우아하고 투박한 느낌"을 가진 빅토리아풍의 주택에 자리 잡은 워싱턴주의 컨트리구스라는 가게는 "제품이 자연 서식지에 전시되도록 허용"한다고 했는데, 이 문구는 상품을 독특해 보이게 만들면서도 "제품"의 가격을 책정할 수 있게 하는 기호학적이고 의미론적인 속임수를 포착한 이상하면서도 적절한 문구였다. 양식에 대한 고정관념은 항상 그래왔듯이 실질보다 겉모습을 중시했다.[51]

이처럼 수작업으로 만들어진 "스타일"은 수공예품을 모방하는 불완전한 방법을 만들어낸 공업용 제조 기법의 산물이었으며, 질감 자체도 엉터리였다. 예를 들어, 1980년대 후반 민속 예술의 인기를 긍정적으로 홍보한 한 기사는, 독특하고 기이해서 높이 평가되는 작품들이 "반드시 손으로 만들어진 것은 아니다"라고 언급했다.[52] 1980년대 후반 한 선물 가게 점주는 "녹이 슨 상품이 요즘 금방 팔린다"고 보고했다. 그가 말한 것은 표면이 녹색으로 덮인 물건이었는데, 오래된 구리의 은은한 녹청을 모방한 것이었다.[53] 사람들은 식염 유약을 바른 도자기, 에나멜 그릇, 산화철이 함유된 점토로 만든 도자기의 "흙 같은 느낌"에 끌렸고, 그 느낌 덕에 구매자는 "열심히 도자기를 만드는 도자기 장인을 떠올릴 수 있었다".[54] 이처럼 외양이 중시된 장식품을 구입하거나 전시한 사람들은 무해해 보이는 장식적 선택을 통해 미묘하지만 지나치게 미묘하지는 않은 방식으로 자신의 문화적 우월함을 비로소 천명할 수 있었다.

아이러니하게도, 유약 처리가 된 모조 도자기와 페인트칠이 벗겨진 서랍장에서부터 토트백으로 만들어진 색이 바랜 밀가루 봉지와 말린 라벤더로 채워진 고풍스러운 차 보관용 통에 이르기까지, 표면 처리된 온갖 것과 표면 처리를 도용한 것 뒤에는 정말로 무언가가 있었다. 새로운 향수를 자극하는 물건의 공격적인 진기함은 불가피하고 의도적인 보수주의가 거짓임을 보여주었다. 1990년대 초 한 업계 잡지가 "이 장르는 미국인들에게 유산 감각을 부여한다"고 지적했다.[55] 체크무늬 천으로 만든 행주, 설탕과 식초로 절인 식품을 담는 항아리, 장인이 만든 비누, 영감을 주는 좌우명이 적힌 "손으로 그린" 나무 명판(현대적인 견본품), 깃발이 달린 물건, 그리고 비참하게도 흑인 어린이 조각상(조각된 나무, 빨래집게, 쿠키 틀로 만든)은, 존재한 적이 없을뿐더러 완전히 위조된 물건을 통해서만 소환될 수 있는 이상화된 과거를 암시했으며, 가정, 중심부, 미국의 신화에 심취했듯이, 이상화된 과거에 깊이 심취했다. 마이클 카먼이 한 유명한 말처럼, "향수는 죄책감 없는 역사인 경향이 있다. (⋯) '유산'이라고 불리는 이 애매한 것은 자긍심을 두 국자 첨가한, 쓴 뒷맛 없는 과거다."⁵⁶

실제로 시골 스타일 선물용품의 경향은 "편안함"과 "좋은 느낌"을 강조했는데, 시골 스타일의 신봉자들은 "오래전에 영원히 사라졌다고 많은 이가 생각했던 가족, 종교 등 여러 기본 가치에 대한 관심과 보살핌을 되살렸다". 한 상업계 잡지에 게재된 이 성명은 편안함, 좋은 느낌, 가족에 대한 관심, 그것이 무엇이든 전체 인구의 일부분이 "기본 가치"에 실제로 반대한다는 가정에 근거했다. 우리와 그들을 분리 해주는 본질적으로 반동적인 스타일이었던 새로운 향수를 불러일으 키는 시골 스타일은 미국의 예외주의를 시끄럽고 당당하게 천명하며 과거와 현재, 보수주의와 미학을 융합시켰다. 1990년대의 한 업계 관찰자는 이렇게 요약했다. "현시대는 토머스 모어,• 애플파이, 미국 국기를 비웃지 말아야 할 때이다. 추억의 시절을 향한 향수가 그것들이 진정 무엇이었는지를 대체하고 있는 시대이다. 심지어 대공황도 장식적인 것으로 되살아나고 있다."⁵⁷

향수는 유산과 관련되어 있으면서도 다르며, "다른 시대에 대한 동경" 및 "시간적 거리와 타향살이에 따른 고통"으로 이해할 수 있다 (nostalgia[향수]라는 단어는 귀향을 뜻하는 nostos와 고통을 뜻하는 algia에서 유래된 말이다).⁵⁸ 먼 과거와 당연히 있어야 할 고향에 장소적으로든 시간적으로든, 아니면 둘 다든, 더 밀접하게 연결되고 싶어하는 인간의 욕구는 가짜 마감이나 해진 겉모습과 같은 것들이 왜 20세기 후반 선물 가게 상품에서 그토록 중요한 미적 요소가 되었는지 설명

• 영국의 정치가로 『유토피아』를 저술했다.

하는 데 도움이 된다. 의도적으로 오래된 것처럼 만든 "허름한 스타일" 또는 고리버들, 나뭇가지, 동물 뿔로 만든 작품은 일반적으로 "오두막 스타일"로 더 잘 알려져 있다.[59] 아이러니하게도 촉감 또한 표면적인 양태에 지나지 않았으며, 인공적인 불완전함을 만들었을 뿐만 아니라, 초기 선물 가게의 깔개나 모조 벨벳 베개처럼 상품을 소비자들에게 더 즉각적으로 매력적이게 만듦으로써 판매도 도왔다. 한 점주는 "진열은 매우 중요하다"고 지적한 뒤 "고객들이 제품에 접근할 수 있게 만들어, 고객들이 만지고 쉽게 살 수 있게 하라!"라고 말을 이었다.[60]

유산의 향기

만지는 능력은 새로운 향수를 불러일으키는 시골 스타일을 전문으로 하는 선물 가게에서 나타난 다원적 경험의 한 측면에 불과했다. 또 다른 것은 소리로 컨트리구스라는 가게에서 연주된 하프 녹음 소리 같은 것이었는데, 쇼핑객들의 마음을 안정시키는 "들을 수 있는 제품 추천"으로 기능했다.[61] 하지만 가장 수익성이 좋은 것은 쇼핑에 후각을 더하는 다양한 향기의 혁신이었다. 가장 인기 있고 중요한 품목인 향초에 대한 논의 없이는 선물 가게의 역사를 논할 수 없다. 향수를 불러일으키는 진정한 품목으로 여겨지는 향초 역시 현대의 산물이었다. 도시 주택과 시골 주택에 전기가 보급된 이후 미국의 양초 생산량은 감소 추세에 있었다. 유가 하락과 높은 수입 관세 덕에 1970년대 미국 내 양초 제조업이 되살아났다. 화려한 모티브로 장식된 더 좋은 품질의 양초를 제작할 수 있게 만든 기술적 개선 덕분에 소매업자들은 양초에 큰 이윤을 붙여 많은 이익을 실현할 수 있었다.[62]

1980년대 후반까지 양초와 양초 액세서리(!)가 전체 선물 가게 시장의 20퍼센트 이상을 차지했다. 1990년대 후반에만 양초의 총매출이 9억6800만 달러에서 23억 달러 사이로 추산됐다.[63]

향초의 인기가 높아지는 데는 여러 요인이 작용했다. 냄새는 어쩌면 외모나 질감보다 더 향수를 불러일으켰다. 선물용품 업계 잡지에 따르면, 촛불은 "진정한 삶의 향기를 강하게 던지면서 방 전체를 향기롭게 할 수 있다". 이를 반영하듯, 양키캔들의 한 영업 대표는 향초가 "사람들이 기억하는 매력적인 장소와 시간으로 사람들을 실어다줄 능력이 있다"고 주장했다.[64] 단순한 물건으로서, 양초는 시간이 흐르면서 중요하고 쉽게 알아볼 수 있는 상징이었다. 실용적인 목적보다는 장식적인 목적으로 사용되었을 때 특히 그랬다. 양초의 광도는 더 따뜻하고 더 쾌적한 광원을 제공했는데, 이런 점은 더 새롭고 가혹한 형광 조명을 비난하는 것처럼 보였다. 게다가 양초는 태양의 순환에 의지해 살았던 대부분의 시골 사람에게 양초가 유일한 선택이었던 추억의 시절, 즉 전기 조명과 가스 조명 이전의 시절로 돌아가게 만들었다. 양초는 또한 식민지 시대 부엌의 현대적이고 훨씬 더 아기자기한 재연으로 보일 수 있었는데, 양초는 필수품인 불 부지깽이, 구리 주전자, 철로 주조된 삼발이 냄비 받침대, 심지어 난로 그 자체도 없이 개방형 난로에서 나오는 온기를 상징해주는 표현이었다. 양초는 이처럼 상징적이고 정서적인 욕구를 채워주었다(그리고 계속해서 채워주고 있다).[65] 『기프트웨어 뉴스』는 "고객들이 내부에서 따뜻함을 느끼게 하는 제품에 끌리는 것은 비밀이 아니다. (…) 고객들은 빠른 탈출구를 찾고 있다"[66]고 언급했다. 우드윅캔들스는 "천연 목재 초심지가 (…) 지직거리는 불을 연상시키는 부드러운 소리를 만들어냈기" 때문에 청각적 요소까지 통합했다. 우드윅의 가장 인기 있는 "독특

한" 향 중 하나는 '저녁 모닥불'이었다.[67]

향초가 연상시키는 매력적인 장소와 시간은 물론 사람들이 실제로 기억하는 장소와 시간이 아니다. 오히려 그 장소와 시간은 막연하고 낭만적이고 상상 속에 있는 과거로 존재했다. 전기와 수도가 없던 시대, 백인이 지배하던 시대, 여성이 가족의 가정적인 필요에만 관심을 기울이던 시대, 나라가 덜 복잡하고 더 건전해 보이던 시절로, 유쾌하고, 복잡하지 않고, 입맛에 맞는 과거였다. 다시 말해, 전혀 존재하지 않았던 과거였다. 이런 과거는 소나무, 크랜베리, 바닐라를 생각나게 하는 환상에 불과했다. "촌스러운 스타일"은 향초세계에서 "자연스러운 트렌드의 정서적 대응물"로 묘사되는 "향기로운 시대정신"이 됐다. 한 마케팅 전문가에 따르면, "이 향들은 모두 진짜 같은 재창조, 채소, 땅, 밀을 암시하는 것에 지나지 않았다".[68] 에이틴스리캔들컴퍼니가 가장 많이 판매한 향에는 '슈플라이 파이' '할머니의 부엌' '완벽한 아침' '오렌지 캐러멜 스콘' '완벽한 저녁'이 포함되어 있었다.[69]

뉴잉글랜드에서 만든 싸구려 양초든, 모로코에서 수입한 가죽 장바구니든 선물 가게의 크랩은 향수를 불러일으키는 전망과 유산을 찬양하는 소비자들의 치열한 투자를 활용했다. 20세기가 시작되기 훨씬 전부터 쇼핑객들은 깨끗하고 무해한 과거와 외부인의 미화된 노동을 열성적이고 일관되게 믿고 구매했다. 구매자들은 이와 같은 크랩을 사면서 적극적으로 다른 사람의 노동을 전용하고 상품화했으며, 그 과정에서 스스로 특정 경제적, 사회적, 인종적 엘리트의 일원이라고 선언했다. 그리고 이와 같은 모조품을 집에 전시함으로써 (그리고 선물로 나눠줌으로써) 충동과 새로운 향수에 대한 식민지화를 전도, 옹호, 정상화하는 주체가 되었다. 이것이 바로 크랩의 문화 정치였다.

7장 역사로 장사하기

감식안을
팝니다

우리가 알아본 것처럼, 선물 가게 고객은 무해한 버전의 과거를 구입할 수 있었다. 그들은 다양한 장식용 크랩이 매력적이라는 것을 알게 되었다. 막연하지만 쉽게 이해되는, 편리하게 포장된 유산과 향수를 제공했기 때문이다. 하지만 선물용품을 구매한 사람들만 유산을 추구한 건 아니었다. 다른 사람들도 장식품을 선택했는데, 그 이유는 복고주의적인 것들을 낭만화해서가 아니라 그 정반대였다. 그들은 장식 소품이 정교한 안목을 투영한다고 믿었다. 사람들은 선물 가게에서 감식안과 품격도 구매하려고 했다.

유행의 내력

상품화된 감식안은 세련되고 고상한 엘리트적 공간을 자처한 소매 공간에서 발견될 수 있었고, 1890년대에 이르러 품격을 상품화하는 문화적 과정이 이미 본격화되었다. 코네티컷주 하트퍼드의 스틸앤드선과 같은 점포에서는 『선물로 무엇을 사야 하나what Shall I Buy for a Present』(1877)와 같은 규범적 "매뉴얼"을 발행했는데, 이 매뉴얼은 "단골로서의 애용과 미적 취향으로 세련되고 아름다운 모든 예술품에 대한 사랑을 (…) 키울 수 있었던 (…) 고객 전용이었다". 그 뒤를 따른 업체와 마찬가지로, 이 업체는 단순한 중간 상인이 아니라 취향의 결정권자였고, 대륙을 샅샅이 뒤질 "중개인"을 고용하고 그들의 "취향

그림 8.1 잠재적 고객에게 가게의 훌륭한 취향을 과시하는 하트퍼드 스틸앤드선의 내부 전경. 스틸앤드선, 『선물로 무엇을 사야 하나』(1877). 해글리박물관및도서관 소장.

선별력"을 활용해 "유럽의 다양한 제조업자의 세련된 예술품을 최저 가로" 조달했다. 매장 내부는 또한 프랑스에서 수입한 흑단으로 상감象嵌하고 "마감으로 화려하게 조각한 장식"을 한 진열장 등 "선별된 장식품"으로 매장을 돋보이게 함으로써 자신들이 노리는 고객들의 허세에 호소했다.[1] (그림 8.1)

사람들은 상품 자체만큼이나 선물 가게를 통해서도 감각과 취향을 습득했다. 점주의 세련된 안목은 고객들의 선택을 안내하고 정보를 제공하는 데 도움을 주었다. 예를 들어 스틸앤드선의 점주 T. 스틸의 사무실은 점포에 달린 커다란 창이 특징이었다. 창을 통해 점포 내부를 들여다본 고객들은 무엇보다 신화에 관한 서적, 보석 관련 전문 서적, 심지어 고어 사전까지 다양하게 구비된 서적들을 볼 수 있었는데 이는 "대중의 취향 교육"을 담당하겠다는 욕망을 광고하는 것이나 마찬가지였다. 결국 사업을 물려받은 스틸의 아들도 문화인이어서 "언론사에 문학에 관한 기사를 기고"했을 뿐 아니라 "하트퍼드 등지에서 호평을 받은 송어 그림"도 그렸다.[2]

송어 그림, 신화에 관한 참고 서적, 고전 미술에 대한 교훈은 선물을 쇼핑하는 행위와 관련성이 먼 것처럼 보일지도 모르겠다. 그러나 선물이 상품화된 물건, 즉 선물로서 생산, 판매 및 구매되는 시장의 물건이 되었기 때문에, 소비자는 "최고 품질을 자랑하는" 스틸의 상품처럼 가격이 1000달러에 책정되든 50센트로 "훨씬 저렴"하든 고상한 문화의 창조자로서 진품성, 정당성 및 효능에 대해 안심할 필요가 있었다.[3]

상품이 고급이든 평범하든, 중요한 것은 상품의 내력, 진품성, 희귀성, 특별함에 대한 주장이었다. 1875년 한 광고에 나온 표현에 따르면, 스틸이 50년 넘게 오래 살아남을 수 있었던 것은 "취향과 관련된 모든 문제에서 최고의 취향을 함양시켰기 때문이다". 다시 말해, 그것은 대량 산업화와 체인점의 부상 속에서 업체가 고객에게 상품이 아닌 다른 것처럼 보이는 특이한 물건을 제공할 수 있는 정도였다. 고급 선물 가게는 소매점보다 박물관과 더 밀접한 관련이 있는 기관이었다. "전체 상품이 수준과 품질 면에서 매우 진귀하다"라는 것은 점주의 "뛰어난 판단력과 세련된 취향"을 반영했다.[4] 이러한 물건을 집에 전시함으로써, 고객들 역시 훌륭한 취향을 과시했다. 그리고 이런 물건을 선물로 줌으로써, 자신의 안목을 알리고 친구들과 사랑하는 사람들을 돋보이게도 했다.

같은 시간에 역사적 진품성("진짜" 예술품)을 지닌 물건을 찾고 있던 고물상들처럼, 선물 가게 고객들은 (그러한 것이 존재할 수 있다면) 문화적 진품성을 지닌 물건을 찾고 있었다.[5] 골동품 전문가는 내력을 검사하고 합법성을 확인(그에 따라 가치를 부여)하기 위해 제작 솜씨와 출처 같은 물건의 구체적인 특징을 지적할 수 있었던 반면, 선물 가게 고객은 가게 업주의 표현과 판단에만 주의를 기울일 수 있었다. 게다가 고물상들은 가짜인 물건들을 다루어야 할 때가 가끔이었던 반면, 선물 가게의 선물들은 모두 가짜였다. 왜냐하면 선물 가게의 선물은 본래 오염되지 않은 유물이 아니라 상업적인 필요에 따라 영향을 받고 오염된 것이었기 때문이다. 아무리 달리 주장하거나 암시해도 선물 가게의 물건은 시장에 확고하게 자리 잡았다.[6]

그래서 유산이나 골동품처럼 "더 세련된" 선물 가게의 물건은 긍정적인 연관성과 독특함을 심어줄 기원에 관한 이야기를 필요로 했고, 그 기원에 관한 이야기는 안목을 전달할 수단으로 기능하며 선물 가게 물건의 가격과 상징적 가치를 증대시켰을 것이다. 선물과 가게에 관한 홍보 문헌은 이러한 대량생산품의 독특함과 대체 불가능성을 강조하고, 마치 선물 가게가 "진기함"을 만들어 유산과 향수를 판매하는 것처럼 "특이함"과 같은 모호한 용어를 상당히 자유롭게 동원했다.

스틸 같은 기업 후계자들은, 엘리트 계층의 일원이 되기를 열망했지만 그렇게 되지 않은 사람들 사이에서 좋은 선물에 대한 관념을 비슷하게 선전했다. 고급 선물 가게는 문화적 화폐를 소유하는 방식으로 고객들에게 세련되고 박식한 사람들 사이에서 접근 가능한 버전의 고급 물건을 제공했으며, 따라서 아마도 뭔가 의미가 있었을 것이다. 예를 들어, 19세기에서 20세기로 바뀔 무렵, 많은 가게는 국제 박람회에 전시된 중국산 상품과 일본산 상품에 매료된 부유한 미국 여성들 사이에서 일어난 수집 열풍을 활용하려는 방안으로 오리엔탈 스타일의 상품을 제공하고 있었다. 과거의 유산에 관한 상품처럼, 이와 같은 상품은 장식적일 뿐만 아니라 정치적이었고 "미국의 팽창주의와 제국주의적 권력을 상징하고 찬양했다". 인기 언론이 추적하여 그 위업을 널리 보도한, "오리엔트"를 여행한 엘리트 여성들은 옥, 중국산 장식품, 멋지게 수놓아진 비단 예복, 청동 제품, 태피스트리, 판화, 식기류 등을 구입했다.[7] 1920년대에 이르러 많은 사람이 상당히 크고 중요한 수집품을 모았다. 비록 이 희귀한 작품들은 겨우 1퍼센트의 사람들만 접근 가능했지만 출세 지향적인 중산층 여성들은 결국 아시아와 아시아풍의 상품에 대한 취향을 발전시켰고, 선물 가게, 백화점, "노벨티"와 "골동품"을 취급하는 가게들이 기꺼이 이를 도왔다.

중산층 여성들은 엘리트들이 선호하는 것과 비슷한 물건을 구입함으로써 명성을 얻고 세련됨을 과시하기를 희망했다. 취향을 만드는 사람들은 20세기 초에 엄청나게 유행한 매우 세심하게 계획된 이국적인 느낌과 연출된 절충주의가 "참신하게 예술적"이며 "범세계주의적인 장식"을 창조하는 데 필수라고 여겼다. 중산층 여성들은 이러한 품목을 소유하고 전시함으로써, 인기 잡지에 등장하는 훌륭한 예술가와 여배우들을 본떠서 만든 파격적이고 퇴폐적일지도 모르는 생활 방식을 수용하는 것처럼 보였다. 고향을 떠난 적이 없는 여성들은 여전히 지역 선물 가게에서 이국적인 상품을 구입함으로써, 세계적 수준의 여행객으로 양성될 수는 없었지만 그런 척은 할 수 있었다.[8] 게다가 특정한 양식적 허울인 "스타일" 있는 사물을 선호함으로써, 여성들은 교양 있고 박식한 사람들의 세련된 미학적 언어를 흉내 낼 수 있었다. 장식품 부티크에서 제공되는 품목들은 특정한 물질적 형태로 집중되고 정제된 고정관념에 기초하여 그러한 양식적 요소가 무엇인지에 대한 여성들의 선입견에 의존하기도 하고 선입견을 창조하기도 했다.

그러나 이런 막연한 이국적인 스타일은 문화적으로도 역사적으로도 진품이 아니었다. 특정 국가나 지역에 묶인 것도 아니었다. 그런 것이 중요하지도 않은 것 같았다. "오리엔탈" 양식은 일본, 중국, 인도, 중동의 미적 요소를 통합했다. 이와 같은 "미적 오리엔탈리즘"은 제국주의와 식민주의에 관련된 것으로, 서양은 현대적이고 전향적인 소비자로, 동양은 전근대적이고 전통적이며 단순한 생산자로 배역을 정했다.[9]

선물 가게 오리엔탈리즘은 식민지 부흥 양식과 마찬가지로 크랩이었다. 비록 식민지 시대의 샹들리에를 모방한 가짜 샹들리에는 아시아풍의 상품과 전혀 닮지 않았지만, 이 두 가지 상품은 의미와 진품성이 없다는 점에서 마찬가지였다. 일본산 화분은 "일본풍"만 있을 뿐이었고, 중국산 램프는 "중국 스타일을 모방"했다고 표현되었으며, 카슈미르산 꽃병은 "수입품이 아니었다".[10] 에드워드 사이드가 말했듯이, "백인 중산층 서양인은 비非백인 세계를 관리할 뿐만 아니라 그것을 소유하는 것까지 자신의 특권이라고 믿는다. '그들(비백인 세계)'은 당연히 '우리'만큼 인간적이지 않기 때문이다".[11] 따라서 이 별난 품목은 소형화되고 실용화되는 과정에서 말 그대로 대상화되었다. 즉, 사물로 둔갑했다. "우리"가 소비하는 "그들"로는, 머리를 잡아당기면 담배가 나오는 코사크산 담뱃갑, 차양을 올리고 낮추기 위해 온몸을 움켜쥐는 중국산 블라인드, 장식용 핀꽂이로도 사용 가능한 "어두운" 집시 헤드가 있었다.[12]

더 넓게 보면 선물 가게는 먼 시간과 멀리 떨어진 곳을 참조했든 융합했든, 온갖 종류의 이국적 느낌을 활용해 모든 상품이 "멋지고" "독특하고" "특이하다"는 인상을 심어주었다. "외양"이라는 양식적 편법은 어떤 물건과 그 주인 사이에 긍정적인 연관성을 만들어냈다.[13] 여성들은 "수입된" 것으로 알려진 상품을 중시했다. 고상한 문화와 이미 연결되어 있기 때문이었다. 이러한 품목을 제공한 파이어사이드 스튜디오의 기다란 상품 카탈로그에서 다음과 같은 항목을 제공한 두 페이지만 생각해보자. 그곳에는 캥페르산 도자기 주전자("수입됨", "수집가들이 열광할 만함"), 델마레산 벽걸이용 주머니("수입됨"), 라네즈산 화병("유명한 예술가이자 유리공예가가 제작함. 이탈리아산!"), 델프트산 파란색 화분("수입되지 않음"), 루앙산 꽃병("진품 루앙 도자기 조각, 박물관용 골동품을 충실히 재현함"), 르도팽산 주전자("도자기 장인 들라쿠르의 손으로 만듦!"), 세비야산 화분("스페인에서 수입됨"), "체코슬로바키아"산 꽃병("수입됨"), 안달루시아산 꽃병("무어인의 올리브 오일 항아리" 포함) 등이 있었다. 이런 맥락에서 이국성은 이국적이고 찾기 어려운 독특한 것을 의미했다. 예를 들어, "수입된"이라는 단어는 이 두 페

Beautiful Imported Vases and---

"THE ANDALUSIA"—No. 6112 (below, right)
(Imported)

How fascinating to own a piece of pottery from sunny Spain, especially an endearing bit like the dainty pitcher to the right below. It has the lines of a Moorish olive oil cruse, and bears a tricky design of dark blue on white.

Here is genuine distinction and good practical use, for this pitcher is just the right size for cream, syrup and sauces. A rare bargain! Hgt 5⅜"; shpg wgt 2 lbs; list price $4.00.

"THE SEVILLA"
No. 6111 (above)
(Imported)

A practical flower jardiniere showing real beauty and distinction. This piece was imported from Spain especially for Fireside Members. The ivory background is almost covered with quaint designs in blue, yellow and green. Tiny lines of black outline the figures and give snap to the composition. Tremendously smart and will give your home that desired touch of chic! Height 4¾"; diameter of top is 5¼"; shpg wgt 4 lbs; list price $5.00.

"LE DAUPHIN" PITCHER
No. 8027 (above, left) (Imported)

When your friends see this they will exclaim, "Where did you get that darling pitcher?" It's perfectly adorable, and is from the hand of a master potter, Delcourt of France! The amusing dolphin design is orange, blue and black on tan. Dolphins and seaweed inspired the motif. Hgt 5½"; shpg wgt 3 lbs; list price $1.50.

ROUEN VASE
No. 6024 (above)
(Imported)

A piece of genuine Rouen pottery, a faithful reproduction of a museum antique. The delightful flower motif is done by hand in soft yet vivid hues, and clever antiquing makes the vase look centuries old. It has genuine beauty, charm and decorative value. Hgt 7¾"; shpg wgt 4 lbs; list price $7.50.

GLINT O'GREEN FLOWER POT
No. 1719 (left)

Made of porous pottery, glazed on outside with a delightful shade of green. Height 4¼"; diameter of saucer 4¼"; shpg wgt 3 lbs; list price $1.50. (Not Imported.)

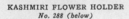

DELFT BLUE FLOWER POT
No. 1718
(right)

Here is a really beautiful flower pot, glazed with Delft blue and porous within! Height over all 4"; diameter of saucer 3½"; shpg wgt 2 lbs; list price $1.25. (Not Imported.)

KASHMIRI FLOWER HOLDER
No. 288 (below)

A distinguished flower arrangement is possible with this clever flower holder. The top is perforated for flower stems. May be finished with enamels or left just as it is. Hgt 4½"; diameter 5¼"; shpg wgt 4 lbs; list price $1.25. (Not Imported.)

"LA NEIGE" (The Snow)
No. 6022 (above) (Imported)

Created by the famous artist and worker in glass---Sabino! Like the wondrous patterns created by Jack Frost on the winter window pane. There is the ice-clear and frost-white effect, glimmering, crystalline, spotless and pure. The raised parts of the designs have been polished off and catch the light in gently twinkling points, giving a delicate sparkle that emphasizes the exquisite snowy effect. Hgt 4"; shpg wgt 2 lbs; list price $5.00.

"THE BIT O'BLUE" GLAZED VASE
No. 1794 (right)

The glorious blended hues of this beautiful vase run all the way from pale sapphire blue to darkest violet. It is a gorgeous piece of color. Hgt 6¾"; shpg wgt 4 lbs; list price $1.75. (Not Imported.)

그림 8.2 수입품의 "멋스러움과 매력"을 부각시키는 것은 대량생산품이라는 사실을 모호하게 만드는 데 도움이 됐다. 파이어사이드스튜디오, *Fireside Gifts*(1931년경).

이지에만 열세 번 등장했다. 수입품이라면 꽃병조차 "수입된"이라고 따로 식별되었다.[14] (그림 8.2) 라벨은 생산 현실을 모호하게 함과 동시에 원산지와 연계시킴으로써 "멋짐"과 "매력"을 만들어냈다.

다른 형태의 크랩에서처럼, "매력"과 같은 특성은 궁극적으로 무의미했다. 마찬가지로, 상품은 단순히 수제나 수입품이라는 이유만으로 더 가치 있는 것이 아니라 그저 그렇게 보였을 뿐이다. 인간의 노동을 마치 기계처럼 사용하여 "멋짐"과 "매력"을 생산하고 "극한의 전문화"를 시행해야 할 때가 많았다. 해외 노동자들은 방법을 몰랐기 때문에 처음부터 끝까지 모든 작품을 생산하지는 않았다. 각 공정은 다른 사람에 의해 수행되었고, 제조 단계도 다른 시설에서 수행되었다. 파이어사이드스튜디오가 제공하는 "외국 스타일" 다기 세트의 컵이 한 장소에서 만들어지면 그에 어울리는 찻주전자는 다른 장소에서 만들어지고, 받침대는 또 다른 장소에서 만들어지는 식이었다. 마찬가지로, 도자기를 빚는 작업이 한 시설에서, 유약 작업은 다른 시설에서 이루어지고, 장식 작업에서 한 화가는 꽃잎을 맡고, 다른 화가는 잎과 줄기를 맡는 식으로 도시 전체의 작업이 합쳐졌다.

이와 같은 종류의 수입품은 잘 만들어졌다는 인상 자체가 신기루인 경우가 많았다. 예를 들어 일본은 내수 시장용 상품이 더 우수했다. "외국 스타일"의 인기 있는 수출품은 덜 정교한 제조업자들이 생산하는 경향이 있었다. 아이러니하게도, 한 보고서에 따르면 인기 있는 수출품은 "일반적으로 큰 공장에서 생산한 것보다 품질이 낮았다". 왜냐하면 소규모 공장에서 가능한 한 신속하게 일하는 미숙련 노동자에 의해 생산되는 이러한 제품은 일관성과 품질 면에서 기계에 의해 대량생산되는 제품에 비할 바가 못 되었기 때문이다.[15] 1930년대 초 이와 같은 품목이 "쇄도"하는 것을 관찰한 광고 전문가 제임스

로티는 외국의 작업장을 고도로 체계화된 미국의 제조 시스템에 비유하면서, 예를 들어 "멕시코 마을의 원시적인 사회경제적 패턴이 산산조각 나고, 자본주의 기업가에 의해 원주민 장인들에게 테일러주의가 이식될 때 나타나는 신新마야적인 도자기 양식과 섬유 양식"이라고 이를 지적했다.[16] 선물 가게에서 발견되는 특산품은 대량생산을 통해 만들어질 수 있었고, 주로 여성들이 희귀하고 독특하며 특별한 장식품을 꾸준히 접할 수 있도록 해주었지만, 사실 여느 대량생산품과 다를 바 없었다.[17]

선물용품의 기원

이 특이한 상품들은 상품 상태를 인정하고 모호하게 만드는 고유한 총칭을 갖게 되었다. 20세기 초 광고주들은 이 모든 상품을 정확하게 특성화하는 데 어려움을 겪었다. 예를 들어, 뉴올리언스에 있는 홈스라는 선물 가게에 대한 1913년 광고에서는 그곳의 상품을 "수입된 선물용품" "유리 제품" "도자기 제품" "노벨티" "장신구" 및 "선물용품"으로 묘사했다. 상품세계에서 이런 모호함은 충분치 않았고, 곧 장식품 거래자들은 모든 것을 일관되게 특성화하기 위해 신조어 "선물용품giftware"을 만들어냈다. 1920년대까지 이 단어는 대중 언론에 가짜 명품의 통용어로 자주 등장했다.[18] 동시에, 내부에서 업계를 지원하고 홍보하기 위해 미국선물예술품협회NGAA가 설립되었다. 1928년 봄에 뉴욕에서 열린 첫 번째 박람회에는 33개의 제조업체와 공급업체가 참석했다. 회원들의 공통된 목표는 "급속히 증가하고 있는 선물 상품에 대한 관심"을 활용하는 것이었다.[19] NGAA는 또한 업계 저널 『기프트 앤드 아트 숍』을 발행했다.[20] 1930년까지 경쟁관계인 두 업계 전시회 아트인트레이드Art-in-Trade와 NGAA 쇼가 뉴욕에서 길 하나를 사이에 두고 개최되었는데, 약 900명이 참석했다.[21] 보고서는 "유리 및 노벨티 도자기"뿐만 아니라 "산악 산업 제품, 은 수공예품, 램프를 비롯한 가정 장식용 품목" 등 선물용품 제품군 간의 서로 다른 미적 매력을 언급했다.[22]

시간이 흐르면서 NGAA 회원들은 선물용품 업계의 취향을 창조하는 주체가 되었고, 선물 가게 진열대에, 그리고 결론적으로는 여성의 집 안 선반에 어떤 아이템이 올라갈지 결정했다. 가장 시장성이 높은 선물용품은 특이해야 했지만 너무 특이해서도 안 되었다. 독특함과 참신함은 제한된 범위 내에서 허용되었다. 1928년 박람회에 참석한 기업들은 "모더니즘적인 분위기의 변형"인 상품 라인을 판매했고 "극단적 장식적 양식"에서 물러났다.[23] 진부한 특이함을 가진 장식품은 계속해서 인기를 얻었다.

문화 비평가들은 상품화된 선물에 내재된 모순을 인식하고 금전적 측면으로 감정의 진실성을 측정하는 현대 미국 사회를 비난했다. 1931년 한 기사는 선물과 기념품 가게에 있는 모든 가격표의 "음란함"을 지적했다. 가격이 "감상적이고 잘 속는 사람에게만은 두 배로 책정되었기 때문"이다. 그러나 비용은 점점 더 감정에 편승했다. 그리고 그 감정은 애정, 꾸밈, 포장지라는 선물용품의 허식에 숨겨진 공급업자와 판매자들의 실질적인 경제적 수익의 근원이 될 수 있었다. 사람들은 "그녀[선물용품]는 유일한 연인이다. 크리스마스는 일 년에 한 번밖에 오지 않는다. 우리는 단 한 번 약혼하고 단 한 번 결혼한다. (…) 그래서 일주일에 세 번 정도 베팅을 감행해 돈을 날려버리면 안 되는 이유가 무엇이란 말인가?" 같은 평계로 선물용품에 돈을 더 많이 쓰는 것을 정당화했다.[24]

상품화된 선물들은 질 나쁜 저가품이었을 뿐만 아니라, 과장되고 불성실한 약속이었다. 한 풍자만화는 최고의 선물이란 이런 것이어야 한다고 권고했다.

특이하고 유쾌하게 다르며 유행에 따라 요구되고 누구나 살 수 있도록 가격이 매겨진 선물용품은 내일의 가보이지만 현대적으로는 매우 실용적이어서 인기가 많은 물건으로, 구세계의 장인 정신과 세련됨이라는 허세가 가득한 물건이다. (…) 왜냐하면 선물용품은 사회적으로 중요한 집으로 가는 물건이고, 희귀한 아름다움, 크리스마스적인 과거 정신, 롱아일랜드 세트의 멋을 가져야 함과 동시에 항상 고상하고 믿을 수 없을 정도로 귀족적이어서 고급 매장이나 대표적인 백화점에서만 살 수 있어야 할 뿐 아니라, 현대 과학이 발견한 비밀스럽고 청소하기가 쉬운 신물질로 만들어진 것이어야 하기 때문이다.[25]

완벽한 선물은 불가능했다. 완벽한 선물은 옛것과 새것을 모두 구현했고, 가격이 저렴하면서도 비싸 보였고, 오래 지속되는 가보로 보이면서도 순간의 물건처럼 보였고, 또한 "믿을 수 없을 정도로 귀족적"이면서도 진심 어린 감성을 전달했다. 무엇이 더 나쁜지 알기가 어려웠다. 이런 터무니없는 모순을 구현하거나 무시하는 척하는 크랩 그 자체가 나쁜지, 혹은 말 그대로 크랩의 다양한 주장과 가식을 믿은 사람들이 나쁜지 구분할 수 없었기 때문이다. 이 역동성을 포착한, 1929년 『라이프』지에 게재된 만화는 사람들이 북적거리는 점포에서 "아니, 선생님, 본인을 위한 시계는 살 수 없습니다. 여기는 선물 가게입니다!"라고 꾸짖는 거만한 점원을 보여주었다.[26]

대공황기의 경기 침체에도 불구하고 선물용품 산업은 거짓말처럼 계속해서 번창했다. 『뉴욕 타임스』는 1932년 "보석 및 개인 액세서리, 도자기와 유리 재질의 노벨티, 금속 재질의 예술품, 리넨, 그림과 액자, 책과 노벨티 선물용품"이 계속해서 잘 팔려나갔다고 보도했다.[27] 1933년 봄, 수천 명의 소매 구매자가 박람회에 참석했고 판매량은 전년 대비 약 35퍼센트 증가했다. 한 보고서는 연휴 할인을 기대하는 소비자들이 "마음 놓고 구매"하고 있다고 지적했다.[28] 1933년 연말 금주법 폐지의 여파로 유리, 은, 구리 등의 재질로 된 칵테일 제조 세트가 맥주잔만큼이나 잘 팔렸다고도 지적했다.[29] 선물용품은 1930년대 중반에도 판매 호조를 이어갔으며, 최고급과 저품질의 선물용품이 가장 잘 팔렸다. 박람회 참가 업체들이 가장 많이 거래한 것은 1달러에 소매되는 수입 "노벨티"였다.[30] 사람들이 더 잘 살 수 있고 정당화할 수 있는 저렴하고 유용한 품목들도 인기를 끌며, 대공황이 한창일 때 열린 선물용품 박람회에 출품된 제품의 약 75퍼센트를 차지했다. 불과 몇 년 후 한 기사가 보도한 것처럼, 뉴욕 기프트 쇼에서 "최근 몇 년 동안 거의 접하지 못한 유형의 사치품이 잘 팔려나가며 눈에 띄었다". 이들 중 상당수는 "몇 시즌 전 판매 관점에서 비실용적이라고 생각되었던 것들이다".[31]

더 많은 물건과 더 많은 잠재 소비자를 포함하도록 거래가 확대되었다. 독특한 크랩이 시골로 유입되었다. 박람회에서 물건을 구매하는 상인들 중에는 도시 상점뿐만 아니라 최대 100달러에 팔리는 "준보석으로 만든 중국산 램프" "더 좋은 가격대의 도자기 조각상" 라리크 양식•의 고급 유리 제품 등 고가의 물건을 구입하는 시골 지역 소매상이 더 많았다.[32] 대형 백화점 또한 러시아산 골동품에서 영국산

•　아르 누보 양식의 공예 유리그릇.

은제품에 이르기까지 선물용품을 더 많이 구입했다. 조심스럽기는 해도 상황은 호전되고 있었다.[33]

외국산 선물용품이 많았다는 사실은 시장을 세계 정치와 국제 행사로 연계시켰다. 제2차 세계대전 덕에 폐쇄된 시장도 있었고 새로이 개방된 시장도 있었다. 일본이 전시 물자 생산에만 집중했기 때문에 1940년경에는 대나무 바구니, 손으로 칠한 도자기 조각상, 철사 세공품 같은 선물용품이 부족해졌다. 페르시아(현재의 이란)의 철도가 거의 전적으로 군인을 이동시키는 데 사용되고 있었기 때문에, 페르시아에서 수출된 선물용품도 마찬가지로 박람회에 출품되지 않았다. 이와는 대조적으로 중국은 "수출 촉진을 위해" 상업 채널을 개방하고 유지하려 노력했다. 1940년대에 이르러서는 미국 생산업자들 역시 "체코산 유리 제품, 프랑스산 도자기, 스웨덴산 가구, 다양한 벨기에산과 네덜란드산 제품들의 수입이라는 형태로 나타나는, 심각한 해외 경쟁의 감소"로 인해 주문이 증가했다.[34]

제2차 세계대전의 발발은 선물용품의 무역을 축소한 것이 아니라 새로운 기회를 창출했다. 국내 선물용품 기업가들에게, 특히 "로맨틱한 외국 상표의 불공평한 경쟁이라고 여겨지는 것에 대해 호의적으로 생각해본 적 없는 미국 예술가들과 디자이너들"에게 새로운 시장을 열어주었다.[35] 선물용품 산업이 재고를 풍부하게 갖춘 1941년, NGAA 박람회에 참가한 500여 개의 업체는 미국산과 영국산 제품을 거의 독점적으로 저가에 판매했다. 핸드백(예전에는 프랑스산이었지만 지금은 적은 비용으로 생산되는), 의상용 보석("군사적인 모티브를 강하게 지향하는"), 생산 시설을 빈에서 뉴저지주의 트렌턴으로 옮긴 골드샤이더의 도자기 등 한때 유럽에서 생산되던 많은 제품이 이제는 미국 제조업체에 의해 생산되고 있었다. 대중 매체조차 전쟁 중 선물용품 조달의 한계를 인정하기보다는 이를 국가적 자긍심을 나타내는 취향의 변화로 재조명했고, 한 보도에 따르면 "박람회의 주요 동향은 애국적이고 북미 인디언풍이 강했으며 멕시코와 남미의 영향을 받은 축제 분위기를 반영했다".[36] 1944년 매사추세츠주 스프링필드의 기업 켈로그는 여전히 스태퍼드셔산, 스코틀랜드산, 스위스산, 멕시코산 품목을 제공할 수 있었다. 예를 들어 "순수 스코틀랜드산 모직" 스카프는 "이 등급의 스카프를 구할 수 있는 유일한 곳인 글래스고 북쪽의 레이크컨트리"에서 왔다. 여섯 개로 구성된 핀란드산 도자기 세트는 4달러 95센트, 안데스산 양가죽 깔개는 9달러 50센트, 어린이를 위한 소형 "멕시코산" 도색 의자는 2달러 95센트에 구할 수 있었다.[37] 세계적인 격변에도 이질적인 선물용품의 유통은 막을 수 없었다.

차별성 있는 아지트

외국산 상품에 대한 교역이 감소했음에도 불구하고(혹은 그랬기 때문에), 그리고 전 세계에서 온 선물용품을 완전하게 보완해줄 물품에 대한 접근성이 부족함에도 불구하고 차별성과 진품성을 추구하려는 노력은 변함없이 지속되었다. 따라서 이국성과 이국적 정서는 국내 제조업자들에 의해 만들어져야만 했다. 예를 들어, 프랑스식 "오페라 노래" 접시(개당 1달러, 8개에 7달러 85센트)는 "몇 년 전 프랑스에서 만들어진 유명한 접시들의 훌륭한 복제품"이었다. 메이플라워 식기류는 수작업으로 그린 "미국산 반자기半字器"로, "그 모양은 저명한 스웨덴풍 도자기 디자이너 로열 히크먼이 고안한 것이었다".[38] 수요 증가에 대응해 오하이오주와 웨스트버지니아주의 도자기는 기계식 금형, 자동 유약 제분기, 장식을 새기는 "라이너 머신"까지 활용하는 기계화를 자랑했다. 아이러니하게도, 수공예에 대한 분노는 인간을 쓸모없게 만들었다. 하루에 9000여 개의 작품을 작업할 수 있는 장인들은 한 시간에 2만 개가 넘는 작품을 만들어내는 데 세 명의 작업 인원이면 충분한 기계로 대체되었다.[39]

전후 미국인의 처분가능소득이 급증한 터라 다른 무엇보다 선물 용품 산업이 번창했다. 1950년 국제무역박람회에 약 1만 개의 제품이 제공되었고, 1951년 시카고 선물용품 전시회에서 판매자들의 매출은 전년 대비 두 배로 증가했다.[40] 미국은 일본산 크리스마스트리 조명과 독일산 장난감, 도자기 같은 제품의 수출로 시작된, "적대국이었던" 국가들의 경제 부흥을 위한 전후 지원 프로그램을 후원했다. 이와 같은 조치 중 첫 번째로 미국 정부는 체코슬로바키아에서 100만 달러 상당의 점토를 구입하여 "도자기 생산량을 증대시키기 위해" 독일로 보냈다. 1946년 말 한 보고서는 "이 계획이 성사되면 드레스덴산 도자기는 다른 유형의 독일 도자기 및 공예품과 함께 내년에 세계 시장으로 복귀하게 될 것이다"라고 예측했다.[41]

가정에서는 교외 거주자들이 노동, 교제, 구매 같은 행위를 하고 있었다. 그들은 점점 더 중산층의 생활 방식을 규정하는 물질적 과시를 열렬하게 받아들였다. 전쟁 후 결혼하는 여성은 대공황 시기보다 더 많았고, 더 이른 나이에 배우자를 결정했으며, 가정주부로서의 일을 위해 직업을 포기했고, 더 많은 아이를 낳았다. 이는 그들의 삶에서 가정의 중심성을 강화시켰을 뿐만 아니라, 스스로 선물을 구입하고 결혼식, 기념일, 베이비 샤워baby shower● 때 선물을 주는 행사에도

● 출산을 앞둔 임신부에게 아기용 선물을 주는 파티.

8장 감식안을 팝니다

더 많이 관여했다.[42] 시장은 개인의 영역으로 계속해서 치고 들어왔다. 선물 가게와 백화점은 혼수용품 서비스를 제공하여 선물을 주는 사람들이 신부의 "취향과 흥미"로 들어갈 수 있도록 도왔다. 그리고 선물 가게의 점주는 선물 증정이 제대로 이루어지도록 하고자 스스로 "연락책"이 되었다.[43]

아내와 가정주부로서 여성은 영화, 규범적 문학, 잡지, 친구들을 통해, 자신의 남자가 계속 행복해하고 만족할 수 있도록 해야 한다는 문화적 압력에 직면했다. 가정은 소모품 지출의 중심지가 되었고, 전쟁 직후 5년 동안 가정용품과 가전제품에 대한 지출은 기하급수적으로 증가했다.[44] 윌리엄 화이트는 새로운 교외 지역의 동질성 때문에, 그렇지 않았다면 감지할 수 없었을 주택 스타일과 세간에 있어서의 차이가 매우 중요해졌다고 말했다. 그는 "사람들은 실내 생활 편의 시설에 대한 날카로운 안목을 가지고 있다. 매우 정교한 자동 건조기나 표준에서 벗어난 특이한 자동 건조기를 사는 것은 항상 주목받을 만한 이유가 된다"고 말했다. 즉, "한계marginal 구매가 핵심 구매가 된다"는 것이었다.[45]

이와 같은 "한계 구매"에서도, 아내가 돈을(둘 다 일하는 경우에는 가계의 수입을) 어떻게 지출하는지 남성이 주의 깊게 관찰했기 때문에 여성은 현명하게 지출해야 했다. 따라서 장식품들도 유용해 보일 필요가 있었다. 당연히 남성도 점점 더 선물용품의 실용적인 소비자로 여겨졌다. 예를 들어, 보스턴의 선물용품 소매점 매디슨하우스는 여성용 인도산 브라만 스카프("뭄바이의 시장처럼 화려한")와 손으로 수를 놓은 오스트리아 티롤산 블라우스("패션 전문가만을 위한") 외에도 남성 전용 상품을 제공했다. 전후 교외생활의 "강제된 친밀관계" 내에서, 아내들은 남편에게 크랩을 줌으로써 남편들이 "애지중지 사랑받는다"는 점을 보여줄 수 있었다. 골프 치는 사람들은 "실제 퍼팅 조건을 흉내 낸" 퍼팅 연습기를 좋아할지도 모른다. 야외에서 일하는 사람은 배터리로 작동하는 삼색 랜턴("끝내주는 상품!")을 선호할 것이다.[46] 선물 소매업체 밴크로프트스는 여성 누드화를 감추고 있는 맥주잔 같은 외설적인 품목과 함께, 친목 목적의 기념품 펜, 조립식 책상 파일, 휴대용 계산기를 제공했다.[47]

1950년대 초에 이르러 중간 관리자용 선물용품 시장은 확대일로를 걸었다. 이 상품들의 대다수는 음주, 흡연, 여행, 낚시, 골프 같은 여가활동을 포함해 남성적인 것으로 치부되는 관습에 대한 순응주의와 사회적 행동을 반영하고 정상화시켰다. 이처럼 크랩은 남성이 사회적 무리, 즉 "패거리gang"에 속한다는 것을 보여주는 데 도움이 되었다.[48] 준실용적인 액세서리인 남성용 선물용품은 또한 일과 여가가 어떻게 서로 얽혀 있는지 보여주는 것이었는데, 오락, 여행, 골프조차도 개인적 관계와 직업적 관계를 공고히 하기 위한 활동이었기 때문이다.

이것이 바로, 탁상용 액세서리, 달력, 담배 라이터, 칵테일 제조 세트 등 다양한 남성용 선물용품이 사무실로 오게 된 이유다. 전후 교외 주택과 마찬가지로 사무실은 여러모로 중산층의 순응적 차별성을, 윌리엄 화이트의 표현을 따르면 "중도the middle course"를 보여줄 수 있는 무대였다. 이러한 물질적인 것들은 가장 보잘것없고 하찮아 보이는 소유물 사이의 가장 사소한 차이점을 근거로 동료와 경쟁자들이 "주변의 상대적인 순위를 평가"하는 것을 더 쉽게 만들었다. 화이트는 "책상에 보온병이 있는지 없는지, 아니면 바닥에 고무 타일을 깔았는지 카펫을 깔았는지에 대해 농담하기 쉽다"고 말했다. 그리고 "보온병이라 할지라도 안내 표지로 기능할 수 있다면 중요하다. 이 사람의 지위는 어떻고 저 사람의 지위는 어떤지를 구분해줄 수 있는 또 다른 가시적인 해결 방안이 될 수 있다면 말이다"라고 덧붙였다.[49] 선물용품 크랩은 사소하고 교환될 수 있었지만, 지위를 추구하는 무리 내에서 소속과 순위를 분명히 표시해주었다.

남성이건 여성이건 가정오락이 중간 관리자의 승진 및 이웃들과 어울리는 가정에서의 능력 모두에 어떤 영향을 미칠지 잘 알고 있었다. 워싱턴에 본사를 둔 게임룸이라는 업체의 1956년 카탈로그에는 사교활동을 위한 상품이 가득했다. (위스키 잔, 브랜디 잔, 맥주잔 등) 22개 품목으로 구성된 음주용 용기 세트, 8개의 품목으로 구성된 와인 디캔터 세트, 5개의 품목으로 구성된 칵테일 제조 세트, 같은 수의 품목으로 구성된 여행용 술통, 술 운반 가방, 병따개, 술 따르는 도구 세트, 3개의 품목으로 구성된 주류, 술 가방, 테이블 세트, (얼음 틀과 칵테일 냅킨에서부터 얼음 통, 컵 받침 세트, 음수 측정기에 이르기까지) 음주와 관련된 16가지 기타 품목 등이 있었다. 게임룸은 좀더 일반화된 형태의 오락 관련 물품도 팔았다. 소시지 꼬치와 견과류 보관 용기 외에도 재떨이 모양의 나침반, 부표, 골프 가방이 있었으며 거기에 더해 앞치마에서부터 고기 절단용 도마에 이르는 바비큐 용품도 있었다. 이 모든 품목에는 닻, 낚시 미끼, 항해용 깃발, 꿩, 말굽 같은, 쉽게 알아볼 수 있는 문양이 새겨져 있었다. 일반적으로 동일한 여가활동이라는 명확한 범주에 참여한 계층 중에서 자신의 지위를 표시하는 것이었다.[50]

특정 집단의 구성원임을 알리는 것 외에도, 불안한 중산층의 부차적으로 보이는 장식품은 그들보다 지위가 높은 사람들의 크랩과 흡사했다. 고위 임원들도 기본적으로는 그들을 선망하는 중산층과 동일한 물건을 가지고 있었으며 그 질이 약간 나을 뿐이었다. 리볼버 모양의 세라믹 재떨이에 담배를 털기보다는 중세의 결투용 권총 모형처럼 보이는 은제 커프스단추를 착용하는 쪽을 택할 수도 있다. 고위 임원들의 여행용 술 세트는 모조 가죽이 아니라 진짜 돼지가죽으로 싸여 있었고, 자기 이름의 모노그램이 새겨진 손수건은 진짜 이집트산 목화로 만든 것이었다. 고위 임원들은 훨씬 더 독특한 물건에 더 많은 돈을 지불했을지 모르지만, 칵테일 제조 세트, 다용도 공구, 취미를 주제로 한 시계, 맥주잔, 노벨티 재떨이, 주류 가방처럼, 같은 장르의 상품 중에서 선택했다.[51]

선물 가게가 성공을 거둘 수 있었던 부분적 원인은 이국주의, 이국성, 향수를 거래함으로써 여성들에게 낭만적인 가정생활을 약속했다는 데 있었다. 남성용 선물용품도 거의 같은 방식으로 기능할 수 있었다. 남성용 물품은 비록 전형적으로 특정한 과거를 언급하거나 다른 문화를 불러일으키지는 않았지만, 피난처를 제공하기 위한 소품으로 기능했다. 백화점이나 쇼핑몰과 같은 공공 소매업 환경을 자주 이용함으로써 숨 막히는 가정이라는 영역에서 탈출할 때가 많았던 여성들과 달리, 남성들은 아내로부터, 아이들로부터, 직장으로부터 벗어나 집 안에서, 자신만의 아지트에서, 자신만의 작업장에서, 차고에서 도피 공간을 창출했다. 1943년 『베터 홈스 앤드 가든스Better Homes and Gardens』라는 잡지는 미주리주 캔자스시티에 사는 해럴드 한이라는 남성의 지하 은신처를 소개했다. 그는 은신처를 자랑스러워하며 "굉장히 가슴 벅차했다." "특정한 밤에는 (…) 그 방을 '게임을 하는 방'이라고 우애 넘치게 지칭하는 그의 남성 친구들만을 위한 전용 공간이 되었다."[52] 사무실과 마찬가지로, 남자들의 아지트는 같은 생각을 가진 이웃, 동료, 상사와 공유할 때 자신의 정당한 지위와 소속을 재확인하는 문화적 화폐의 여러 형태를 보여주는 공간이었다. 어

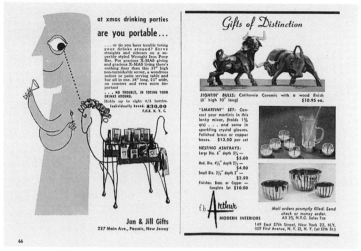

그림 8.3 20세기 중반에 이르러 남성의 영역도 『신사들의 선물 가이드Gentry Gift Guide』 (1952년)의 "차별성 있는 선물"과 같은 크랩 선물용품으로 채워졌다.

떤 크랩스러운 생활 액세서리를 선택했는지에 상관없이, 이 신사들이 금도금 티를 사용하여 골프를 치든 영화 「잔디의 왕Kings of the Turf」에 나오는 경주마를 소재로 만든 잔에 술을 마시며 항해를 소재로 만든 재떨이에 담배를 털든 상관없이, 이것은 사실이었다.(그림 8.3)

개인화된 상품

　확실히 "여러 바다 이야기를 불러일으키는" 부표 모양의 재떨이와 확실히 "노년 졸업생들과 밝은 눈의 동창생들에게 향수를 불러일으키는" 축구장 모양의 뮤직 박스는 이를 소유한 사람들, 즉 특정한 "외양"을 가진 물건을 사는 "유형"의 사람들에게 미리 포장된 성격과 배경 이야기를 제공했다.[53] 그러나 20세기 중반의 미국인들은 똑같은 특이한 물건을 사는 소비자들의 세계에서 가능한 한 가장 순응적인 방식으로 자신을 차별화할 다른 방법이 있었다. 모두가 다른 사람들과 마찬가지로 개인이 되고자 했다.

선물용품 공급업자들이 개별화된 순응의 필요성에 대해 답변하는 한 가지 방법은 개인화를 통하는 것이었다. 모노그램이 새겨진 품목은 기계나 대량생산 방식으로는 새길 수 없는 나머지 장식을 위해 추가로 수작업이 필요했기 때문에 한때는 엘리트들만의 전유물이었다. 1930년대에 이르러 모노그램이 새겨진 제품들은 점점 더 인기를 얻고 있었고, 중산층 소비자들에게는 약간 더 저렴해지고 있었다. 프레스 기계, 식각蝕刻 기계, 철제 소재에 패턴 새기는 기계 등의 기술 혁신은 개인화된 것을 창조하는 작업에서 수작업을 분리시켰다. 『비즈니스 위크』는 1930년대 중반의 "개인화"에 대한 관심이 셔츠, 수건, 리넨, 심지어 저가 휴대용 서적의 판매를 "증가시킨" 원인이 되었다고 언급했다. 심지어 주방용품과 가전제품도 "이니셜 새기기 열풍이 강해지고 있었다".[54] 『아메리칸 홈』이라는 잡지는 "여성들이 소유물에서 자신만의 모노그램을 보는 것을 좋아한다"고 하면서 "이름을 대표하는 세 글자를 새기는 것은 거의 모든 여성에게 자부심을 불러일으킨다"고 덧붙였는데, 이 세 글자는 여성들에게 "멋진 취향을 조금은 조용하게 자랑하는 방편이 되었다".[55]

10여 년 뒤, 사람들은 모노그램이 새겨진 것이 무엇이든 그것을 갖기 위해 추가 비용을 지불할 수 있었다. 이제 기계로 쉽게 제조되는 품목으로도 개인화가 이루어질 수 있었고, 이는 독특하고 개인화된 품목, 선물용품 업계의 공용어로는 "차별성 있는distinct" 품목이라고 불렸다. 1944년에 이르러 켈로그와 같은 선물용품 회사들은 모노그램이 새겨진 클립식 지갑, 열쇠고리, 연필깎이, 옷솔, 컵 받침, 목걸이, 냅킨, 꽃 장식 핀, 가죽 연필 주머니, 필통 등을 판매하고 있었다. 더욱이 개인화는 더 이상 이니셜이나 단순화된 이름에만 얽매이지 않았다. 크리스마스 카드에는 가족 초상화가 실려 있었고, 칵테일 냅킨은 차별성 있는 소유물("당신의 집" "당신의 문" "당신의 강아지")의 개인화된 이미지로 장식될 수 있었다. 특정한 군대 휘장과 함께 "최대 12글자"의 이름과 직위까지 새겨 군인용 맞춤 제작형 비누를 주문할 수도 있었다.[56] 사람들은 기저귀에서부터 담배에 이르기까지 모든 것에 소유권 표시를 찍으며 개인화된 물건에 열광했다.[57] 더 일반적으로, 매디슨하우스 같은 회사는 구리선으로 작성한 개인 서명으로 상단이 장식된 담뱃갑과 잡지꽂이, 구매자가 선택한 영어 고딕문자("순수한 우아함과 실용성을 지닌")가 새겨진 쓰레기통, 심지어 사람들이 직

그림 8.4 새로운 제조 기술 덕에 선물용품 회사는 개인화된 대량생산 예술품을 생산할 수 있었다. 매디슨하우스, *Gift Digest*(1953년).

접 사용할 수 있는 휴대용 사진 인화기를 제공했다.[58] (그림 8.4)

우편 판매업의 달인 릴리언 버넌은 대량생산된 소비재를 개인화하여 수백만 달러 규모의 사업을 구축했다. 1950년대 초에 그녀는 아이를 가졌지만 직업적인 야망을 버리지 않았고, 전후 아내에게 강요된 가정적인 역할에 반기를 들었다. 젊은 시절 아버지의 가죽 제품 사업에 함께 몸담았던 버넌은 우편을 통해 팔 수 있는 물건이 무엇일지 고민하던 차에, 핸드백과 벨트라는 결론에 이르렀다. 그녀는 "내 핸드백은 특별한 것을 제공할 것이다. 각각의 핸드백은 소유주의 이니셜로 개인화될 것이다. 10대들은 자신이 독특하다고 느끼게 해주는 물건들을 (특히 친구들이 가지고 있는 한) 추구할 것이라는 사실을 나는 완벽하게 확신하고 알게 되었다"고 회상했다.[59] 이와 같은 유일하고 색다른 접근법은 이를 똑같이 활용한 버넌을 비롯한 다른 대량 판매업자들에게 큰 성공을 가져다주었다.

버넌은 우편 주문 카탈로그의 상품을 비축하기 위해 선택한 일반 상품에 개인적 철학을 적용했다. "나는 상상력이 풍부하고 약간 색다른 것을 찾으려고 노력한다. 유용하지만 여전히 특이한 것을."[60] 사람들이 더 많은 것을 소유할수록 선물용품 공급업자들은 새로운 것을 제공하기가 더 어려워졌다. 어떻게 선물용품 공급업자들은 "모든 것을 다 가진 듯한" 사람들에게 남아도는 상품을 계속 팔 수 있었을까? 한 가지 해답은 모노그램이었다. 1960년대의 비판적인 한 해설자는 "모노그램으로 장식하면 힘들게 구한 정말 사려 깊은 선물을 대신할 것이라고 생각하는 사람들이 있다. 그런데도 받는 사람은 거의 속지 않는다. 아니, 오히려 기뻐한다"라고 썼다.[61] 그러나 주는 사람의 성실함과 받는 사람의 만족은 완전히 요점을 벗어나 있었다. 선물용품 시장은 계속해서 확장되었다. 덕분에 차별성과 개별성이 상품화 과

정과 상충하는 것은 아니라는 생각이 그 과정에서 장려되고 일반화
되었다.

세련되지 않은 것에 품격 부여하기

선물용품 산업은 고객이 가치 있게 여기는 세련됨, 취향, 독특함에
대한 막연한 관념을 설득력 있게 수익화할 수 있도록 해주었기 때문
에 존재하고 번창했다. 이렇게 된 부분적인 이유는 이와 같은 추상적
이고 상징적인 연관성이 선물용품의 대량생산적인 특성을 모호하게
하는 데 도움이 되었기 때문이다. 물론 선물용품 제조업자와 유통업
자끼리 이야기할 때는 취향과 문화를 시장성 있는 상품으로 둔갑시
키려는 목표에 대해 훨씬 더 개방적이었다. 예를 들어 1953년 NGAA
의 뉴욕 선물 박람회에 참석한 크래프트포터스는 "이익을 안겨주는
안방용 액세서리와 기타 선물용품에 더해 새로이 추가된 멋진 상품
들"을 전시했다.[62] 1959년 박람회에서 필라델피아매뉴팩처링컴퍼니는
중간 가격대 상품 범주에서 "전통적으로 매출을 선도하는 상품"이라
며 청동오리 모양의 주철로 제조한 북엔드를 언급했다. "다른 양산
판매용 신형 저가 선물용품"과 마찬가지로, 회사는 "수익성이 높은
사업을 하기에 알맞게 가격이 책정되었다는 것을 알게 될 것이다"라
고 장담했다. "채우기가 무섭게 선반이 비워질 정도로 매우 흥미로운
가격에 다른 상품과 비교 불가한 리모주산 선물용품을 선보인" 찰스
마틴임포츠처럼, 수익성을 완곡하게 나타내는 표현을 동원함으로써
스스로 품격을 높이려는 업체도 있었다.[63] 대량 판매되는 상품보다는
"아이디어 품목"을 제공하는, "평소처럼 평범하지 않은 것들의 창조
자들"이라고 자칭하는 업체들도 있었는데, 이들은 자신이 하는 일은

Room 716

BEVERLY HILLS ACCESSORIES

Box 202, Jenkintown, Penna.

Oldfield 9-0549

★ ★

Beautiful Decorated Items
for the better shops

그림 8.5 (필라델피아 교외에 소재한) 베벌리힐스액세서리 같은 업체들에 의해 쓰레기통
은 "더 좋은 상점을 위한 아름다운 장식품"으로 치장됐다. NGAA, 「44회 반기 뉴욕 선물
박람회44th semi-Annual New York Gift Show」(1953년).

"일이 아니라 특권"이라고 주장하며 수익 동기와 거리를 두려고까지
했다.[64] (그림 8.5)

고객들은 선물용품이 "취향"과 "차별성"을 표현하기에 편리한 방법
이었기 때문에 매력적이라고 생각하게 됐을지도 모른다. 그러나 선물
용품 사업에 종사하는 사람들에게 "취향"과 "차별성"이라는 특성은
이윤을 창출해 "흥미로운" 가격을 돈으로 둔갑시키는 한에서만 중요
한 의미를 가졌다. 그래서 "진짜"이자 "이국적인" 수입품들은 모두 고
객의 취향과 국내 업계의 경제적 욕구를 충족시키기 위해 공급업자
들이 노력한 결과였다. 크랩은 만들어져야 했고, 그런 뒤 훨씬 더 크
랩스러운 것이 되어야 했다. 예를 들어 미국의 한 도매업자는 영국의
한 수출 도자기 공장을 설득하여, "요리 기구에 램프 받침을 활용하
는 것과 같은 모티브를 적용하라"고 말했다. 왜냐하면 그 도매업자는
그렇게 하는 것이 미국 여성의 흥미를 끌 것이라고 생각했기 때문이
다. 그는 나무 재질의 손잡이를 플라스틱 재질로 교체해 식기 세척기

에서 쪼개지지 않도록 프랑스의 한 날붙이 회사를 설득했다. 왜냐하면 미국 주부들이 굳이 손으로 세련된 프랑스산 날붙이를 씻게 하고 싶지 않았기 때문이다. 그리고 그는 구리와 황동 재질의 덮개가 달린 후추 빻는 기구를 생산하는 방법에 대해 이탈리아 공장 사장과 "황금처럼 소중한 몇 시간을 들여 논쟁"을 벌임으로써, 마침내 "만약 나무 본체에 금속 덮개를 개별적으로 장착하는 대신에 금속 재질의 '껍데기'를 미리 잘라둔다면 더 저렴하게 생산할 수 있을 것이다"라고 설득했다. 6개월 후, "뉴욕 사람들은 이전보다 변색에 강하게 마감 처리된, 디자인은 똑같은 후추 빻는 기구를 5달러, 즉 3분의 1 가격으로 살 수 있었다."[65] 국제무역 없이 견뎌보려 했던 선물 가게 점주 65명은 국내 제조업체로부터 이국적인 상품을 공급받을 수 있었다. 국내 제조업체의 대표적인 예로는 발리와 스페인의 무용수 조각상, 중국의 소녀 소녀 조각상, 일본의 히카다(지금의 후쿠오카) 점토 인형, 식인종 조각상 등 채색된 도자기 조각상을 공급하는 오리건주 포틀랜드의 도자기 회사 노크레스트차이나컴퍼니가 있었다.[66] (그림 8.6)

선물용품 산업에 새롭고 독특하며 차별성 있는 품목을 제공해야 한다는 절박함에도 불구하고, 제조업체들은 수십 년 동안 행상해온 것과 기본적으로 같은 것을 계속해서 고안해냈다. 뉴욕 선물 박람회의 행상인들은 해마다 겉모습만 바꾼, 진부하고 남아도는 상품들을 제공했다. 그래서 많은 행상인은 새롭고 참신한 놀이용 카드, 소형 반짇고리, 귀여운 도자기 장식품, 초기 미국 스타일의 황동 쓰레기통을 제공했다. 일부 진취적인 회사는 정말로 새로운 품목, 즉 한 설명에 따르면 "더 재미있고 기이한 물건"이라고 묘사되는 품목을 만들어냈는데, 이 품목들은 왠지 특이하고 실용적이려고 하는 품목들이었으며, 말도 안 되는 물건들이었다. 예를 들어 '작은 오르되브르 카트'라

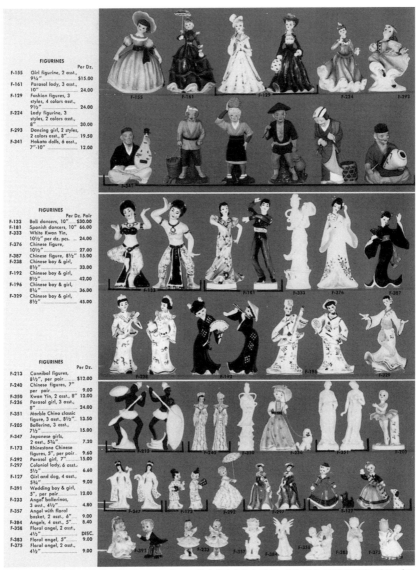

FIGURINES

		Per Dz.
F-155	Girl figurine, 2 asst., 9¼"	$15.00
F-161	Parasol lady, 3 asst., 10"	24.00
F-129	Fashion figures, 3 styles, 4 colors asst., 9½"	24.00
F-224	Lady figurine, 3 styles, 2 colors asst., 8"	30.00
F-293	Dancing girl, 2 styles, 2 colors asst., 8"	19.50
F-341	Hakata dolls, 6 asst., 7"-10"	12.00

FIGURINES

		Per Dz. Pair
F-133	Bali dancers, 10"	$30.00
F-181	Spanish dancers, 10"	66.00
F-333	White Kwan Yin, 10½" per dz. pcs.	24.00
F-376	Chinese figure, 10½"	27.00
F-387	Chinese figure, 8½"	15.00
F-238	Chinese boy & girl, 8½"	33.00
F-192	Chinese boy & girl, 8½"	42.00
F-196	Chinese boy & girl, 8¼"	36.00
F-329	Chinese boy & girl, 8½"	45.00

FIGURINES

		Per Dz.
F-213	Cannibal figures, 8½", per pair	$12.00
F-240	Chinese figures, 7" per pair	9.00
F-350	Kwan Yin, 2 asst., 8"	12.00
F-236	Parasol girl, 3 asst., 8"	24.00
F-351	Marble China classic figure, 3 asst., 8½"	13.50
F-205	Ballerina, 3 asst., 7½"	15.00
F-347	Japanese girls, 2 asst., 5¾"	7.20
F-173	Rhinestone Chinese figures, 5", per pair	9.60
F-292	Parasol girl, 7"	15.00
F-297	Colonial lady, 6 asst., 5½"	6.60
F-127	Girl and dog, 4 asst., 5¾"	9.00
F-391	Wedding boy & girl, 5", per pair	12.00
F-233	Angel ballerinas, 3 asst., 4½"	4.80
F-357	Angel with floral basket, 2 asst., 6"	9.00
F-384	Angels, 4 asst., 5"	8.40
F-358	Floral angel, 2 asst., 4½"	DISC.
F-383	Floral angel, 5"	9.00
F-375	Floral angel, 2 asst., 4½"	9.00

그림 8.6 오리건주 포틀랜드에 있는 노크레스트차이나컴퍼니가 만든 이와 같은 조각상처럼, 미국 제조업자들도 국내시장을 위해 오리엔탈 양식의 이국적인 조각상을 제작했다. 노크레스트차이나컴퍼니, *Fine China and Gifts for 1959-60*(1959년).

는 것이 있었는데, "술과 카나페를 대접하는 찰스오브리츠● 행상인 마차의 수제 미니어처"였다. 그 외에도 변기 뚜껑 모양의 시계 '조니 클락', 당나귀 히호Hee-Haw the Donkey라는 캐릭터를 사용한 도자기 테이프 용기, 클립 통, 연필깎이 등이 있었다.[67](삽화 6)

선물용품의 크랩스러움에는 한계가 없어 보였다. 업계 관계자들도 그렇게 생각했다. 캘리포니아의 선물 가게 점주 릴리언 마이어스는 1966년『수버니어스 앤드 노벨티스Souvenirs & Novelties』라는 잡지의 편집 자에게 선물 가게들이 "쓰레기 같은 물건"을 파는 것으로 악명이 높아지고 있다고 불평했다. 그는 "공급업체들이 싼 물건을 만들고 도매 업체들은 가격을 너무 높게 올린다"고 썼다. "나는 항상 가능한 한 싸게 팔 수 있는 최고의 상품을 구매하려고 노력하고 있다. 집에 도착하기 전에 녹색으로 변하거나 부서지지 않을 정도는 되는 괜찮은 상품이어야 한다." 그는 "정당한 가격에 괜찮은 상품을 만들어달라"고 간청했다.[68]

더 높고 권위 있는 가격은 품질이 더 좋은 물건을 사고 있다고 선물용품 구매자들이 착각하도록 만든다. 한 선물 가게 주인은 "최근에 '고가의' 상품을 추구하는 추세가 있다. 만약 이런 추세가 단지 더 크고 화려한 '쓰레기'를 추구하는 것을 의미한다면 잘못된 생각일 수 있다. 새로운 아이디어, 새로운 디자인, 더 나은 품질이 요구된다"고 지적했다. 그의 칼럼 맞은편에는 프리미티브아르티장이라는 업체의 공고가 실려 있다. 씨앗으로 만든 목걸이, 짚으로 만든 모자, 주름 종이로 만든 꽃 등 남태평양 아이티산의 "신규 수입품"을 저렴한 가격에 제공하는 업체였다.[69]

• 1929년에 설립되어 2002년까지 운영된 미국의 화장품 기업.

20세기가 끝날 무렵에도 선물용품 거래는 계속해서 큰 사업이 되어갔다. 세계대전과 심오한 문화적 변화에서부터 경제적 격변과 정치적 논란까지 지난 세월에 걸쳐 변화해온 온갖 것에도 불구하고, 소비자들은 여전히 "진기한" "예스러운" "차별성 있는" "세련된"으로 규정되는, 수십 년 동안 인기를 끌었던 동일한 기본 "외양"을 가진 품목들을 통해 정체성을 확인하고 정의했다. 선물용품은 다른 형태의 크랩처럼 많은 모순을 구현했다. 신중하게 만들어지는 것으로 알려졌지만, 대량생산되었다. 소유주에게 지위를 부여하고 그들의 세련된 취향을 보여주었지만, 다른 사람들의 물건과 거의 똑같아 보였다. 개별적인 독특함을 표현하겠다고 약속했지만, 대량생산의 결과물이었다. 마지막으로, 선물용품은 시장 밖에 존재한다고 스스로 주장했지만, 다른 상품들보다 더 상품이었다. 낭만적이고 다채로운 서사에 사로잡혀 선물용품을 구매한 많은 이는 수많은 모순을 보지 못했거나 그냥 신경을 쓰지 않았다. 선물용품 시장은 구매자가 다른 모두와 똑같이 독특해질 수 있게 해주었기 때문이다.

제5부
•
가치의 문제

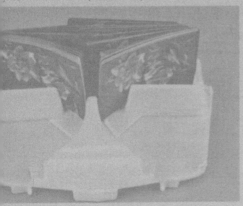

기념품
수집하기

수집 분야의 자명한 이치는 다른 누군가가 기꺼이 돈을 지불할 만큼 어떤 것이 가치가 있다는 사실이다. 한마디로 말하자면, 그것이 바로 시장이다. 수집가들이 특정한 시대, 아름다움, 솜씨, 물질적인 화려함을 지닌 물건을 높이 평가한다는 것은 따로 설명이 필요 없을 정도로 자명하다. 치펜데일풍* 가구, 파베르제의 달걀,** 현대 거장의 회화 같은 것들을 수집하는 데 일생을 바치는 사람이 있다는 것은 수긍이 간다. 오래되고, 아름답고, 희귀하고, 일종의 형언할 수 없는 완결성을 지닌 물건은 스스로를 설명한다. 사람들은 자금, 감정적 에너지, 사회적 자본, 지적 호기심, 개인적인 공간을 수집품에 투자한다. 특별히 찾고 있던 물건을 획득하는 것은 진지한 감식가로서의 명성을 정립하고 특정 사회 집단 내에서 소속감을 굳건히 할 수 있다. 이처럼

---

* 18세기 영국의 가구 디자이너 토머스 치펜데일이 정립한 가구 양식.
** 러시아 제국 시절 상트페테르부르크의 파베르제 가문이 만든 보석 달걀.

아름다운 물건들은 현재에는 문화적 자본이 되며, 건전한 투자로서 미래의 가치 상승을 통한 금전적 이득을 약속한다.

이러한 가치 체계는 대중문화 속에서 강화되며, 「앤티크 로드쇼」 같은 텔레비전 프로그램은 초기의 수집가들에게 호소하고 영감을 주었다. 사람들은 전문 큐레이터와 딜러들이 물건의 역사, 기원, 제조 방법을, 그리고 아마도 가장 중요한 것으로 물건이 인기 있는 이유를 설명하는 것을 보기를 즐긴다. 행운은 단지 잡동사니 더미와 먼지투성이 옷장에서 발견되기를 기다리고 있는 것 같다. 겉보기에 평범한 것조차 그저 소중한 정도가 아니라 값을 매길 수 없을 만큼 소중한 것일 수도 있다고 생각하는 것은 낭만적이다.

「앤티크 로드쇼」에 분명히 나올 수 없었던 물건의 한 범주는 수집 자체를 위해 제조되는 물건이었다.[1] 이를 고의적 수집품deliberate collectibles, 태생적 수집품born collectibles 또는 의도적인 수집품intentional collectibles이라고 부를 수 있을 것이다. 「앤티크 로드쇼」뿐만 아니라 최고의 경매회사와 고급 갤러리들에서도 의도적 수집품을 찾아볼 수 없는 것은 이 물건들의 인기가 거짓임을 보여준다. 의도적인 수집품은 확실히 가치 있게 여겨졌지만, 적절한 사람에 의해 그렇게 된 것도 아니고 올바른 이유로 그렇게 된 것도 아니었다. 경제적 가치를 결정하는 엘리트 취향의 결정자와 감정사의 입장에서 의도적인 수집품은 결코 특별한 것이 아니다. 의도적인 수집품의 기원은 대단한 가문의 혈통이 아니라 아시아의 공장으로 거슬러 올라간다. 작업장이 아니라 자동화된 조립 라인에서 나오기 때문에, 의도적인 수집품에 들어간 솜씨는 놀랍지도 않고 독특하지도 않으며 심지어 그다지 훌륭하지도 않다. 플라스틱, 합성수지, 합금, 저가의 자기, 금으로 만들어졌기 때문에 그 중요성은 칭찬할 만한 것이 아니다. 그리고 부당 이득을 추구하는 자의 상상으로부터 만들어지기 때문에, 시간의 시험을 견뎌냈을 뿐만 아니라 대체로 소유주에 의해 실제로 사용되기까지 했던 오래된 물건에서 찾아볼 수 있는 진실성이 없다.

그러나 크랩의 다른 장르와 마찬가지로, 의도적인 수집품은 보이는 것보다 더 복잡하며 가치의 본질에 대한 근본적이고 흥미로운 문제를 제기한다. 의도적인 수집품은 가치가 주관적이고, 이해하기 어렵고, 제멋대로일 때가 많다는 사실을 상기시켜주는 역할을 한다. 사람들은 어떤 면에서는 그 정도로 사랑받을 자격이 없을 수도 있는 물건을 소중하게 여길 수 있으며, 격하게 그럴 때가 많다. 표면적으로는 그렇게 많은 사람이 대량생산된 수집품을 신뢰하는 것이 설명할 수 없는 것처럼 보일 수도 있다. 왜냐하면 대량생산된 수집품은 희소하지도 않고, 제대로 만들어지지도 않으며, 심지어 미적으로 만족스럽지도 않기 때문이다. 그럼에도 불구하고 수집가들은 무수한 이유로 다른 무엇보다 의도적 수집품을 그들의 것으로 선택했다. 그 과정에서 수집가들은 마치 엘리트처럼, 그러한 지위가 부여하는 물질적, 사회적 이득을 누리기를 원하는 감식가로서의 정체성을 만들어냈다. 그러나 이러한 물질적, 사회적 이득의 덧없음은, 올바른 사람들은 가치 있다고 여기지 않는 의도적인 수집품의 한계, 그런 물건을 신뢰하는 것의 위험성, 다른 모든 가치 척도보다 경제 체제가 얻어낸 궁극적인 승리를 잘 보여준다. 이는 제조업자, 소매업자, 수집가들이 어떻게 무에서 가치를 창출해왔는지, 그리고 그 가치가 어떻게 흔적도 없이 사라졌는지에 관한 이야기다.

현대적 수집가의 출현

　단순히 어떤 것을 "수집품" "수집가의 물건" "수집용 물건"이라고 부르는 것만으로도 이를 다른 인위적 산물(도구나 가정용품처럼 유용한 물건, 말 그대로 음식처럼 소비되는 것)과 충분히 구분할 수 있다. 자신의 범주 및 특별한 공간을 차지함으로써, "수집품"은 다른 평범한 물건과 구별되고 그것들보다 격이 올라간다. 수집품은 또한 엘리트가 소유한 남아도는 시간, 돈, 지식과 관련된 수집 관행의 역사에서 유래한다. 예를 들어, 계몽주의 시기에 왕족은 외딴 장소와 먼 곳의 사람에게서 비롯된 이상하고 매혹적인 물건들을 호기심의 방 또는 "경의의 방"으로 불리는 분더카머Wunderkammer에 보관했다. 분더카머는 물질적 영역에 대한 지배와 소유를 보여주는 신분적 상징이었다.[2]

　왜 그런지 분명하지는 않지만, 인간 대부분은 물건을 수집한다. 일부 학자는 수집 충동이 분류를 "물질적으로 구현"하려는 욕구, 즉 세상을 이해하려는 방편으로 세상을 정리하려는 인간의 욕구에서 비롯된다고 믿는다. 수집은 "물려받은 분류법과 지식 체계를 수용하기 위해, 도용하기 위해, 확장시키기 위해 인류가 어떻게 노력해왔는지"를 보여준다.[3] 수집을 노이로제와 부적응에서 태어난 일종의 심리적 병폐로 이해하는 학자들도 있다. 이런 관점에서 보면 수집가는 "몰두"하고 "심각"해지는 것이 아니라, "모든 것을 소비하려는 충동" 때문에 "도취"되고 "포로"가 된다. 수집가는 다음 획득을 향한 만족할 줄 모르는 "갈구"와 "만성적인 흥분"으로 추구되는 "습관"에 굴복한다.[4] 수집은 자아를 구축하고 기억을 형성하는 사적인 실천이라고 보는 학자들도 여전히 있다. 이와 같은 학자들의 입장에서 보면, 수집품은 위안과 편안함을 느낄 수 있는 고도로 개인적인 물질세계를 창조한다. 개별 수집품은 획득에 대한 회상을 유도하고 과거와의 연결 고리

를 제공하는 기억 객체로서 기능한다.[5]

이러한 요인들에, 혹은 이런 요인들의 복합적 작용에 자극을 받은 19세기 중반의 미국인들은 수집품을 만들기 시작했다. "우표 수집 열풍"은 처음에는 여가가 있는 중상류 여성이 주로 참여했던 최초의 수집 열풍 중 하나로, 그들은 우표의 미적 특성에 끌렸으며 우표 정리 작업 같은 활동을 생산적이고 교육적인 취미로 생각했다. 그러나 여가활동은 점점 더 성별에 의해 구분되었다. 남북전쟁 이후, 남성은 우표의 보편성 증가, 이국적 장소에서의 모험과 발견과의 연관성, 화폐 제도와의 직접적인 연관성(많은 경우에 우표가 화폐 대신 사용될 수 있었기 때문에) 등 여러 요인에 힘입어 취미생활에 더 많이 뛰어들었다. 한 역사학자에 따르면, 여성들도 계속해서 "수백만 개의 쓸모없는 우표"를 수집했지만 "실제로 여성 우표 수집가는 드물었다".[6] 남성화된 덕에 우표 수집은 심각하고 지적인 활동으로 비쳤다. 어떤 의미에서 우표 수집은 분더카머처럼, 이국의 땅과 사람들을 식민지화하고 이에 질서를 부여하기 위한 또 다른 방편이 되었다. 새로운 직업으로 부상한 우표 중개인은 중고 우표에 현상금을 걸었고, 수집가가 취미를 열정의 산물이 아니라 지적 추구의 산물이라고 생각하도록 도왔다.[7]

동전 수집과 기념 메달 수집도 남자의 영역이었다. 우표 수집광과 화폐 수집광들은 골동품이나 자연사 표본과 같은 다른 남성적 분야로 수집을 확장할 때가 많았다. 대중문학은 이러한 성별 구분을 강화했을 뿐이다. 우표 거래상 광고, 박제술剝製術에 관한 기사, 예술품 및 표본 거래 제의 등을 게재한 『컬렉터스 먼슬리』와 같은 19세기 말 간행물의 저자, 광고주, 기자들은 모두 남성이었다. 『필라텔릭 웨스트 Philatelic West』와 『컬렉터스 월드』 같은 출판물은 별도의 "여성 수집가 특별 기사"를 실었는데, 이는 수집가가 남자인지 여자인지에 따라 해

당 취미가 전혀 다른 활동이었음을 시사했다.[8]

여성들은 역사적으로 중요한 물건이나 기념품도 수집했지만, 가정 영역과 관련된 물건들, 특히 특정한 과거와 관련된 유물들을 전문적으로 다루는 경향이 있었다. 19세기 말, 식민지 부흥 운동에 자극받은 엘리트들은 문화 계승과 보존 차원에서 수집활동을 펼쳤고 바퀴, 구리 주전자, 철제 촛대 같은 보잘것없는 미국의 유물들까지 수집했다. 미국산이고 오래된 것인 한 세련된 유물이든 평범한 유물이든 되살아날 필요가 있었다. 심지어 형편없는 기념 접시조차 장식적인 특성 때문에, 그리고 "영속하는 초기 아메리카의 기억"을 묘사했기 때문에 가치 있게 여겨졌다.[9] 우리가 알아보았듯이, 반反이민 정서의 연장선으로서의 이러한 노력은 "혼혈적mongrel" 외양을 지닌 물건을 차별함으로써 질서, 단순성, 완결성이라는 "전통적인" 가치들을 주입하고 다시 강조하려 노력했다.[10] 『하퍼스 위클리』에 의하면, 동북부 출신의 상류층 백인 여성들은 "광적인 열의"를 가지고 "고풍스러운 시계, 의자, 책상, 중국산 도자기 등을 시골집에서 떼어가려고" 할 때가 많았다.[11] (그림 9.1)

유산을 재생하려는 이러한 노력에 참여한 사람들은 또한 사냥감의 금전적 가치가 상승할 것이라고 믿었다. 즉, 시장은 결코 그들의 마음에서 그리 멀지 않았다. 사실 외국산이 아니라 미국산인 것으로 밝혀진 물건은 애국주의라는 고풍이 있다고 여겨지며 갑자기 가치가 높게 평가되었다. 어빙 라이언의 『뉴잉글랜드 식민지 가구Colonial Furniture of New England』(1891) 같은 책은 다시 깨어난 민족주의라는 시각을 통해 사람들이 낡은 소유물을 재검토하도록 고무했다.[12]

19세기 말에 이르러 "수집 열풍 때문에 고통받고 있던" 모든 계층의 미국인은 가능한 한 모든 것을 수집하고 있었다. 치펜데일풍 의

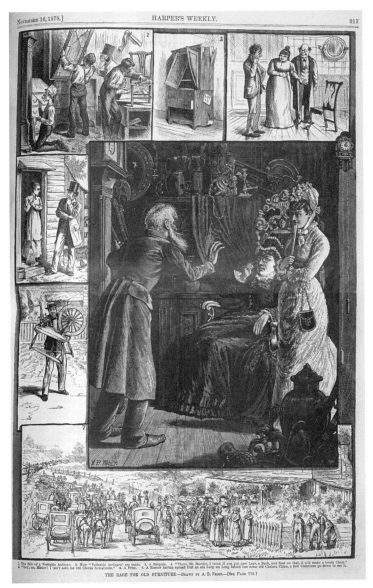

THE RAGE FOR OLD FURNITURE—DRAWN BY A. B. FROST.—[SEE PAGE 778.]

그림 9.1 "혼혈적" 물건과 사람들에 맞서 싸운 뉴잉글랜드인들은 골동품을 위해 노력을 기울일 때가 많았다. 「구식 가구의 광풍The Rage for Old Furniture」(1878년), 『하퍼스 위클리』. 필라델피아 도서관조합 소장.

자 같은 유물에 관심이 없거나 그럴 여유가 없는 사람은 오래된 특허 약병, 여행 가방 라벨, 단추, 시가 포장용 밴드, 심지어 전차 승차권 같은 것들도 모으고 있었다. 산업화 덕에 수집활동에 열정을 불태우는 것이 더 쉬워졌다. 담뱃갑 속 밝은 색상의 석판 인쇄 그림 카드, 엽서, 명함과 같은 것들은 제품을 구매하면 무료로 제공될 때가 많았다. 테마 시리즈(휴일, 유명 배우, 새, 랜드마크)로 발행된 이런 물건들은 꽤 예쁘고 용도에 맞게 만들어진 스크랩북에 붙일 수 있어서 선택, 큐레이션, 재배치를 통해 독립적이고 개인화된 세계를 형성할 수 있었다.[13] 한 평자에 따르면, 사람들은 물질세계의 "노예"가 되었고 "자제력"이 없었다. 그는 "수집가가 되지 않는 것은 탁월한 선택"이라고 선언했다.[14]

기념품의 정치경제학

수집 열풍을 보고 상업적 기회를 알아차린 19세기 말의 기업가들은 이를 활용했다. 1880년대에 미국의 날붙이 회사들은 가장 이른 시기의 의도적인 수집품 중 하나인 기념품 스푼을 제작하기 시작했다. 기념품 스푼은 비교적 쉽게 구할 수 있고 상당히 저렴할 뿐만 아니라, 시리즈로 제작되어 만족스럽게 진열되었다. 미국의 국부 조지 워싱턴과 마사 워싱턴 부부, 세일럼 마녀 재판,● 디트로이트의 건설, 이리 운하의 완공 등을 상징하는 그림이 새겨진 기념품 스푼은 위대한 미국이라는 서사를 세우는 데 도움이 된 역사적 인물과 사건을 기념했다.(그림 9.2 a-b) 기념품 스푼은 매우 유명해졌고, 1890년대 초

● 1692년 매사추세츠주 세일럼에서 일어난 마녀 재판. 종교 박해를 피해 이주해온 이민자들이 무고한 사람들을 마녀로 몰아 죽인 사건으로, 약 5개월 동안 25명이 목숨을 잃었다.

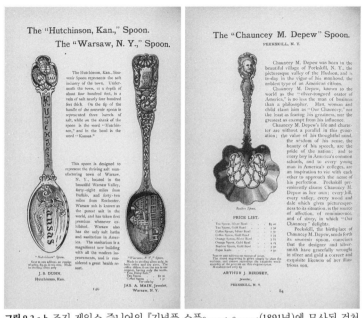

그림 9.2 a-b 조지 제임스 주니어의 『기념품 스푼Souvenir Spoons』(1891년)에 묘사된 것처럼, 다양한 인물과 역사적인 사건이 수집용 기념품 스푼의 대상이 되었다. 미국골동품학회 소장.

반까지 2000가지가 훨씬 넘는 다양한 종류의 기념품 스푼이 미국에서 생산되었다. 의도적인 수집품들은 다른 기념품과 마찬가지로 복잡하지 않고 쉽게 소모될 수 있게 만들어짐으로써 역사를 상품화했다. 기념품을 상품화하는 행위는, 그러지 않으면 잊힐지 모르는 인물과 사건에 의미를 부여했다. 조지 제임스 주니어는 스푼을 전문으로 다룬 동시대 서적에서, "태어난 마을에서 잊힌 지 오래된 여러 전설과 상실된 지 오래된 여러 아름다운 이야기가 기념품 스푼에 편입되었고, 행복한 추억과 전통으로 기려졌다"고 썼다.[15]

은제 식기류 및 날붙이류 제조업자들은 대중에게 기념품의 세계를 다양한 가격대로 제공함으로써 기념품 스푼 수집 열풍을 영리하게 부추기고 활용했다. 고햄 같은 은제 식기류 제조업체에 의해 순은, 금도금, 에나멜로 장식되고 제작된 기념품 스푼처럼, 특별한 장인 정신을 담은 창작물로 제작되는 기념품 스푼도 있었다. 훨씬 더 평범한 기념품 스푼도 있었는데, 솥 제작에 쓰이는 금속을 모래 거푸집에 부어 만든 것들로, 장식이 거의 없고 내구성이 거의 없는 표면 장식으로만 되어 있어 변색되고 부식되기 쉬웠다. 여성들은 기념품 스푼이라면 어떤 것이든 가리지 않고 다 수집했다. 스푼은 장식을 위한 것일 뿐만 아니라 가정을 돌보고 양육하는 자로서의 규정된 역할과도 맞아떨어지는 것이었기 때문이다. 기념품을 모으는 것은 "제멋대로의 열정"이 아니라 일종의 큐레이션으로서, 가족과 더 나아가 국가 유산을 돌보는 행위였다.

사람들은 상품화된 역사의 여러 형태를 소비했다. 우표와 함께 메달과 동전도 수집한 것이다. 1876년 필라델피아의 센테니얼 박람회와 1893년 시카고의 세계 컬럼비아 박람회 같은 미국의 발전을 기념하는 주요 행사들은 기념품에 대한 대중의 관심을 불러일으키는 데 도움이 되었다.[16] 박람회는 직접 책, 앨범, 메달, 핀, 리본, 팸플릿, 명함, 엽서 등의 다양한 용품을 기념품으로 제작했다. 이런 것들 중 상당수는 대량으로 유통될 목적의 저가품이었다. 그러나 기념 메달과 같은 것들은 청동이나 순은으로 정교하게 만든 수량 한정 제작품으로, 배타적인 마니아층이 추구하는 물건이었다.[17]

기념 "소형 메달medalet"은 일찍이 18세기 후반부터 미국에서 제조되어왔던 반면, 기념주화commemorative coin는 미국 발견 400주년을 기념한 1893년 세계 컬럼비아 박람회에서 최초로 제조되었다. 콜럼버스가 등장하는 주화도 있었고, 그를 지원한 이사벨 여왕이 등장하는 주화도 있었다. 주화를 사기 위해서는 액면가의 두 배를 지불해야 했을 뿐 아니라 주화를 기념품으로 보관하거나 입장권으로도 사용할 수 있었던 터라, 박람회 주최 측은 주화를 통해 "상당한 수익을 올릴" 계획이었다. 그러나 상업과 기념, 이익과 기억의 목적은 여전히 상충하고 있었다. 즉, 대중은 "이와 같은 돈을 벌기 위한 편법"에 분노했다. 한 익살꾼은 주최자들이 주화를 양질의 재료로 제작하려 애쓰지 말고 "한 걸음 더 나아가서 저가의 금속으로 만들어야 한다"고 생각했다. 왜냐하면 그는 기념주화가 어차피 수집품으로서의 가치에 이르지 못할 것이라고 생각했기 때문이다. 사람들이 주화의 디자인이 수준 이하라고 평가한 것은 도움이 되지 않았다. 콜럼버스의 이미지는 특히 세련되지 못했고, 그의 모습이 마치 대니얼 웹스터,• 헨리 워드 비처,•• 앉은 황소Sitting Bull•••처럼 보인다고 생각하는 사람들도 있었다.[18]

남성에 호소하기 위해 제작되었든 여성에 호소하기 위해 제작되었든, 기념품 생산자들은 기념품이 역사를 단순화하고 정제하는 강력한 물건이라고 이해했다. 이 물건들은 일종의 생명선이었고, 소유자와 과거를 가시적인 방법으로 연결시켜주었다. 기념품의 다른 측면은, 말하자면, 냉소적이고 경험 있고 박식한 제작자에 의해 그 상징적 가치가 착취되고 돈의 상징으로 둔갑하기 쉽다는 것이었다.

최초이자 가장 인기 있는 미국의 기념품 중 일부가 조지 워싱턴을 기리기 위한 것이었음은 당연했다. 비록 "완전히 가공의 산물"이기는 했지만, 조지 워싱턴의 모습을 담은 초기의 여러 기념품은 여전히 흥

• 19세기 미국을 대표하는 정치가.
• 19세기 미국의 성직자이자 사회개혁가.
• 19세기의 북미 인디언 추장.

상, 메달, 주전자, 맥주잔, 머그잔, 접시들을 소유하기를 열망하는 대중을 만족시켰다.[19] 그의 이미지가 실로 짜이든, 판화로 새겨지든, 손으로 새겨지든, 절단되든, 조각되어 저렴하고 내구성이 떨어지는 제품으로 둔갑하든 상관없이, 1799년 워싱턴의 죽음은 기념품 시장을 강화시켰을 뿐이다.

워싱턴의 죽음은 생산자들에게 더 많은 것을 공급할 기회와 경제적 동기를 제공했다. 19세기 초의 작가이자 서적상 메이슨 로크 윔스 같은 노련한 기업가들은 큰돈을 벌 수 있었다. 워싱턴의 신화를 활용할 준비가 되어 있었던 윔스는 그의 죽음을 독특한 상업적 기회로 인식했다. 윔스는 필라델피아의 출판업자 매슈 캐리에게 "신神, 애국심, 금욕주의, 근면성, 정의로움 등"을 전형적으로 보여주는 인물의 전기를 만들어내는 문제를 편지로 써서 보냈다. 윔스는 워싱턴을 미화하면 많은 돈을 벌게 될 것이고 어쩌면 세 배의 투자 수익도 얻을 수 있다고 이해했기 때문에 전쟁 영웅이자 대통령으로서 워싱턴이 가진 "위대한 미덕"을 찬양하는 책을 쓸 준비를 했다. 그는 책 출간이 지연되어 좌절감을 느끼며 캐리에게 다음과 같이 편지를 썼다. "이야기를 뽑아내기 위해 애쓰는 한, 늙은 조지의 뼈에는 많은 돈이 놓여 있다."[20] 이와 유사하게, 기념품은 아무리 인위적이거나 기회주의적인 것이라고 하더라도 과거를 칭송하는 서사를 확고히 하는 것을 돕는 강력하고 수익성 있는 도구가 되었으며, 대중은 이 점에 스스로 매혹되었다.

초기 기념품 시장에는 쉽게 이해되는 애국적이고 민족주의적인 주제를 옹호하는 온갖 것이 포함되었는데, 구체적으로는 군 장교와 정부 관료 같은 중요한 인물들, 해전과 대규모 비극 같은 역사적 사건들, 새로운 국가의 분주한 항구 같은 주목할 만한 지역들, 독수리, 컬럼비아 여신상, 자유의 기둥, 국기로 상징되는 미국의 상징 등이 있었다.[21] 이러한 초기의 애국적 주제가 매우 숭배되었기 때문에, 미국이 아닌 해외에서 만들어진 물건에 이런 애국적 주제를 붙이는 것은 큰 문제가 되지 않았다. 전사傳寫 인쇄 기법으로 장식된 도자기 같은 기념품들은 사실 영국의 도예 공방에서 유래했는데, 그곳의 정치적, 경제적 이해관계는 상품의 메시지와 상충했다.[22] 예를 들어 영국 제조업자들은 해군 영웅과 1812년 전쟁 중 승리한 전투를 칭송하는 애국적인 주제의 도자기에 대한 미국인들의 수요로 큰 이익을 실현했는데, 그 전쟁의 승리는 바로 이런 제품들의 수입을 억제하려는 전쟁에서 미국이 거둔 승리였다.[23]

오늘날에도 그렇듯이, 기념품은 세속적인 것이었는데도 신성화되었다. 주제가 과거에 멈춰 있었고 뉘앙스 없이 불완전하게 묘사되었으며 개인과 국민으로서의 정체성에 대한 미국인들의 개념을 형성시킨 중요한 사건들, 즉 대체로 기원에 관한 신화와 직접 연결되어 있었기 때문에, 신성화는 더 수월한 작업이 되었다.[24] 기념품은 "현재의 개념과 욕구를 충족시키는 데 과거의 일부를 배치할 수 있었기 때문에 인기를 끌게 되었다."[25] 단순화된 과거를 물질적으로 표현해야 하는 미국인들의 요구를 이해한 제조업자들은 이를 놓지 않았다. 물건에 기념적인 의미를 부여하는 것은 신화적인 과거를 수익성 있는 상품으로 둔갑시켰다.[26]

수집품의 부상

그러나 20세기 후반에 이르러 미국의 기념품 시장은 그 명맥을 유지하지 못했다. 19세기에는 기념품이 비교적 제한된 숫자로 제작되었고 짧은 기간에만 기념품을 구할 수 있었다. 또한, 초기 기념품은 즉 각적인 욕구를 최대한 활용하기 위해 증기선 폭발, 외국 고위 인사의 방문, 유명한 인물의 죽음, 중요한 건물의 초석 설치와 같은 중요한 사건이 있었을 때 혹은 그 직후에 제작되었다. 사람들은 시리즈를 모으거나 소장품을 구축하려는 의도로 이 물건들을 구입한 것이 아니라, 개인을 공명시키고 시대적으로 반향을 불러일으킨 것에 경의를 표하기 위해서 구입했다.[27]

1895년부터 매년 크리스마스용 식기를 제작하기 시작한 덴마크의 도자기 회사 빙앤드그뢴달을 제외하고, 진정한 의미의 대중 시장용 수집품은 기업들이 수익을 올리기 위한 도구로 기념품을 훨씬 더 주도면밀하게 활용하기 시작한 20세기 중반이 되어서야 부상했다. 전후 시대에 소비자들은, 특히 백인 중산층 소비자들은 더 많은 여가와 처분가능소득과 소유물을 전시할 수 있는 더 넓은 공간을 확보했다. 이 계층에 수집이라는 관념을 최초로 판매함으로써 기업가들은 대량 생산된 상품을 판매할 수 있었고, 특히 상품이 차별성, 고급스러움, 희소성, 장인 정신, 기원처럼 엘리트들이 소장품에서 귀중하게 생각하는 특징을 전달하는 것처럼 보이면 더욱 그랬다. 이는 집을 장식하는 물건(여전히 여성이 주로 구입했다)으로, 그리고 주화, 우표, 메달처럼 남성을 끌어들이는 경향이 있는 "진지한" 물건으로 표출되었다. 곧 알아보겠지만, 이 상품들은 모두 제 나름대로 크랩이었다.

이런 "수집품"은 골동품과 복제품 사이에 존재하는 것이 아니라, 그 너머에 존재하는 새롭고 독자적인 물건이었다. 무언가를 기념하는 최초의 의도적인 수집품 중 하나는 역사상 가장 기념할 가치가 있는 행사와 관련이 있었다. 1950년 플로리다에 본사를 둔 업체 킬고어앤 티크앤드기프츠는 『취미Hobbies』라는 잡지의 고상한 독자들에게 '예수 그리스도의 최후의 만찬 접시Lord's Last Supper Plate '를 소개했다. 지름 약 25센티미터의 이 접시는 재료의 품질, 우수한 제조 기술, 차별성 있는 내력, 희귀성, 재판매 가치 등 현대 수집품의 결정적 특징을 예견했다. 광고 문구에 따르면, 23캐럿 금제 레이스로 테두리가 장식되고 아홉 가지 "영광의" 색으로 채색된 도자기는 "세계에서 가장 사랑받는 그림"을 담고 있었다.[28](그림 9.3) 이 접시에 "수집용 물건"이라는 등급을 스스로 부여한 것에 더해, 킬고어는 다른 전략을 활용하여 인공적인 가치까지 창출해냈다. 킬고어는 독자들에게 "초판"으로 표기된 품목을 아직 구할 수 있다고 안심시키면서도 곧 찾기 어려워질 것

그림 9.3 최초의 의도적 수집품인 '예수 그리스도의 최후의 만찬 접시'를 만든 이들은 인쇄 상태가 엉망인 광고를 통해 접시를 홍보했다. 이 광고는 진지한 골동품 수집가를 위한 잡지 『취미』의 1950년 발행본에 실린 것이다.

9장 기념품 수집하기

임을 암시했다. 접시의 금테와 풍부한 색채의 이미지가 예술성과 품질을 증명했다. 마지막으로, 최우수상을 수상했기 때문에("1949년 인디애나주 박람회에서 최우수상을 수상했다. 더 말할 필요가 있을까?") 내력 또한 가지고 있었다. 진품임을 증명하는 내력이 아니라 인정해주는 내력이었다.

1960년대에 이르러 수집품 시장은 정말로 큰 인기를 끌기 시작했다. 우편 주문 외에도 선물 가게와 "갤러리" 같은 소매점이, 주로 여성에게, 절충주의적 양식의 부엉이 조형물과 달가닥거리는 종에서부터 백랍 골무와 도자기 찻잔에 이르기까지 거의 무한한 범위의 수집품을 판매했다. 진열대와 장식장을 무료로 준다는 약속이 전체 시리즈를 구입하도록 장려할 때가 많았으며, 그러려면 수천 달러는 아니더라도 수백 달러는 투자해야 했다. 이 무수한 대량생산 수집품 중에는 강아지, 고양이, 천사, 목가적인 풍경, 영국식 오두막, 광대, 북미 원주민, 엘비스 프레슬리, 노먼 록웰의 풍경화 등 만족스러운 주제로 장식된 도자기 접시들이 있었다. 이 접시들을 수집하는 것은 몇 가지 이점을 제공했다. 수집가들은 조화로운 시리즈를 수집함으로써 만족감을 찾을 수 있었을 뿐 아니라, 벽에 걸어놓아 집 안을 아름답게 꾸미고 감식안까지 뽐낼 수 있었다. 그리고 가치가 오를 만한 것에 투자하고 있는 것처럼 보이기도 했다.

마지막 요점을 순전히 어리석은 짓이라고 무시하기가 쉽다. 골동품 가게의 선반에 줄지어 있고 이베이에 등록되어 있는 수집용 저가 골동품 접시의 수를 감안할 때 특히 그렇다. 사람들은 그것들을 거저 줘버릴 수 없는 것 같다. 그러나 미래 시장은 본질적으로 항상 불확실하며, 사후적인 판단의 혜택이 없으면 수집가들은 제조업자와 소매업자들이 말한 것을 믿는 경향이 있었다(언젠가는 제대로 된 가치를 인정받기를 바라지만 그렇게 되리라는 확신은 없는 수집품을 오늘날 사람들이 신뢰하는 것처럼).

따라서 수집품이 어떻게 생산되고 판매되었는가에 대한 좀더 상세한 맥락을 이해하는 것이 중요하다. 전직 영화 제작자에서 마케팅 컨설턴트로 변신한 허셀 루이스는 1970년대 후반 캘훈스컬렉터스서사이어티의 카피라이터로 활동했던 시절을 회상하면서, 제조업자들이 가치를 인위적으로 구축하기 위해 활용했던 과정을 단계별로 설명했다. 모두가 "접시 열풍을 타고 뒹굴고 있던" 광분의 시기에 캘훈스는 이미 포화된 시장에 어떻게 진입할 수 있을지 고민했다. 루이스에 따르면, "회의 테이블 주변에 냉소적으로 앉아 있는" 직원들은 "죽을 때까지 일해본 적이 없다"라는 주제로 브레인스토밍을 하고 있었다. 그들은 '공식 베들레헴 크리스마스 접시'로 의견을 모았고, "실제로 성지에서 구웠고 주요 성직자의 허가를 받은 것"으로 홍보되기를 기대했다. "접시 예술가들이 토끼처럼 번식하기" 때문에 작품을 의뢰하는 것은 쉬웠다. 문제는 "공식"이라는 증거를 제공하는 것이었다. 이는 수집가들에게 반향을 불러일으킬 만큼 권위를 가진 것으로 보이는 관계자에 의해 승인되고 검증되어야 한다는 것을 의미했다. 그들은 텔아비브에 있는 "해결사"를 고용했고, 해결사는 레바논 국경 근처에 있는 제조업체를 찾아냈다. 그들은 심미적 가치만을 가지고 있던 접시 앞면의 디자인만큼은 아니더라도 금전적 가치에 영향을 미치는 뒷면의 상표에 접시 수집가들이 신경을 쓴다는 것을 알고 있었다. "제작자들에게는 말도 안 되지만 수집가들에게는 중요한" 뒷면의 상표는 비록 가짜였지만 안성맞춤의 출처와 유효성을 만들어내, 진품임을 증명하는 증거로 복제되고 인정받을 수 있었다. 캘훈스의 해결사는 베들레헴에 있는 그리스 정교회의 대수도사제 그레고리오스라는 인물을 발견했는데, 그레고리오스는 자신의 이름과 이미지를 접시의 표식과 판매용 문헌에 사용하도록 허가해주었다.(그림 9.4) 대수도사제라는 직함이 무엇인지 제조업자들이 모른다는 것과 그레고리오스가 그다지 중요한 사람이 아니라는 것은 별문제가 아니었다. 그들은 그의 직함이 이국적이고 종교적인 것처럼 들리는 것을 좋아했다. 인터넷 이전 시대에는, "대수도사제라는 것이 무엇인지 우리가 알 수 없다면 접시 수집가도 알 수 없기는 마찬가지였다." 관광버스를 맞이하는 원래 일을 할 때 사용했던 그레고리오스의 홍보용 사진에는 그가 선글라스를 끼고 있는 모습이 있었는데, 회사는 그 모습이 안 보이게 하려고 사진에 색을 덧칠했다. 그의 사진조차 신기루였다.

진품성에 대한 설득력 있는 아우라를 만드는 것은 도전이었다. 희

그림 9.4 1977년, 캘훈스는 "공식" 접시를 인증해줄 "베들레헴의 대수도사제 그레고리오스"라는 "홍보 대사"를 만들어냈다. 홍보 대사의 "사진" "서명" "직인"과 함께 그의 "고향"에 대한 정보가 나와 있다.

소성에 대한 관념을 구축하는 것은 또 다른 도전이었다. 이 회사는 수집가들에게 희소성을 보장하기 위해 1만 개의 접시를 "한정판"(루이스 본인의 냉소적인 표현)으로 정했다. 이는 "굽는 일수"로 한정판을 정의하는 다른 회사의 "특출한 이중성"과 유사했으며, 제조업자들이 수십만 개의 접시를 생산할 편리한 방편이 되었다고 루이스는 지적했다. 상자에는 공식적인 것처럼 보이는 붉은 도장과 이니셜이 찍혀 있었고, 예술작품으로 수출 승인을 받았다는 표시도 있었다. 이 모든 것은 중립적인 권위자에 의해 찍힌 것이 아니라, 제작 중에 상자에 인쇄된 것이었다. "원산지 및 진품 증명"이 유사하게 "공식적으로" 서명되어 있었고, 개인이 직접 손으로 쓴 것이 아니라 기계로 인쇄되어 궁극적으로 수집가들에게만 의미 있는 도장이 찍혀 있었다. 그리고 뒷면에는 "소유권 이전"을 기록할 공간이 있었다.(삽화 7. a-b)

회사들은 또한 우월해 보이는 물질적 특성을 내세움으로써, 수집품이 가치가 높다는 인식을 만들어냈다. 예를 들어, 캘훈스는 도자기를 굽는 과정에서 "진품 로열 콘월 도자기"라는 문구를 접시에 새겼는데, 한정판의 기준으로 사용된 굽는 일수와 마찬가지로 아무런 의미도 없는 특징이었다. 로열 콘월이라는 상표를 승인받는 것이 가장 어려운 부분이었는데, 그 이유에 대해 루이스는 "상표청에 32개의 상표명을 제출한 끝에 까다로운 관료들이 33번째 상표명을 승인해주었기 때문이다"라고 설명했다. 그럼에도 불구하고 이 허구의 상표는 수집가들이 접시를 군주제 및 영국의 유명한 도예 공방이라는 내력과 연관시키도록 부추겼을 것이다. 회사는 이제 로열 콘월이라는 상표를 소유하고 있었기 때문에, 이후 일본에서 싸게 수입해 출시할 접시들의 뒷면에 그 상표를 끼워 넣을 수 있었다.

모든 면에서 조작된 것임에도 불구하고 이 접시는 "즉각적인 대성공"을 거두었고, 회사는 초판의 "마법적인 권위"를 활용할 수 있었다. 2003년 루이스의 이야기가 출판되었을 때, 루이스는 여전히 이 접시를 온라인에서 찾아볼 수 있다고 언급했다. 그리고 그는 뻔뻔스럽게도 사람들에게 접시를 (내가 했던 것처럼) 찾아보라고 권했다. 그리고 "결국 이 접시들만이 대수도사제 그레고리오스의 희귀하고 유명한 서명이 담긴 접시들"이라고 말했다. 그것이 아마도 접시의 유일한 진실이었을 것이다.[29]

그러나 수집용 접시 및 기타 대량생산 기념품을 공급하는 업체였던 브래드퍼드익스체인지(1973년 설립)는 자사 제품이 "검증"됐고 "정확한" 제품임을 증명하기 위한 가장 대담한 노력 중 하나를 시작했다. 회사는 2차 시장에서 거래되는 접시 약 3000개의 활동성을 추적하는 자체 시장 지수를 고안했다. 마켓 브래덱스Market Bradex라는 이 지수는 즉시 농반 시장metamarket, 유령 시장, 평행 시장, 가짜 시장을 만들어냈다. 이 지수는 주류 시장에서 일어나는 거래를 활용하여, 가짜 물건의 거래를 일정 기간 추적한 자체적인 가치 지수를 만들어냈다. 수집가들은 마켓 브래덱스를 "접시 수집 분야의 다우존스지수"로 여겼다. 1980년대 초 전성기에 마켓 브래덱스는 유리 벽 뒤편에 설치된, 최첨단 컴퓨터 장비를 갖춘 "50만 달러짜리 상품 거래소"로 묘사됐다. 한 팀은 독점적인 "즉시 호가 거래 시스템"을 활용하여 "대형 전광판"에서 "월가와 유사하게" 거래활동을 모니터링했다.(그림 9.5) 브래덱스는 수집용 접시의 구매자와 판매자를 연결시켰다. "세계 어느 곳에서나 날아오는 매수 호가는 접시를 팔고 싶어하는 수집가들로부터 전화로 들어오는 다양한 매도 호가와 즉시 연결될 수 있었다." 구매자들은 4달러 혹은 4퍼센트의 수수료를 부과받았고, 판매자들은 매도 호가에서 30퍼센트의 "거래 수수료"를 뺀 금액을 보장

그림 9.5 기업들은 주식 투자처럼 접시 수집가들이 자신의 구매를 추적하도록 권장했는데, 이와 같은 가격 비교는 마켓 브래덱스의 설립으로 더욱 합법화되었다. 1983년 마켓 브래덱스는 자체 거래소를 보유한 것으로 잡지 『컬렉터블스 일러스트레이티드』에 소개되었다.

받았다.[30]

브래덱스의 존재는 2차 시장에서의 거래를 촉진하고 실제 주식시장처럼 합법적으로 보이게 함으로써 수집용 접시 시장의 품격과 유효성을 높여주었다. 그리고 효과가 있는 것 같았다. 1980년대 초에 이르러서는 미국에서만 100만 명이 넘는 사람이 기념품 접시를 수집하고 있었다.[31] 고상한 금융업자들이 사용하는 용어로 접시들이 설명되었기 때문에 수집가들은 수집용 접시들이 다른 상품들과 같은 방식으로 움직인다고 생각했다. 이렇게 보면 건전한 투자인 것 같았다. 당시 브래덱스의 임원들은 최근 매출의 급격한 증가를 보고 향후 거래의 호조를 전망하며 "우리 거래소의 물량을 처리하기 위해서는 현재 22명의 중개인이 필요하다"고 언급했다.[32]

기념품 접시의 시장가치는 월가에 결코 발을 들여놓지 않을 수도 있는 사람들에게도, 실제로는 특히 그런 사람들에게 의미가 있었을 것이라는 특징이 있었다. 거래소의 "중심"으로 남아 있는 접시들도 있었고, "가격 변동성이 심하고" "흥분을 유발"할 수 있으며, 좋거나 나쁜 "성과"를 내는 접시들도 있었다. 그럼에도 불구하고 브래덱스의 한 관계자는, 수집용 접시에 "빨리 부자가 된다는 보장은 없음"이라는 필수적 주의 사항을 제공한 후 곧바로 브래덱스 지수를 뉴욕 증권 거래소에 빗대었다. "브래드퍼드익스체인지의 거래소를 둘러싼 창을 통해 벌어지는 일들을 살펴보면 수백만 달러 상당의 대표적인 통신주 AT&T 또는 GTE 주식이 거래되는 모습을 쉽게 상상할 수 있다. 면밀히 조사한 결과, 1971년에 나온 비외른 빈블라드의 '마리아와 어린이Maria and Child' 접시의 호가가 100달러에서 1620달러까지 올라갔다는 사실에서 흥분이 유래됐음을 알 수 있었다."[33] 『래리티스 매거진Rarities Magazine』에서 접시 수집을 극찬한 기사를 쓴 한 작가는 브래덱스의 출현으로 "접시 제조업체가 제품을 투자 대상으로 묘사하기 꺼리는 것을 이해하기가 어려워졌다"고 말했다.[34] 『컬렉터블스 일러스트레이티드』는 1983년 "접시 대폭발"이라는 머리기사를 내면서 "1976년 45달러에 이 접시를 샀다. 그 이후로 가치가 거의 600퍼센트 올랐다"며 감탄한 한 여성을 다루었다. 1965년 25달러에 발행된 라리크* 접시의 가치는 20년도 채 되지 않아 1540달러로 올랐다. 그리고 또 다른 수집용 접시는 불과 6년 만에 35달러에서 1050달러까지 "치솟은" 것으로 알려졌다.[35] 이와 같은 성공담을 고려할 때, 가치가 빠르게 증가하는 접시 같은 수집품에 투자하지 않는 것은 어리석은 일이었을 것이다.

* 프랑스의 유리제품 제조업체.

주화로 큰돈 벌기

여성들이 수집용 접시 열풍에 뛰어든 것과 같은 시기에 남성들 역시 기념품의 상품화에 뛰어들고 있었다. 처음부터 가담한 것은, 그 이름만으로도 사랑받는 (그리고 정직하기로 유명한) 역사적 인물과 동전 제조업체를 모두 떠올리게 하는, 프랭클린민트였다. 1964년 설립된 이 회사는 민간 제조 금은화 및 메달 공급업체로, 그리고 라스베이거스 카지노 게임용 칩 생산업체로 출범했다. 이후 의도적인 수집품을 제작했는데 거기에는 인형(매릴린 먼로, 다이애나 왕세자비, 리즈 테일러), 역사적 복제품(콜트 리볼버, 사무라이 칼, 코카콜라 자판기, 아파치 헬리콥터), 주물로 제작된 "정밀" 모형 클래식 차량(포드자동차의 모델 T와 에드셀Edsels, GM의 코벳Corvettes), 평범한 주제의 기념품 접시, 판타지 주제의 조각상(마녀, 마법사, 용, 성), 할리데이비슨 제품, 늑대 및 독수리 조각, 「스타 트렉」 우주선 축소 모형 등이 포함되어 있었다. 자칭 "세계 최대 규모의 고급 수집품 개발자이자 판매업체"였던 프랭클린민트는 1979년 도자기만으로 6400만 달러의 순이익을 벌어들였다.[36]

주화 수집에 대한 폭넓은 관심을 알아챈 프랭클린민트의 창업자 조지프 세이걸은 특별 메달 시리즈를 제작하는 전국기념품협회National Commemorative Society를 설립했다. 5200명에 달하는 회원은 각각 한 달에 한 개의 주화를 구입할 기회를 누렸다. 인기 있는 주화 수집 잡지에는 소개되지만 독자들 대부분이 구할 수 없는 새로운 주화들은 비록 낮은 등급의 은(순도 99.9퍼센트가 아니라 92.5퍼센트)으로 만들어지고, 아주 상세한 이미지가 아니라 질 낮은 부조淨彫로 장식되고, 일반적인 유통에는 적합하지 않은 등 열등했지만 꽤 매력이 있었다. 세이걸은 자신의 제품을 "주화메달coin-medal"이라고 표현했는데, 한 비평가

에 따르면 이 표현은 "틀림없이 꾸며낸 것이지만 분명히 필요한 표현"이었다.[37]

(주화는 하나에 많은 가치를 지니고 있기 때문에, 특히 복잡한 물건이다. "수집품"으로서의 주화의 가치는 발행된 이유에 대한 역사적 관심, 주화의 희소성, 주화의 상태 등 몇 가지 요인에 의해 결정된다. 이 요인들 각각은 매우 가변적일 수 있고 주화의 가치에 상당한 영향을 미칠 것이다. 예를 들어, 주화의 상태는 독립된 "등급 평가" 회사들에 의해 결정되며, 동일한 주화도 회사에 따라 그리고 때때로 감지할 수 없는 것으로 보이는 결함으로 인해 엄청나게 다른 등급으로 매겨질 수 있다. 그런데 이와 동시에 "오류$_{error}$", 즉 주조 과정 중의 결함이 동전의 가치를 높이는 요인이 될 수 있다. 주화는 또한 그 안에 함유된 금, 은, 구리의 내재 가치에 근거하여 "용해" 가치를 가지고 있는데, 이 가치는 단순히 현재의 귀금속 시장에 의해 결정된다. 주화는 또한 법정 통화로서 액면 가치를 지닌다. 그래서 수집가들은 1912년에 발행된 10달러 상당의 금이 함유된 인디언 헤드라는 1센트 동전을 사려면 600달러 또는 700달러 이상을 지불해야 할지도 모른다. 금속 분석가에게 그 동전은 시점에 따라 150달러 정도의 가치를 지닐 수 있다. 당신의 주머니에 그 동전이 있다면 커피 몇 잔을 살 수도 있을 것이다.[38])

화폐 연구가 대부분은 가치가 올라가는 경향이 있는 주화를 귀하게 여겼고, 가치가 올라가는 경향이 없는 메달은 귀하지 않다고 여겼다. 이를 결합한 형태인 "주화메달" 범주를 만들어낸 세이걸은 서클 오브 프렌즈 오브 더 메달리온Circle of Friends of the Medallion(1908년에 설립됨)과 소사이어티 오브 메달리스츠Society of Medalists(1928년에 설립됨) 같은 유명 단체들에 의해 수십 년 동안 발행된 질 좋은 메달들의 명성을 활용할 수 있었다. 그는 가입자만을 대상으로 "한정판" 시리즈를 제조한 헤럴딕아트컴퍼니, 존 케네디 대통령을 기리는 동메달과 은 메달을 비롯해 독립 선언서에 서명한 56인과 대통령의 연두교서를 기념하는 다른 시리즈의 메달도 제조한 프레지덴셜아트메달 같은 기업들의 최근 성공 사례에도 촉각을 곤두세우고 있었다.[39]

세이걸은 미국 조폐국의 최고 판각가 길로이 로버츠에게 의뢰하여 그의 기술을 활용했을 뿐 아니라 주화에 고상한 이름도 붙였다. 또한 대중 시장에 팔기 위해 금속 재질과 포장 사양을 실험했고 진지한 수집가들 사이에서 받아들여지는 표준과 가치 범주를 채택했다. 예를 들어 세이걸은 프랭클린민트에서 발행한 것에만 국한해, 열등한 금속을 더 새롭게, 더 낫게, 자신만의 것으로 표현했다. 다양한 종류의 합금으로 만들어진 초기의 많은 사례는 "니콘NICON" "스털링 플러스 Sterling Plus" "프랭클리니엄 IFranklinium I" 같은 이국적인 이름이 붙었다. 프랭클린민트는 초기 명성을 더욱 높이기 위해 업계 박람회에 참석하고, 주식을 수집가 단체에 기부하고, 전문가를 사내 전문가, 기록 보관 담당자 및 딜러로 기능하게 함으로써 화폐연구계와의 관계를 구축했다. 1970년대에 이르러 회사는 세계 각국에서 기념 메달과 수집용 주화를 주조하는 계약을 확보했다.[40]

그러나 1970년대가 끝날 무렵에 이르러 프랭클린민트는 점점 비전문가들을 궤도로 끌어들여 주류 동전 수집가들을 소외시켰는데, 주류 동전 수집가들은 프랭클린민트의 부풀려진 발행 가격을 지불하기를 거부했을 뿐만 아니라 프랭클린민트의 주화들이 2차 시장에서 어떻게 평가절하되는지를 지켜본 사람들이었다. 「60분」이라는 프로그램은 1978년 프랭클린민트를 비판적으로 폭로하는 내용을 방송으로 내보냈다. 거의 동시에 은 가격이 사상 최고를 기록하자, 영리한 수집가들은 수집품을 정유 공장에 보내 용해 가치를 회수했다.

그럼에도 불구하고 프랭클린민트 주화를 고수하고 계속해서 새로 발행되는 주화를 구입하는 수집가가 많았다는 것은, 취미를 엘리트 관행으로 특징지으면서 엘리트들이 접근할 수 있게 함으로써 더 많은 일반 수집가를 끌어들이기 위해 회사가 마케팅에 들인 노력에 대한 그들의 믿음을 보여주는 증거였다. 기념품으로서의 동전은 단순화되고 금전적으로 가치화된 버전의 미국 역사를 구현했다. 홍보물은 "과거의 물건을 소유할 수 있다"고 강조함으로써 경제적 관심만큼이나 지적 호기심에 의해서도 수집가들의 동기부여가 가능함을 암시했다. 이 판매술은 무신경한 물질주의자가 아니라 돈보다 사상에 관심 있는 박식한 사상가로서 자신의 모습을 그리고자 하는 사람들을 추켜세웠다. 골동품 수집가들처럼, 이들은 재판매 가치 이외의 다른 이유로 물건을 동경하고 탐낼 수 있었다. 예를 들어, 프랭클린민트의 카슨시티 주화의 판매 문구 덕에 판매 대리인들은 잠재 고객들에게 "1870년에서 1893년 사이에 순금으로 만들어진 가보처럼 희귀하고 소중한 미국 역사의 한 부분을 손에 들고 있다고 상상해보라. 불가능하게 들리는가? 하지만 여러분은 실제로 20달러짜리 진품 '와일드 웨스트 더블 이글 금화'를 소유할 수 있다. (⋯) 이것들은 진품이며 미국 조폐국 공식 금화이고, 카슨시티를 뒤흔들고 있는 것이며 서부 개척의 풍부한 역사로 뒤덮인 것이다"라고 말할 수 있었다.[41] 마찬가지로, '모건 달러' 세트도 "서부를 쟁취한 은화를 소유할" 기회이자 낭만적으로는, "도박꾼들, 개척자들, (⋯) 그리고 은행 강도들이 가장 선호하는 주화"였다.[42]

마케팅에 들이는 노력은 수집가들의 차별 의식과 감식안에 호소하기도 했다. 주화는 "배타적"이었기 때문에 희소해 보였고 따라서 더 가치 있는 것처럼 보였다. 그러나 배타성은 수집가들이 자신들을 좀 더 정교한 수집 그룹인 "당신과 같은 고객들"의 일원으로 상상하는 데 도움을 주었다.[43] 판매 대리인들은 구매자들에게 새로운 수집 프로그램에 대해 "잘 알려지지 않은 비밀"을 알려주거나, 최근에 발행된 주화들이 이미 구매한 주화 세트에 대한 "완벽한 보완물"이라고 강조할 때가 많았다. 달콤한 말을 활용한 판매 대리인들은 수집가들에게 그들이 이미 소유하고 있는 동전과 사실상 동일한 동전을 사도록 설득할 수 있었을 뿐만 아니라 그렇게 하는 것이 현명하고 정보에 입각한 결정이라고 느끼게 할 수 있었다.[44]

의도적인 수집품의 판매자들은 또한 모호하고 거짓일 때가 많은 구별 범주를 들먹이며, 대량생산된 상품들에 희소성과 독특함이라는 느낌을 부여했다. "수량이 제한돼 있다"는 주장은 구매해야 할 절박한 필요성을 더욱 심화시킬 뿐이었다. 그리고 주화는 본질적으로 시장과 불가분의 관계에 있었기 때문에, 상품으로서의 주화의 지위는 다른 의도적인 수집품들과 마찬가지로 가려지지 않고 오히려 강조되었다. 역사성과 추정 투자 가치가 동시에 작용했다. "사람들 대부분이 알지 못하지만" 기묘하게도 "가장 많이 찾는" 주화 중 하나인 "매우 희귀한 '오류 워싱턴 달러'"의 판매 문구를 예로 들어보자. "주화의 수량이 한정되어 있기 때문에 극소수의 수집가만이 이 희귀한 오류 주화를 소유할 기회를 갖게 될 것입니다. 우리는 운 좋게도 이 경이로운 오류 주화의 아주 적은 양을 확보하여 제공하고 있습니다. 확보한 수량이 제한된 터라, 한번 없어지면 영원히 없어집니다!"[45]

판매자들은 또한 다른 전략들과 마찬가지로, 동전에 환상의 가치만을 더하는 과장된 말을 썼다. '인디언 헤드 금화'는 "미 조폐국이 디자인하고 주조한 가장 아름다운 동전으로 널리 알려져" 있었다.[46] 미국의 '이글 달러 은화'는 "미 조폐국이 생산한 모든 은화 중 가장 크고 무겁고 순도가 높은 동전이었다!"[47] '얼티밋 니켈 세트'는 "역사상 가장 아름답고 오래 지속되는 디자인"에 속하는 "19세기와 20세기의 미국에서 가장 중요한 동전 중 하나"를 포함하고 있었다.[48] 기타 등등.

물질적 특성에 호소하는 것은 프랭클린민트가 수집용 주화의 가치를 구체화하는 데 도움을 주었을 뿐만 아니라, 구매자들이 고급 수집가 모임의 일원이 되는 상상을 하도록 부추기는 또 다른 방법이었다. (회원이 되려면 선결제해야 하는) '프레지덴셜 달러 컴플리션 프로그램'에 등록한 사람들은 "반짝거리고 유통 흔적이 없는 상태Brilliant Uncirculated일 뿐 아니라 24캐럿의 금으로 멋지게 도금된 금화 열두 개와 박물관 품질의 체리 나무로 마감된 무료 진열대"를 받았다. 즉, 금으로 코팅된 동전("향상된" 특징)과 동전을 넣을 수 있는 모조 합판 상자를 받았다는 말이다. 세트 전체를 구매하기로 한 수집가들은 추가로 백금으로 코팅된 두 개의 주화를 보상으로 받았다.[49]

프랭클린민트는 다른 방법으로도 가치를 창출했다. 수집용 접시와 마찬가지로, 인위적인 진품 증명은 골동품과 미술품 수집에 사용되는 용어 및 가치 척도를 도용했다. 투명한 플라스틱으로 캡슐 포장되고 정교하게 밀봉된 여러 동전은 "공식적인" 서류와 함께 제공되었으며 전문적으로 등급이 매겨졌다. 평판이 좋은 독립 업체에 의해 등급이 매겨지는 주화가 사실 없는 것은 아니었지만, 대부분의 인증은 내부적으로 이루어졌고 높은 수익성을 보장하는 폐쇄적인 피드백 회로를 통했다. 예를 들어, '프레지덴셜 달러' 각각은 "프랭클린민트가 찍은 '민트 보증 마크' 홀로그램과 함께 포장되었고, 제36대 미국 조폐국 국장 제이 존슨에 의해 서명되었다." 제이 존슨은 당시 더 이상 국장이 아니었고 일반 직원으로 근무 중이었다.[50] 프랭클린민트는 또한 무엇이 진품 인증되는지를 명확히 하지 않았으며, 자체 진품 인증서

그림 9.6 프랭클린민트가 개발한 진품 인증 증명서. 한정판 주화 '포드 듀스 쿠페 홋 로드'
가 진품임을 인증하고 있다.

를 인쇄하고 "공식적인" 홀로그램 포장용 인장을 만드는 것을 비롯해
자체적으로 "진품 인증"을 하고 있다는 점을 지적하지 않았다.[51](그림
9.6)

　프랭클린민트는 자신의 수집용 주화에 가치가 있다고 법적으로 주
장할 수 없었지만, 프랭클린민트의 마케팅 자료들은 수집가들이 그
러한 결론을 끌어내도록 부추겼다.[52] 판매 문구는 동전의 "내재적 가
치"를 언급할 때가 많았는데, 이 문구는 그 의미를 이해하지 못하고
"내재적"이라는 말과 "가치"라는 말에 매료된 수집가들 사이에 신뢰
를 심어주었다.[54] 마찬가지로 "워싱턴 대통령 달러 오류 주화"도 "인
증되고 등급이 매겨졌는데", 이는 "수집 가치를 높일 뿐이었고 이와
유사한 무등급의 주화는 등급이 매겨진 주화보다 비싸게 팔리고 있
다."[54] 프랭클린민트는 공중파, 제품 카탈로그의 매끄럽고 화려한 색
상 페이지, 그리고 전화를 통해 개인 맞춤형으로 판촉을 반복함으로
써 이 같은 강력한 주장을 강화했다. 사람들이 이를 진정으로 신뢰하
게 되기란 쉬웠다.(그림 9.7)

　수집용 기념품 시장에 물건을 공급하는 다른 회사들도 비슷한 수
사 전략을 사용했다. 이 업체들은 진품성, 차별성 및 세련됨에 대한
구매자의 감각에 호소하는, 중요하게 들리는 이름을 스스로 부여했

Updated:
1/5/10
Author: WK

The Franklin Mint
The Morgan Mint

GOLD

Product: Indian Head Gold Piece $10 with Motto (1908-1933)

MOM# & NS#	B11F905	C001141
Offer	Vintage U.S. Gold coin (1/2 ounce)	
Packaging	TFM "Vault Collection" wood display	

PRODUCT HIGHLIGHTS

Unique Selling Proposition:
- Own a vintage *$10 Indian Head Gold Piece guaranteed to be at least 75 years old!*
- This is the *perfect time to start or add* to your collection of United States gold bullion coins.
- Struck from gold mined in the U.S. and *.900 fine Gold.*
- The last circulating gold coins were minted more than 75 years ago, and **over 90% of all U.S. gold coins were melted by the U.S. government in the 1930's.**
- As a result, *only a tiny fraction of the original coins remain today* – especially examples such as this in Extremely Fine condition, or better.
- Each coin is *sealed inside a clear acrylic case and certified by The Franklin Mint.*
- Includes a handsome *furniture finished "Vault Collection" display case, plus a reference story card and a Certificate of Authenticity* signed by Jay Johnson, 36th Director of the U.S. Mint.

Overview:
Gold has always been treasured for its beauty and lasting value, and classic United States gold coins are the most respected and sought-after in the world. But the last circulating gold coins were minted more than 70 years ago, and **over 90% of all U.S. gold coins were melted by the U.S. government in the 1930's.** Millions more were melted for quick profits when the price of gold bullion shot up. As a result, only a tiny fraction of the original coins remain – especially in Extremely Fine condition.

This is the perfect time to start – or add to – your collection of United States gold coins. However, you must order now, because the rising cost of gold means that today's low prices could soon be just a memory!

그림 9.7 2010년에 사용된 카슨시티 금화의 이 내부 판매 지침서처럼, 프랭클린민트 영업 대리인들은 지침서 덕에 특정 고객을 대상으로 한 대본을 제공받을 수 있었을 뿐 아니라 주화에 대한 시장 정보에도 쉽게 접근할 수 있었다.

다. O.K. 목장의 결투 100주년을 기념하는 벨트 버클에서부터 조지 워싱턴 대통령 주화에 이르기까지, 기념품에 관심 있는 사람들은 히스토릭프로비던스민트, 내셔널컬렉터스아카이브스, 아메리칸헤리티지아트프로덕츠, 웨스트포트민트 등 회사의 상품에 투자할 수도 있었다. 이와 같은 이름은 제품에 역사적 중요성을 채우는 데 보탬이 됐고, 존경받는 단체들의 완결성에 의존할 때가 많았다. 미국 전역에는 지역이나 주 단위의 수많은 역사학회가 존재했기 때문에, 말하자면 미국역사학회United States Historical Society의 공식 인증서를 가진 품목은 위엄 있는 기관의 인증을 받은 것처럼 보였다. 사람들은 역사적 진품성과 경제적 가치를 동일시하지 않을 수 없었다. 실제 기관과의 친숙함조차 크랩을 수반하는 대용품에 대해 신빙성을 더해주기에 충분했다.

심판

오늘날의 수집품 시장을 지배하는 원칙은 과거에도 유효했다. 수집품의 장기적인 성공은 수집가가 가격을 유지하기 위해 시장 수요를 유지하려는 지속적인 열정에 달려 있다는 것이다. 이는 희소성, 예술성 또는 과거와의 진정한 연계성처럼 전통적으로 가치를 결정하는 특성을 갖지 않는 대량생산 수집품의 경우 특히 그렇다. 열정과 가치는 다른 요인에서 파생되어야 한다.

지금과 마찬가지로 그 당시에도 의도적인 수집품 수집가들은 취미로서의 수집활동을 통해 즐거움을 찾았다. 그들에게는 수집 그 자체가 즐거운 취미였고, 모으고 정리하고 큐레이션하는 행위는 상당히 만족스러웠다. 수집가들은 또한 동료들 사이에서 명성을 얻었고 수집가 그룹 내에서 의미와 소속감을 찾았다.

그러나 브래덱스, 프랭클린민트 주화를 비롯한 의도적인 수집품 세계의 다른 현상의 예에서 볼 수 있듯이, 수집은 당연히 시장으로부터 완전히 자유로울 수 없었고 시장에 깊숙이 들어가 있었으며 이는 지금도 마찬가지다. 수집가들 대부분은 취미로 인한 보상을 바랐고 지금도 여전히 바라고 있다. 기념품 접시, 클래식 자동차 복제품, 한정판 메달 등 기타 의도적인 수집품의 소유주들에게, 좋은 투자를 해야 한다는 생각은 강한 추동력이 되었다. 『앤티크 앤드 하비스』 같은 저명한 출간물을 모델로 한 전문 잡지는 유명 수집가에 관한 기사와 대중 시장 수집품의 최신 동향에 대한 칼럼들을 일상적으로 뒤섞었다. 『래리티스』 『컬렉터블 일러스트레이티드』 『플레이트 컬렉터 매거진』 『플레이트 월드』 『컬렉터스 마트 매거진』 같은 "수집품 잡지"는 의도적인 수집품 수집가들이 하는 일(그들은 자신의 잡지에 관한 한 전문가였다!)의 타당성을 강화했을 뿐 아니라, 수집품 획득을 위해 사후 시장이 번성할 필요가 있다는 점을 계속해서 주장했다. 『래리티스』에 따르면, "수집 분야에 대한 우리의 기본 기준은 '재미있는가?'라고 묻는 것이며, 이에 못지않게 중요한 것은 '합당한 투자라고 볼 수 있는가?'라고 묻는 것이다."[55] 마찬가지로, 『컬렉터블 일러스트레이티드』도 스스로를 "시장의 정점에 머물기를 원하는" "노련하고 영리한 수집가"들을 위한 잡지로 묘사하면서, "최신 정보를 다루고 수집의 유구한 전통을 경축하는 심층 기사, 관심사를 공유하는 다른 수집가들과 교류하게 해주는 다양한 광고와 3행 광고"를 제공했다.[56] 동시대의 한 업계 잡지는 수집품이 "예술성, 정서적 호소, 가정 개선, 향수, 전통, 우정, 투자 가치를 제공한다"고 지적했다.[57] 수집가들의 물건이 아무리 과거에 깊숙이 뿌리내렸다 하더라도, 혹은 아무리 보기에 즐거웠다

하더라도, 수집가들은 프랭클린민트의 의견에서부터 수집품 잡지 칼럼니스트들의 의견에 이르기까지 입수 가능한 전문적 의견에 신뢰를 두면서 늘 금전적 미래를 고려했다.

그러니 수집가들이 20세기 후반에 의도적인 수집품을 처분하기 시작했을 때 수집품이 실제로 얼마나 가치가 낮은지 알게 된 많은 사람이 충격을 받거나 적잖이 놀란 것은 이해할 만했다. 기념품 수집가들, 특히 동전이나 메달을 상당히 많이 모은 사람들은 가장 거대한 심판에 직면했다. 프랭클린민트를 비롯한 "거래소"와 "주화 주조업체"의 단골들은 아마 자신의 수집품에 적지 않은 재판매 가치가 있을 것이라고 가정할 만한 이유가 있었을 것이다. 어쨌든 이들은 경박한 도자기 장식품, 비닐 재질의 패션 인형, 개를 테마로 한 접시에 돈을 낭비하지 않았고, 역사적 진지함과 의미를 지닌 작품에 투자했다. 금융 상품처럼, 그들의 수집품 상당수는 이미 금전으로 계산되었다.

하지만 대량생산되는 크랩을 수집하는 다른 수집가들처럼, 그들은 잘못된 생각을 했다. 많은 이야기 중 하나는 미시간주 트로이의 "DA"에 관한 것이었다. DA는 2012년 금융 전문가 맬컴 버코에게 프랭클린민트 주화의 수집 가치에 대해 문의하는 편지를 보냈다.

지난 25년 동안, 저는 은퇴를 위해 프랭클린민트에서 수집용 은화를 비롯한 아름다운 주화를 4만7000달러어치 이상 구입했습니다. 이 주화들의 희소성과 한정판 주화 발행이 세월이 지남에 따라 가치를 끌어올릴 것이라고 생각했고, 또한 은화 속에 함유된 은의 가치도 올라갈 것이라고 믿었기 때문입니다. 64세가 된 지금, 저는 제가 가진 모든 주화를 2500달러에 쳐주겠다는 한 주화 거래상에게 주화를 팔기로 결정했습니다. 그 거래상은 주화 대부분이 가치가 없으며, 가치 있는 동전은 은이 함유된 것뿐이라고 말했습니다.

제가 그 주화들을 모두 샀을 때 프랭클린민트의 사람들이 이 동전들은 한정판으로 발행되어 미래의 수집가들에게 더 가치 있을 것이라고 말했기 때문에, 저는 망연자실했습니다. 디트로이트에 있는 두 명의 주화 거래상에게 전화를 걸었는데 (…) 둘 다 프랭클린민트 동전에 관심이 없다고 했고, 그 주화들을 살 만한 거래상도 없을 거라고 말했습니다. 제 아들은 귀하께서 주화를 살 만한 구매자들을 알지도 모른다면서 편지를 쓰라고 했습니다. 이렇게 된 마당에, 가능하다면 제가 지불한 가격의 절반이라도 회수할 수 있다면 매우 기쁠 것 같습니다. 할 수 있다면 도와주십시오. 도울 수 없다면, 프랭클린민트를 고소해서 비용을 회수할 수 있을까요? 그리고 프랭클린민트를 고소할 변호사를 추천해주시겠습니까?[58]

버코는 해줄 것이 거의 없었다. 프랭클린민트 등이 판매한 제품은 금전적으로 가치가 없고 앞으로도 그럴 일은 결코 없을 것이라고 버코는 설명했다. 그는 자신도 150달러를 주고 프랭클린민트의 주물 주화 모델 '1935 메르세데스 500K 로드스터'를 샀다고 털어놓았다. "'등급이 높은 것'이었지만 중국산이었고, 허접스럽고 저렴하게 제작됐으며, 조각들이 떨어져 나갔습니다. 그리고 프랭클린민트가 돈을 환불해주지 않는다고 하자 주화를 쓰레기통에 버렸습니다"라고 버코는 말했다. DA도 주화를 쓰레기통에 버리는 게 나았을지 모른다. 버코는 구매자들이 "현명하게 구매 결정하는 걸 더 어렵게 만든" "영리한 전문용어"에 속아 수집용 주화 구매에 "몇 배씩이나" 많은 돈을 지불한 것이라고 설명했다. 프랭클린민트가 제공했던 진정한 수집용 은화와 금화조차 일반적인 소매 가격보다 훨씬 높게 팔렸다. 한 화폐 연구가는 모건 달러 은화 다섯 개로 구성된 "컬렉션"을 예로 들며 "스스로 수집하는 것이 거의 불가능하다고 묘사"했는데, 프랭클린민트는 이 컬렉션을 549달러라는 거액에 판매했다. 이 컬렉션은 실제로 주화 거래상이나 이베이에서 개당 30~40달러, 한 세트당 150~200달러에 얻을 수 있는 꽤 흔한 동전들이었다. 심지어 3달러짜리 "인디언 프린 세스"라는 금화 같은 정말로 희귀한 동전들조차 프랭클린민트가 처음 에 판매한 3000달러 59센트의 약 4분의 1에 해당되는 가격에다 상태 까지 더 나은 것으로 이베이에서 구입할 수 있다.[59]

버코는 아무런 가치도 없을 것 같은 DA의 비卑금속 재질 기념주화 문제는 거론조차 하지 않았다. 진지한 수집가들은 비금속 재질의 기 념주화에는 관심이 없었는데, 특히 귀금속 함량이 매우 낮았기 때문 이다. (고착제와 함께 전기 도금되고, 도색되고, 장식된) "차별성 있고" "한 정적으로 제조되고" "수집 대상이 되는" 법정 주화는 용해하거나 재 활용하려면 값비싼 공정을 활용해 표면을 우선 제거해야 한다. 다시 말해, 가치가 액면가보다 더 낮다는 것이다. 한 주화 전문가는 "색상 보 정 컬렉션은 프랭클린민트의 사업 스타일의 한 예인데, 이 주화가 특 별하고 가치 있다고 믿어서 사려는 움직임을 보이는 사람이 많았기 때문이다"라고 설명했다. 이어 그는 "프랭클린민트가 직접 도색을 추 가했다. 그리고 미국 정부와 화폐 수집가들은 이 행위가 법정 화폐로 서의 가치를 없애고 수집품의 가치 대부분을 파괴한다고 보고 있다" 고 설명했고, "특별하고 소중한 것과는 거리가 먼 이 주화는 본질적 으로 망가진 화폐로, 즐거움을 위해 도색된 주화 세트를 원하고 동전 가치의 몇 배를 지불하려는 경우에만 가치가 있다"라고 지적했다.[60]

"예술적으로 뛰어나고 가치 상승 가능성도 높은 최고의 상품들만 을 추천하겠다"는 브래드퍼드익스체인지의 주장에도 불구하고, 브래 덱스 시장 지수는 거의 움직임이 없었다. 예를 들어, 1993년에 상장 된 3000개의 접시 중 거래 기록이 있었던 건 165개뿐이며, 알려진 모든 종류의 수집용 접시 중 5퍼센트만이 시장의 관심을 끌었다. 거래가 있던 품목 중에서도 22퍼센트가 가격이 하락했다. 다른 품목 대부분에 대한 가치는 안정적이었지만, 그 후에는 감소할 것이었다. 딜러들이 원하는 수집용 접시를 찾아 생계를 꾸린 중개인은 수집용 접시를 "가난한 자의 예술 수집품"이라고 묘사했다.[61] 이와 같은 특정 대중 수집품의 거품은 끝내 터졌다.

가치가 매우 우발적이고 인위적으로 창출된다는 사실을 깨달은 쪽은 수집가들 자신이 아니라 태생적 수집품을 밀매하는 회사들이었다. 덕분에 그 회사들은 한동안 큰 이익을 벌어들였다. 이 점에서 수집품 시장은 더 높은 수준의 시장과 교차했다. 수집품 시장은 또한 사회적으로 구축된 시장이자 역할 수행적인 시장으로 남았으며 희귀성, 재료의 질과 같은 유형적 요소와 예술가의 명성, 진품성, 중요한 기관과 동료 수집가들에 의한 인증과 같은 무형적 요소에 의해 수집품 가치가 정립되었다. 확실히 모든 시장 영역에서의 가치는 늘 매우 우발적이고 자의적이며 환상에 불과한 데다 신념에 기반을 두고 있었다. 프랭클린민트는 수집용 상품의 가치를 고객들에게 오도하여 회사의 주가를 부풀린 끝에, 결국 투자자들에게 소송을 당했다.[62]

그러나 고급에 속하는 물건들은 의도적인 수집품보다 더 진실되고 덜 크랩스러운 경향이 있다. 예술작품들은 독특하지는 않더라도 진귀하고, 예술가의 손으로 만들어졌다는 증거가 있으며, 따라서 두드러지고 신성화되었다.[63] 예술작품들은 (이 또한 문제가 없는 것은 아니지만) 광범위한 예술 시장, 갤러리 시스템, 박물관 시스템을 통해 인증되고 검증된다. 마찬가지로 골동품은 본질적으로 과거와의 실제적인 연관성을 가지고 있다. 따라서 수집가 자신이 골동품의 내력을 주장할 수 없기 때문에, 골동품 수집가들의 위조품에 대한 우려는 거짓으로 위조된 혈통을 보유한다. 수 세기는 아니더라도 수십 년 전에 만들어진 진정한 골동품은 과거의 사람들에 의해 만들어지고 소유되고 사용되었다. 시간과 취향의 시험을 견뎌낸 골동품들은 흔치 않은 생존자들이다. 더 고급스러운 작품도 그 자체로 예술품이다. 아름답고 잘 만들어진 이런 작품들은 타당성을 내재하고 있다. 대부분 최고의 재료로 만들어질 뿐 아니라, 기량을 완성하는 데 평생을 보낸 명장들의 가장 세련된 솜씨를 보여준다.

이와는 대조적으로, 태생적 수집품은 수집품으로 판매되기 위해 만들어진 대량생산품이었고 이는 지금도 마찬가지다. 개인적인 감성과 감성적 애착을 불러일으키는 능력을 제외하고, 수집품에 대한 모든 것은 과장된 미사여구, 인공 소재, 금박 표면, 현혹적인 표식으로 만들어져야 했다. 극소수의 예외를 제외하고 수집품들은 가짜이며, 오직 수집가들이 수집품에 귀속시킨 것(비록 거짓된 가식에 바탕을 두고 있지만, 진실한 것일 때가 많았던)에 한해서만 진짜다. 기념품들은 과거, 내력, 정당성을 주장하는 시늉을 했을지 모르지만 자신이 묘사했던 주제와는 동떨어진, 기업의 세계에서 대량생산된 크랩일 뿐이었다. 거짓 가치를 창출해 돈을 버는 데 주력한 기념품 제조업체들은 기념이라는 행위에 결코 진실된 관심을 보이지 않았다. 이들이 만든 제품은 희귀하지도, 희소하지도, 과거의 사람들과 직접 관련되어 있지도 않았다.

오랜 세월, 의도적인 수집품의 생산자들은 넓은 범위의 미국인들에게 감식안을 판매할 수 있었다. 그러나 수집가들은 예술과 역사를 찬양 및 감상하는 일의 경제적 가치를 실현하려고 했을 때 대량생산된 상품에 투자했다는 내재적 모순을 마주하게 되었다. 이런 물건들의 진품성, 진실성, 가치는 인위적인 말의 세계에서만 존재할 뿐이었다. "프랭클리니엄" 금속 동전, "로열 콘월" 도자기 접시 등 "진품다운" 복제품은 거의 희귀하고, 거의 역사적으로 중요하고, 거의 예술작품이었지만 실제로는 그렇지 않았다. 그토록 능숙하게 위장된 말을 마침내 이해하게 됨으로써 수집가들은 마침내 자신이 소유한 크랩의 진가를 이해할 수 있었다.

10장

희소성
지어내기

시간이 지나면서, 의도적인 수집품을 만드는 사람들은 즐거움, 정서적 성취, 지적 참여, 좋은 투자를 하려는 수집가들의 희망 등 복합적 동기에 의해 추구되는 수집 행위에 대한 보편적 열정을 성공적으로 수익화했다. 그러나 그들은 각각의 동기에 대해 서로 다른 방식으로 호소했다. 알아보았듯이, 기념주화와 기념품 접시는 중대한 인물과 사건에 연관되어 있어서 역사에 대한 수집가의 관심과 역사 안에서의 수집가의 지위를 활용했기 때문에 매력적이었다. 더욱이 많은 수집용 상품은 일종의 금융 상품(우표, 주화, 메달, "소형 메달")의 형태로 제조되었기 때문에 시장과 직접 연결되어 있었으며, 따라서 더 안전하고 자연스러운 투자인 것처럼 보였다.

　그러나 의도적인 수집품은 다른 형태로 출현하기도 했고, 회사들은 크랩을 팔기 위해 대체 전략을 택해야만 했다. 제조업자와 유통업자들은 인위적으로 가치를 창출하고 향상시키기 위해 기념품이라는 상품의 지위를 강조했지만, 시장이나 의미 있는 사건, 담고 있는 중요한 취지와는 아무 관련이 없는 수집용 장식품과 조각상에 대해서는 똑같은 목적을 달성하기 위해 다른 전략을 활용했다. 이런 상품의 지위를 향상시키기보다는 삭제함으로써 의도적인 수집품의 공급업자들은 없는 가치를 창출하고 그 거짓 가치를 수많은 수집가에게 파는 데 훨씬 더 크게 성공했다. 기념 동전 및 접시와 마찬가지로, 조각상이나 헝겊 동물 인형 같은 것들의 대중적인 매력을 설명하는 것은 수집용 크랩을 이해하는 데 필수적이다. 그리고 가치가 어떻게 만들어지는지(그리고 파괴되는지)를 이해하는 데도 필수적이다. 이런 것들은 다르면서도 똑같았다.

최초의 수집품

다른 종류의 크랩과 마찬가지로, 수집용 장식품은 난데없이 갑자기 나타난 것이 아니라 유구한 역사적 흐름 내에 늘 존재해왔다. 19세기 초부터 미국 중산층 여성들은 스태퍼드셔 장식용 조각품을 열망했는데, 이는 의도적인 수집품에 가까운 대량생산물로 독일의 마이센, 이탈리아의 카포디몬테, 프랑스의 세브르, 영국의 민턴, 스포드, 웨지우드에서 빚어진 예술작품의 저급 모조품이었다.[1] 이와 더불어 규모가 크건 작건 가릴 것 없이 제조업체들은 저가 도자기인 "벽난로용 장식품"을 수천 개씩 찍어내며 고상함과 훌륭함을 민주화하는 데 도움을 주었다. 한 평자는 "저속한 화장실용품이나 저가 도자기 찻잔 세트를 평범한 시민들이 사용할 수 있게 된 것을 축하하면서도, 다채롭고 예술적인 도자기들이 사라진 것을 개탄하지 않을 수 없다"고 썼다.[2]

벽난로 위에 놓이도록 디자인된 벽난로용 장식품은 앞면만 마감되곤 했다. 장식품의 평평한 뒷면은 세밀함이 부족했고 페인트칠이 되지 않은 채로 남아 있었다. 완곡하게 "꾸밈없는 매력"이라고 묘사될 수 있는 특징을 보유한 조각상의 채색된 장식 대부분은 색깔과 무늬를 제시했을 뿐, 정교하게 혹은 예술적으로 채색되어 있지는 않았다.[3] 품질관리가 거의 되지 않고 때로는 명백한 생산상의 결함을 지닌 물건들이 시장에 출시되었다. 예를 들어, 벤저민 프랭클린 소형 조각상의 라벨은 "조지 워싱턴"이라고 이름이 잘못 표기되어 있었다.(삽화 8) 한 평자에 따르면, "묘사하려는 대상과의 유사성을 찾아볼 수 없는" 조각상들도 있었다.[4] 중산층의 체면을 지향하는 물건으로 집을 꾸미고 싶어하는 구매자들에게는 별 차이가 없어 보였다.[5] 소비자의 수요가 멈추지 않았던 터라, 남북전쟁이 발발할 무렵에는 스태퍼드셔에서만 약 2만 3000명을 고용하여 수출을 위한 테이블 장식용 도자기와 차 세트를 생산하고 있었다.[6]

공급업자들은 이윤을 실현하기 위해 장식품에 대한 소비자들의 증가하는 요구는 충족시켰지만 재료의 품질과 미적 세련됨은 희생시켰다.[7] 크랩을 생산하는 다른 제조업자들과 마찬가지로, 영국 도예 공방들은 수천 명의 직원을 고용하는 대규모 업자든 가족 경영을 하는 소규모 "도자기 공장potbank"이든 가릴 것 없이, 고용된 노동자를 착취했다. 소년들은 저가에 팔려나가는 도자기를 대량으로 생산하기 위해 많은 노동을 해야 했다. 1840년대에 스태퍼드셔의 대형 도자기 공장에서 일하는 소년들은 0.1파운드에 불과한 주급을 받으면서 일주일에 약 2640개의 조각상을 만드는 것을 도와야 했다. 20년 후 스태퍼드셔 북쪽에 있는 180여 개의 도예 공방은 약 3만 명을 고용했는데, 이 중 4500명은 13세 미만의 어린이였다. 이들은 매일 점토 덩

어리와 납과 비소가 함유된 유약을 가지고 작업했다.[8] 이들을 계승한 일본의 가내 수공업자와 마찬가지로, 소규모 도자기 공장들은 임금을 받지 않는 가족 구성원을 고용하는 등 미국의 "가격 후려치기 열풍"을 충족시키는 데 요구되는 온갖 희생을 치러야 했다.

스태퍼드셔 도예업자들은 문제가 되지 않는 한 최저의 생산 기준을 충족시켰을 뿐만 아니라 자신이 만드는 도자기들이 투자보다는 보여주기를 위한 것이라는 점도 잘 알고 있었으며, 따라서 개와 소, 여성과 남성, 왕족처럼 쉽게 이해되는 대상을 제품의 주제로 선택했다. 100년이 지나서도 스태퍼드셔의 도자기 중 가치가 있다고 인정받은 것은 거의 없었고, 그나마 살아남은 도자기들도 시간의 시험을 잘 견뎌내지 못했다. 도자기들이 "오로지 장식적인 가치만 있는 것"으로 간주되기는 했지만, 20세기 골동품 수리 매뉴얼은 깨지거나 부서진 도자기를 고치는 방법에 대한 지침을 제공했다. 특히 이 매뉴얼은 지나치게 숙련된 복원을 하지 말 것을 경고하면서 "이는 초기 스태퍼드셔 도자기에서, 제작이 원본의 모양에 충실하지 않고 다소 거칠어 보일 수 있지만 원본의 순수성을 확실하게 달성하기는 어렵다는 것을 의미한다"고 조언했다.[9] 바꿔 말해, 그럴듯하게 수리하려면 원본만큼 어설퍼 보여야 한다는 말이었다.

스태퍼드셔의 모조 석고 제품은 훨씬 더 크랩에 가까웠고, 평범한 재료로 만들어졌으며, 훈련받지 않은 사람들의 손으로 제작되었다. 그럼에도 불구하고 모조 석고 제품들은 떠돌이 "유사 행상인"이 활약하는 기성 시장을 찾아나갔는데, 이 행상인들은 주로 이탈리아 이민자들로 가장 단순한 조각상은 50센트 미만, 크고 복잡한 조각상은 1달러 혹은 그 이상의 가격으로 판매했다.[10] 1820년대 후반에 이탈리아를 방문하는 동안 소설가 제임스 페니모어 쿠퍼는 피렌체의 미술관에서 감상했던 고급 예술품을 모욕적일 정도로 허접스럽게 모방한 모조품을 판매하는 석고 조각상 수출업자("주로 영국과 미국 시장에 상품을 보내는")를 우연히 만났다. 그는 "몹시 여윈 님프와 아프로디테, 엉성한 헤라클레스, 꼴사나운 아폴론, 히죽히죽 웃고 있는 판 등, 더 고약하고 서투른 모조품들은 결코 만들어질 수 없었다"고 말했다.[11] 이런 것들이 팔려나간 이유는 사람들이 중산층의 훌륭함을 과시하는 장식품을 소유하기를 열망했고, 스태퍼드셔 등지에서 생산되는 석고상들이 쉽게 이해되는 무수한 주제를 선정하고 제공했다는데 있었다.(그림 10.1)

19세기 후반에 이르러, 미국인들은 훨씬 더 많은 양의 물건을 모으기 시작했다. 상품은 그들만의 언어가 되었고, 대량생산과 국제 상거래의 확대에 힘입어 상품이 시장에 계속 유입되면서 사람들은 물

그림 10.1 조지 크룩생크의 판화에서 따온 이 이미지에서 볼 수 있듯이, 19세기 중산층의 훌륭함을 나타내는 물질적 표식으로는 벽난로용 장식품이 있다. 이 장식품들은 아버지가 술을 너무 마셔 파산에 이르자 압류당했다. *The Bottle, In Eight Plates*(1847년). 필라델피아 도서관조합 소장.

질세계의 복잡하고 정교한 기호학을 점점 더 잘 해독할 수 있게 되었다. 단순히 장식적이거나 유용한 것을 넘어선 물건들은 지위, 고상함, 세련됨 등 훨씬 미세한 계층상의 변화를 나타내는 중요한 표식이 되었다. 비교적 가치가 없는 장식품들조차 사람들이 경제력과 사회적 지위를 보여주기 위해 하찮은 물건에 돈을 쓸 수 있는 정도와 기꺼이 쓰고 싶어하는 정도를 보여주었다. 수집품 자체가 지위를 나타내는 물건이 되었고, 돋보이는 물건을 전시하기 위한 "응접실"이 주택의 설계에 포함될 때가 많았다. 한 비평가는 이러한 응접실을 "중산층에 만연한 어리석은 짓들" 중 하나라고 묘사했지만, 응접실 덕에 중산층은 "상품의 삶"으로 완벽하게 뛰어들 수도 있었고, 문화적 화폐와 경제적 가치에 대한 권리를 주장할 수도 있었다. 벽난로 위 선반과 코너 진열대에 놓인 다양한 절충주의적 장식품들이 과시하는 것은 아이러니하게도, "경직되고 불변적인 법칙"에 따라 "정리된" 식별부호였다.[12]

20세기 초, 수집은 "열풍"에서 미국인의 일상생활 중 일부분으로 바뀌었다. 주요 언론들은 부유층과 저명인들의 수집 관행을 자주 조명하며 문화적 표준의 전달자로서 지위를 공고히 다졌다. 엘리트들에게 수집은 오래전 분더카머, 즉 호기심의 방을 지키던 자를 연상시키는 지위 경쟁으로 남아 있었다. 수집 덕에 사람들은 감식안을 발휘하고, 투자를 하고, 소중한 트로피를 놓고 승리의 경쟁을 벌일 수 있었다. 엘리트들의 수집품은 결국 소유자의 이름을 걸고 전체 건물을 차지할 수 있는 박물관으로 가는 경우가 많았다. 포드자동차의 창립자 헨리 포드는 "정착민 이주 시대에서부터 현대에 이르기까지 미국에서 사용되거나 만들어진 모든 물품의 완전한 시리즈"(대량생산과 현대화에 대한 그의 기여를 감안할 때 아이러니한 목표다)를 최초로 획득하는 것을 사명으로 삼은 것으로 유명하다.[13] 모건 가문과 헌팅턴 가문 같은 다른 엘리트들은 최고만을 수집했다. 엘리트들의 수집 선호도가 더 변변치 않은 물건을 수집하는 아마추어 수집가들에게도 조금이나마 영향을 미쳤다는 것은 널리 알려진 사실이다.

대공황은 오랜 시간에 걸쳐 미국의 "수집 열풍"에 종말을 가져왔다. 기념품 스푼, 도자기 조각상, 수명 짧은 인쇄물, 병 등 수십 년 동안 집 안으로 들여온 물건들이 이제 집 밖으로 나가고 있었다. 이 물건들은 골동품상에게 팔리거나, 전당포에 전당 잡히거나, 고물 시장

그림 10.2 대공황 시기에 평균적인 미국인들은 더 많은 물건을 축적한 것이 아니라 더 많은 물건을 처분해야 했다. 새뮤얼 곳쇼의 「쓰레기 시장 IVJunk Markets IV」(1933년). 의회도서관 소장.

에서 거래되거나, 집 밖으로 쫓겨나 도로에 버려졌다.(그림 10.2) 매우 부유한 엘리트들의 수집품은 물론 예외로 남아 있었다. 이와 같은 궁핍의 시대에도 더 많은 소유물을 계속 축적할 수 있었던 엘리트들의 능력은 남아도는 시간, 공간, 정신적 에너지, 돈을 보여주는 물적 증거로 기능했고, 예전에는 광범위한 인기를 끌었지만 이제는 엘리트적 활동으로 자리 잡은 수집의 성격을 강화했을 뿐이다.

수집용 조각상의 탄생

대공황과 제2차 세계대전 이후 수집이라는 취미는 다시 한번 미국 대중을 파고들었다. 대도시와 소도시의 골동품상이 고객으로 모시는 신세대들은 과거의 유물을 계속해서 찾아 나섰고, 『앤티크 앤드 하비스』 같은 전문 잡지는 이들에게 조언을 제공할 수 있었다. 그러나 상황 판단이 빠른 사업가들은, 값비싼 골동품들과 이를 획득하는 데 필요한 노력이 모든 이에게 호소력이 있지는 않다는 사실을 깨달았다. 비록 관련 명성을 일부 누리고 싶더라도 사람들은 오래되거나 기이하거나 비싸거나 구하기 힘든 물건에 단지 관심이 없을지도 몰랐다. 그러나 제2차 세계대전 이후의 수많은 소비자는 처분가능소득뿐 아니라 물건으로 채워야 할 넓은 교외 주택까지 가지고 있었기 때문에 무엇인가를 수집하는 데 숨은 관심을 가진 잠재적 수집가였을 것이다.

꽤 싸고, 구하기 쉽고, 이해하기 쉬운 의도적인 수집품이 그들의 물건이 되었다. 기념품은 어느 정도 매력이 있었지만, 시장에서 구매할 수 있는 유일한 의도적인 수집품은 아니었다. 킬고어가 '예수 그리스도의 최후의 만찬 접시'를 내놓았을 때와 같은 시기에 후멜 조각상

Hummel figurines도 인기를 끌었다. 후멜 조각상 역시 접근성이 매우 높은 주제를 다루었고, 부정할 수 없는 기원에 관한 이야기로부터 이익을 얻었으며, 수집과 감식안을 위한 광범위한 기회를 제공했다. 후멜 시리즈의 첫 번째 조각상은 정식 훈련을 받은 예술가였다가 프란체스코회 소속의 수녀가 된 베르타 후멜이 아이들을 주제로 그린 회화를 3차원적인 조각으로 재탄생시킨 세라믹 재질의 조각상이었다. 1930년대에 독일의 도자기 제조업자 프란츠 괴벨은 스케치를 도자기 조각상으로 제작하면 어떻겠냐며 후멜(당시 마리아 이노센티아 수녀)에게 접근했다. 후멜의 수녀원은 모든 스케치를 조각상으로 제작할 수 있도록 승인했고 판매 수익금 일부를 받을 수 있게 되었다. 최초의 후멜 조각상은 1935년 괴벨에 의해 출시되었고, 머지않아 독일 전역의 점포 매대를 꿰차며 판매되었다. 사실 후멜 조각상의 판매 덕에 괴벨이 부도를 면할 수 있었다. 이후 제2차 세계대전을 마치고 돌아온 미군 장병들이 기념품으로 후멜 소년 조각상을 집으로 가져와 미국에 후멜 조각상 열풍을 불러일으켰다. 1950년대 초에 이르러 후멜 조각상 공장은 700명 이상을 고용하여 "서구 세계의 모든 국가"에 후멜 조각상을 판매했다. 회사는 "후멜 조각상에 대한 수요를 겨우 맞출 수 있을 정도의 생산량을 보였다".[14]

수집가들은 노래하는 아이들, 우산을 들고 다니는 아이들, 우산 아래 옹기종기 모여 있는 아이들, 바구니를 들고 있는 아이들, 울타리에 앉아 있는 아이들, 바구니를 들고 울타리에 앉아 있는 아이들, 개를 안고 있는 아이들, 고양이를 안고 있는 아이들, 양을 안고 있는 아이들, 토끼를 안고 있는 아이들 등 이 조각상의 순진무구하고 평범한 주제에 사로잡혔다. 후멜 조각상은 물질적 형태로 깔끔하게 정제된 순결함, 순수함, 향수였다. 도자기 재질로 보존된 후멜 조각상은 영원히 꾸밈없는 젊은 나날을 살아가는 존재이자, 영원히 복잡하지 않고 변하지 않는 목가적인 세계에 머물러 있는 존재였다.

그 당시의 신제품 대부분이 신기술에 의해 실현된 낙관적인 미래를 수용했기 때문에, 후멜 조각상이 전후 미국 소비자 시장을 견인했다는 것은 아이러니해 보일지 모른다. 크롬 합금, 플렉시글래스Plexiglas, 테크니컬러Technicolor로 대표되는 원자의 시대는 적갈색을 띠는 목가적 과거의 세월을 등지고 있었다. 그런데 열성 팬들을 가장 열광하게 했던 것은 후멜 조각상의 신선한 시대착오적 발상과 매력적인 고풍스러움이었다. 후멜 조각상의 추종자들은 변화하는 세상에 사는 어른들이 아니라, 순수의 상태에 머물러 있는 아이들이었다. 다른 나라의 과거를 대표하는 후멜 조각상의 아이들은 미국인이 아니라 독일인이었다. 그리고 인물들의 "전통적인" 의상 레더호젠lederhosen,[•] 던들dirndl 치마,[••] 손수건, 알프스 모자, 땋은 포니테일로 알 수 있듯이, 그 아이들은 현재가 아니라 독일의 먼 과거에 살았다. 이 아이들은 현대에 의해 "오염되지 않았다".[15] 아이들은 모두 피부색이 하얗고, 인종적으로 다양한 이웃에 의해 오염되지 않았다. 괴벨은 더 어두운 점토 재료로 실험을 하기도 했지만 그중 살아남은 것은 모두 폐물로, 수집가들 사이에서는 "실험적이고 희귀한 물건"으로 여겨진다.[16]

후멜 조각상을 홍보하는 문헌은 이러한 자연 그대로의 세계의 가치를 강화시켰다. 예를 들어, 1955년 보스턴 소매점 슈밋브러더스가 발행한 책자에는 "원본" 조각상의 다양한 모델이 설명되어 있었다. 수녀원의 승인을 받은 "공식적인" 후멜 이야기는 카탈로그를 새로이 만들고 이노센티아 수녀가 마치 예술가나 신의 여인인 것처럼 그녀의

• 무릎까지 오는 가죽 바지로 독일 남부의 전통 남성용 바지.
•• 허리나 상의는 꽉 조이고 폭은 아주 넓은 치마.

확고한 삶과 업적을 보여주었다.[17] "이 매력적이지만 단순한 소년 소녀상은 어린이를 사랑하는 모든 이의 마음을 사로잡는다." 왜냐하면 "행복한 어린 시절의 길을 따라 경주하는 소년과 소녀, 우리 자신까지도 조각상에서 찾아볼 수 있기" 때문이었다. (레더호젠을 입고 있을까?) 일탈 행위조차 순결과 순수라는 장밋빛 안개에 둘러싸여 있었다. "이 오래가는 조각상들은 당신을 다시 (…) 이웃의 정원에 있는 나무에 열린 사과를 처음으로 훔치고 이웃집 개한테 곧바로 기습당했던 시절로 데려가줄 것이다. '사과 도둑'이라는 조각상에서 볼 수 있듯이."[18]

당시 후멜 조각상 광고는 수집품으로서의 잠재력을 강조하면서도 상품으로서의 지위를 경시함으로써 다른 방식으로 조각상을 정화했다. 후멜 조각상의 인물들 자체는 시장을 언급하지 않고('바구니를 든 어린 쇼핑객'이라는 조각상은 제외하고) 영원히 목가적인 풍경 속에서 즐겁게 뛰어다녔다. '3월 바람'과 '폭풍우가 몰아치는 날씨'를 '봄맞이 환호성'으로 맞이했다. '민감한 사냥꾼'은 '사랑스러운 강아지'와 함께 '농장의 영웅'이 되었다. '할머니 댁에 가기'는 '태평스럽고 즐거운 아이'와 '지친 방랑자'를 위한 '안전 은신처'였다. 만약 광고를 믿게 된다면, 후멜 조각상은 제조업자에 의해 생산된 것이 아니라 더 높은 독자적인 권력자에 의해 만들어진 것이었다. 베르타 후멜은 예술학교에 진학하고 수녀가 된 뒤 하느님을 섬기는 데 창의성을 활용했다. 수녀원이 그녀의 작품을 활용함으로써 현명한 사업 결정을 내린 것이 아니라, 마치 그녀의 작품이 은혜로운 천국의 선물인 것처럼 "세상이 그녀의 위대한 작품의 수령인이 된 것이었다". "이 작은 이미지는 결국 그녀가 기억하는 어린 시절의 친구였으며, 어린 시절을 '지상 천국'으로 만든 사람들을 불멸의 것으로 만들 때까지 그녀의 눈앞에 하나씩 나타났다."[19]

그러므로 이 조각상은 수집가들이 상상한 그들의 과거를 구체화한 것이 아니라, 후멜의 어린 시절 기억의 감상적이고 영적인 힘이 가득 담긴 것이었다. 그녀의 경험은 수집가들의 경험으로 간주되었다. 더욱이 이러한 기원에 관한 이야기들은 후멜이 예술을 상업적인 목적으로 사용하기를 꺼린다는 것을 강조했다. 그녀는 단지 "사랑하는 수녀원에 확실한 재정적 도움을 주기 위해서" 그렇게 했을 뿐이다. 1946년에 베르타가 죽은 지 오랜 시간이 지난 후에도, 홍보 문구는 "저작권 사용료가 그녀의 유지遺志와 그에 따른 자선활동을 지원하는 데 계속 쓰이고 있다"며 여전히 수집가들을 안심시킴으로써 수집활동을 소비 행위에서 선행을 베푸는 일로 둔갑시켰다.[20] 이와 같은 초기 홍보 자료 중 그 어떤 것도 후멜의 "위대한 작품"이 어떻게 물질적 형태가 되었는지 언급하지 않았고, 그 결과 제조되었다는 현실과 독일의 도자기 공장에서 대량생산되었다는 사실로부터 후멜의 직품을 더 멀리 떨어뜨렸다. 후멜 조각상을 산 수집가들은 정말 편리하고 기분 좋은 허구를 믿고 구매한 것이었다.

　　겉보기에는 간단한 『이야기와 그림Story and Picture』이라는 책자는 사실 정교한 마케팅 도구였으며, 어떤 면에서는 신화 창작자이자 어떤 면에서는 상품 카탈로그였다. 판매 중인 조각상들이 나온 적갈색 톤의 이미지들이 몇 페이지에 걸쳐 실려 있고, 그다음에는 젊은 베르타의 삶에 대한 간략한 이야기가 나왔다. 마지막 페이지에는 쉽게 참조할 수 있도록 모델 번호와 치수가 나열되어 있었다. 이 책자는 소비자들에게 후멜 조각상을 수집해야 하는 이유를 알려주었고, 시리즈의 총체성을 파악하는 데 도움을 주었으며, 조각상을 쉽게 구할 수 있다고 확신시켰다. 그 덕에 수집가들은 후멜 조각상을 획득하는 일을 합리적인 주제와 시리즈의 범주로 편입시킬 수 있었다. 다시 말해,

이 모든 것은 구매를 수집으로 둔갑시키기 위함이었다. 따라서 괴벨과 그의 소매상들은 수집 행위를 가능한 한 쉽고 간편한 것으로 만들 수 있었다. 사냥의 짜릿함, 역사적 호기심과 발견의 기쁨, 통일성 있지만 개인적인 수집품을 상상하는 즐거움, 수집가로서의 만족감 등 논의된 모든 것을 단순한 경제적 교환으로 둔갑시키는 가면극이었다. 혹은, 다르게 말하면, 이 단순한 경제적 교환은 다른 모든 것을 획득하는 방법이었다.(그림 10.3)

후멜 수집가를 겨냥한 홍보문은 수집가들의 싹트고 있는 감식안에 호소했고, 그들이 자신을 엘리트 수집가로 상상하는 데 도움을 주었다. 1970년대에 이르러 후멜과 관련된 홍보문이 많이 제작되었는데, 그중에는 괴벨매뉴팩처링의 역사, "진짜" "진품" "원본" 후멜 조각

그림 10.3 한 후멜 조각상 수집가는 후멜 관현악단 단원 조각상 시리즈를 구매할 때마다 구매 완료 여부를 표시했다. 마리 린치 편집, 『이야기와 사진으로 보는 진품 "후멜" 조각상The Original "Hummel" Figures in Story and Picture』(1955년).

상에 대한 설명, 수집가를 위한 카탈로그 및 가이드 등에 관한 정기 간행물들이 포함돼 있었다. 이 중 한 매뉴얼은 "후멜 조각상은 자체적인 용어, 기호, 부호를 가진 하나의 종족이다"라고 말했다.[21] 최근에 출시된 후멜 조각상의 이미지와 그에 대한 설명 외에도 가이드에는 구매에 대한 조언, 다양한 변종 상표(작은 벌과 큰 벌에서부터 새끼 벌과 양식화된 벌에 이르기까지)를 식별하는 방법에 대한 세부 정보, 위조품을 가려내는 요령에 대한 조언이 포함되어 있었다.

후멜 조각상은 "위조할 만한 가치"가 있었기 때문에, 가짜의 존재는 수집가들의 골칫거리임과 동시에 수집 행위를 정당화하는 것이기도 했다. 멀리해야 할 명백한 모조품도 있었다. 그리고 가짜라기보다는 위안을 주는 것으로 간주되는 모조품도 있었다. 그 모조품 자체가 조각상에 대한 열망의 증거였기 때문이다. 진품을 살 금전적 여유가 없는 "후멜 조각상 애호가"들은 열등하지만 "매우 유사한" 모조품으로 만족해야 했을 것이다.[22] 모조품은 후멜 조각상에 대한 품질 및 가격 서열관계를 확립하는 데 도움을 주었으며, 고급품 수집이라는 평행세계와 더 밀접하게 닮은 수집세계를 구축해주었다. "저예산 후멜 조각상 애호가"를 만들어낸 "사이비 후멜 조각상" 시장에 대한 인식은 "진짜"와 "진품" 버전을 구입하는 수집가들의 문화적 자본을 부각시켰다.

1977년에 설립된 후멜 클럽은 수집가들의 감식안과 지위를 강화시켰다. 회원들은 분기별 소식지, 회원 명패, 수집가용 일지가 포함된 "멋진" 서류철과 가격표를 받았다. 회원들은 제품의 실제 이력의 부족을 보완하기 위한 중요한 방법인 "후멜의 역사와 생산에 관한 사실"과 정보도 받았다. 조각상 자체가 조립 라인에서 나온 지 얼마 되지 않았기 때문에, 회사의 이야기와 마리아 이노센티아 수녀의 전기는 수집가들의 과거와의 관련성을 더욱 풍부하게 하는 데 도움이 되었다. 회원으로 가입하면 매년 회원 전용 조각상을 구입할 기회를 얻을 수 있었고 후멜 "연구 부서", 그리고 브래덱스와 유사한 "구매자와 판매자를 연결시키는 수집가 시장"도 특별히 접할 수 있었다.[23]

의도적인 수집품의 다른 측면들과 마찬가지로, 후멜 클럽은 마케팅 측면에서 큰 이득을 주었을 뿐 아니라 수집가들의 교류를 위한 커뮤니티도 구축해주었다. 지역 클럽들은 같은 생각을 가진 수집가들 사이에서 유대관계를 형성하고, 표준 후멜 시리즈 외에 클럽 전용 조각상을 취급하는 소매상들과 거래할 기회를 제공해주었다. 1990년의 조사에 따르면 소매상들은 수집품 시장과 수집가 클럽을 상대하게 되면서 고객들이 더 많이 혹은 반복적으로 점포를 방문하게 된 덕에 매출이 증대되었고, 그 결과 "회원들이 점포에 가져다준 배타성"을 얻었다. 실제로 회원들은 비회원보다 일반적으로 두 배나 더 많은 돈을 썼으며, 한 해에 1000달러까지 지출할 때도 많았다.[24]

후멜 클럽은 마니아를 모음으로써 경쟁의 요소를 도입하여 수집에 대한 열정에 불을 지폈을 뿐만 아니라 수집가들이 다양한 조각상을 토론하고 비교할 수도 있게 해주었다. 특히 열성적인 수집가들은 조각상 간의 차이점에 집착했다. 손으로 직접 모양을 만들고 그린 각각의 작품은 약간 변형된 도플갱어일 뿐이었다. 차이점은 거의 보이지 않았지만, 생산상의 비일관성은 수집 가치를 좌우하는 특징이었다. 게다가 한 발은 맨발인 소녀가 나오는 경우도 있고, 두 발 모두 신발을 신은 소녀가 나오는 경우도 있는 '봄의 조짐'처럼 의도적인 변형품을 내놓을 때가 많았다. 이러한 차이점이 고의적인 것이었든 생산상의 비일관성이었든, 같은 조각상을 하나 이상 구매해야 한다고 알고 있을 뿐이었던 수집가들에게는 거의 중요하지 않았다. 한 신문 기사는 "같은 후멜 조각상의 열두 가지 변형 버전을 사기 위해 돈을 지불하는 것을 아무렇지 않게 생각하는 수집가가 많다"고 지적했다. 후멜 클럽 회원들의 "즐거운 오락"은 "모든 이가 지정된 후멜 조각상을 가져와 마치 경찰이 용의자를 세워 범인을 색출하듯이 나란히 배열한 다음 앉아서 미세한 차이점들을 연구"하는 것이었다.[25] 마음을 진정시키는 조각상을 좋아할 뿐이라서 수집하는 수집가도 많았지만, 더 진지한 감정사의 눈으로 접근하는 수집가도 많았다. 사람들이 같은 후멜 조각상의 열두 가지 변형 버전을 샀다는 것은 이들이 단순히 일상적인 취미에 참여하고 있다거나 개인적인 연상을 불러오는 기억의 대상으로 조각상을 취급하고 있다는 주장이 틀린 것임을 보여주었다. 사람들 대부분은 후멜 조각상도 진지한 투자라고 생각했다.[26]

프레셔스 모먼츠 조각상의 탄생

프레셔스 모먼츠Precious Moments라는 조각상은 스태퍼드셔 조각상의 차세대 주자로서 후멜 조각상의 뒤를 이었다. 1979년에 탄생한 프레셔스 모먼츠 조각상은 낮은 가격에 판매되면서 인기가 더 많아졌다. 지나치게 큰 머리와 눈물이 떨어질 듯한 눈을 가진 과하게 귀여운 파스텔 색조의 아이들이 등장하는 조각상이었다.[27] (삽화 9) '하나님의 속도' '마음의 순결은 축복' '예수님은 저를 사랑하십니다' '이 집을 축복합니다' '용서하는 것은 잊는 것' 등의 조각상에서 알 수 있듯이, 각각 명백하게 영적인 메시지를 담고 있었다. 1986년 한 칼럼니스트는 "이 조각상들은 힘이 있다. 전국 수십만 명의 마음을 녹일 만큼 충분히 감성적인 에너지를 가지고 있다"고 썼다.[28] 후멜 조각상의 경우처럼, 감성적이고 뻔한 말과 성경적 격언은 이 조각상들이 실제로 시장의 물건이었다는 것을 사람들이 잊게 하거나 부정하게 하는 데 도움을 주었다.

후멜 조각상과 마찬가지로 프레셔스 모먼츠 조각상도 울림이 크고 성령이 충만한 자서전적 이야기로 가득했다. 프레셔스 모먼츠 조각상은 또한 하늘이 보내준 스케치로 시작되었는데, 정확히 말하면 평신도 사역자이자 아마추어 화가였던 샘 부처가 보낸 연하장에서 비롯되었다. 그 연하장에는 '주님은 사랑이시다' '기도가 만물을 바꾼다' '주님은 나를 사랑하신다' 등의 메시지를 전달하는 큰 눈망울을 가진 아이들이 등장했다. 삽화가 풍부한 커피테이블북 『프레셔스 모먼츠 스토리: 컬렉터스 에디션The Precious Moments Story: Collectors' Edition』(1986)에서 제시되고 "기적"과 "운명적" 사건이라며 강조된 부처의 공식 이야기는 그의 임무가 "주님에 의해 인도되었다"고 설명했다.[29] 후멜 조각상처럼, 프레셔스 모먼츠 조각상도 거의 성스러운 지위를 가지고 있었다.

구매자들은 부처에게 경의를 표할 수 있었고, 게다가 프레셔스 모먼츠 조각상을 구입하고, 수집하고, 선물함으로써 좋은 말을 퍼뜨리는 데 도움이 되었다. 프레셔스 모먼츠는 (비니 베이비스Beanie Babies가 나올 때까지) 이제까지 생산된 의도적인 수집품 중에서 가장 인기 있고 성공적이었다. 그 주된 이유는 프레셔스 모먼츠의 강렬한 "감성 에너지"가 대량생산품이라는 현실을 잊게 해주었기 때문이다. 이는 미묘한 균형임이 드러났고, 산업 분석가들은 라이선스 제품 및 파생 제품 형태의 너무 큰 성공이 실제로 회사를 위협할 것이라고 우려했다. 한 전문가는 "위험은 사람들이 프레셔스 모먼츠 조각상에서 영감이 아닌 상업을 보기 시작하는 것"이라고 말했다.[30]

프레셔스 모먼츠 조각상의 마케팅 전략은 후멜 모델을 따라 계속

되었고, 다른 의도적인 수집품을 만드는 회사들이 그 뒤를 바짝 따랐다. 전문 간행물 『프레셔스 모먼츠 인사이츠Precious Moments Insights』는 약 1만 명의 수집가에게 배포되었다. 1990년대 초까지 50만 명이 넘는 회원을 자랑하던 프레셔스 모먼츠 클럽의 회원들은 환영 선물, 클럽 전용 조각상을 구할 기회, 소식지, 모든 상품이 나열된 목록을 포함하는 "등록 명부 책자"를 받았다.³¹ 후멜 클럽에 비해 감식안이나 차별성을 덜 중시한 회원들은 "프레셔스 모먼츠 조각상과 함께했던 소중한 순간들을 주로 논의하기 위해" 모였다.³² 부처와 가수 팻 분이 주최하는 바하마행 고급 유람선 여행 등 클럽 회원들을 위한 특별한 이벤트가 있었고, 거기에 더해 프레셔스 모먼츠 집회에서 그 유명 인사들과 재회할 기회도 있었다.

　(순결한) 아이들을 떠올리게 해주었던 후멜 조각상처럼, 프레셔스 모먼츠 조각상은 비록 조각상들이 구현한 과거와 수집가의 과거가 아무런 실제적 연관성이 없더라도 수집가가 자신의 과거를 이상화시켜 구축할 수 있게 해주었고, 기억의 대상을 소급적으로 만들어낼 수도 있게 해주었다. 새로운 아이템 각각이 컬렉션에 들어간 이유는 조각상의 가상적인 배경 이야기에 있기도 했고, 극도의 귀여움에 있기도 했다. 이런 식으로 사람들은 아직 손에 넣지 못한 조각상으로 과거를 구축할 수 있다는 기대도 가질 수 있었다. 한 수집가는 "우리는 특정 조각상이 우리에게 어떤 의미를 지니는지 이야기한다. 얼마 전 시어머니께서 돌아가셨는데, 그때 마침 한 조각상이 출시되었다. '문밖으로 나가서는 절대 눈물 흘리지 않으리'라는 아름다운 작품이었다. 이 조각상은 어머니께서 천국에 계시니 기쁨과 행복만 함께할 것이라는 사실을 우리에게 상징해준다"고 설명했다. 수집가들이 물건과 형성한 친밀한 관계는, 아무리 보잘것없는 것이라고 해도, 꽤 실

제적이었다. 또 다른 수집가는 이렇게 설명했다. "내가 가지고 있는 조각상 중 어떤 것들은 내 아이들을 생각나게 한다. (…) 한 조각상은 소년이 소녀의 땋은 머리를 자르는 것인데, 딸에게 똑같은 일이 한 번 있었다. 또 다른 조각상은 '기도하는 습관 만들기'라는 수녀 조각상인데, 나는 기도하는 것을 잊어버리지 않도록 그걸 사서 욕실에 넣어두었다."[33]

이것은 흥미로운 정신적 체조였다. 이처럼 지극히 개인적인 기억을 담은 물건이 다른 프레셔스 모먼츠 수집가들의 조각상과 똑같았다는 점을 감안하면 특히 그랬다. 그러나 조각상이 그런 상상력 풍부한 사색을 장려했기 때문에 수집가들은 조각상이 시장을 초월한 곳에 존재하는 것으로 보기 쉬웠고, 따라서 이는 독특했다. 구매자들은 수집품을 구매한 물건들의 시리즈가 아니라 정서적 감성과 영적 의지와 함께 살아 있는 "아이들"로 가득한 작은 공동체로 보았다. 후멜 조각상처럼 이것들 역시 순결한 이들, 즉 아이들(대부분은 백인), 천사들, 때로는 강아지들이 사는 동질적이고 자연 그대로인 세계를 포착했다.[34] 이 세계는 시장의 물질주의나 다른 일시적 변동으로 오염된 곳이 아니었다.

역설적으로 그리고 의도적으로 수집품이 시장과 가상의 거리를 둔 덕에 수집품은 제조업자, 유통업자, 소매업자에게 높은 수익을 가져다줄 수 있었다. 프레셔스 모먼츠 조각상의 인기가 최고조에 달했을 때 한 신문사가 지적했듯이, 제조업체 에니스코는 "조각상을 팔아 큰 돈을 벌었다". 그 회사는 2차 시장에서의 "가격 인상을 지원하기" 위해 정기적으로 조각상들을 "퇴출"시켰다. 이런 식으로 회사는 1차 시장 내에서는 신규 구매에 대한 열의를 높이고, 2차 시장에서는 희소하다는 느낌을 조성했다. "극동 아시아 지역에서 저렴하게 만들어졌다"는 사실은 수집가들에게는 숨겨진 비밀이거나 수집가들과는 무관한 것이었다. 수집가들 입장에서 보면, 이 조각상들의 초월적인 영적 메시지들 덕에 그들이 일종의 신성불가침을 누릴 수 있었다. 사람들이 조각상을 감성적 의미와 높은 신앙심으로 너무 물들였기에, 값싸게 만들어졌다는 것을 암시하는 일은 메시지를 방해할 뿐이었기 때문이다. 그런데 조각상은 물질적인 것과의 관련성 때문에 더럽혀진 것이자 저렴한 것이 틀림없었다. 감성적이고 영적인 것에서 물질적인 것을 분리할 수 없었던 진지한 수집가들은 이런 유의 비판을 받아들이지 못했을 것이며, 받아들이려 하지도 않았을 것이다.[35]

마지막으로, 에니스코는 그 조각상들의 기원일 수도 있는 것을 받아들였고 이를 또 다른 홍보 기회로 둔갑시켰다. 에니스코가 공식적으로 만든 『프레셔스 모먼츠 스토리』에는 제작 과정을 다룬 광범위한 기사들이 포함되어 있었으며, 이와 함께 "밀접한" 감시 속에서 부지런히 일하는 일본의 기술자, 장인, 공예가들의 삽화와 설명이 수록되어 있었다. 이어 부처의 필리핀 선교활동을 다룬 글이 실렸는데, 그곳에서 부처는 지역 성경 학교에 다니는 학생들에게 일자리를 주기 위해 프레셔스 모먼츠 인형 공장을 설립했다. 부처는 "하나님께서 '프레셔스 모먼츠' 조각상을 활용하시어 이들의 삶에 들어가 감동을 줄 수 있는 사역의 문을 여셨다고 믿었다"며 증언했다.[36] 이 책은 "제1세계"(백인, 문명, 소비자)를 "제3세계"(비백인, 비기독교인, 노동자)에 대치되는 세계로, 또는 "제3세계"보다 상위의 세계로 배치시키는 케케묵은 인종적 계층 구조에 근거함으로써, 획득이라는 수집가들의 사명을 정당화했다.

20세기 후반에 이르러, 후멜 조각상과 프레셔스 모먼츠 조각상은 개인의 수집과 관련된 이해관계와 대량생산된 수집품의 더 광범위한 추구를 더 폭넓게 지원하는, 의도적인 수집품의 훨씬 더 거대해진 생태계 내에 존재했다. 수집품을 취급하는 유통업체들은 모던마스터스, 컬렉터블리소스그룹, 언스트리미티드에디션스, 아메리칸임포츠, 워딩턴컬렉션, 에얼룸포설린 등 듣기만 해도 배타성, 희귀성, 가치가 묻어나는 세련된 이름으로 스스로를 포장했다. 많은 업자는 우편 주문을 통해 상품을 팔았지만, 매사추세츠주 웨이크필드의 허니콤기프트숍과 오하이오주 배스의 파인아트갤러리 앤드 리미티드에디션컬렉터블스, 캘리포니아주 샌매티오의 레나스리미티드에디션기프트갤러리 같은 소매업체들도 대량생산 수집품 거래 실적이 빠르게 늘었다. 수집가들은 또한 후멜 조각상 같은 유명 수집품을 위한 전국 박람회에서부터 사우스 벤드 플레이트 박람회와 같은 좀더 소박한 지역 행사에 이르기까지 점점 더 많은 조직적인 행사에 참석했다. 수집가들은 또한 대표적으로 서배스천 미니어처 컬렉터스 소사이어티, 서던 캘리포니아 어소시에이션 오브 플레이트 컬렉터스 클럽, 애널리달 소사이어티, 에인절 컬렉터스 클럽 오브 아메리카, 홀마크 킵세이크 오너먼트 컬렉터스 클럽, 엘핀 글렌 컬렉터스 길드, 록웰 소사이어티 오브 아메리카 등과 같은 단체들을 조직했다. 단체들은 모여서 정보를 공유하고 새로운 상품을 구입했다. 가장 중요한 것은, 2차 시장에서 수집품들에 대한 활기찬 관심과 신뢰가 이어지는 데 클럽들이 도움을 주었다는 점일 것이다. 왜냐하면 재판매가 가능할 것이라는 기대가 1차 소매 판매를 촉진했기 때문이다. 1990년 한 업계 분석은 "현재 50개가 훨씬 넘는 수집가 클럽의 확산은 수집가들의 번영을 보여주는 지표"라고 보고했다.[37] 1992년에 이르러 약 150만 명의 수집가가 100개 이상의 클럽에 속해 있었으며, 고객이 될 새로운 회원을 유치함으로써 클럽이 도움을 줄 것으로 기대했던 소매상들에게 클럽은 믿을 만한 "이익 창출원"이 되었다. 한때 프레셔스 모먼츠 클럽만 해도 50만 명이 넘는 회원 수를 자랑했다.[38]

곰 인형과 시장의 몰락

수집가 클럽, 가격 안내지와 잡지, 끊임없는 광고, 매끄러운 마케팅 등 무수한 자기 강화적 노력은 의도적인 수집품 중심의 수집 문화를 창출하고, 1970년대부터 1990년대까지 부풀어 오른 수집 버블에 일조했다. 따라서 의도적인 수집품 시장은 인형 회사 타이가 1993년에 출시한 비니 베이비스가 진입하기에 특히 제격이었다. 타이는 수집품 시장을 20년 이상 이끌어온 세력을 훌륭하게 활용하거나 냉소적으로 악용했다. 한 관찰자는 "이 매력적인 헝겊 동물 인형은 양배추 인형보다 더 작고, 트롤 인형보다 더 귀엽고, 펫 록Pet Rock•보다 '품질이 더 우수'하다"고 했다. 비니 베이비스는 나이와 성별의 구분을 초월하는 희귀한 수집품이었다. 아이들은 장난감이라는 이유로 좋아했다. 5달러(또는 맥도널드 해피밀을 구매하면 무료)에 팔린 비니 베이비스는 저렴하고 쉽게 구할 수 있었다. 어른들이 비니 베이비스를 선호한 이유는 좋은 선물이 될뿐더러 "얼굴에 웃음을 안겨줄 수 있기" 때문이었다.[39]

1995년경 타이는 플러시 재질의 속이 덜 찬 헝겊 인형 완구인 비니 베이비스(어떤 이는 "차에 치여 죽은 동물roadkill"이라고 부른다)를 진지한 수집품으로 둔갑시키기 시작했다. 타이는 수집용 접시 한정판의 "굽는 일수"처럼 "한정 생산품"이 그야말로 비행기 화물로 수만

• 수집용 돌. 수집가들은 이를 마치 반려동물인 것처럼 여긴다.

개씩 실려 중국이나 한국에서 날아온다는 의미일 수도 있다는 것을 수집가들에게 알리지 않고 새로 디자인된 인형 각각의 생산을 제한함으로써 거짓된 희소성을 창출해냈다.[40] 불확실성이 마케팅의 본질적인 부분이기 때문에 타이는 생산량을 공개하지 않았지만, 전문가들은 인형 각각이 10만 개에서 500만 개 수준으로 생산되는 것이지, 의미 있을 정도로 "제한" 생산된 것은 아니라고 추정했다.[41] 타이는 또 상품화되었다는 인상을 주는 양판점 체인 유통을 지양하고 엄선된 소매상들을 통해 장난감을 판매했으며, 점포가 받는 수량을 디자인별로 통제했다. 타이는 또한 디자인을 정기적으로 출시하고 퇴출시켰으며 전략적인 언론 브리핑을 활용해 이를 회사 방침으로 공표했다. 타이가 도입한 매우 중요한 기업 전략이었다. 희소성에 대한 소문은 수요를 증가시켰을 뿐이고, 인형의 퇴출은 훌륭한 홍보 기회가 되었다.[42]

예를 들어 신규로 설립된 비니 베이비스 수집가 공식 클럽을 기념하기 위해 출시된 곰 인형 클러비Clubby는 1998년 「투데이」라는 텔레비전 방송을 통해 미국 전국에 소개되었다. 비니 베이비스의 대변인 팻 브래디는 회의적인 진행자 케이티 커릭에게 연간 10달러를 내고 클럽에 가입하면 클러비에 "접근"할 수 있다고, 즉 추가 비용을 지불하고 "희귀한" 곰 인형을 구입할 기회를 얻을 수 있다고 설명했다. 회원 가입의 다른 혜택은 무엇인지 커릭은 알고 싶었다. "음, 재미있는 것이 가득합니다. (…) 회원이 되시면 공식 회원 키트를 받게 되는데요, 그 안에는 금제 카드, 비니 베이비스 스티커 136개, 체크 리스트, 대형 포스터가 들어 있습니다." 그래도 여전히 이해가 되지 않은 커릭은 이런 것들이 왜 인기 있는지 상세히 설명해달라고 브래디에게 요청했다. "그건…… 그러니까 어떤 면에서는, 너무 이상하지 않나요?"

타이의 과장 광고에서 비롯된 야심 찬 기만임이 분명했지만, 커릭처럼 아직 진정한 신봉자가 아닌 사람들에게만 기만이었다.

브래디: 음, 회사의 설립자 타이 워너 씨는 큰 성공을 일구었습니다. 회사의 가치가 높아졌으니까요. 정말 사랑스러운 5달러짜리 장난감을 출시했습니다.

커릭: 알고 있습니다. 하지만 그 이상이 있는 것 같아요. 그렇게 생각하시지 않나요? 브래디 씨, 정말 이상하다고 말씀드리는 것은 사람들이 인터넷에 접속하여 2차 시장에서 수백 달러에 이 장난감을 팔고 있다는 점입니다. 희귀하고 가지고 싶을 만한 것들로 말이죠.

브래디: 음, 수집품을 말씀하시는 거네요. 수집품은 모든 이에게 큰 재미를 주잖아요. 일종의 사냥처럼 말이죠…….

(공동 진행자) 앤 커릭: 저는 그 인형을 좋아합니다. 의심의 여지가 없어요. 하지만 그걸 사는 데 400달러를 지출하는 건 상상할 수 없는 일이에요. 터무니없는 일입니다…….

브래디: 음, 여러분도 알다시피, 타이 워너 씨는 인형이 아이들에게 즐거움을 주기를 원했습니다. 또한 아이들을 위한 재미에 매우 집중하고 있습니다. 그리고 2차 시장이 좋은 것은 2차 시장 덕에 아이들이 수집품을 구입할 수 있기 때문입니다. 아이들은 인형을 사면 그 가치가 오를 거라는 점을 알고 있습니다. 하지만……

커릭: 하지만 그러라고 회사가 권장하는 건 아니잖아요.

브래디: 그러지는 않죠.

커릭: 하지만 동시에, 이 비니 베이비스 공식 클럽에 그걸 제공해서 한정판 같은 걸 가질 수 있게 하는 것이 2차 시장을 부추긴다고 생각하지 않으십니까?

브래디: 그건 사실이 아닙니다. 그렇게 하는 건 희귀한 곰 인형에 모든 어린이가 접근할 수 있도록 하기 위해서예요.

커릭: 그렇군요. 하지만 나중에 많은 돈을 받고 그 곰 인형을 팔 수도 있잖 아요?

브래디: 아니요, 아니요, 팔지 않고 가지고 있을 수도 있습니다. 그리고 한동 안은 그 인형을 통해 즐거움을 얻을 수 있습니다. 돈이 필요한 대학생이 되고 나서는 팔 수도 있겠죠.

커릭: 알겠습니다. 대학 교육을 위한 좋은 투자네요.

브래디: 맞습니다.[43]

대변인이 오락적 가치(재미있는 취미)와 금전적 가치(대학을 위한 투자)를 융합시킨 데에는 목적이 있었다. 비니 베이비스의 가치가 오를 것이라고 주장함과 동시에 수집가들에게 그렇게 믿도록 부추김으로써 회사가 법을 어기지 않게 막으려는 것이었다. 타이는 오락적 가치와 금전적 가치를 매우 가깝게 연계시킴으로써 수집가들이 그 둘을 구별하기 어렵게 만들고 취미를 정당화하기 쉽게 만들었다. 의도적인 수집품을 공급하는 다른 업자에게 친숙한 이와 같은 접근법은 상당히 성공적이었다. 1998년 타이의 순이익은 약 7억 달러로, 타이의 핵심 경쟁 업체인 해즈브로와 매틀의 순이익을 합친 것보다 많았다.[44] 한때 비니 베이비스의 매출은 이베이 전체 매출의 10퍼센트를 차지하기도 했다.[45]

이런 식으로, 타이는 놀라운 양으로 생산된 꽤 크랩스러운 상품에 대한 대규모 수집 열풍을 성공적으로 일으켰다. 제조의 희소성 외에도 타이는 수집가들에게 그들이 감식안을 발휘하고 있다고 확신시켰다. 수집가들은 새것처럼 하트 모양의 꼬리표를 떼지 않은 채로 (그리고 보호용 플라스틱 덮개를 제거하지 않은 채로), 특수하게 설계된 투명한 플라스틱 상자에 사랑하는 수집품을 담았다. 타이는 장난감의 가장 사소한 차이점을 조사했다. 우표나 동전과 마찬가지로 "오류" 제품, 즉 결함이 있는 제품들이 가장 높은 가격에 팔릴 때가 많았다. 다이애나 왕세자비 곰 인형 같은 특별판 인형들은 특히 중시되었다. 『USA 투데이』는 "비니 베이비스의 열풍과 다이애나 왕세자비 기념품 열풍을 혼합하면 아수라장이 될 것이 확실하다"고 언급했다.[46] "비니 박사에게 물어봐"라는 칼럼을 쓴 기자는 원본 꼬리표의 중요성을 비롯해, '돼지 스퀄러'라는 인형이 "퇴출되어도 높은 금전적 가치가" 있을지(그렇지 않았다)에서부터 다음에는 어떤 비니 베이비스 인형이 퇴출되고 새로 출시될지(아무도 모르는 일이었다)에 이르기까지 온갖 것에 관해 조언을 구했다.[47]

골동품 전문가나 수집품 전문가들로부터의 비판과 기업 스스로 보내는 부드러운 경고에도 불구하고 수집가들은, 마치 고급 수집품 수집가들이 그랬던 것처럼, 의도적인 수집품에 대한 전문 지식을 교묘하게 적용하면서 진지한 수집 경연 대회에서 경쟁할 수 있다는 생각에 현혹되었다. 헌신적인 수집가들은 타이를 수백만 달러짜리의 선도적 완구 회사가 아니라 베르타 후멜과 샘 부처 같은 자애로운 세력으로 보았다. 한 신봉자는 "비니 인형을 사랑하는 베이비붐 세대가 모두 함께하는 것 같다"고 낙관적으로 말했다. 그는 "다른 사람들은 쉽고 빠르게 돈을 벌기 위해 인형을 좋아하지만, 나는 오래 살기 위해 이 일을 한다"는 타이 워너의 말을 믿었다. 한 회의적인 골동품 전문가는 "비니 베이비스를 재미로 원한다는 것을 증명하고 싶은가? 가위를 들고 태그를 잘라내고, 껴안고, 함께 잠자리에 들고, 그들과 함께 놀아라. 난 괜찮다. 나는 그렇게 하는 것에 아무런 문제가 없다. 선반에 꽂아놓고 절을 하고 추앙한다면 현실을 제대로 파악하지 못하는 것이다"라고 답했다.[48]

다른 어떤 열풍 때도 그랬듯이, 이런 물건들을 향한 사람들의 열정은 적어도 당분간은 돈벌이가 되었다. 1990년대 후반에는 비니 베이비스를 거래하는 암시장이 급성장했다. 뉴욕주 시러큐스에서 발생한 3만 달러가 넘는 다섯 건의 절도 사건, 시카고 교외에서 발생한 5000달러가 넘는 소매점 도난 사건, 미주리주 캔자스 시티에서 발생한 1만2000달러에 이르는 도난 사건이 이에 관련되어 있었다.[49] 사람들은 비니 베이비스와 관련된 보험 사기를 고안했다. 그리고 한 이혼 사건을 관장한 어떤 판사는 소중한 재산과 결별하기를 거부한 커플에게 비니 베이비스 소장품을 분할하도록 공개 법정에서 강제했다. "어처구니가 없고 창피하다"고 고백한 아내는 잠시 후 "수십 개의 비니 베이비스 인형이 쌓여 있는 더미 중에서 좋은 것을 먼저 고르기 위해 전남편과 함께 법정 바닥에 쪼그리고 앉았다"고 고백했다.[50]

타이의 가장 기발한 움직임은 비니 베이비스의 최종 퇴출 발표를 통해 1999년 말 완구 생산을 전면 중단하겠다고 선언한 일일 것이다. 사람들이 필사적으로 수집품 공백을 메우고 마지막으로 투자를 감행하려 했기 때문에 이것만으로도 매출이 폭증하는 결과를 낳았으며 일부 상점에서는 매출이 300퍼센트 넘게 증가하기도 했다.[51] 완구 시장의 포화, 2차 시장에서 유지할 수 없는 높은 가격, 중국에서 들어오는 괜찮은 위조품(같은 공장에서 만들어졌을 가능성이 큰 터라 기본적으로 원품과 똑같았다) 등으로 인해 매출이 1년 넘게 저조한 수준을 보여왔기 때문에 타이밍이 적중했다. 그러나 많은 인형이 미판매 상태로 남으면서 1차 소매 판매와 2차 시장 모두를 위태롭게 했다.[52]

이 시기는 비니 베이비스 수집가들에게 "불안의 시기"였다. 가격 안내지 『비니 마니아』의 편집자 베키 필립스는 타이의 "아리송한" 뉴스에 대해 낙관적인 입장을 유지하며 타이 워너가 기존 라인을 퇴출시키는 대신 새 라인을 도입할 것이라고 믿었다. 마치 신탁에서 받은 메시지로 의미를 예측하듯, 그는 "타이 워너가 인터넷에 올린 메시지를 어떻게 해석하느냐에 모든 것이 달려 있다. 나는 이 메시지가 매우 긍정적인 것이라고 생각한다. 새천년을 기념하여 타이 워너가 우리를 위해 준비한 것이 있다고 생각한다"고 말했다. 그러나 수집품 전문가 해리 링커는 부정적인 견해를 보였다. 그는 "매출이 떨어지는 등 비니 베이비스 시장이 침체에 빠진 것을 우리는 이미 알고 있다"면서 "타이의 창고에는 물건이 가득하다. 이런 상황에서 승자는 누구일까? 결국 창고는 빌 것이며, 당신은 돈을 내게 될 것이다. 타이 워너는 질 수가 없다"고 덧붙였다.[53] 실제로, 기존의 비니 베이비스 인형에 대한 수요가 폭증하기 시작한 후 타이 워너는 필사적인 팬들의 성원에 힘입어 모든 인형을 퇴출할 것인지의 여부에 대해 수집가들이 온라인 투표를 실시할 것이라고 발표하여 새로운 수익 흐름을 만들어냈다. 타이 워너는 "결정은 여러분이 한 것입니다. 여러분은 비니 베이비스 인형에 대한 사랑을 통해 영감을 주셨습니다"라고 팬들을 치켜세웠다.[54]

타이 워너가 '바넘식'으로 마케팅과 홍보에 노력을 들였음에도 불구하고, 거품은 터질 수밖에 없었다. 그다지 절묘한 방법은 아니었지만, 회사는 디 엔드The End라는 검정 곰 인형의 출시를 통해 비니 베이비스 라인의 공식적인 퇴출을 알리면서도 생산을 이어갔는데, 이는 수집가들이 타이 워너와 회사에 두었던 신뢰를 돌이킬 수 없이 흔들어놓는 결과를 가져왔다.(그림 10.4) 2003년 한 기사는 한때는 사재기 대상이 될 정도로 부족했던 비니 베이비스 인형이 지금은 "전성기가 지났다"고 선언했다. 인형 가격은 "폭락했다". 그래서 곰, 돈, 오리, 게, 강아지, 무당벌레, 새끼 돼지 등 많은 플러시 인형이 "미국 전역의 점

그림 10.4 특별판 비니 베이비스 '디 엔드'는 끝이 아닌 것 같았다. 사진: 팀 티바웃, www.timtiebout.com.

포 진열대에서 죽어가고" 있었다. 처음에 비니 베이비스를 재고로 보유할 수 없었던 가게 주인들은 이제 어떤 대가를 치르더라도 비니 베이비스의 재고를 처리할 수 있게 되면 기뻐했다.[55] 신문들은 비니 베이비스 컬렉션이 자선단체에 경매되거나 가치 있는 대의를 위해 기부되는 것에 관한 가슴 따뜻한 이야기를 전했다. 어떤 인형들은 미군의 주머니에 들어간 채 근무지로 실려가 순찰 중에 만난 아프가니스탄 아이들과 이라크 아이들에게 선사되어 "어린이들의 얼굴에 새로운 미소를 가져다주고 위험한 곳에서 아군을 보호해주는 역할을 했다".[56] 더 냉소적인 해석은 이런 당혹스러운 물건들을 멀리 떨어진 전쟁 지역으로 추방하여 다시는 돌아오지 않게 하는 것이 이들의 과잉을 처리하는 유일한 방법이라는 것이었다.[57] 그리고 사람들은 축 처진 해충을 처리하기 위해 계속해서 몸부림쳤다. 2016년 이베이에는 77개나 되는 많은 양을 팔기 위해 "저기요, 누가 이 빌어먹을 비니 베이비스 좀 사주세요!!!!"라는 제목과 함께 인형들을 열거한 사람도 있었다.

다른 의도적인 수집품들도 같은 운명을 겪었다. 1990년대까지 산업 전체는 "거친 파도 위를 항해하고 있었고" 수집품 회사들의 주식은 사상 최저치를 기록했으며, 산업 전문가들은 "성장할 기대가 전혀 없다"고 보았다.[58] 열렬한 구매자들은 수십 년 동안 의도적인 수집품의 파장을 타며 후멜 조각상, 프랭클린민트 기념주화, 비니 베이비스 인형 등 모든 형태의 기념품 크랩에 투자해왔다. 1980년대 후반에 후멜 조각상은 개당 2만 달러에 이르는 "큰돈"에 거래되었다.[59] 진지한 수집기들은 찾기 어려운 작품들을 찾아낸 "수색자"들에게 웃돈을 얹어주기도 했다. 10년이 조금 넘는 기간에 한 여성은 프레셔스 모먼츠 조각상과 인형, 장식품, 접시, 단추, 포장지, 연하장 등 보조 제품을 구입하는 데 거의 5만 달러라는 거금을 썼다. 또 다른 여성의 남편은 아내가 수집한 1000점이 넘는 조각상을 보관하기 위해 집에 부속 건물을 증축했는데, 그 건물은 예배당처럼 생겼고 고딕풍의 스테인드글라스 창문이 빛나는 현대판 빅토리아 시대의 "응접실"이었다.[60] 그러나 또 다른 여성은 프레셔스 모먼츠 조각상을 수집하는 데 돈을 너무 많이 쓴 나머지 가족을 파산으로 몰았(고 남편이 그 사실을 알게 되자 남편을 살해한 것으로 알려졌)다.[61]

마침내 거품이 터진 데에는 여러 원인이 있었다. 이베이를 비롯한 온라인 쇼핑 사이트들의 인기는 가격과 가치에 관한 정보의 비대칭성을 없애주었으며, 시장이 어떤 특정 시점에 어디에 있는지 수집가들이 볼 수 있게 해주었을 뿐만 아니라 그들이 지역사회를 넘어 수집품 세계의 전체 모습을 더 잘 이해할 수 있도록 도와주기도 했다. 수집가들은 공급이 수요를 초과하는지 알 수 있었고, 2차 시장에서 한때 만연했던 부풀려진 가격을 다시 바로잡을 수도 있었다. 또한 과잉 생산으로 인해 의도적인 수집품 시장은 포화 상태가 되었다(그리고 의도적인 수집품의 가치는 "하락"했다).[62] "너무 느슨하게 활용된" "수집품"이라는 의심스러운 용어는 어떤 진정한 의미도 찾아볼 수 없게 되었다.[63] 인구통계학적 변화도 시장에 영향을 미쳤다. 의도적인 수집품의 열렬한 수집가들은 30세 이상인 경향이 있었고, 상당수는 은퇴할 나이에 가까워지고 있었다. 집에 물건을 가득 채운 수집가들은 공간도 부족했다. 수집품을 줄이려는 다른 수집가들은 분열하기 시작했다. 부모와 조부모가 사망하면서, 특히 젊은 세대가 이런 종류의 물건에 관심이 없었기 때문에, 훨씬 더 많은 수집품이 다시 시장에 유입되었다.[64]

사람들은 기념품 접시, 수집용 조각상, 다른 대부분의 의도적 수집품에 대해서도 같은 나쁜 소식을 마주했다. 1차 시장을 견인했던 2차 시장이 말라가고 있었다. 2000년대 초에 이르러 기업들은 구조 조정과 정리 해고를 단행했다. 2001년 에니스코는 인력을 14퍼센트 감축했고, 새로운 해리포터 수집품을 생산했음에도 불구하고 수백만 달러의 순손실을 기록했다.[65] "죽어가는 수집품 시장"에 지나치게 의존하고 있던 에니스코는 4년 후 모회사 프레셔스 모먼츠의 조각상 유통을 중단했고, 손실이 35퍼센트에 이르고 조각상 시장 규모가 2000년 24억 달러에서 2003년 12억 달러로 전체적으로 줄어든 것을 언급했다.[66]

수집가들과 그 후손은 수십 년 동안 모아온 조각상, 접시, 인형 등 온갖 장식품을 현금화해야 했을 때 의도적인 수집품의 본질적인 모순과 혼돈을 마주하게 되었다. 그런 상황에서는 이런 수집품들이 한때 가지고 있던 감성적, 오락적, 전시적 가치보다 냉정한 경제적 가치가 우선시되었다. 개인 계좌는 비극과도 같았고, 기업의 마케팅에 의해 만들어진 설득력 있는 환상과 시장이라는 냉엄한 현실 사이의 차이를 조명하는 경우가 많았다. 기념품 수집가들이 그랬던 것처럼, 이 수집가들 역시 희소성이라는 것은 쉽게 만들어낼 수 없다는 사실과 자신이 타이 워너 같은 사람이 아닌 이상 시장이 이 대량생산된 수집품들을 모두 금으로 둔갑시켜주지는 못할 것이라는 사실을 알게 되었다.

제6부
●
쓸모없는 것의
심오함

H! THEM GOLDEN SLIPPERS! . . . A glitter-g fashion touch for sleek silk & velvet pa r-length skirts, all your "at home" outfits. arshmallow-soft golden vinyl; sparkling tas- es. Suedine foam sole; faille-lined.
Golden Slippers
all 4½-6 (H-32623D)
edium 6-7½ (H-32631D)
rge 7½-9 (H-32649D) . . . .

GENUINE HUMMEL NOTES . . . The original, world-famous Berta Hummel designs repro- duced on quality note paper. Adorable collec- tor pictures in soft rich colors—trimmed in gold . . . . receive! Ass't prints. Fine ality . . . single fold—4½" x 3½". 15 th . . . . .
. . . Hummel Notes (H-31948D) $1

VE THE LIFE OF A MERMAID . . . Dive, swim, ower and keep expensive hairdo in. Spe- ally fabricated rubber strip fits comfortably der bathing cap. Absorbs no water. Adjusta- e. Velcro closing. Seals at the touch. Protects eaches & tints.
Mermaid Band (H-35683D) $1

HUFFLE CARDS AUTOMATICALLY!! . . . 1, 2, en 3 decks at one time . . . Card Shuffler does thorough job automatically!! Never a shadow a doubt! Fast, easy . . . just place cards on

34 PRESIDENT STATUES . . . **COMPLETE FROM WASHINGTON TO KENNEDY** . . . A magnificent collection . . . your own museum display of miniature carved statues of every president of the United States. Each authentically detailed from head to toe—from the lifelike, familiar faces to the typical gestures & dress of each president. Each poses on a gilded pedestal printed with name & dates of office. An impres-

11장　　　　　　　　　**당신을 노리는
장난**

이제까지 설명했듯이, 사람들은 여러 이유로 크랩을 좋아한다. 균일가 매장의 상품들은 저렴하고 일회용품에 가까웠지만 풍부하고 다양해 구하기 쉽고, 접근성이 좋으며, 쉽게 살 수 있었다. 증정품은 불성실했지만 공짜였기 때문에 더욱 좋았다. 기기들은 비효율적이어서 오히려 할 일을 더 많이 만들어냈지만 적어도 조금이라도 작동한다면 노동의 부담을 덜어주리라는 기대를 심어주었다. 시간이 지남에 따라 장식품은, 다른 모든 사람에게도 똑같이 그랬지만, 정체성, 지위, 차별성을 표현하는 데 도움을 주는 풍부한 물질적 어휘를 형성했다. 그리고 의도적 수집품은 대량생산되고, 열등한 재료로 만들어지고, 궁극적으로는 형편없는 투자가 되기는 했지만, 즐거운 과시와 만족스러운 취미에 도움이 되었다.

　사람들이 노벨티novelty를 왜 좋아하는지는 이처럼 명백하게 설명될 수 없다. 아이러니하게 크랩 중에서도 가장 크랩스러운 가짜 개똥, 폭발하는 시가, 후피 쿠션Whoopie Cushions, 조이 버저Joy Buzzers를 이해하려면, 가장 정교한 해석 체계가 요구된다. 다른 종류의 크랩처럼 노벨티는 무수한 기만과 모순을 구현하는 복잡한 것이다. 노벨티의 사소함, 무상함, 일회성은 노벨티가 인간의 상태를 심오하게 드러내고 있음을 실제로 보여주고 있는지도 모른다.

가장 늦게 도착한 크랩

노벨티는 미국인들에게 약간의 두려움과 함께 늦게 다가왔다. 18세기와 19세기 초에 새로운 사상과 경험은 흥분과 불안 모두를 마주했다. 새로운 것에 대한 탐구는 "계속 돌아다니는 가운데 유지되었다"고 주장하는 이들도 있었다. 특히 젊은이들은 "새로운 놀이를 쫓는 강한 열망"을 탐닉했고, 무언가와 "친숙"해지기가 무섭게 그것을 "혐오하고 버렸다".[1] 노벨티 역시 파괴적인 측면이 있을 수 있어, 그 결과 사람들이 "힌두식" 결혼, 사우스캐롤라이나주의 눈보라, 매사추세츠주 해안에서 관찰되는 신비로운 바다뱀 같은 특별하고 주목할 만하며 도발적인 것을 접하게 했다.[2]

노벨티를 통해서 즐거움을 추구하고 이 광경을 목격하는 것은 상상의 세계로 통하는 문을 열 수 있었다. 초기의 떠돌이 꼭두각시 인형극 공연자, 마법사, 마술사, 접시 묘기 곡예사, 밧줄 곡예사, 마법의 손전등 투영사들은 시골을 돌며 마법의 묘기를 부리고 자신들이 "합리적 오락"이라며 판매했던 기묘한 기구를 선보이고, 새로운 것에 대한 미국인들의 끊임없는 탐구로부터 이익을 얻었다.[3] '트로이의 기둥' '패피로맨스 작전' '커뮤니티 클락' 같은 진기한 것들은 놀라움을 자아냈고 "눈을 번쩍 뜨이게" 할 수 있었다.[4] (그림 11.1)

By Permission.

CONCLUSION
Of Mr. Martin's Performances.
This Evening, (Saturday) 17th inst.

At half past 7 o'clock precisely, at the Exchange Hall,

FIRST PART.

The best and most striking Curiosities---to which will be added, several Novelties.

SECOND PART.

The true and celebrated exhibition of the

Phantasmagoria,

With the Apparitions of the Witch and the King of Witches.

In the interval of the 1st part, curious and pleasing experiments on Gases, viz :

The detonation of Oxigenes and Hydrogenes,

A Fire Work, with inflammable air.

The combustion of Steel in the vital air, and others.

☞ *Admittance, 75 cents—Children 50 cents*

그림 11.1 마술사 마틴은 초기 미국인들에게 "노벨티"와 "궁금증을 자아내는 물건"을 소개한 수많은 떠돌이 공연자 중 한 명이었다. 『리퍼블리컨 앤드 서배너 이브닝 레저Republican and Savannah Evening Ledger』에 실린 광고(1810년 3월 17일). 미국골동품학회 소장.

새로운 것에 대한 미국인들의 탐구는 남북전쟁 이전 시기에 대량 소비 시대를 여는 데 도움이 되었다. 새로운 것과 바람직한 것을 동일 시함으로써, 광고주들은 소비자들이 물질세계와의 전통적인 관계를 재고하도록, 최신의 것을 선호하고 오래된 소유물을 버리도록 부추겼다. 한 작가가 말했듯이, "노벨티는 우리 마음이 견뎌내기 힘든 매력을 가지고 있다. 가장 값진 물건도, 우리 사이에 나타난 지 꽤 됐다면, 좋은 것으로서 인상을 남기지 않고 낡은 것으로서 혐오감을 준다".[5] 노벨티를 포용한 것은 소비자 문화에 대한 대중적 태도에 근본적인 변화를 보여주었다.

남북전쟁이 종결될 무렵, 미국인들은 새로운 스타일의 새로운 경험과 상품을 구입할 수 있었을 뿐만 아니라 기존의 개념 범주에서 벗어난 완전히 새로운 것들을 구입할 수 있었다. "노벨티"는 이제 물리적인 존재 자체와 새로운 것으로서의 존재 상태를 모두 지칭했다. '번쩍 소시지' '중국 손가락 함정' '부활초' '미스터리 박스' 같은 매우 이상한 노벨티는 여러 이유로 19세기 후반에 기성 시장을 찾아나갔다. 2차 산업혁명은 더 많은 사람에게 일자리를 제공했고, 처분가능소득을 증가시켰으며, 시장을 더 많은 것으로 채웠고, 소비자의 나라를 만들었다. 동시에, 이를 위한 노동의 본질 때문에 사람들은 점점 더 생계 수단으로부터 소외되었다. 그래서 사람들은 유흥업소, 극장, 공원에서 주로 찾고자 했던 여흥을 통해 탈출을 시도했다. "국민 생활에서 두드러진 역할을 차지"하게 된 장난은 이런 탈출 시도의 중요한 부분으로, 음유시인 공연, 유머 공연, 유머 서적이나 만화책과 같은 출판물, 그리고 머지않아 노벨티를 통해 상품화되었다.[6] 19세기 말 일반 상인들을 위해 일하는 판매 대리인들은 노벨티, 웃기는 물건, 장난을 위한 상품을 대중 시장으로 가져왔다. 한 동시대의 설명에 따르면, 금

그림 11.2 19세기 후반에 이르러, 양판 상인들은 주머니 난로나 애니메트로닉 온도계와 같이 좀더 "실용적인" 노벨티와 함께 뱀 상자 같은 다양한 장난 상품을 제공하고 있었다. 콜터앤드코, 『도매가격 리스트: 노벨티와 노션Wholesale Price List: Novelties and Notions』(1883년).

세 "경쟁력 있는 산업"이 된 노벨티는 가정용품 및 장식품 같은 저가의 잡화점 상품과 함께 판매되었다.[7](그림 11.2)

초기의 노벨티

완전히 불가사의한 것이 대부분이었음에도 불구하고, 노벨티는 빠르게 인기를 끌었다. 어른과 어린이 모두에게 판매되는 노벨티는 단지 존재할 수 있었기 때문에 존재했다. 뱀 머리 모양의 손전등, 리볼버 권총 모양의 파이프, 미니어처 망원경, 초대형 안경 등등이 그런 물건이었다. 이 물건들이 무엇인지, 무엇을 했는지뿐만 아니라 왜 사람들이 이 물건들을 가져야 하는지를 설명하기 위한 내용이 판매 카

11장 당신을 노리는 장난

탈로그에 포함되었다. 단어와 이미지가 풍부한, 즉 "미적으로 풍부한" 홍보 문헌은 이런 물건들을 이해하는 데 도움이 되었다.[8] 예를 들어, 1876년 유리카노벨티가 제공한 '번쩍 소시지'(아마도 초기 버전은 깡통에 든 뱀이었던 같다)는 첨부된 삽화 없이는 이해되지 않는 광범위한 설명이 필요했다.(그림 11.3)

장황한 설명에도 불구하고, 혹은 아마 그 때문에, 소비자와 유통업자 모두에게 노벨티는 대부분 이해 불가능한 것이었다. '일본의 미스터리'의 광고 문구는 "아직 아무도 현재 기능하는 대로 만든 원인이 무엇인지 설명할 수 없다. 여기서는 이 신비한 품목의 이상한 기능에 대해 전혀 알려줄 수 없다"고 솔직하게 인정했다. 파고노벨티는 "여기서 아주 재미있는 특허 품목을 소개한다. 이 품목을 잘 설명할 수는

36 EUREKA TRICK AND NOVELTY CO'S MANUAL

No. 84.—THE LIGHTNING SAUSAGE, OR THE MAGIC BOLOGNA.

If the stories of some people are true, the history of the sausage would form the basis of a genuine dime novel story. Perhaps many thousand dogs have been butchered, and untold millions of cats slaughtered to satisfy the sausage fiend. But we doubt this, and our respect for the bologna is so great that we have prepared an imitation sausage, which is the greatest joke out. Apparently, it is simply a small package, about two inches square. Hand it to a friend to open, saying it is something nice, and on his complying, a huge bologna, ten times the size of the package, springs out like lightning, causing intense astonishment on all sides. This "sausage" will not spoil by keeping, and will create fun for a lifetime. If you want to try the nerves of a friend, and enjoy a good laugh at the same time, send for the "Lightning Sausage." Price 15 cents; 2 for 25 cents.

그림 11.3 매직 볼로냐Magic Bologna로도 알려진 번쩍 소시지처럼 완전히 새로웠던 여러 초기 노벨티는 상세한 텍스트에 기반한 설명뿐만 아니라 노벨티들이 무엇을 해주는지 보여주고 말해주는 삽화가 필요했다. 유리카트릭앤드노벨티, 『속임수와 노벨티를 설명하는 삽화 매뉴얼Illustrated Manual of Tricks, Novelties』(1876년).

없다"고 말하면서 '요나와 고래'라는 노벨티를 소개했다.[9] 그리고 수명은 길었지만 불분명하기는 마찬가지였던 "그게 뭐지?What-Is-It?"라는 "가장 우스꽝스러운 노벨티"를 위해 판매자들이 할 수 있는 최선이라고는 희대의 사기꾼 바넘의 협잡을 이어받아 설명을 완전히 회피하는 것이었다.[10]

대단히 쓸모없는 노벨티, 웃기는 물건, 속임수 상품은 업계에서 "확실히 팔리는 물건"으로 알려졌다. 20세기 초에 이르러, 노벨티를 판매하는 기업과 일반 상인들은 그 수가 증가하여, 시카고의 콜터앤드코(최초의 노벨티 기업 중 하나로 1865년에 설립됨)에서부터 뉴저지주 프렌치타운의 파고노벨티와 코네티컷주 스탬퍼드의 유니버설디스트리뷰터스에 이르기까지 전국 각지의 전문 도매상, 유통상, 소매상의 네트워크를 통해, 주로 수입된 다양한 노벨티를 제공하고 있었다.[11] 인디애나폴리스에 본사를 둔 킵브러더스는 1893년에 개업했고, 1930년대에 이르러서는 저가의 축제 경품을 선도적으로 공급하게 되었다. 오로지 노벨티와 마술 묘기 상품만을 취급하는 소매점도 점점 더 많아졌다. 1902년 한 해 동안에만 킵브러더스는 상품 구매에 48만7000달러 이상을 투자했고, 판매원들의 월급으로 6만6800달러를 별도로 지급했다.[12]

하지만 왜 사람들은 전혀 비현실적이고, 이상하고, 설명할 수 없는 것들을 샀을까? 많은 소비자는 노벨티 자체 때문에 노벨티에 끌렸다. 18세기에는 비난받았던 "새로운 놀이용 물건을 쫓는 강렬한 욕망"이 20세기 초에 이르러서는 필수적인 판매 포인트가 되었다. 오래된 연기와 마찬가지로, 새로운 노벨티들은 이상하고 신비롭고 이국적인 것들을 소환했다. '이집트의 미스터리' '아름다운 인어' '실론(스리랑카의 옛 이름)에서 온 향이 나는 조개껍질' '일본의 마술'처럼 노벨티의 이국적인 기원을 지적함으로써, 회사들은 "기상천외한 가능성"을 제시함과 동시에 이 상품들이 실제로 만들어진 이국의 노동 착취 작업장을 보이지 않게 만들었다.[13] 매력적인 기원이 상세한 배경 이야기에 포함될 때가 많았다. 예를 들어, 콜터앤드코는 스태넙 포토마이크로스코픽 링Stanhope PhotoMicroscopic Ring이라는 반지를 만드는 데 사용된 기발한 기술이 1867년 엑스포지션 유니버셀Exposition Universelle이라는 박람회에서 명예롭게 언급되었기에 반지가 "희귀한 물건"이자 "비싼 물건"이지만, 자신들이 "파리에서 직접" 수입할 수 있다고 주장했다.[14] 마찬가지로, 노벨티를 도매했던 도매업체 베닛앤드코는 오스트리아(스크랩북, 깜짝 상자), 독일(파티용품, 가짜 콧수염, 방귀 쿠션, 노벨티 치아), 보헤미아(플러시 천과 벨벳 천 소재의 노벨티 액자), 일본(대형 거미, 고무 쥐, 종이 제품) 등의 물건을 전 세계로부터 직접 조달한다고 언급했다.[15] 고객들을 위해 "엄청난 노력과 비용"을 감수한 파고노벨티는 "수천 킬로미터 떨어진" 브라질 내륙의 "자연"으로부터 "원더풀 러키 버그 펜Wonderful Lucky Bug Pens"이라는 노벨티를 "대량으로" 구입했다.[16] 소비자들은 이 이상한 이국적 물품을 싼 가격에 살 수 있었다.

생명의 의미

단순히 값싸고 새롭다는 수준을 넘어선 일부 노벨티는 죽음에 맞섬으로써 생명력을 소환하여 하찮은 가면을 쓴 삶의 심오함을 감추고 있는 것 같았다. 예를 들어, (성서에서 예리코의 장미로도 알려진) 부활초는 다년간의 휴면 상태에서도 생존할 수 있는 석송石松의 일종이었다. 이 건조 식물은 물에 노출되면 그 이름이 약속한 대로 죽은 상태로부터 솟아나며 푸르러진다.[17](그림 11.4) "식물 왕국의 가장 위대한 불가사의 중 하나"인 부활초는 먼 곳에서 온 이국적인 것이었다. 아니, 어쩌면 성스러운 땅, 어쩌면 멕시코, 어쩌면 미국 서부의 사막에서 온 것일지도 몰랐다. 죽었지만 살아 있는 아름답고 기발한 이 식물은 흙에 심거나 상자에 숨겨둘 수 있었다.[18] 사람들은 생명을 부여하는 자가 되어 "거기에 있는" 물건에 생명을 불어넣을 수 있었다.[19] (동일한 욕구로 인해 1940년에 발명되어 처음에는 '마법의 섬 해저 정원과 바다 원숭이Magic Isle Undersea Garden—and Sea Monkeys'라는 이름으로 불렸고 1960년에 "인스턴트 생명"으로 소개된 마법의 돌Magic Rocks이 나중에 인기를 얻었다. 마법의 돌은 "마술처럼" 솟아났고, 브라인 새우의 일종인 바다 원숭이는 "즐거움을 주고 싶은 나머지 심지어 훈련될 수도 있었다." 이 바다 원숭이는 또한 생명이 정지된 상태에서도 살 수 있었다. 이와 같은 휴면 상태의 생식 덕분에 이 바다 원숭이는 살아 있으면서도 죽어 있는 완벽한 상품이 되

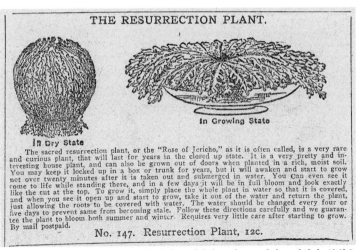

그림 11.4 생명력을 소환하고 죽음에 맞서는 것처럼 보이는 노벨티도 있었다. 부활초는 다시 생기를 불어넣을 수 있는 노벨티 중 하나였다. 유니버설디스트리뷰터스, 『노벨티를 설명하는 삽화 카탈로그Illustrated Catalogue of Novelties』(1915년경).

었다.[20])

부활초의 후손이자 사철 장미 덤불의 사촌인 치아 펫Chia Pet도 소비자들이 즉각적으로 생명을 불어넣고 자신만의 소박한 영역에서 신이 될 수 있도록 해주었다. 치아 펫은 펫 록의 시대였던 1970년대에 크게 인기를 끌었지만, 다른 많은 노벨티와 마찬가지로 훨씬 더 유구한 역사를 자랑했다. 1910년대, 노벨티 제조업자들은 풀이 자라는 것을 지켜보는 행위 자체를 수익성 있는 상품으로 둔갑시킬 수 있다는 사실을 깨달았다. 첫 번째 치아 펫은 독일에서 제조된 경이로운 돼지, 무로Murro, the Wonder Pig였을 가능성이 크다.(그림 11.5) 최고의 노벨티들은 즉흥적인 드라마를 약속했고, 무로 역시 예외는 아니었다. 광고 문구는 "순식간에" "돼지는 녹색 털로 덮여 (…) 보는 이들에게 기쁨을 준다"고 언급하며, 보는 이들을 공연의 일부로 만들었을 뿐 아니라, 무로를 돌보는 사람을 주인으로 만들었다.[21] 1940년대에 이르러, 모턴포터리 같은 미국 회사들은 균일가 시장을 위해 찻주전자와 믹싱 볼 외에도 세라믹으로 된 잔디 머리가 자라는 패디 오헤어Paddy O'Hair 같은 좀더 전문화된 노벨티를 만들었다.[22] 10년 후 존슨스미스앤드코라는 업체는 서니 짐Sunny Jim이라는 노벨티를 59센트에 팔았다. 서니 짐의 서서히 나타나는 곱슬머리와 눈썹은 그 과정을 지켜볼 수 있는 "공연"이었으며, 자연을 인간의 여흥을 위한 문화 상품으로 둔갑시켰다. 이 회사는 "이 장난감 머리들이 전 세계적으로 수년의 세월 동안 애용되어왔다"고 언급했다.[23]

대중적 초현실주의

노벨티는 대체 현실을 만들어냈다. 부활초나 치아 펫처럼 말 그대

그림 11.5 100년이 넘는 세월 동안 회사
들은 사람들이 잔디가 자라는 것을 보
는 데 돈을 지불하게 만들 수 있었다.
첫 번째 치아 펫은 '경이로운 돼지, 무
로'였던 같다. 『플리겐데 블라터Fliegende
Blatter』에 실린 광고(1904년 3월 11일).

로 생명을 불어넣는 듯한 노벨티들도 있었다. '긴 혓바닥' '초대형 나비 넥타이' '대형 엄지 손가락' '익살스러운 다이아몬드 반지' '팝 안경'처럼 크기를 활용해 교란을 주고 신체가 물리적 세계와 상호작용하는 방식을 재조정하도록 만드는 노벨티들도 있었다.[24] 노벨티를 광고하는 카탈로그의 페이지에는 마치 살바도르 달리와 몽고메리워드가 낳은 악마의 알처럼 페이지를 넘길수록 말과 이미지가 더 기묘하고 매우 떠들썩하고 혼란스럽게 병치되어 있었다. 예를 들어, 1910년대에 주백노벨티컴퍼니가 발행한 카탈로그에서 두 페이지 전면을 차지한 한 광고는 사람이 지나치게 뚱뚱하거나 말라 보이게 만드는 휴대용 형체 왜곡 거울뿐만 아니라, 파리 모양의 머리핀, 멕시코산 '도약하는 콩', (양질의 장갑은 들어 있지 않지만 "작은 누드 인형 두 개"는 들어 있는) "블랙 키즈"라는 라벨이 붙은 말장난 상자, 마술 시가, 더 현실적인 품목으로는 창문이 뿌옇게 흐려지는 것을 막기 위한 '시 클리어See Clear'를 소개했다. 이 광고는 기묘하고 이국적이고 실용적인 상품들을 어리둥절하게 모아놓은 것이었다.[25] '구구 이빨' '검은 고양이 핀' '루터스' '퍼니스코프' '보어 스내퍼' 등은 개별적인 물건으로서도 그리고 집합으로서도 별 의미가 없었다.[26] 그것이 이런 물건들의 핵심이었다. 노벨티의 선구자 소런 애덤스는 "절대적으로 쓸모없거나, 불쾌감을 주거나, 충격이나 당혹감을 일으키기 쉬운 것들을 만들 수 있어 자랑스럽다"고 말했다.[27]

이상하고 당혹스러운 것들이 반복된 노벨티는 자유분방했다. 노벨티는 구매자들이 이상한 특정 노벨티에서 다른 노벨티로 "옮아가"도록 부추겼고, 더 많은 새로운 물건과 신선한 경험으로 변덕과 과잉을 보상하려 했다. 노벨티를 공급하는 공급업자들은 주류主流 우편 주문 카탈로그에서 활용되는 전략을 차용했지만, 재고를 다른 "구획"과

"카테고리"로 정리하고 혼돈 속에서 질서를 만들어내려 노력하기보다는 의도적인 무질서를 창출해냈다.[28] 인쇄된 카탈로그가 지속적인 인상을 남겼기 때문에, 회사들은 마음을 사로잡는 물질적 무질서라는 마성의 느낌을 전달하려고 많은 노력을 기울였다. 1900년 유리카노벨티의 운영비에서 가장 큰 비중을 차지한 항목 중 하나는 카탈로그 제작이었다. 인쇄에는 30달러의 비용이, 삽화에는 이보다 두 배가 넘는 비용(82달러 50센트)이 들었다.[29] 파고노벨티컴퍼니는 1908년 카탈로그에 실린 삽화들이 "실용성이 확보되는 한, 물건을 직접 찍은 사진을 판화로 새겨 만든 것"이라고 고객들에게 설명했다.[30]

노벨티를 취급한 회사 존슨스미스앤드코는 인쇄의 힘을 활용해 더 큰 효과를 거두며 판매 대리인이 아니라 고객을 대상으로 중간 상인 없이 직접 발행된 두꺼운 카탈로그에 물질적 과잉을 채워넣었다.[31] 설립자의 아들 폴 스미스는 아버지의 접근법이 시어스로벅(회사 이름조차 우편 주문 업체임을 반영하려는 의도가 있었다)의 영향을 받았으며 자신이 "사진보다 상세하다"고 내세운 고품질 삽화를 만드는 데 많은 시간, 노력, 돈을 들였다고 설명했다.[32] 마찬가지로, 최고의 노벨티를 제조한 제조업자이자 존슨스미스를 비롯한 동종 업체들에 노벨티를 공급한 애덤스는 상품을 생동감 있는 삽화로 만들기 위해 특별한 만화가를 고용했다. 이 삽화는 카탈로그에만 실린 것이 아니라 널리 유통되었으며 인기 잡지와 만화책의 광고란에도 카메오처럼 등장했다. 시각적으로 강렬한 말과 이미지의 병치를 활용함으로써 노벨티 상인들은 엄청나게 정신 사납고 몰입감이 높은 경험을 만들어내며 합리성을 뒤흔들고 그 과정에서 돈을 벌었다.

고무 프레츨, 물이 발사되는 담배, 가짜 코, 엑스레이 안경, 마술껌 등 이 모든 것을 거부하기보다는 수용하는 과정에서 미국 소비자

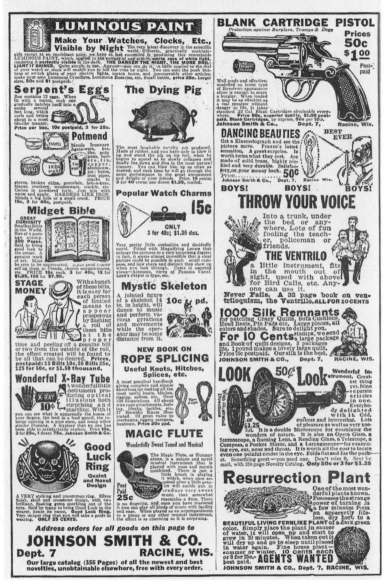

그림 11.6 존슨스미스 같은 노벨티 공급업체들은 예술운동이 예술계에 의해 받아들여지기 10여 년 전부터 대중에게 초현실주의를 팔고 있었다. 『파퓰러 머캐닉스Popular Mechanics』 (1923년 12월).

들 역시 초현실주의의 교리를 받아들이고 있었는데, 이는 뉴욕현대미술관이 「환상주의 예술, 다다, 초현실주의Fantastic Art, Dada, Surrealism」라는 1936년의 획기적인 전시회에서 초현실주의 운동을 공식 인정하기 수십 년 전의 일이었다.(그림 11.6) 비평가들은 이 전시회를 "우스꽝스러운 환상" "매혹적인 딴전 피우기" "허튼소리와 혼동에 대한 의도적인 숭배, (…) 객관적인 현실을 이해하지 않고 회피하려는 노력"이라고 불렀다.[33] 초현실주의는 인기가 있었다. 왜냐하면 "초현실주의는 공포, 혐오, 경이로움을 활용할 뿐 아니라 눈을 사로잡고 어리둥절하게 하는 장치를 활용하기 때문이다".[34] 그가 말하고자 한 것은 혁명적인 예술 운동, 아니 노벨티 카탈로그였다.

제1차 세계대전 이후에 이르러 미국은 소외된 노동자의 나라가 되었다. 마침내 공장 노동자들이 농업 종사자들을 앞질렀다. 대부분의 남성은 더 이상 스스로 사장이 될 수 없었고, 그렇게 될 가능성 또한 없었다. 목회적 이상은 사람들의 시야에서 빠르게 사라졌으며, 이제는 (식민지 부흥주의자를 포함해) 망상에 사로잡힌 이들이나 순진한 이들이 탐닉하는 환상일 뿐이었다.[35] 초현실주의자들은 점점 더 삶을 지배하고 규정하는 상품 문화를 재고해보라고 요구하면서 더 혁명적인 사고방식을 불러일으켰다. 초현실주의자들의 선입견은 사실 노벨티에 생명을 불어넣은 것들과 일맥상통했는데, 그것은 바로 "우스꽝스러운 환상"의 진지한 목적, "허튼소리와 혼동에 대한 고의적 숭배"와 "사회생활 내 소외의 심각성"을 표면화시킨 "이상한 관점"의 제시, "상상의 힘"을 통해 해방되고자 하는 욕망, "불복, 사보타주, 자본주의적 사회관계에 대한 전면적인 반란을 통한 집단적 해방"의 쟁취였다.[36]

다시 말해, 혁명이었다. 시장 보고서에 따르면, 1940년 미국의 생산 현장에서 "탄탄한 인기를 누린 것은" 전복 그 자체였다.

피시러브앤드코가 취급한, 크리스마스 때 웃음을 선사하기 위한 품목에는 여성이 남성의 중절모를 훔칠 수 있는 자기장을 이용하는 노벨티인 실패한 명청이Goose That Failed, 홋차 걸Hotcha Girl, 미스틱 안경Mystic Glasses, 최고급 시가처럼 셀로판지와 은박지로 싼 꾸러미로 만들어진 엘 로포 시가El Ropo Cigars가 포함되어 있다. 리처드어펠은 일반적인 속임수 상품 및 재미를 위한 상품들과 함께 가짜 눈송이와 악취를 풍기는 플러그도 특별히 취급하고 있다. 이글매직팩토리에는 웃기는 크리스마스 카드 외에도 마술 선물 상자를 비롯한 다른 아이템들이 있다. 매그노트릭스노벨티는 웃기는 졸업장, 대형 엄지손가락, 기이한 편지, 가짜 도넛, 고체 위스키 같은 품목들을 조기에 주문받고 있다고 한다. 이 회사는 폴더에 담긴 세 가지 색상으로 된 일반 크기와 대형 크기의 웃기는 크리스마스 카드도 제공한다.[37]

부활초를 되살리듯이 상품에 새 생명을 불어넣음으로써 상품의 세계를 재고하게 된 사람들은 상상에 기반한 새로운 꿈의 세계의 문을 두드렸다. 초현실주의자들은 이 과정이 이상적으로 대중이 기존의 계층 구조를 의심하고 대체적인 정치 구조를 고려하도록 장려할 것이라고 믿었다. 이를 위해 초현실주의자들은 관객들에게 지각에 기반한 마술을 선보였다. 르네 마그리트는 1930년대의 「꿈의 열쇠」라는 명화를 통해 평범한 물건들을 평범하지 않게 배치하여, 평범한 물건을 때로는 정확한 이름으로 명명하고 때로는 정확하지 않은 이름으로 명명했다.(그림 11.7) 그의 말에 따르면 이와 같은 표현과 인식의 불연속성은 "우리를 아이디어와 이미지의 세계로 투영시키고, 마음의 지평선 상의 신비로운 지점으로 우리를 끌어당기는데, 그곳에서 우리는 기묘한 경이와 조우하고 경이로 충만해진 채 다시 돌아온다".[38] 그는 노벨티에 관한 말을 매우 쉽게 하려 했던 것 같다. 구체적으로는 노벨티

그림 11.7 물건들은 보기와는 다르다. 존슨스미스, 「노벨티, 퍼즐, 속임수, 장난 상품, 유용한 상품 등을 위한 보조 카탈로그Supplementary Catalogue of Surprising Novelties, Puzzles, Tricks, Joke Goods, Useful Articles, Etc.」(1930년경).

의 모호한 목적, 불안감을 주는 관계, 이상한 이름이 사람들이 진짜라고 알고 생각하는 것을 재구성하는 역할을 한다는 뜻일 것이다. 이것은 단춧구멍에 꽂는 꽃이 아니라, 폭발하는 꽃이다. 이것은 권총이 아니라, 물총이다. 이것들은 진짜 이빨도 아니고 틀니 같은 가짜 이빨도 아니고, 기본적으로 닮기도 하고 안 닮기도 한 모조품들이다.

상품으로서의 노벨티

노벨티는 이용자들에게 그들을 둘러싼 물질세계를 재고하도록 단순히 부추긴 것이 아니라 강요하여, 초현실주의 예술품보다 더 효과적으로 혁명적 행동과 사고를 구현했다. 노벨티는 "비밀"을 숨겨왔을 뿐만 아니라, 익숙한 의미에서 안정적이고 분명한 교환가치를 지닌 상품도 아니었다. 노벨티의 목적은 무엇이었을까? 노벨티의 가치는 무엇이었을까?

사람들이 노벨티를 즐긴 이유는 노벨티가 정해진 가치의 범주를 일부러 혼동시켰기 때문이다. 의도된 목적을 위해 노벨티를 다 써버리지 않고서는 노벨티를 활용할 방법이 없었다. 활용되고 나면 더 이상 충격을 주거나 주의를 분산시키거나 즐거움을 주지 않았다. 왜냐하면 활용한 후에 무엇을 기대해야 하는지 사람들이 알았기 때문이다. 더 이상 재미는 재미를, 놀라움은 놀라움을 주지 않았다. 다 써버린 것은 노벨티가 만들어낸 경험일 뿐 아니라, 다 타버린 폭발하는 시가, 공기로 사라져버린 연막탄, 가려움을 유발하는 가루처럼, 노벨티 그 자체였다.[39] 노벨티는 초현실주의의 본질인 허무주의nihilism를 공유했다.

그러나 노벨티는 상품화 과정에 맞서는 것이면서 동시에 전형적인 상품이었다. 노벨티는 초현실주의 예술보다 훨씬 더 효과적인 방법으로 현대적 소외를 집약시켰고, 그 소외를 해결할 해독제를 제공해주었다. 마술 고무 프레츨, 비누로 만든 치즈, 종이 부채를 감추고 있는 시가, 대포알 모양의 칵테일 제조 세트, 물을 뿜어내는 동전 등 놀라움을 주는 것, 모방한 것, 때로는 유용한 것, 때로는 사라져버리는 것 등 많은 것이 한꺼번에 있었다. 진동하는 와블리 성냥갑, 와블리 담뱃갑, 와블리 치즈 조각은 놀랍고도 불안정한 것이었다. 이 물건들은 이상하고 잘못된 방식으로 행동하여 가장 평범하고 친숙한 사물의 근본적인 속성에 대한 이해를 좌절시켰다. 노벨티는 사람들이 사실적이고 현실적이며 유형적이라고 생각하는 것을 당연하게 받아들일 수 없도록 했다. 상품 자본주의 세력이 확립하고 강화하려고 고군분투했던 바로 그 현실을 말이다. 그러므로 노벨티의 의미는, 이를테면 모피 재질의 컵과 컵 받침을 형상화한 메레트 오펜하임의 1936년 「오브제Le djeuner en Fourure」 같은 유명한 초현실주의적인 작품들의 의미보다 더 즉각적이고 접근하기 쉬웠다. 패션과 마찬가지로, 노벨티의 무수한 복잡성으로 인해 가해자들은 순간적으로 혼란을 일으켰고 피해자들은 현실 자체에 대한 이해에 의문을 품게 되었으며, 따라서 노

그림 11.8 비누로 만든 치즈와 고무로 만든 담배는 초현실주의자들의 모피 찻잔과 크게 다르지 않았다. 겔먼브로스, 「구매자 안내를 위한 연간 카탈로그 1937년판Annual Buyer's Guide Catalog for 1937」.

벨티는 시중에 유통되는 다른 소비재보다 더 강력한 것이 되었고, 아이러니하게도 더 의미 있는 것이 되기도 했다.(그림 11.8)

공격의 극장

하지만 노벨티는 사용자에게 더 많은 것을 제공했다. 재미를 주기 위한 상품들도 협력적인 동료로 합류하며 호각세를 이루거나 서로를 증오하고 끌어내리는 경쟁을 치렀다. 본질적으로 공연 같은 성격을 지닌 노벨티들은 "공격의 극장"의 버팀목으로 중앙 무대를 차지했다. 출연진은 가해자, 피해자, 관객이었다.[40] 얇은 베일에 가려진 잔인함에 의해 살아나는 중국식 손가락 함정, 대형 거미, 뱀 상자는 단순한 장난이나 놀이가 아니라, 희극과 비극, 즐거움과 악의를 결합한 미국식 유머의 오랜 전통의 일부였다. 미국인들은 종종 유머를 칼처럼 휘두르며 선의의 폭력적 위협을 통해 힘을 보여주었다.[41]

이와 같은 노벨티의 역할 역시 자본주의 및 상품 문화의 부상과 연결될 수 있다. 미국인들은 시장 확장에 대한 불안감을 표현하고 공격적인 수익 추구와 도덕을 조화시키기 위해 유머를 활용할 때가 많았다.[42] 19세기 대중문화는 일상적으로, 금전적 패배자들을 재치 없는 얼간이, 풋내기, 갈매기들로 묘사했다. 그들의 불운과 형편없는 결정은 동정보다는 비웃음을 유발했다. 뉴욕의 19세기 말 금융 엘리트들은 "이 잘 속는 시골 사람들"의 경제적, 문화적 낙후성을 폭로하는 "유치하고 짓궂은 농담"을 할 때가 많았다.[43] 장난치는 소년들(항상 소년들이었다)을 "훈련 중인 자본주의자들"로 특징짓는 이들도 있었다. 1883년 『나쁜 소년과 그의 아빠Bad Boy and His Pa』에서 조지 펙은 "최고의" 소년들은 "속임수로 가득 차 있다"고 주장했다. 그는 "악의 없는 농담을 가장 서슴지 않고 일삼는 아이들은 (…) 나중에 최고의 사업가가 될 가능성이 가장 높다"고 설명했다.[44] 장난은 기개, 위험을 감수하려는 의지, 그리고 가장 중요한 것으로서 승자로 보이려는 충동을 나타냈다. 서로에게 짓궂은 농담을 하는 것은 가장 훌륭하고 총명한 사람들이 선의의 재미를 가장하여 결속 집단 내에서 위계질서를 확립하는 방법이었다. 사람들은 또한 장난을 이용해 다른 사람들 앞에서 장난 대상을 당황하게 함으로써 그룹의 구성원이 아닌 사람들을 과시적으로 식별했다.[45] 노벨티 공급업자 애덤스가 설명했듯이, "나는 새로운 아이디어로 장난칠 때, 매주 하는 포커 게임을 하기 전에 칵테일 라운지나 누군가의 집에 앉아 있는 평균적인 남자를 머리에 그리고 이 새로운 아이템이 이 부류의 그룹에 통할지 자문하려 한다. 만약 A가 B에게 장난을 치면 걸어 들어와 일생일대의 놀라움을 선사받을 C를 기다리며 B가 즐거워할지를 말이다."[46]

장난 자체가 반칙이었다. 대중의 당혹감을 초래한 "음모"는 장난치는 사람들로 하여금 두 배로 장난을 치도록 만들었기 때문이다. 공격의 극장에서 공연의 요점은 장난치는 사람들, 즉 목격자와 협력자를 장난치지 않는 굴욕당한 사람들과 구별하는 것이었다.[47] 예를 들어, 유리카노벨티컴퍼니의 상품 "그게 뭐지?"는 누군가의 무릎에 떨어졌을 때 피해자로부터는 "공포의 표정"을 끌어내고 목격자 사이에서는 "폭소를 유발할" 것이었다. 겨우 25센트짜리치고는 큰 보상이었다.[48] 마찬가지로, 남자아이들도 (멕시코산 거미로도 알려진) 타란툴라를 가지고 "엄마, 삼촌, 이모, 이웃을 겁주면서" 재미있게 놀 수 있었다.[49] 로열노벨티컴퍼니의 "물 뿜는 카메라"는 "피해자"가 웃기 시작할 때 버튼을 눌러 "물을 한바탕" 방출할 수 있었다. "애들아, 이건 정말 최고의 장난이고, 재미와 웃음이 끝이 없어."[50] (그림 11.9) 누군가

SQUIRTING CAMERA

It is exactly the same as the above illustration and looks just like a dandy little camera. Everybody is crazy to have their picture taken and you can work this joke on everyone and anyone. Ask your friends if they wouldn't like you to take their picture, and you will find them vrey willing to have it taken. It has a neat little rubber bulb the same as a regular high price camera. This bulb you fill up with water and when you are ready to take the pciture you tell the victim to smile as you are now going to release the shutter; as soon as he or she starts to smile press the bulb and the victim gets a good squirt of water all over him. Boys, this is the very best joke and causes no end of fun and laughter. **No. 489—Squirting Camera post-paid only 28c.**

그림 11.9 노벨티는 사람들을 가해자와 희생자로 구분해주었다. 로열노벨티, 『삽화 카탈로그Illustrated Catalogue』(1910년경).

의 얼굴을 찌를 때 겔먼앤드코의 "노벨티 뱀"은 특히 재미있었다.[51] 한 소녀가 한쪽 끝에 손가락을 집어넣은 후에야 "소녀 사냥꾼Girl Catcher"의 "재미"가 시작되었다. "아무리 세게 당겨도 여자아이는 도망칠 수 없다! 세게 잡아당기면 당길수록 더 조인다. 놓아줄 준비가 되면 그녀는 쉽게 손가락을 뺄 수 있지만, 그 전에는 그럴 수 없다."[52](그림 11.10)

재미를 위한 이런 종류의 상품은 "파괴적"이고 "도발적인" 상황을 만들어내 궁극적으로 현상을 강화시켰다.[53] 사회적 관습을 뒤집는

그림 11.10 장난은 성에 의해 규정된 역할을 강화할 때가 많았다. 로열노벨티, 『삽화 카탈로그』(1910년경).

것은 공감대를 형성하고 규범을 재정립할 수 있는 반응을 끌어냄으로써 사회적 관습을 재표명하고 강화할 기회를 제공했다. 따라서 재미를 위한 상품은 뚜렷한 성별 요소를 포함했다. '소녀 사냥꾼'이나 물 뿜는 카메라 같은 재미를 위한 상품은 남학생들이 나중에 여성을 지배할 수 있도록 허가증을 주었다. 게다가 이러한 상품은 소녀들이 자신의 굴욕에 맞서 한패가 되게 만들었다. 왜냐하면 가해자들은 예의와 존경의 습관 때문에 좋은 놀림감이 될 준비된 희생자들이 필요했기 때문이다.

소녀들이 노벨티를 구매하고 활용하는 행위를 막을 수 있는 것은 없었지만, 소녀들은 그렇게 하는 것이 소녀의 세계가 아니라는 말을 너무나 많은 방식으로 들었다. 유머와 연극은 소녀가 아니라 소년들의 것이었다. 모두를 위한 즐거움이라는 약속에도 불구하고 재미를 위한 상품은 사실 소년의(그리고 남성의) 게임이었고, 장난은 성적 위계질서를 강화했다. 남학생(그리고 남성)은 장난을 친 반면 여학생(그리고 여성)은 이를 지켜봐야 했다. 더욱이 남자아이(그리고 남성)는 신체적, 문화적으로 소녀(그리고 여성)에게 장난을 칠 수 있는 힘을 가지고 있었다. 그 장난은 선의의 장난이라는 가면을 쓰고 행해진 것으로, 피해자들에게 항의할 권리를 주지 않고 강탈했다. 장난은 마지막으로, 여성에게 타고난 유머 감각이 없다는, 널리 퍼져 있는 가정을 강화시켰다. 여성들은 애초에 즐거운 활동을 할 정당한 이유조차 가지고 있지 않았다.[54]

상품을 성별에 따라 나눈 노벨티 제조업자와 상인들은 계속해서 이 메시지를 강화했다.[55] 공급업자들은 물총, 보이 프린터Boy Printer라는 인쇄기, 웃음 카메라, 필름 영사기, 부가부 시계Bugaboo Watches, 쌈닭Fighting Roosters 장난감, 권투 기술과 목제 장난감 만드는 법에 관한 책

등 정신을 교란하는 온갖 종류의 상품을 소년들에게 제공했다. 반면 소녀들은 저가 보석, 구슬로 장식된 핸드백, 미니어처 부엌, 버려진 직물, 이런 것을 조립하는 데 필요한 봉제 도구 등 비교적 보잘것없는 물건들을 사는 데 용돈을 써야 했다.[56]

　어린이 크기의 훈련 기구만큼이나 실제로 장난감이 아닌 이 작은 소비재들은 가정과 숨 막히는 가정생활이라는 속박을 훨씬 넘어선 무한한 가능성의 세계를 소년들에게 열어주었다. 경이, 호기심, 소유 욕을 불러일으키는 상품들은 말 그대로 재미있고, 흥미롭고, 새롭고, 사악할 정도로 경박한 경험에 소년들이 쉽게 접근할 수 있도록 해주 었다. 이와는 대조적으로 소녀들이 사용할 수 있는 장난감은 소녀들 이 남은 평생 동안 수행할 집안일에 대비할 수 있게 해주었다.(그림 11.11) 소녀 잡지의 광고들은 시집, 고데기, 레이스 뜨는 기구 세트, 인

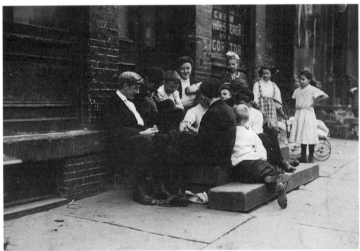

그림 11.11 남자아이들은 카드놀이를 하는 반면, 유모차를 지키는 여자아이들은 지켜 보고 있다. 루이스 하인, 「도로변의 카드 게임Sidewalk Card Game」(1910년경). 뉴욕공공 도서관 소장.

　　　　　　　　　　　　　　　11장 **당신을 노리는 장난**

형 집 등 내향적인 경험만을 제공하는 장난감을 정성스럽게 홍보했다. 한편 만화책에서부터 인기 있는 과학 잡지에 이르기까지, 소년 대상 홍보물은 행운의 퍼즐, 마법의 시가 상자, 노르웨이 쥐, 배지, 자석 팽이, 아나키스트 악취 폭탄Anarchist Stink Bombs처럼 상상력을 얻을 수 있는 모험 정신, 개척 정신 같은 것들을 지향하는 외향적인 장난감과 게임을 홍보했다.[57]

더 정교한 장난용 상품들은 가정 돌보미로서의 소녀와 여성의 규정된 역할에 맞춰졌다. 두 배로 잔인한 이런 상품들은 여성의 열등감을 강화시켰을 뿐만 아니라 복종을 웃음거리로 활용했다. 돌보미로서의 동정심으로 인해 여성들은 가짜 귀 붕대나 가짜 부러진 이빨처럼 재미를 위한 상품에 취약했다. 마찬가지로, 집 안 청결을 유지해야 한다는 여성들의 책임은 고운 리넨에 묻은 가짜 잉크 자국을 정당화하는 구실이 되었다. 손으로 쓴 카드에 적힌 글귀는 연애편지가 아니라 손가락을 검게 만드는 그을음 잉크로 쓴, 말 그대로 더러운 노트였다. 모조 담배는 여자의 세심한 일을 말살하고 세간을 망가뜨리는 척했기 때문에, 분명히 우스운 일이었다. "광택이 나는 멋진 탁자 위에 모조 담배를 올려놓고, 시누이가 당신을 노려보는 것을 생각해보라. 아니면 손상을 입을 수 있는 곳에 불이 붙은 꽁초를 두고 그 효과가 어떤지 확인하라."(그림 11.12a-c)

노벨티의 재미는 "관습을 거스르고 체제를 전복"하는 것만이 아니었다.[58] 노벨티는 또한 비열한 것이었고 해로운 것이었으며, 다른 누군가를 "희생"시켜 위신을 떨어뜨리고 난처하게 만드는 데 활용되었다.[59] "무한한 공격"을 행하기 위해서 장난의 가해자들은 재미를 위한 상품뿐만 아니라 장난의 "표적"으로 기능할 피해자도 필요했다.[60] 이런 종류의 장난에는 "숨겨진 적대감"이 있었는데, 이 적대감은 "웃

그림 11.12a–c 여성들은 장난과 농담을 하기에 만만한 희생자였다. C. J. 펠스먼, 『전 세계의 노벨티, 장난, 속임수, 퍼즐, 마술Novelties, Jokes, Tricks, Puzzles, Magic from All Over the World and Every Where Else』(1915년경).

그림 11.13 1939년, 애덤스가 뱀이 담긴 폭발하는 캔을 예비 고객에게 선보이고 있다. 애덤스는 웃지 않고 있다. (저자 윌리엄 로셔와 코네티컷주 옥스퍼드의 출판사 1878 프레스의 허락을 받고 게재함.)

지 않는 적어도 한 사람의 **이론적 존재**"인 가해자에 의해서만 수행되었다.[61] 노벨티의 발명가 애덤스는 폭발하는 뱀을 고객의 얼굴에 겨눌 때 웃지 않았다. 하지만 그는 원하는 것을 얻었다. 뒤로 물러서는 피해자가 놀란 표정을 하고 입을 고정한 채 반쯤 미소를 짓고 있었던 것이다. 이런 종류의 장난은 아주 심각했다.(그림 11.13)

웃기엔 아프다

초기 노벨티의 기만성은 제1차 세계대전을 전후하여 폭력으로 변했고, 그 결과 노벨티의 허무주의가 폭로되었다. 수 세기 전 독일계 펜실베이니아인들은 머리에 날카로운 못이 달린 스프링이 장착된 뱀을 숨기고 있는 속임수 상자를 만들었다. 열리면 공격할 준비가 되어 있는 상자였다. 장난기 많은 암살자들은 이 상자를 "물어뜯는 상자"라고 불렀다. 19세기 후반에 이르러 기업들은 단지 더 정교해진 버전의 물어뜯는 상자뿐만 아니라, 물어뜯고, 펑 하고 무언가가 튀어나오는, 폭발하는 노벨티들도 팔고 있었다. 일부는 놀라울 정도로 폭력적이었(고 그 이후로 상당수는 불법적인 것이 되었)다. 뇌관이 들어 있고 분말이 폭발하는 보석으로 장식한 조크 박스Joke Box라는 속임수 상자는 열리면 "큰 폭발음"을 내뿜었다.[62] 가장 상징적인 폭력적 노벨티 중 하나인 폭발하는 시가에는 처음에 화학 폭발물이 미량 가미되어 있었다.[63] 여전히 상대를 놀래주긴 했지만, 시가는 결국 기계적 수단을 통해 폭발하게 되었다. 개선된 스프링이 장착된 1908년의 특허는 "시가 연기가 퍼져서 불이 붙은 직후에는 낡은 페인트 붓처럼 보인다. 흡연자의 얼굴에 부품이 날아갈 위험도 없다"라고 설명했다.[64](그림 11.14)

폭력은 필연적으로 폭력을 낳는다. 1930년대에 이르러 새로운 생

그림 11.14 "당신은 친구 때문에 엄청 크게 웃게 될 것이다." 파고 노벨티의 폭발하는 시가 The Exploding Cigar 광고(1900년경).

산자들은 저렴하고 폭발적인 것들을 수없이 제공했다. 1936년 뱅고 어프러덕츠로부터 구입 가능한 것에는, 무엇보다 자동 폭죽, 뱅고 담배, 뱅고 발사 장치, 빙고 핸드 셰이커, 버저 레터Buzzer Letter, 작은 장식용 권총, 폭발하는 성냥, 폭발하는 담배, 폭발하는 시가, 조이 버저, 발사되는 성냥갑, 플레이트 리프터스Plate Lifters, 발사되는 책, 발사되는 놀이용 카드, 발사되는 보석 상자, 발사되는 성냥 스탠드, 함정 껌 등이 있었다.[65] 물어뜯는 상자의 정신은 가짜 튤립과 놀이용 카드가 담긴 상자에서부터 딸기잼 병과 만년필에 이르기까지 온갖 것에서 뛰쳐나오는 뱀으로 살아남았다.[66] 모든 종류의 실제 상품은 예상

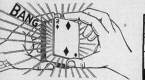

그림 11.15 제2차 세계대전 직전 폭발하는 노벨티는 큰 인기를 얻었다. 겔먼브로스, 『구매자 안내를 위한 연간 카탈로그 1937년판Annual Buyer's Guide Catalog for 1937』.

치 못한 방식으로, 그리고 종종 관습을 거스르는 방식으로 행동하고
주인에게 말대꾸했다. 아니, 주인을 물어뜯었다. 상품이 많아질수록
도플갱어가 나쁜 행동을 할 기회는 더 많아졌다.(그림 11.15, 11.16)

잔인하고 폭력적인 노벨티는 소리, 느낌, 취향에 대한 이해를
불안하게 만들면서 모든 감각을 공격했다. 드리블 글라스Dribble
Glass(1909년 발명)의 잘 숨겨진 구멍 덕에 액체 내용물은 "마시는 사
람의 턱과 셔츠 앞부분으로 흘러 내려갈 수 있었다. 희생자들은 보통
자신의 잘못이라고 생각한다. 자신의 뺨을 닦아낼 것이고, 변함없이
그렇게 하려고 계속해서 노력할 것이다".[67] 이 물건은 1912년 뉴욕 신
문 판매상 연례 연회 때 회장이 앉은 테이블에서 선풍적 인기를 끌며
"큰 즐거움을 자아냈고, 많은 셔츠가 세탁될 준비를 곧 마쳤다".[68] '스

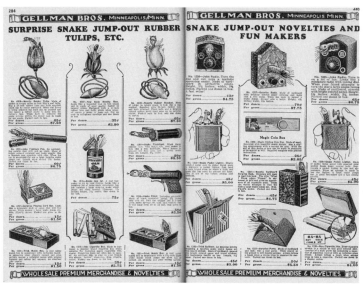

그림 11.16 물어뜯는 상자에 담긴 뱀은 새로운 서식지를 찾았고, 놀라게 하는 뱀
이 다양한 상품에서 튀어나왔다. 겔먼브로스, 『구매자 안내를 위한 연간 카탈로그
1937년판』.

피어틴트 껌'은 입을 빨갛게 만들었던 반면 '후추 사탕'은 입을 태워버렸다. '가려움 가루'는 긁으면 더 심해져만 가는 "과도한" 가려움증을 일으켰다. '자동 폭죽'은 운전자들이 자동차가 폭발하고 있다고 생각하도록 만들었고, "무해"하다고 하더라도 "간단히 자동차의 점화 플러그에 부착하기만 하면 '피해자'가 시동 페달을 밟는 순간 '불꽃놀이'가 시작되었다. 차는 재빨리 움직이고, 삐삑거리고, 날카로운 소리를 내고 다시 재빨리 움직이다가 뒤이어 커다란 연기구름이 피어오르는" 끔찍한 경험을 전해주었다.[69] (애덤스는 "섬세한 신경을 가진 예민한 영혼들에게는 좀 폭력적일 수도 있다"고 인정했다.[70]) '아나키스트 폭탄'은 "가장 끔찍한 냄새를 내는 액체 형태의 화학 물질이었다". 1904년 애덤스가 도입한 카추 파우더Cachoo Powder는 전국에 "재채기 열풍"을 일으켰다. 첫해에 1만5000달러를 벌어들인 이 사업가는 "석탄 부스러기도 금가루로 둔갑시킬 수 있었다".[71] 이 모든 것은 믿을 수 없을 정도로 인기가 있었다.

대부분의 노벨티는 총이든, 폭발물이든, 독가스든, 전쟁 속 죽음과 파괴의 원인을 길들여 만든 것이었다.[72] 폭력과 재미 사이의 친밀한 관계가 그러했기에 노벨티 기술은 전쟁에 이용되었고 거꾸로 전쟁 기술도 노벨티에 이용되었다. 1907년에 발명된 빙고 폭발 장치Bingo exploding device는 쥐덫과 같은 메커니즘으로 작동하는 기계 장치로 뇌관이 촉발되도록 설계되었다. "더 정교한 장치보다 훨씬 확실하다"고 여겨지는 이 기구는 제1차 세계대전 때 병기창에 의해 도로 건설과 대인 지뢰용으로 개조되었다.[73]

제2차 세계대전 중, 영국의 스파이들은 노벨티의 속임수들을 비밀 작전에 적용시켰다. 요원들은 적의 속옷에, 콘돔에, 발에 바르는 분粉통에 가려움을 유발하는 가루를 뿌렸다. 요원들은 종이 반죽으로 진짜처럼 제작된 가짜 통나무로 수류탄을 운반했고, 이탈리아 키안티산 포도주 병과 쥐의 사체에 폭발물을 숨겼다. 가짜 소의 거름 더미에는 메시지와 폭탄이 숨겨져 있었다.[74] (이것은 통나무가 아니다. 이것은 쥐가 아니다. 이것은 똥이 아니다.[75]) 그리고 수십 년 동안 미국의 국방부는 악취 폭탄을 개발하기 위한 실험을 진행해왔다.[76] 비살상 무기였지만 효과적이었던 악취 폭탄은 "매우 역겹고 정말 끔찍한" 냄새를 만들어내며 "공포, 공황, 도망치고 싶은 압도적인 충동"을 자극했다. 사실 냄새는 감정과 강하게 연결되어 있어서 무해한 악취 폭탄을 아주 재미있고 무시무시한 것으로 만들었다. 후각 전문가들에 따르면, "익숙하지 않은 냄새는 사람들이 맡은 적 있는 가장 역겨운 냄새보다 공황 상태를 유발할 가능성이 더 크다."[77]

노벨티 회사들도 전쟁 기술로부터 자유롭게 기술을 차용했다. 항공기와 선박의 야광 계기판에 사용되는 라듐은 어린이를 위한 노벨티 스티커용, 어른을 위한 노벨티 얼굴 크림용, 다소 충격적이기는 하지만 치약용으로까지 채택되었다. 노벨티 제조업자들은 군인의 방수복에 사용되는 고무 가공 기술의 개선 결과를 적용하여 내구성이 뛰어난 후피 쿠션, 더 그럴듯한 가짜 신체 부위, 더 거대한 모조 해충을 만들었다. 공식 경찰 포탄을 통합한 최루탄 만년필은 노벨티이자 개인 방어용 무기였다. "안전핀을 해제하고 그냥 가리키기만 하면, 눈을 못 뜨게 하는 최루 가스 구름이 발사된다. 가장 악랄한 인간이나 야수도 즉각적으로 멈추게 하고, 기절시키고, 무력화시킨다."[78] 노벨티는 이 모든 폭력을 길들이는 데 도움을 주었다. 빙고Bingo는 전장에서는 지뢰를 작동시키는 장치였던 반면 집에서는 성냥, 음료 받침, 저녁식사용 접시, 서적, 담뱃갑 등을 도약하고 분출하게 하여 "영원히 지속될 것 같은 수요를 충족시켰다."[79]

하찮은 것 중 가장 하찮은 것이자, 크랩 중 가장 크랩스러운 것이 기도 한 노벨티가 사람들에게 필요했다는 사실은 특히 압박의 시대 였던 대공황 시기에 아주 명백해졌다. 대공황 시기에 이르러, 노벨티 공급업체 존슨스미스는 수요를 따라잡기 위해 800페이지 분량의 유료 카탈로그에 더해 증보판을 정기적으로 발행하고 있었다.[80] 피시러 브의 "큰 웃음을 선사하는 노벨티"라는 재떨이에 부착된 미니 변기는 "대공황이라는 두목의 눈 사이를 쳤다!"[81] 애덤스는 이상하고 전혀

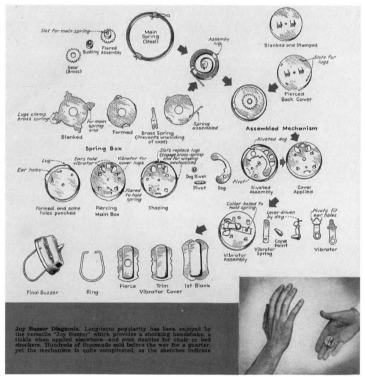

그림 11.17 조이 버저의 내부가 작동하는 방식. 『아메리칸 머시니스트American Machinist』 (1946년 8월). 인포머미디어의 허락을 받고 재인쇄.

쓸모없는 제품을 1932년에 선보였다. 조이 버저라는 것으로, 스프링 장착 메커니즘을 활용해 악수할 때 손 떨림을 유발하는 장치였다. 스프링, 기어, 핀, 진동을 유발하는 조립 부품, 구멍이 뚫린 케이스, 커버 등 30여 개의 부품으로 구성된 이 복잡한 장치는 제작도 간단하지 않았고 가격도 저렴하지 않았다. 수입되기보다는 미국에서 제조된 이 제품은 달걀 약 두 개 반, 양말 한 켤레, 휘발유 약 18리터에 해당되는 50센트에 소매로 판매되었다.[82] (그림 11.17)

비록 대공황이 심화되는 시기에 출시됐지만 조이 버저는 애덤스의 가장 성공적인 노벨티가 되었고, "실용적으로 재미를 추구하는 업계의 에디슨" "노벨티 업계의 헨리 포드"(헨리 포드 자신도 이 장치를 사랑했다)라는 별명을 애덤스에게 선사해주었다.[83] 미국인들은 조이 버저가 출시된 첫해에 약 14만4000개를 시장에서 구입했고 해가 갈수록 더 많이 구입했다. 그 덕에 애덤스는 공장 운영을 이어갈 수 있었을 뿐 아니라 미국 전체 고용률이 25퍼센트에 불과한 상황에서 모든 근로자를 해고 없이 유지할 수도 있었다. 10년도 채 되지 않아 250만 개가 넘는 조이 버저가 국내에서 팔려나갔고 1946년에 이르러 애덤스는 연간 약 25만 달러의 순이익을 벌어들였는데, 이는 4000개의 매장에서 약 200만 달러의 매출이 있어야 달성 가능한 수준이었다.[84] 다른 노벨티 취급 업체들도 마찬가지로 어려운 시기에 좋은 성과를 올렸다. 프랭코아메리칸노벨티컴퍼니는 드리블 글라스, 고무 도넛 등 3000가지의 "말도 안 되는 물품"의 판매 호조에 힘입어, 1930년대 중반에 100만 달러의 매출을 기록했다.[85]

1990년대에 존슨스미스의 소유주는 수년에 걸친 회사의 성공 비결이 대체로 상대를 폄훼하는 미국적 유머를 통해 미국인들이 변함없이 즐거움을 추구한 데에 있다는 것을 인정했다. "거의 모든 장난에는 가학적인 요소가 있다. 장난은 수준을 고르게 맞춰주는 것이다. 내 품격을 끌어내리는 방식, 혹은 적어도 상대가 지나치게 잘난 체한다면 그의 풍선을 찌르는 나만의 방식이 장난이다. 장난은 약간 보복적인 성격을 띤다".[86] 한 제조물 책임 사건을 제기한 어떤 변호사는 "다른 사람에게 시가를 사주기로 결심한 사람에게 아주 큰 소리를 내며 크게 폭발하는 담배만큼 재미있는 것도 없다"고 말했다.[87] 장난과 공격성을 깔끔하게 발산하는 노벨티는 본질적으로 두 얼굴을 하고 있고, 복잡하고, 불성실하다. 이 점 때문에 사람들은 노벨티를 좋아했다.

즐거움을 주는 새로운 물건에 대한 열망

악취 폭탄과 조이 버저와 함께 팔린 "외설적인 노벨티"들은 그 장난이 폭력적으로 공격적이기보다는 성적으로 공격적인 것들로, 원샷 유리잔Bottoms Up glasses, 훌라 춤을 추는 하와이 소녀Oola hula girls, 피크어부 텀블러Peek-A-Boo Tumblers 같은 것들이 있었다. 외설적인 노벨티는 19세기 중반 미국에서 시작되었는데, 추잡한 서적, 성적인 인쇄물, 콘돔, 자위 기구 같은 저급한 상품을 공급하는 업자에 의해 판매되었다.[88] 전형적인 고객은 도시 지역의 젊은 독신남들이었는데, 이들은 자신이 괜찮은 생활과 즐거운 시간을 찾아 도시로 모여든 "모험을 추구하는 군중"의 일부라고 여겼다.[89] 이와 같은 추잡한 물건들 덕에 자유인들은 개인적인 욕구를 충족시킬 수 있었고, 또한 다른 사람들에게 자신이 박식하다고 과시할 수도 있었다. 예를 들어, 1870년대에 판매된 한 쌍의 엠블러매틱 슬리브 버튼Emblematic Sleeve Buttons이라는 커프스단추는 U자로 둘러싸인 캔, 눈, 나사의 그림과 수수께끼를 통합시켰는데, 이를 해독하면 "매우 노골적인 질문을 한다는 뜻으로 쉽게 이해될 수 있었다".[90] 장래의 연인보다 친구들에게 이 커프스단추를 더 자주 과시했을 것이라는 점을 상상할 수 있다.

주로 프랑스에서 수입된 외설적인 노벨티의 무역은 남북전쟁 이전부터 활발했고, 전쟁 자체는 무역을 촉진시켰을 뿐이다. 우편 주문 상인들은 "군인의 애용품"으로 알려진 외설적인 문학작품과 그림을 무료로 제공함으로써 전장에 있는 군인들의 수요를 기꺼이 충족시켰다.[91] 젊은이였던 군인들은 약간 외설적인 것을 좋아하는 취향을 갖는 경향이 이미 있었다. 그들을 엿보는 친척과 이웃의 눈길에서 벗어난, 그리고 시간이 남아도는 군인들은 외설적인 오락을 탐닉할 새로운 기회를 가졌다. 게다가 군인들은 전투와 대학살로부터 탈출구를 찾을 필요가 있었다.

필로스퍼체싱에이전시 같은 업체들은 다양한 상품을 평범한 갈색 포장지에 담아 특급 배송으로 전장의 캠프로 보내 고객들에게 제공할 수 있었다. 병사들은 추잡한 책과 저가의 보석뿐만 아니라 성인용 시계 장식 종이watch papers,• 빛에 비치면 비밀이 드러나는 "투명한" 카드, 정력적으로 성교하는 인물들을 묘사하는 "기계" 등처럼 자극적인 것들도 구매했다.[92] 하지만 노벨티를 파는 업자들에게 주어지는 혜택은 지휘관들에게는 골칫거리가 되었다. 왜냐하면 외설적인 노벨티는 좋은 군대로서의 군기와 태도에 방해가 될 위험이 있었기 때문이다. 포토맥군Army of the Potomac••의 헌병감 마스나 패트릭은 이런 종류의 밀수품을 얼마나 자주 압수해야 하는지에 대해 지겹다는 듯이 다음과 같이 언급했다. "다량의 가짜 보석, 시계 등을 한 집에서 압수했는

• 시계 케이스의 내부를 장식하기 위한 일회용 안지.
•• 남북전쟁 당시 주로 동부 전선에서 활약한 북군의 주력군.

데, 내가 최근에 다량으로 압수한 가장 보기 흉한 외설 서적들을 공급하는 곳이었다." 패트릭은 이 "수많은 음란 서적"을 며칠 후 모두 불태워버렸다.[93] 그는 틀림없이 그 일을 다시 해야 했을 것이다. 왜냐하면 10센트짜리 지저분한 저가품이라는 가면을 쓰고 있는 한 섹스와 죽음이라는 원초적 혼합물은 피할 수 없었기 때문이다.

1870년대의 콤스톡 법Comstock Laws은 성인용 노벨티를 파는 행상인과 판매자의 대부분을 폐업시켰고 적어도 한동안은 효력이 유지되었다.[94] 그러나 1910년대 무렵에는 노골적이고 음탕한 노벨티들이 되살아났다. 이런 것들은 유명 인사의 프로필과 함께, 가십성 기사를 다루는 삼류 신문에서 광고되었다. 백인 노예에 관한 폭로 기사 같은 저속한 신문의 선정적인 기사가 실린 면이나 여성을 유혹하는 법을 정리한 기사의 뒷면에 광고가 실렸다. 부자연스러운 계획과 함께 독자들은 호치 토치 팬 댄서Hotsy Totsy Fan Dancers, 배스 하우스 걸스Bath House Girls, 노티 뉴디스 텀블러Naughty Nudies tumblers 같은 "충격적이고 짜릿한 오락거리"를 우편으로 주문할 수 있었다. 광고 문구는 "남성들 사이에서 선풍적 인기를 끌고 있다"면서 "그녀는 순결함을 벗고 자연 상태로 나타난다!"고 언급했다.[95] 저렴하고 접근하기 쉬운 상품 문화의 부상과 배고픈 소비자의 나라에 반기를 든 콤스톡 법은 가망이 없었다.

다른 노벨티를 파는 기업가들처럼, 우크라이나 이민자 출신의 체임 피시러브(야키티야크 이빨Yakity-Yak Teeth도 판매했던)가 설립한 회사 피시러브는 (어렸을 때 걸 트랩Girl Traps을 구입했을지도 모르는) 남성들에게 외설적이고 선정적인 노벨티를 판매하는 방법을 활용했다. 예를 들어, '원샷 유리잔'은 1930년대 중반 "최고의 상품"이었다. 이 상품은 축 늘어진 여성의 알몸 모양 양주 유리잔으로, 밑바닥이 곡선을 이루고 있어 내려놓으려면 "원샷"을 해야 했다.[96] "가장 외설적인 동작을 보여주는 노벨티"인 '훌라 춤을 추는 하와이 소녀'는 젖가슴을 쥐어 짜면 부풀어 오르는 여성의 흉상 모양을 한 고무 인형이었다. 나이트 클럽과 박람회들이 그녀에 "열광"하고 있었기 때문에 회사는 생산량을 세 배로 늘려야 했다.[97]

　더 인기 있는 것은 수십 년 동안 확실하게 판매되는 상품으로 남아 있던 장난 상자gag boxes였다. 1920년대에 피시러브에 의해 출시되었고, 초기에는 작은 성냥갑 크기였던 이 상자는 약간 선정적인 3차원의 연하장 같았다.(그림 11.18) 장난을 실행하는 방법이 상자 라벨에 인쇄되어 있었는데, 상자를 열면 노골적인 농담을 암시하는 물건이 나오는 식이었다. 예를 들어 달빛이 비치는 가운데 서로 껴안고 있는 남녀의 실루엣이 그려진 상자는 "2인용 해먹"이라는 표제를 달고 있

그림 11.18 피시러브의 장난 상자는 3차원 버전의 외설적인 연하장이었다. 피시러브는 이를 통해 엄청난 돈을 벌었다. 사진: 팀 티바웃, www.timtiebout.com.

었고, 안에는 미니 브래지어가 들어 있었다. 1933년 세계 박람회만을 위해 제작된 한 상자의 라벨은 "진보의 세기"라고 장식되었다. 내부에는 요강("1833년의 경우")과 금으로 만든 변기("1933년의 경우")의 미니어처가 들어 있었다.[98] 제2차 세계대전 중, 피시러브의 상자는 사기 진작용으로 해외에 파병된 군인들에게 우편으로 보내졌다.[99]

이와 관련된 노벨티들도 20세기 중반에 이르러 꽤 잘 고착화된 성구별적 사회 환경을 유지하는 데 도움을 주었다. 게임룸이라는 선물 가게 등 기업들은 골프장이든, 스위트룸이든, 가정의 은신처든 남성들이 자신의 영역에 접근하고 이를 정의하는 데 도움을 주었다. 라이프 사이즈 핀업스Life Size Pinups라는 실제 사람 크기의 미인 사진은 "분별력 있는 모든 남성"을 위한 벽지로 애용될 수 있었다. 칵테일 냅킨에는 "인간 여성의 성적인 기행"을 주제로 "세련된 익살"을 묘사한 야한 만화가 인쇄되어 있었다.[100] 1920년대부터 존재해왔던 '스트립쇼 안경'은 1920년대 이후 수십 년 동안 더 큰 인기를 끌었지만, 전후 시대에도 엄청난 인기를 이어갔다. 집으로 돌아온 남성들은 말 그대로 사물화된 여성들을 껴안으며 성공한 사업가와 가정의 우두머리로서의 권위를 재확인할 수 있어 더욱 좋았다.

말할 필요도 없이 여성 소비자들에게는 이처럼 재미있는 등가물이 없었다. 과거처럼 유머의 세계, 특히 성적인 유머는 여성들로서는 도저히 구할 수 없었다. 예를 들어 존슨스미스 1958년 카탈로그에는 여성 고객을 위한 제품이 몇 가지만 들어 있었는데, 풍경風磬, 보온 양말, 핀셋, 소수의 저가 결혼반지 같은 것이었다.[101] 미니 권투 글러브와 거대한 파리에서부터 미스터리 담배와 잘게 채로 썰린 화폐 주머니에 이르기까지, 거의 모든 것은 몇 시간씩 페이지를 넘기며 카탈로그를 자세히 보는 소년과 남성에게 판매하기 위한 물건이었다. 시미 미니Shimmie Minnie, 팬시 댄스Fancy Dance, 스커트 댄서 뱅크Skirt Dancer Bank, (유두에서 물이 뿜어져 나오기 때문에 "매우 웃긴 품목"이라고 묘사된) 위 위 돌Oui Oui Doll 같은 더 희귀한 품목들도 있었다.[102] 노벨티의 세계는 여성을 성적 대상이나 장난의 피해자로만 인정했다. "침대, 소파, 자동차 트렁크 밑에서 삐져나올 때 폭동을 일으키는" 공기로 부풀릴 수 있는 "라이프라이크 레이디스 라이크Life-Like Lady's Like"라는 모조 여성 다리 한 쌍을 살 수도 있어, 여성의 시체조차 우스꽝스러운 장난으로 둔갑시킬 수 있었다.[103]

노벨티가 보여주는 못된 장난이라는 구경거리는 권력과 그 가까운 동맹인 섹스, 생식, 재생에 관한 더 깊은 메시지를 전달하는 데 도움이 되었다. 여성혐오적인 상품인 외설적 노벨티는 여성을 피해자로 만드는 폭력적인 상품들과 함께 팔리기도 했지만, 포르노나 피임약과도 함께 팔렸다. 예를 들어 벵거는 스냅 껌, 사라지는 시계, 피 흘리는 손가락과 수백 개의 다른 노벨티 외에 콘돔도 팔았다.[104] 보스턴 소재 업체 잭스의 명함에 제시된 것은 노벨티, 외설적인 노벨티, 고급 위생 고무 용품 등이 포함된 ("가장 위대한 블루스 체이서Blues Chaser"라고도 알려진) "컴플리트 라인Complete Line"이었다. 카드 뒷면에는 많은 소녀가 "다음 날의 뒤늦은 후회"라고 말할 수 있는 것을 암시하는 장난이 적혀 있었다.[105] 노벨티를 취급하는 기업들 일부는 외설물 출간에 뛰어들어 『가슴에 관한 유머Bust Humor』『가슴의 유형Breastypes』(체스 브로드 지음), 『남자들의 주문을 받습니다Male Orders Taken Here』 같은 음란한 저가 서적을 발행했다.[106] "수컷들의 즐거움을 위한 모든 것"이라고 자칭한 필라델피아의 스태그노벨티는 저렴하게 인쇄된 외설적인 내용의 카드가 들어 있는 봉투를 보냈다.[107] 노벨티 유통업자들은 프랑스 파리에 날아온 누드 사진, 남성의 성 기능을 되살리는 치료법, 섹스

기술과 우생학에 관한 책, 카드와 주사위, 외로운 영혼을 위한 클럽 회원권, 탈모 치료법 등을 주문할 것 같은 남성을 겨냥하는 『외설적인 이야기Spicy Stories』 같은 성적인 연재물에 광고를 일상적으로 배치했다.[108]

어릴 때 장난을 탐닉했던 소년들은 자라면서 같은 행동을 하는 남자로 성장했다. 소년에게 인기 있는 제품이었던 톱스 풍선껌의 판촉을 위해 『바주카 조Bazooka Joe』라는 만화를 그린 예술가는 『티후아나 바이블Tijuana bibles』이라는 만화도 그렸다.[109] 애덤스는 "30세가 넘은 성인 남성들"이 가장 열성적인 고객이라고 언급했다. 그는 "가장 규모가 큰 재구매 고객들은 장난을 위한 노벨티에 사족을 못 쓰는 영업 사원과 판매원들이다. 연극배우, 치과의사, 동호회 남성도 불치의 중독자다"라고 말했다.[110] "외로운 군중"에 속한 남성들은 쾌락과 사업을 혼합하는 데 남성적인 용맹과 기량을 보여달라고 요구하는 사이비스러운 사회적 상황 속에서 노벨티를 주고받으며 서로에게 장난을 쳤다. 웃기지만 웃을 수만은 없는 농담과 장난의 언어를 사용하는 것은 힘의 암호화된 언어로 능력을 증명하는 하나의 방법이었다.

똥, 현실이 되다

노벨티는 사람들이 자신의 불완전성에 대처하기 시작하도록 도와주었다. 웨미 아이스Whammy Eyes, 레드 핫 립스Red Hot Lips, 구 티스Goo Teeth, 자이언트 피츠Giant Feets, 시노졸러스Schnozolas처럼 섹스를 넘어 일탈에 몰두하고 있는 것들도 있었다. 하지만 신체의 기능과 지저분한 신체적 특성을 가볍게 여기는 것들도 있었는데, 이런 물건들은 훨씬 더 우울해졌다. '끔찍한 사고 마스크' '피 흘리는 손가락' '추한 종기와 눈물 흘리는 눈' '코골이 방지 기계와 수면용 코 호흡기' '대변 쿠션' '가짜 토사물' '화장실 재떨이' 같은 것들은 사람들이 쇠퇴하고 종국에는 죽게 되는 과정에 놓여 있음을 상기시켜주었다. 이야기하기보다 농담하기가 더 쉬운 것들이었다.

1930년 애덤스는 후피 쿠션의 아이디어가 "너무 천박해서" 생산할 수 없다고 거절했지만, 미국인들은 실제로 적어도 19세기 후반부터 방귀와 똥을 소재로 한 노벨티들을 구입해왔다.[111] 예를 들어, 스쿼커스 시트Chair Seat Squawkers와 뮤지컬 쿠션Musical Cushions은 그 위에 앉으면 "끔찍한 소리를 내고 주변에 짜증을 유발하기" 위한 상품이었다.[112] 야외 변소를 구성하는 변기와 그 외의 무수한 물건을 닮은 도자기 장식품들이 그랬듯이, '방귀 파우더 유리병'이라는 상품도 비슷한 시기에 인기를 끌었다. 애덤스가 후피 쿠션을 거절한 것과 같은 시기에 인간, 강아지, 조류가 배설한 것 같은 가짜 대변이 노벨티의 믿을 만한 주력이 되었다.

플라스틱 구토물은 훨씬 늦게 나타났는데, 아마도 시장 수요가 부족했기 때문보다는 재료 기술이 아직 소비자의 초기 요구를 충족시키지 못했기 때문이었을 것이다. 폭발하는 시가와 가짜 잉크 병처럼 새로 등장한 노벨티는 그럴듯한 재연이 되어야 했는데, 이는 물류와 관련된 난제를 제기했다. 웁스Whoops라고 불리는 실물 크기의 플라스틱 토사물은 1959년에야 시장에 나왔다. 왜냐하면 제조업체 피시러브가 이 상품을 어떻게 만들어내야 할지를 오랫동안 해결하지 못했기 때문이다. 플라스틱 기술의 진보 덕에 라텍스와 스펀지를 합성할 수 있게 되어 적절한 종류의 모양으로 부풀어 오르는 적절한 질감을 만들어낼 수 있게 되었다. 피시러브는 또한 대개 하얀색인 액체 고무가 실제 노란색의 담즙으로 변하는 과정을 독창적으로 해결하

그림 11.19 피시러브 플라스틱 토사물 공장에서 배출되는 쿠키 모양의 플라스틱 토사물. 스탠 팀과 마디 팀이 제공한 사진.

고 고안해냈다. 피시러브의 노동자들이 실제 토사물 모양을 흉내 내며 액상 플라스틱을 양동이로 쏟아냈기 때문에 웁스의 모양은 진짜처럼 보였다. 낡은 공장 사진들은 오븐에서 매우 많은 쿠키가 나오는 것처럼 보이는, 건조를 위해 정리된 가짜 토사물 생산 시설을 보여준다.(그림 11.19) 피시러브 생산 팀이 "역겹다" "토가 나올 것 같다"고 말한 것처럼, 토사물을 현실감 있게 만드는 것이 관건이었다. 피시러브는 사실, "웁스는 재미있을 게 없다"고 생각했다.[113] 그러나 소비자 대중은 그렇게 생각하지 않았고, 회사는 웁스를 출시한 이래 구역질 나는 이 물건을 매년 수십만 개나 팔 수 있었다. 노벨티 전문가 스탠 팀에 따르면 사람들은 "그냥 쫓아갔다". 아류 제품으로는 "파랑새 크기"의 가짜 새똥인 플롭Plop과 가짜 개 토사물인 글롭Glop이 있었다.(삽화 10) 역겨웠기 때문에 재미있었다.

하지만 플라스틱 토사물은 오래된 것의 새로운 형태일 뿐인데, 최소한 중세 시대로 거슬러 올라가는 카니발적 전통을 신선하고 물질적으로 재연한 것이었다. 맵시 나는 새로운 가정용품과 자동차에 둘러싸인 전후의 미국 소비자들은 더 멀고 상스러운 과거를 불러일으키는 평범하고 저속한 상품에서 해방감을 느끼는 자신을 발견했을지도 모른다. 1500년대 중반에 출간된 프랑수아 라블레의『가르강튀아와 팡타그뤼엘』은 지배가 중단되고 권력 및 지위의 위계질서가 전복되는 카니발 공간의 통제된 혼란과 억압된 해방을 생생하게 묘사했다. 가면을 쓴 익명의 참가자들은 일시적으로 신분을 벗고 독특한 방식으로 행동할 수 있게 되었다.[114] 억압이 거침없는 표출로 대체되고 문화의 구속력이 느슨해지며 예절과 예의가 중요해지지 않는 등, 위에 있는 것은 내려가고 아래에 있는 것은 올라갔다.

플라스틱 토사물 덩어리, 냄새 나는 방귀 파우더, 후피 쿠션 그리고 가짜 새똥은 그런 점에서 라블레의 카니발 세계를 소환하는 현대적이고 상품화된 소품이었다. 라블레 작품의 등장인물들은 배가 터질 때까지 먹고, 서로에게 대변을 던지고, 스스로 오줌을 뒤집어썼다. 이들의 지저분한 유머와 "개혁에 대한 완고한 저항"은 16세기와 17세기 영국의 만담집에 다시 등장했다.[115] 몹시 상스러운 유머를 절대 피하지 않았던 벤저민 프랭클린 역시 신체의 다양한 방출물과 배설물에서 큰 기쁨을 얻으며 방귀 뀌고, 대변 보고, 오줌 싸고, 사정하는 데서 재미를 찾았다.[116] 무엇보다 그는 1781년, 방귀 냄새를 감지할 수 없게 만드는 사람이 아니라 더 향기롭게 만드는 사람에게 과학상을 수여해야 한다고 브뤼셀 왕립 아카데미에 뻔뻔하게 제안했다.[117]

불편한 진실을 최대한 이용하려고 노력한 사람들도 있었다. 초기 미국인들은 배설 과정을 강박적으로 분류했는데, 장 운동과 배설물이 건강함과 아픔의 지표였기 때문이다. 예를 들어 18세기에 작성된 엘리자베스 드링커의 일기에는 가족의 소화기 질환에 관한 언급이 잔뜩 실려 있었다. 그는 소화불량과 변비 등 소화기 질환을 치료할 수 있는 새로운 치료법을 끊임없이 실험했다. 당시의 인기 있는 가정 의학 논문들도 같은 문제를 다루었다. 권장 식단이 효과가 없을 때, 독자들은 배설을 유도하거나 증상을 억제할 수 있는 다양한 구토제, 설사약, 좌약 등을 선택할 수 있었다.

질병은 더 심각할수록 더 재미있는 것 같았다. 남북전쟁에 참전한 미국 군인들을 괴롭힌 최악의 질병 중 하나가 이질이었지만 "인간 배설물" 모양의 프랑스산 담배 상자는 전투 부대 사이에서 꽤 인기 있었고, 외설적인 책과 에로틱한 그림을 취급하는 상인들로부터 쉽게 구할 수 있었다.[118] 1920년대에 이르러, 사람들은 석고로 빚은 똬리 모양의 대변이 담긴 장난 성냥갑을 살 수 있었다.(그림 11.20) 이는 가짜 개똥 도고닛Doggonit을 시장에 선보였을 때와 같은 시기로, 한 소매

그림 11.20 가짜 똥은 무고한 성냥갑에 숨겨질 수 있었다(1930년대). 사진: 팀 티바웃, www.timtiebout.com

업자는 "이미 너무 잘 알려진 터라 자세한 내용은 알려줄 필요도 없다. 정말 실물과 똑같다. 개별 포장되어 있다"고 말했다. 또 다른 소매업자는 바닥에 놓으면 "웃음이 폭주할 것"이라고 설명했다.[119] 20세기 중반에 이르러서는 피시러브의 장난 상자 일부에도 가짜 똥이 들어갔다(그림 11.18을 보라).

씻지 않은 대중을 문명화하고 개혁하기 위한 19세기 에티켓 전문가들의 끈질긴 노력에도 불구하고, 미국인들은 여전히 더럽고 음란하고 상스러운 유머에 특별한 열정을 보였다. 지저분함이 철저하게 금지되었다는 것은 물샐틈없는 치안 유지를 필요로 하는 위협이 항상 존재했음을 의미한다. 규율과 제약을 통해 억압된 상스러움은 완전히 제압될 수 없는 상스러움을 의미했다. 빅토리아 시대 사람들은 동물적 자아의 부적절함에 대한 불안감으로 계속 괴로워했다. 먹고, 마시고, 앉고, 서고, 걷는 등 거의 모든 것과 관련된 광범위한 규율들은 일시적으로는 더 근원적인 자아를 저지할 수 있었다. 신체의 약점은 입, 콧구멍, 항문 등을 통해 언제든 자신을 드러낼 수 있었다.

"세련됨"이라는 상태를 얻으려 했던 19세기 중산층 미국인들은 카니발적 충동을 억제해 인간이라는 존재의 더 부끄러운 면들을 부정하려고 최선의 노력을 다했다. 에티켓 분야를 다룬 무수한 책 중 하나인 『예의에 관한 백과사전Bazar Book of Decorum』(1870년)은 귀 당기기("불손하고 위험한"), 손 거스러미, 골치 아픈 음주 행태, "꿈틀거리는" 코 등을 논했다. 세련되지 못한 전형적인 사람으로 분류되는 동료는 냅킨을 단춧구멍에 꽂은 채 "일상적으로 자신을 수프와 기름으로 더럽힌다"고 이 책은 말했다. 그는 술을 마구 마셔대며 "잔에 대고 기침을 하고 균을 회사에 살포한다". 그의 "이상한 몸짓"은 코에 손가락을 집어넣는 것뿐만 아니라 "회사를 병들게 하기 위해" 그 결과를 확인하는 것까지 포함했다.[120] 노벨티 판매업자와 일반 상품 판매업자들은 내면의 악마와 천사 모두의 구미를 맞춤으로써 이런 불안감에 대응했고, 모순되지만 동시에 나타나는 통제와 방출이라는 충동에 호소했다. 한 사람의 창피함은 다른 사람의 즐거움이었다. 나란히 나열된 그들의 카탈로그는 콧수염 보호대와 가짜 콧수염, "미세한" 리넨 타월과 "손수건의 트럼펫"이라는 노벨티(시끄러운 코 호흡기), 금도금 스펜서리언Spencerian 펜과 사라지는 잉크, 심지어 『구애 에티켓The Etiquette of Courtship』과 『재미가 가득한 카트A Cart-Load of Fun』 같은 상반되는 주제의 저가 서적 등을 제공했다.[121]

빅토리아 시대의 사람들은 섭취, 배설, 섹스에 의해 가장 명확하게 표현된 신체적 변형에 믿을 수 없을 정도로 문제가 있다는 것을 발견했다. 신체적 변형이 그들의 근원적인 동물성을 상기시켰다는 이유도 있었지만, 더 중요한 이유는 신체적 변형이 신체를 통제할 수 없다는 명확한 증거를 제공했다는 것이었다. 우리는 육체적 자아를 일시적으로밖에 정복할 수 없다. 육체는 변화와 부패가 계속 진행되고 그러다 결국 죽게 될 수밖에 없기 때문이다. 프랭클린이 분명히 인식했듯이 악취 폭탄, 방귀 파우더, 후피 쿠션, 가짜 똥 같은 노벨티, 즉 가장 말 그대로의 크랩들이 가진 아름다움은, 사람들이 통제하고 숨기고 부정하려고 가장 열심히 노력했던 것들을 즐겁고 부끄럼 없이 보여줬다는 데 있었다.

인간이라는 존재의 우스꽝스러움

노벨티는 경박하고 덧없고 쓸모없게 보였기 때문에, 시간이 지남에 따라 현대 소비자 문화에 관한 더 거대한 논의 안에서 상품이라는 언어로 표현된 가장 심오한 문제들을 탐험한다는 핑계를 제공하는 데 도움을 주었다. 빅토리아 시대의 관습은 지속되었고, 당연하게도 사람들은 트림을 하든, 방귀를 뀌든, 구토를 하는 신체가 얼마나 그들을 배신하는지에 당혹스러워했다. 이것은 인간이라는 존재의 필수적인 부분이었고 지금도 마찬가지다.

아마도 다른 어떤 상품보다 노벨티 덕에, 사람들은 노벨티가 아니었다면 금기시하고 두려워하고 없애버렸을 것들과 마주할 수 있었다. 가짜 똥과 플라스틱 토사물은 재미있(기도 하고 그렇지 않기도 하)다. 민속학자 거숀 레그먼이 말했듯이, 지저분한 장난은 "위험, 테러, 충격, 모욕, 웃음, 다시 말해 유머"를 불러일으킬 수 있다. 레그먼은 "배설물이나 토사물과 관련된 장난"이 그 장난을 당하는 이들에게는 "늘" "폭행"과도 같은 것이었는데, 익살스러운 장난이 폭발하는 장난감처럼 충격적이기 때문이 아니라 이런 장난 덕에 사람들이 신체에서 나는 악취를 마주하게 되었기 때문이라고 말했다. 그는 "배설 행위 자체는 일상적으로 친숙한 것이며, 배설물이 공공장소에서 드러나는 것만 금기시된다"고 쓰고 있다.[122] 신체를 소재로 한 노벨티는 그저 금기에 핑계를 제공해주었다. 예를 들어, 장난감 루터Rooter(혹은 '머리 속의 냉기')는 "코 푸는 모습을 정확하게 흉내 낸다. 다만 코가 적어도 수십 배 이상 확대되어 독일 밴드의 베이스 호른 소리 같은 소음을 낸다는 점을 제외하면 말이다".[123] "피가 뚝뚝 떨어지는" 거즈 붕대를 특징으로 하는 '피 흘리는 손가락'은 사람들을 역겹게 할 뿐만 아니라 "장난이 발산되면" 공감을 "큰 웃음"으로 둔갑시켰다.[124] 도고닛 플로어The Doggonit Floor라는 노벨티는 "웃음 폭풍을 일으킬 수 있다".[125] 존슨스미스는 다음과 같은 방법으로 고객들에게 가짜 토사물 웁스를 홍보했다.

놀라울 정도로 사실적인 토사물! 누군가가 매우 아팠던 것 같습니다. 장난용으로 사용하기 위해 거의 역겨운 속을 뒤집어놓은 것처럼 보입니다. 매우 사실적입니다. 플라스틱 재질로 만들었습니다. "이보다 더 역겨울 수 없는" 외관. 아기, 개, 식탁 옆에 놓거나 아픈 척해보세요. 지금까지 본 것 중 가장 역겹고 더러운 장난이 될 것입니다. (시험 삼아 사용했다가 폭동이 일어날지도 모릅니다!)[126]

가장 역겨운 장난은 감정을 불쾌하게 할 뿐만 아니라 신체적인 반응을 끌어내는 힘을 가지고 있다. 정말이지 웁스 같은 제품들은 "거의 위가 뒤집힐 것"이라고 약속했다. 좋은 방식으로 말이다. 장난은 메스꺼움과 놀라움의 전율로 가득 차 있었다. 장난에 대한 반사적 반응은 사적인 분노에 관한 수치심과 취약함을 공적인 볼거리로 둔갑시키는 신체적 반응이었다.

한동안 미국인들은 최신의 노벨티를 충분히 얻을 수 없었던 것 같다. 1940년대에 이르러서야, 사람들은 전국 4000개 점포 중 한 곳에서 엑스레이 이미지를 볼 수 있는 안경인 엑스레이 스펙스x-ray specs, 스트립쇼 텀블러, 개그 상자, 고무 닭을 살 수 있었다.[127] 우편 주문 업체로 시작한 노벨티 공급업체 스펜서기프츠는 주요 지역에 소매 체인점을 개업하여 1963년에는 450여 개로 그 수를 늘렸다. 피시러브는 1960년대에 장난 상자를 한 해에 수백만 개 팔았다. 2000년대 초에 이르러 '바다 원숭이'는 수백만 달러의 가치를 지닌 사업이 되었고, 2006년 한 해에만 340만 달러의 매출을 기록했다.[128] 이 시기까지 인기를 끈 치아 펫은 2017년 약 50만 개가 팔렸다.[129] (최근의 한 풍자적 헤드라인은 "노벨티가 사라지자 안락사되곤 하는 치아 펫"이었다.[130])

오늘날 미국인들 대부분은 노벨티 시대 이후의 세계에 살고 있는데, 이는 아마도 미화된 영원한 젊음이라는 초현실적 세계에서는 전근대적이고 육체적인 자아의 흔적과 우리를 연결시켜주는 물질적인 것들 및 죽음에 대한 깊은 생각들이 끼어들 여지가 없기 때문일 것이다. 사람들은 노벨티 자체를 외면하지 않았다. 사실 사람들은 전보다 더 습관적으로 노벨티를 찾아낸다. 가상세계는 "새로운 즐거움을 쫓는 열망"을 충족시키고 동시에 그 열망을 추구할 영구적인 기회를 창출한다. 그것은 인간이라는 상태로부터 쉽고 구미에 맞게 탈출할 수 있는 출구로, 실존적 사고를 피하는 방법이다. 더 실제적으로 말해, 이제 개인의 굴욕은 상당히 폐쇄적이고 응집력 있는 집단 내에서가 아니라 가상의 현실에서, 온라인에서, 그리고 꽤 공개적으로 발생한다. 노벨티에 의해 가능해진 장난은 완전히 진기한 것으로 보이며, 상대적으로 "완전히 무해한" 것처럼 보인다.

내가 주장하듯이 타고난 부정직함, 불성실성, 냉소로 크랩을 정의할 수 있다면, 노벨티는 어떨까? 노벨티는 피상적이고 경박한 물건이기 때문에, 실제로 깊은 곳을 파헤치는 것을 도와준다. 신체 기능을 비웃음으로써, 노벨티는 사람들이 가장 시급히 감추려고 하는 것을 공공연히 드러낸다. 섹스와 남성성을 조롱함으로써, 노벨티는 때때로 생사를 건 지위 경쟁을 폭로한다. 폭력을 가볍게 여김으로써 노벨티는 유머와 공격성이 어떻게 서로의 필수적인 부분인지를 드러낸다. 가장 어리석고, 쉽게 버려지고, 단명하고, 쓸모없는 물건인 노벨티는 궁극적으로는 가장 심오한 것이다. 가짜 개똥을 누가 만들었느냐는 질문에 애덤스의 회장 조지프 (버드) 애덤스는 "누가 만들었는지 모르겠습니다. 개들이 존재하게 된 게 얼마나 오래됐을까요?"라고 답했다.[131] 플라스틱 토사물이 필요 없는 사회에서 필요한 사회로 언제 인간이 옮아갔다고 생각하는지 내가 친구에게 묻자, 그는 "웬디, 우리는 항상 플라스틱 토사물이 필요했어"라고 대답했다. 그 친구의 말은 일리가 있었다.

저가품으로
만들어진 세계

크랩은 미국의 과거를 이루는 일부일 뿐만 아니라 현재에도 그 명맥을 잇고 있고, 앞으로도 오랫동안 우리와 함께할 것이다. 우리는 물질만능주의라는 영원불멸의 상태에 살고 있다. 그리고 여전히 항상 더 많은 것을 원하고 필요로 한다. 부분 가발이 부착된 골프용 차양인 플레어 헤어 바이저Flair Hair Visor를 예로 들어보자. 스카이몰 카탈로그는 이 상품을 "재미있는 선물, 특히 모든 것을 가진 사람들을 위한 재미있는 선물"이라고 선전했다(아마 모발은 예외일 것이다). "모든 것을 가진 사람들"을 위한 완벽한 선물은 아무것도 아니어야 하지 않을까?(그림 12.1)

모든 것을 가진 사람들은 언제든 다른 것을 가질 수 있고, 특히 크랩은 더 그렇다. 플레어 헤어 바이저는 소비자 문화와 후기 자본주의의 관계를 완벽하게 구현한다. 이 물건은 목적도 없고 존재 이유도 없다. 콘셉트가 고상하지도 않고 잘 만들어진 것도 아니다. 아마 환영

그림 12.1 스카이몰 2011년 카탈로그의 플레어 헤어 바이저. "모든 것을 가진 사람"을 위해 무엇을 사줄 수 있을까?

할 만한 선물도 아닐 것이다.

베이커나이저Baconizers, 미러클 바지 고정 핀, 날개 달린 집배원 조각상 같은 수많은 크랩의 노골적인 부조리함과 자랑스러운 어리석음을 (내가 자주 그러듯이) 비웃을지도 모른다. 총체적 과잉의 시대에 새로운 종류의 크랩을 만들어내려면 창의력이 요구된다. 진정한 선지자는 19세기 말 시장에 나온 콧수염 컵이든, 아니면 다윗의 별처럼 생긴 크리스마스트리 상부를 장식하는 메노라먼트Menorahment 같은 더 최근의 상품이든 간에, 완전히 새로운 것을 상상할 수 있다. 기발한 사람은 이런 것들을 제조하는 방법을 고안할 수 있다. 즉, 크랩스러움을 설계에 통합하고 가능한 한 저렴하게 생산하기 위해 규모의 경제를 극대화할 수 있다. 크랩을 만드는 것뿐만 아니라 설득력 있게 마케팅하는 것도 어려운 과업이 될 수 있다.

그러나 최신 엉터리 기구들의 불합리함이나 대량생산되는 수집품들의 초현실적인 과도함에서 왜곡된 기쁨을 얼마나 많이 얻든지, 아니면 그저 싸기 때문에 "크랩"에 만족하든지 간에, 크랩은 항상 대가로 돌아온다.[1] 그러므로 개인으로서, 그리고 사회로서 스스로 물어볼 필요가 있다. 모두 그만한 가치가 있는 것일까? 크랩 없는 세상에서 산다는 것은 어떤 것일까? 상상할 수는 있는 세상일까? 다음을 생각해보자.

20세기에 크랩을 만드는 데 선호되었던 플라스틱과 관련된 제조 공정은 독성 화학 물질을 공기와 수로로 방출함으로써 환경을 오염시킨다. 저가 플라스틱으로 만들어진 일회용 상품들은 더 쉽게 고장 나지만 완전히 사라지지는 않는다. 얼마 전까지만 해도 미국인들은 물건을 재활용하고, 수리하고, 다시 쓰는 사람들이었다. 이제는 쇼핑객이자 낭비하는 사람들이다. 예전의 크랩은 적어도 용도를 변경할 수 있는 재료인 금속, 목재, 유리, 종이, 자기, 고무로 제작되었다.[2] 새로운 크랩은 더 단명하면서도 더 오래 살아남는 재료, 즉 영구히 살아남지만 유용한 것으로는 다시 변할 수 없는 합성 물질로 제작된다. 많은 크랩으로부터 나온 쓸모없는 폐기물은 쓰레기 매립지를 더럽히고 인류의 바다를 떠다니는 쓰레기 더미를 퍼트리는 데 일조한다. 예를 들어, 태평양을 떠다니는 쓰레기 더미는 무려 1조8000억 개의 플라스틱 조각으로 이루어져 있으며 무게는 약 8만8000톤에 달한다. 플라스틱 포장뿐만 아니라 부비Boobie 맥주 커버, 바나나 도그, 물론 플레어 헤어 바이저 같은 크랩들로 구성된 영원히 바다를 떠도는 쓰레기 더미 중 가장 큰 다섯 개는 여전히 커지고 있다.[3] 이 쓰레기 더미들은 퇴비가 그러하듯이 부식되어 생명의 순환에 이바지하지 않을 것이다. 대신 생태계를 질식시켜 죽음을 재촉하는 역할을 할 것이다.

이게 바로 크랩의 유산이다.

　노동 착취는 크랩이 발생시키는 또 다른 비용이다. 저가품은 단지 의심스러운 저비용의 재료로만 만들어지는 것이 아니다. 생산자와 판매자는 적은 마진으로 이윤을 실현하기 위해 가능한 한 낮은 임금을 지급한다. 이와 같은 노동은 대부분 해외의 음울한 환경에서 행해진다. 착취는 오래되었고, 이제는 익숙한 이야기다. 20세기 후반에 이르러 크랩 생산의 중심지가 독일과 일본에서 대만으로, 그리고 1980년대에 이르러서는 중국으로 바뀌었고 중국 노동자들은 월평균 45달러에서 165달러를 번다.[4] 21세기 초에 이르러 크랩은 중국을 전면적으로 재탄생시켰다. 한때 가족을 먹여 살리기 위해 경작하던 농지는 밖에서 보기에는 하룻밤 사이에 만족할 줄 모르는 수출품 시장에 물건을 공급하기 위해 조직화되고 사람들로 채워진 "즉석$_{instant}$ 도시"로 변모했고, 거기서 생산하는 물건 대부분은 미국 소비자들에게 갈 운명을 타고난 크랩이었다.[5] 이와 같은 "공장 지대"들은 주민과 국제 상인을 위해 공장, 근로자 주택, 쇼핑몰 등을 지원하는 상업 중심지로 전환된 농촌 지역이다. 한 관찰자는, 마을 하나만 해도 "스카프 지구나 비닐봉지 시장, 고무 제품을 파는 거리가 조성되어 있다. 단추가 떨어져 나갔다면, 빈왕賓王 지퍼 전문 거리●를 거닐어보라"라고 말했다.[6]

　이 모든 것을 만들려면 노동자들은 "비통함을 감수할 용의"가 있어야 한다.[7] 용의가 있든 없든 간에, 중국 노동자들은 2010년까지 1조5000억 달러가 넘는 상품을 수출하는 세계 최대의 상품 수출국으로 중국을 변모시키는 데 중추적인 역할을 했다. 그 덕에 중국은 1970년대 후반에는 거의 0퍼센트, 1998년에는 2퍼센트에 불과했던

●　중국 저장성 이우시 소재의 지퍼 전문 시장.

세계 수출 시장 점유율을 2010년에는 19퍼센트로 올릴 수 있었다.[8] 이 모든 게 가능했던 것은 중국의 빠르고 저렴한 생산력 덕이다. 실제로 중국의 수출 가격은 다른 선진국에 비해 통상 60퍼센트 정도 낮다.[9]

소매상들은 소비자 대부분에 의해 공유되는 "저렴함에 대한 병적인 사랑을 충족시키는 일"을 계속해왔다. 초기 잡화점들은 독립 균일가 매장으로 변모하여, 자본을 잘 확충하고 중앙을 중심으로 조직화하며 더 큰 시장 점유율을 획득하기 위해 힘을 통합할 수 있는 대형 소매 체인점의 전신이 되었다. 독립 소매상 중 일부는 독점 기업이라며 체인점들을 상대로 소송을 제기했고, 지방 자치 단체들 일부는 소규모 상점이 경쟁력을 유지할 수 있도록 세금을 부과하려고 했지만, 이런 저항 대부분은 무의미했다.[10] 그러나 1926년에서 1931년 사이에 30개 소도시를 대상으로 실시한 의회 조사에 따르면, 체인점 수는 거의 90퍼센트 증가한 반면 독립 소매상의 수는 거의 8퍼센트나 줄어든 것으로 나타났다.[11]

크랩의 유산을 알아보는 것은 어렵지 않다. 왜냐하면 크랩의 유산은 매일 상기되기 때문이다. 크랩 공급자들 일부는 확실히 취향, 시장, 감성의 변화로 고통을 받았다. 인종차별적이고 성차별적이며 부도덕하다는 주장은 특정 노벨티의 인기를 떨어뜨렸다. 예를 들어 소비자들은 스펜서스를 보이콧했는데, 반아일랜드적인 티셔츠와 반아랍적인 핼러윈 마스크를 취급했으며 "성인용" 상품을 어린이용 상품과 나란히 두고 판매했기 때문이다. 인기가 떨어진 수집품도 있었다. 일례로 괴벨은 2008년에 "급격한 판매 감소로 인해" 후멜 조각상의 생산을 중단했다.[12] 그리고 실물 크기의 예티Yeti 복제품과 '기적의 머리 마사지기'를 포함한 크랩 상품을 소개한 페이지로 1990년부터 항공

여행객들을 즐겁게 했던 유서 깊은 스카이몰 카탈로그는 2015년 출간을 중단했다.[13]

그러나 번영을 누린 크랩 공급자들도 있었다. 이전의 체인 소매상들과 마찬가지로 크랩을 대량으로 판매한 월마트는 가족 경영을 하는 일반 잡화점들(그리고 철물점, 미용실 등등)을 소도시와 대도시 할 것 없이 모든 곳에서 몰아냈다. 균일가 매장도 마찬가지였다. 1950년대 후반에 처음 설립되었을 때 특히 하층민 고객의 구미를 잘 맞춘 달러 스토어들은 모든 미국 소비자에게 환영받았다. 2004년에 이르러서는 세 가구 중 두 가구가 저가에 물건을 팔아치우는 균일가 매장에서 자랑스럽게 정기적으로 쇼핑을 했다.[14] 2000년대에는 모든 주요 균일가 매장 체인점의 매출이 꾸준히 증가했다. 예를 들어, 회계연도 기준으로 2006년 달러트리는 연 매출 39억 달러를 기록했는데, 이는 전년 대비 17퍼센트 증가한 것이었고 2015년에 이르러서는 매출이 86억 달러로 증가했다.[15] 패밀리달러의 매출은 회계연도 기준 2007년 68억 달러에서 불과 7년 후에는 104억 달러로 증가했다.[16] 이 정도면 정말 많은 양의 크랩이었다.

할인 소매점의 진열대에 있는 물건 중 상당한 비율이 크랩 중의 크랩이었고, 대부분은 중국산이었다.[17] 수십 년 전의 인화성 셀룰로이드 꽃과 지금은 사라진 날카로운 플라스틱 장난감들처럼, 많은 신규 상품은 크랩이었을 뿐만 아니라 해로웠다. 최근 몇 년 동안 다양한 저가품이 회수되었다. 허용 불가능한 수준의 납이 함유된 "금속 보석 세트"와 핼러윈을 위한 플라스틱 바구니, 화재 위험이 있는 세라믹 난방기, "자상을 당할 위험"이 있는 주물 제작 금속 완구, 잠재적인 "화상 위험"이 있는 원격 제어 탱크, "체내로 흡입될 위험"이 있는 다트 총 세트(두 건의 사망과 관련된), "금속 섬유와 금속 조각이 있을 가능성"이 있는 막대 사탕, 플라스틱 멜라민에 오염된 반려동물 사료, "상해라는 심각한 위험을 초래할 수 있는" 길이 조정이 가능한 개 줄, 질식할 위험이 있는 장난감 총 등이 그것이다.[18] 사람들은 과거처럼 "자신만의 방식으로 망가질" 자유를 계속 행사할 수 있다. 이 자유란, 균일가 매장의 냉동 포장에 담겨 사전 포장된 사과 파이처럼 미국화된 정신이다.

따라서 크랩은 해외 경제와 사회뿐만 아니라 미국 경제와 사회도 재탄생시켰다. 고품질 제품을 생산하고 고임금 노동자들을 고용하는 기업들의 토대 위에 건설된 한때 튼튼하고 활기찼던 제조업 도시는 이제 문을 닫았고 이들 중 상당수는 헤로인 소굴이나 필로폰 제조처와 같이 이상향과 거리가 먼 곳으로 바뀌었다.[19] 국내 제조업에서 여전히 일하는 노동자들은 임금 감소를 경험한 것은 아니었지만, 외국과의 경쟁, 노동조합의 영향력 감소, 아웃소싱의 여파 등의 원인으로 인해 임금 정체를 경험했다.[20] 그들의 상사였던 사람들은 현재 최저임금보다 조금 높은 임금을 받으며 다른 이를 위해 일하고 있고, 그 공백을 메우기 위해 공적 지원에 의존할 때가 많다. 물론 아이러니한 것은, 그들의 착취에 일조해온 "상시 최저가" 소매점에서만 그들이 쇼핑을 할 수 있다는 점이다.[21] 직원들은 달러트리, 패밀리달러 같은 소매상들을 상대로 임금 규정 위반을 이유로, 또는 근로자들로부터 식사할 시간이나 화장실 갈 시간을 박탈했다는 이유로 법적 소송을 제기했다.[22] 이런 것들 중 상당수는 확실히, 국제무역의 더 넓고 거시적인 변화와 관련이 있다. 하지만 크랩 산업 단지를 넘어서 생각하고 살 수 있다면 공급처 확보에서부터 제조, 유통, 판매에까지 이르는 착취 시스템이 얼마나 지장을 받을지 상상해보라.

실제로 크랩의 논리는 여러 면에서 사물이 어떻게 만들어지는지에서부터 물건 자체에 이르기까지, 타락의 순환으로 이해될 수 있다. 빠르고 값싸게 물건을 찍어내기 위해서는 노동자들을 착취해야 하는데, 바로 이런 이유로 많은 크랩 생산자가 노동 조건을 규정하는 국제 조약을 회피할 수 있는 공식 지정된 공장 지대나 개발도상국에 자리 잡는 것이다. 저가 인형을 만든 뉘른베르크의 여성과 아이들, 균일가 매장의 고리버들 바구니를 짠 일본 가족들, 스태퍼드셔에서 도자기를 빙빙 돌리며 만들어낸 어린 소년들, 더 최근에는 프레셔스 모먼츠 조각상을 만든 필리핀의 10대 청소년들처럼, 가난하고 힘없는 노동자들의 삶은 더 많은 특권을 가진 소비자들을 위한 물건을 만드는데 투입되었다. 그들의 노동이 좋은 물건이 아니라 크랩을 만드는 데 투입된다는 것은 착취를 훨씬 더 타락시킨다. 그 결과, 서구의 저임금 노동자들은 그 크랩을 파는 데 투입된다. 즉, 양판 소매점에서 선반의 물건을 정리하고 계산대에서 계산하는 데 투입된 것이다. 삼보 가발이나 대형 유대인 고무 코 같은 노벨티의 인종차별주의적 캐리커처든, 젖가슴 재떨이나 스트립쇼 텀블러 같은 성을 비하하는 노벨티든, 타락한다는 명백한 메시지를 크랩 자체가 전달해줄 때도 많다. 크랩 소비는 이 타락 시스템 내의 많은 계층에 인센티브를 줄 뿐이며, 약한 계층을 대상화하거나 그들이 투입한 노동력을 완전히 보이지 않게 함으로써 그들을 제거한다.

크랩에 의해 강요되는 불분명하고 더 추상적인 비용도 있다. 오늘날 중요한 의사소통 방법 중 하나는 상품이라는 언어를 통해서 무의식적으로 "읽히는" 복잡한 기호 체계인 사물의 기호학이다. 옷과 가구에 있는 양식은 가장 친밀한 기표다. 하지만 거의 모든 물질적인 물건이 추상적인 의미를 지니고 있는데, 이 의미는 내면화되면서 우리가 알고 이해하게 된다.

이 역시 새로운 관행은 아니다. 19세기에, 점점 더 낯선 물건들, 즉 더 새롭고 저렴한 시장 상품들에 둘러싸여 있는 자신을 발견하게 된 미국인들은, 다른 사람들의 정체성을 더 잘 이해하고 자신의 정체성을 형성하도록 돕기 위해 물건이라는 진화하는 언어에 의존하게 되었다. 입고, 소유하고, 전시한 것을 통해 미국인들은 계층, 민족, 직업, 심지어 종교에 이르기까지 자아에 관한 면을 소통했다. 소지품 역시 특정 집단의 회원 자격을 나타내게 되면서 특정 동료 그룹 간의 정체성을 형성하고 그룹 내에서 지위를 확립하는 방법으로 기능했다. 나는 너와 같고, 나는 그들과 같지 않으며, 나는 너보다 고위의 사람이고, 나는 너보다 하위의 사람이다 같은 식으로 말이다. 시간이 지남에 따라, 특히 대량으로 거래하는 상인이 부상함에 따라 물건들은 훨씬 더 일반적이고 필요한, 지위와 정체성을 나타내는 신호가 된다.[23] 소비자 혁명과 이용 가능한 상품의 폭발은 이 언어를 더욱 정교하고 미묘한 것으로 만들었다. 사물의 세계에 참여하고 그 세계의 물질적인 언어를 말하는 것은 필요하고 필수적인 것이 되었다. 사람들은 당신과 당신의 물건을 판단했고, 당신이 그 물건대로 했든 안 했든 그에 따라 당신을 대했다.

상품이라는 이 언어는 오늘날 선진 자본주의의 언어다. 자본주의 자체를 들먹이지 않고서는 이 언어를 넘어서 말하거나 심지어 이 언어에 대해 비판적으로 말할 수 있는 방법은 없다. 그만큼 전체주의화된 것이다. 오늘날의 소비자들은 실제로 매우 열정적으로 브랜드 상품 같은 것들을 받아들임으로써 다국적 기업들을 위한 걸어다니는 광고판이 되고 브랜드 상품을 자신의 일부로 만든다. 셔츠에 어떤 종류의 동물이 수놓여 있는지, 청바지 주머니가 어떤 무늬로 바느질되어 있는지, 지갑에 어떤 로고가 각인되어 있는지는 많은 이에게 아주 중요하다.

그렇다면 상품이라는 언어가 단지 상품 자본주의의 언어가 아니라 특히 냉소적이고 부정직하며 크랩 같은 방언일 때는 어떻게 될까? 우리는 최신 유행 패션의 산물인 옷은 그리 오래 지속되지 않을 것이라고 가정한다. 이음매가 찢어지고 지퍼가 부러지면 아무 생각 없이 새로운 옷을 살 것이다. 딱 한 번만 입을 요량으로 세탁을 아예 할 수 없게 만들어진 옷도 있다. 가구도 마찬가지다. 이케아 제품은 크랩으로 악명이 높다. 이케아 제품은 목재가 아니라 쉽게 손상되는 압축 합판으로 만들어지는 경우가 많아 일단 조립되면 온전한 상태로 분해하고 다시 조립할 수 없다. 실제로 사람을 죽게 만든 이케아 제품 또한 "나쁜 물건"이다.[24]

우리가 "좋은 상품"이라고 생각할 수도 있는 상품조차 크랩인 경우가 많다. 예를 들어, 선물용품 "갤러리"에서 발견되는 공기를 불어서 만든 유리병 같은 오늘날의 "예술품"은 후기 자본주의의 또 다른 허구다. 사람들은 예술가가 직접 남긴 표시가 있는 독특한 작품들을 찾는 경향이 있는데, 이는 개인적인 비전과 창의성을 증명한다. 그러나 이러한 물건은 해외에서 대량생산되곤 하는데, 인간 노동의 독특하고 가치 있는 흔적을 모방하기 위해 의도적으로 불규칙한 질감을 추가할 수 있는 기계에 의해 만들어진다. 서명 역시 공허한 기표로 바뀌며, 단지 기계로 그리거나 하루 종일 아무 일도 하지 않는 생산 시설 노동자들이 손으로 그린 브랜드일 뿐이다.[25] 그리고 예술가들의 독특한 개념은 상품화된 "외양"일 뿐이다. 작품을 만든 노동자의 산물인 작품의 사소한 변형은 작품들을 "유일"하고 "예술적인 것"으로 만든다. 약간 다를 뿐 똑같은 작품이다.[26]

수공예 사업은 큰 사업이다. 아무리 특이하고 독특한 물건이라 해도, 오래된 것처럼 만들어졌다고 해도, 손으로 직접 만들어졌다고 해도 선물용품은 항상 산업화와 세계화의 산물이었고, 지금도 마찬가지다. 오늘날 선물 산업 박람회는 홍콩에서 부다페스트에 이르기까지, 부다페스트에서 밀라노에 이르기까지 전 세계에서 선물및국내무역협회, 선물용품협회, 선물바구니협회, 국제선물및가정용품협회, 풍선협회, 인디언예술공예협회, 북부 스태퍼드셔 책상및선물용품산업협회 등을 대표하여 열리고 있다.[27] 또한 『기프츠 앤드 데코러티브 액세서리스Gifts & Decorative Accessories』 『기프트웨어 뉴스』 『기프트 비트Gift Beat』 『수버니어스Souvenirs』 『기프츠 앤드 노벨티스』 등을 포함한 많은 업계 출판물이 "공예품 소매업"과 도매업 시장을 지원하고 있다. 미국에서만 2017년 선물 가게 매출이 약 167억 달러로 추산되었는데, 남자, 여자, 아이 한 명당으로 따졌을 때 51달러에 달하는 금액이었다. 한 업계 평자에 따르면, 수공예 선물용품의 품목은 "공예가의 도덕적, 윤리적 가치 체계를 보여준다". 그러나 선물용품 예술가의 성공은 시장의 가치 시스템에 의존하기 때문에, 사실은 그렇지 않다. 선물용품 업계가 판매하는 것("예술품" 상품)과 선물용품 소비자들이 사고 있다고 생각하는 것(순수 예술)은 서로 다른 것이다.[28]

우리가 서로에게 주는 선물 대부분은 대량생산된 조잡한 물건들의 바다에서 선택된다. 그뿐만 아니라, 곤란한 것은 크랩으로 보상을 받을 것이기 때문에 좋은 일을 하기보다는 좋은 물건을 사는 데서 더 많은 인센티브를 부여받는다는 점이다. 광고용 상품을 유통하는 행위는 과거보다 훨씬 더 마구잡이식이 되고 의무화되었다. 따라서 "우리가 받게 될" 공짜 물건이 풍부해졌다. 국제홍보물협회에 따르면, 2015년 홍보용 물품의 제조, 수입, 유통은 20조8000억 달러 규모의 산업으로, 볼펜, 맥주 보냉 용기, 차양 머그잔, 열쇠고리, 메모장, 스티커, 토트백, 탁상 달력, 줄자, 도시락 통, 책갈피, 심지어 응급치료용 키트 등 로고가 새겨진 각종 물품에 기초하고 있다.[29] 로고가 새겨진 물품의 공급자와 유통업체를 연결하는 광고판촉물연구소는 95만 가지가 넘는 크랩을 거래하는 약 2만3500명의 회원을 보유하고 있다.[30]

공짜 물건을 받아들이면 우리는 선물을 수령하는 소중한 사람이 되는 것이 아니라 다른 사람들에게 상업의 세계를 전달하는 걸어다니는 광고주로 기능하는 홍보 요원이 된다. 2017년 온라인 설문조사에 응한 1000명 중 절반이 언제든 홍보물을 지니고 있다고 밝혔다. 광고주들은 수령자의 80퍼센트가 홍보물을 거부하는 것을 신경조차 쓰지 않는데, 그 이유는 나눠주는 것 자체가 메시지를 더 널리 퍼뜨리는 것이고 추가 비용 없이 "브랜드의 도달 범위를 심화하는 효과"가 있기 때문이다. 싸고 대량생산되고 불성실하고 원하지 않는 선물일지라도 우리가 그것을 받는다는 사실이 여전히 확인된다. 연구에 따르면, 공짜를 얻는 것은 "행복" "감사함" "고마움" "특별함"을 느끼게 한다.[31] 우리는 더 나은 것을 받을 자격이 있는가?

선의를 쉽게 살 수 있는 이유는, 헨리 번팅의 말에 의하면, 우리가 "품목의 내재적 가치를 넘어서" 계속 "만족"하기 때문인 것 같다.[32] 평생 이어지는 상업적 충성과 그 관계를 확립할 수 있는 공짜 물건에 대한 파블로프식의 반응이 굳어지는 이상적인 시기는 소비자들이 젊을 때다.[33] 2000년대에 "아이들을 타깃으로 하는 경품 지출"은 수십억 달러에 달했는데, 아이들이 실제 물건으로 교환 가능한 가상 포인트를 모을 수 있는 유명한 브랜드의 온라인 홍보 엔터테인먼트 경험인 "게임형 광고advergaming"는 말할 것도 없다.[34] 매년 라스베이거스에서 열리는 야구 싱크 탱크 같은 행사에서는 메이저리그 구단 임원들이 한자리에 모여 "경기장 내 경품 및 티켓 갱신 프로그램 상품 동향"

에 대해 배운다. "무료" 큰 머리 인형 등 "특수" 홍보물을 주는 것은 더 많은 사람을 야구장으로 끌어모을 뿐만 아니라, 그 덕에 티켓 가격을 올려 받는 것을 의미하는 "동적 가격 체계"를 시행할 수도 있고, 흥분한 팬들이 야구장으로 조기 입장하도록 유도해 구내 매점의 매상을 증가시킬 수도 있다.[35]

공짜 물건에 대한 우리의 멍청한 두뇌의 욕구를 이용하는 것보다, 그렇게 비굴하게 상업적인 방법으로 감성적인 보상을 받는다는 생각은 선물을 주는 관행 자체를 바꾸어놓았다. 감정이라는 문화와 이익이라는 문화가 완전히 분리되어 있다고 믿는 것은 잘못된 향수다. 그러나 선물용 상품, 사업용 선물, 광고 물건, 공짜 물건 등 뭐라고 부르든 이런 물품의 거래가 번창하고 있다는 것은 무언가 중요한 변화가 있음을 시사한다. 선물과 상품을 구별하는 것은 더 어려워졌고, 따라서 선물과 상품을 주고받는 것이 실제로 무엇을 의미하는지 결정하기가 더 어려워졌다. 기업의 입장에서, 사업용 선물은 "수익성의 목표를 좀더 사회적으로 용인할 수 있는 역할에 배치"하는 데 도움을 주며, 경제적 의무를 선물이나 보상으로 위장할 수 있게 해준다.[36] 한 학자에 따르면 (말하자면, 물건을 직접 만드는 것이 아니라) 상품을 선물로 활용하는 것의 "결과" 중 하나는 "시장 거래를 통해 획득한 물건이라는 변함없는 배경 '소음' 속에서 선물 형태로 보낸 메시지가 분실될 위험이 있다"는 것이다. 공짜 크랩은 선물이자 소음이다.[37]

윤리적 함의도 있다. 사업용 선물, 특히 크랩 선물은 중요한 의사 결정 과정에 어떤 영향을 미칠까? 개인적인 노출이 처방의 비율에 긍정적인 영향을 미친다는 것을 안 제약회사들은 광고 예산의 상당 부분(수천만 달러)을 직원들에게 나눠주는 펜, 차양, 커피 머그잔, 우산 같은 것에 소비한다.[38] 그들은 심지어 "관계 마케팅"이라는 새로운 용

어를 만들었다.[39]

"관계 마케팅"은 후기 자본주의에 의해 구상되고 요구된 수많은 완곡어법 중 하나다. 크랩의 생산과 소비는 물질세계뿐만 아니라 물질세계에 대해 말하는 방식도 새롭게 만들었다. 크랩은 크랩을 저렴하고 쓸모없는 것으로부터 가치 있는 것으로 변모시켜주고 축하하는 것과 냉소적인 것을 우아하고 효율적으로 감추어줄 홍보용 엉터리 물건이라는 발판을 필요로 한다. 실제 기능보다 더 많은 홍보용 과장 광고 덕분에 시장에서 구매될 수 있는 기기를 예로 들어보자. 베그오매틱Veg-O-Matics, 실어미츠Seal-A-Meats, (멋져 보이는 머리Good Looking Hair의 준말이자, '캔에 담긴 머리카락'이라고도 알려진) GLH 등의 기구는 채소 조각들을 손쉽게 얇게 잘라주든, 스프레이 버튼만 누르면 대머리가 사라지게 하든 빠르고, 쉽고, 마술적이고, 재미있는 변모를 약속한다. 플로비Flowbee라는 이발 "시스템"은 이발 가위와 진공청소기를 결합해 엉망이 된 이발의 난장판을 완화해주지만, 이 기기의 "피해자"는 "마치 천장 선풍기와의 싸움에서 패배한 것처럼 보일지 모른다". 비대즐러BeDazzlers는 "엉성한 옷을 모조 다이아몬드가 박힌 화려한 의상으로 둔갑시켜준다"고 했는데 바뀐 의상은 상황에 따라 멋스러운 것 또는 잘못된 것으로 여겨질 수 있었다. 긴스 칼은 "주방 식칼로는 자르기 힘든 것을 자를 수 있다"고 선전되었다. 호 박사의 근육 마사지 시스템은 "갤배닉 전류를 직접 척수에" 보냄으로써 간 질환, 소화불량, 좌골신경통, 류머티즘, 신장병, 여성 질환 등을 완화해준다며 한 세기 전에 선전되었던 채널링 디 일렉트릭 스파이널 벨트Channeling the Electric Spinal Belt와 같은 것이다. 이 마사지기는 "편두통, 목 통증, 발 통증, 건염, 좌골신경통, 활액낭염 생리통, 손목 터널 증후군, 스트레스성 불면증 등의 많은 질병과 증상"을 치료해준다고 약속하는 전기 근육

자극을 제공한다. 사용자는 환부에 직접 사용하지 않도록 주의해야
한다.[40]

기기들 대부분의 불가피한 실패에 직면한 소비자들은 기기를 그
만 쓰겠다고 하지 않고 새로운 형태의 과장 광고를 계속 믿었다. 과거
의 뉴렘브란트 자동 감자 껍질깎이든, 오늘날의 카퍼 셰프 XL 코팅
팬("스스로 훌륭한 셰프가 될 수 있습니다")이든 실망스러운 성능은 다른
것을 사도록 부추길 뿐이다. 형편없이 효과적이긴 하지만, 과장 광고
는 기계 장치와 다른 형태의 크랩이 우리를 실망시킨 것이 아니라 우
리가 그것들을 실망시켰다고 확신시켜주었다.

하지만 크랩은 실제로 오랜 기간 무수한 방법으로 우리를 실망시
켰다. "가격 후려치기 열풍"은 피해를 주었다. 더 이상 제대로 된 크랩
을 살 수조차 없게 되었기 때문이다. 다중적인 성격을 띠는 플라스
틱 토사물은 적절한 비유로 우리가 얼마나 타락했는지 보여준다. 수
십 년 동안 노벨티의 믿을 만한 주요 품목이었던 플라스틱 토사물은
이제 너무 크랩스러워진 터라 좋을 게 없다. 온라인 평론가들은 현재
중국에서 만들어지고 있는 최신 플라스틱 토사물에 대해 다음과 같
이 비판의 날을 세우고 있다. "매우 실망스럽다. 전혀 토 같지 않다."
"가짜로 보이는 가짜 토사물." "끔찍한 제품. (…) 쓰레기에 돈 낭비하
지 마세요." "눈먼 사람만 속을 것이다." "바라는 것만큼 자연스럽지
는 않다."[41]

크랩으로부터 무엇을 바랄 것인가? 실제로 열등한 버전의 열등한
것들 외에 어떤 것을 크랩이 제공하리라고 기대해야 하는가? 결국 우
리는 이 타락한 물질세계를 받아들였고, 때로는 아는 체했고, 때로
는 그렇지 않은 체했다. 일을 하고, 자신을 표현하고, 우리가 누구인
지 이해하고, 다른 사람들과 관계를 맺는 등 삶을 살아가는 데 필요

한 것은 근본적으로 저렴하고 배타적인 것이다. 역설적이게도, 우리는 이런 물건의 과잉으로 인해 가난하다. 우리의 크랩세계는 플라스틱 토사물의 단순한 감식가가 아니라 브레스트 머그Breast Mugs와 트럭너츠TruckNutz와 퍼니처 피트Furniture Feet, 허글스Huggles, 해밀턴 컬렉션Hamilton Collection 조각상의 애호가들이 살고 있는 세계다. 성실함과 진지함이 빈약한 만큼 다양성과 참신함은 풍부하다.

우리의 피폐한 상품세계는 우리의 사상과 정서 또한 피폐하다는 것을 의미하는가? 이름 모를 저가품과 저가품 행상인만으로 이루어진 세상에서 진심을 느끼고 의미를 찾고 진정한 사랑을 표현할 수 있을까? 우리는 크랩이 되었는가?

감사의 말

정확히 몇 번이나 그랬는지는 기억할 수 없지만, 기쁘게도 내게 "이 크랩을 보고 네가 생각났어"라고 말해주는 사람들이 있었다. 오랜 친구, 새로운 지인, 사서, 큐레이터, 동료, 멀리 떨어져 있는 기자 등 다양한 사람이 그런 말을 해주었는데, 이들 모두는 이 집필 작업의 정신이 무엇인지를 눈치챈 사람들이다. 크랩이 우리 모두를 하나로 만든다는 사실은 내가 여기서 감사해야 할 수많은 협력자에게서 분명하게 드러나는 것 같다. 이 집필 작업은 즉흥적으로 생각난 다소 무모한 아이디어로 시작되었다. 그 아이디어는 나의 친구이자 편집자 로버트 데번스와 그의 아이들과 OAH(AHA였던가)에서 긴 하루를 보낸 뒤, 차를 몰고 댄 라이언 고속도로를 따라 내려가던 중 아이들이 차 뒷좌석에 앉아 전형적인 얼터너티브 록을 노래하고 있을 때 갑자기 생각났다. 초현실적이라고 해야 제격인 순간이었다. 내가 이런 크랩을 심각하게 받아들이도록 하려는 게 그의 의도였는지는 잘 모르겠지만, 난 그랬다.

집필 작업이 진행됨에 따라 점점 더 광범위한 네트워크의 사람과 기관들로부터 지원을 얻고 그들에게 의존하게 되었다. 우선 여기에는 우리가 하는 일을 위해 없어서는 안 될 연구 기관의 많은 도서관, 자료실, 박물관 전문가가 포함된다. 집필 작업 초기 단계에 버지니아테크의 기록 문서 보관 담당자 마크 브로드스키는 남북전쟁 시대의 경품 패키지에 관한 중요한 정보를 제공해주었고, 도서관조합의 수석 자료 담당관이자 예전에 나와 함께 일했던 코니 킹은 내가 모르고 지나쳤을 뻔한 19세기 크랩의 훌륭한 견본품을 보내주었다. 럿거스캠던 로브슨도서관의 참고 문헌 사서이자 나의 친구인 줄리 스틸은 노벨티와 선물용품에 관한 나의 기괴한 질문들에 자주 응해주었을 뿐 아니라 디지털 시대에 아날로그 자료에 접속하는 것도 도와주었고, 오래되긴 했지만 여전히 유용한 정기 간행물 문헌 및 사회과학 독자 가이드의 색인을 활용하는 방법도 다시 알려주었다. 럿거스의 도서관 간 자료 대출 감독관 글렌 샌드버그는 앤 아버와 함께 캠던 등에 흩어져 있는 크레스지 관련 문헌의 마이크로필름 사본을 힘들게 구해주었다. 자료 보관 담당관 줄리 로시는 에드윈 리치 관련 문헌을 효율적이고 생산적으로 찾아보기 위해 로체스터의 스트롱박물관을 방문할 수 있도록 주선해주었다. 인디애나역사학회의 테레자 쾨니히스네흐트는 노벨티와 축제용 경품을 오랫동안 취급했던 킵브러더스의 사업 기록에 접근할 수 있도록 도와주었다. 매사추세츠 다트머스대학의 사서, 기록 보관소 및 특별 소장품 담당 주디스 패러는 20세기 초 다임 스토어의 경영을 조명한 찰턴의 문헌을 관대하게 디지털 자료로 만들어주었다.

연구 장학금에 의해 자금이 지원되는 세 곳 기관에서 연구활동은 직원들의 지원 덕분에 특히 많은 성과를 거두었다. 해글리도서관의 출판물 큐레이터 맥스 멜러와 참고 문헌 사서 린다 그로스는 초기 노벨티 업계, 기기 제작 기술, 20세기 일본 상품 무역과 관련된 자료를 찾는 데 도움을 주었다. 미국골동품학회에서의 연구는, 특히 지지 반힐, 낸 울버턴, 토머스 놀스의 지도 아래, 미국의 초기 크랩 역사에 살을 붙이는 데 도움이 되었다. 그리고 듀크대학에 있는 영업, 광고, 마케팅 역사를 위한 하트먼센터의 놀라운 사람들은 무수한 면에서 도움을 주었으며, 내 연구 여정을 상상했던 것보다 더 성공적이고 훨씬 더 즐거운 것으로 만들어주었다. 무엇보다 연구 자료 보관 담당자 트루디 에이블과 연구 자료 사서 엘리자베스 던, 참고 문헌 보관 담당자 조슈아 라킨 롤리는 내 집필 작업을 이해하고 프랭클린민트의 다이애나 왕세자비 인형 관련 문서가 들어 있는 상자에서부터 기기에 관한 인포머셜을 담고 있는 오래된 비디오에 이르기까지 온갖 종류의 물건을 흔쾌히 가져다주었다.

희귀한 책과 일회용 상품을 잘 알고 있는 친구들 덕분에 많은 연구를 하기 위해 멀리 여행할 필요가 없었다. 나는 가장 광범위한 크랩 관련 연구 수집품 중 하나를 소유하는 것에서 비롯되는 알 수 없는 특별함을 고백할 수 있다는 데 의심의 여지가 없다. 내가 캐럴과 딘 케이민으로부터 얻은 첫 번째 것은 파티용품 상점과 마술 상점에 관한 업계 카탈로그였는데, 이 이미지들 상당수가 이 책에 실렸다. 우리의 첫 만남 이후, 그들은 단순히 책의 열렬한 지지자가 아니라 사실상 연구 보조자가 되어 엽서와 청구서 용지에서부터 카탈로그와 팸플릿에 이르기까지, 세상에 잘 알려지지는 않았지만 매우 소중한 일회용 상품들을 찾아주었다. 또 다른 중요한 우군은 출중한 책 판매업자 피터 마지였다. 그는 각 장에 제시된 온갖 종류의 크랩 관련 자료를 찾아주었다. 그가 찾아준 것은 화장실 장난에 관한 책, 기기에 관한 낡은 카탈로그, 여행 판매 대리인을 위한 매뉴얼을 비롯해 기이하고, 이상하고, 정말 괴상한 자료들이었다. 상업계 큐레이터들은 이 책의 밑바탕이 되는 기록의 많은 부분을 제공함으로써 귀중한 공헌을 해주었다. 나는 그들이 찾아준 자료뿐만 아니라 그들의 우정에 대해서도 감사의 말을 전한다.

내게 지원을 아끼지 않은 상업계의 다른 이들에게도 감사의 말을 전한다. 시카고의 애시매직숍 점주 애시 씨와 워싱턴의 마너크노벨티스 점주 더글러스 로빈슨은 물건들이 쌓인 깊은 곳 속에서 낡은 장난감을 발굴해주었고, 특히 로빈슨 씨는 초기 축제 경품과 속임수 게임의 비밀을 가르쳐주었다. 업계에 마지막으로 남은 업자인 그들이 건강을 유지하고 지속적인 성공을 거두기를 기원한다.

생각해보면, 우리의 크랩세계는 근본적으로 물질적이며 설명만으로는 완벽히 묘사되거나 이해될 수 없다. 그러므로 이 책에 실린 이미지는 텍스트만큼이나 필수적이다. 나를 중요한 이미지로 이끌어주고 출판 가능한 품질의 버전을 제공하는 데 도움을 준 헌신적인 전문가들의 노력과 전문 지식이 없었다면 크랩의 이미지를 담기는 불가능했을 것이다. 위에 언급된 분들 외에도 도움을 주신 분들은 다음과 같다. 올버니연구소의 수석 큐레이터 더글러스 매컴스와 박물관 관리자 제시카 럭스, 미국골동품학회의 판권 및 복원 관리자 마리 래머루, 하버드대학 와이드너도서관의 사진작가 로버트 징크, 펜실베이니아역사학회의 판권 및 복원 담당자 캐럴라인 헤이든, 필라델피아 도서관조합의 판권 및 복원 팀 소속 컨세타 바버라와 앤 맥셰인, 셰넌도어밸리박물관의 소장품 큐레이터 니컬러스 파워스, 뉴어크박물관의 등록 담당자 앤드리아 코와 사서 겸 기록 보관 담당자 윌리엄 피니스턴, 럿거스대학 도서관의 특별전시관 행정직원 데이비드 쿠즈마, 별관 담당 관리자 딘 마이스터, 자료 공유 조정관 젠 라이버, 스코키 역사박물관의 박물관 감독관 어맨다 핸슨.

좀더 이국적인 이미지들은 더 우회적인 과정을 걸쳐 이 책에 실리게 되었는데, 출처가 불분명했다. 나를 돕기 위해 관대하게 소개해주고, 불명한 출처를 추적하고, 개인 소장품 일부를 제공한 몇몇 사람의 도움이 있었기에 그 출처를 추적하여 이 책에 실을 수 있었다. 『컬렉터스 위클리』의 리사 힉스는 노벨티에 대한 지식이 가장 풍부한 전문가이자 그의 일가 친족인 마디 팀과 스탠 팀에게 내가 연락을 취할 수 있도록 해주었다. 그들의 광범위한 개인 소장품에서 나온 플라스틱 토사물 조립 시설의 이미지를 제공해주신 데 대해 감사의 말을 전한다. 그들의 지지와 관대함을 느꼈다. 마크 뉴가든은, 폭발하는 소시지를 활용한 상징적인 노벨티 발명가의 또 다른 필수적인 사진이 실린 애덤스에 관한 획기적인 책을 쓴 윌리엄 로셔를 찾는 것을 도와주었다. 로셔의 열정에 대해서도 깊은 감사의 말을 전한다. 필라델피아미술관의 사진 보조 큐레이터 어맨다 복은, 『포춘』지 초창기 호에 실렸지만 불행하게도 그 이후로는 망각 속으로 사라진 사진작가 아르투어 게를라흐에 대한 전기적 세부 사항을 확인해주었다. 그녀의 노고에 감사의 말을 전하고 게를라흐의 작품이 응당 받아야 할 대우를 이 책을 통해 줄 수 있게 되어 기쁘다는 말도 전한다. 그리고 보통 미술 걸작들을 기록하는 데 역량을 쏟아부은 위대한 사진작가이자 훌륭한 유머 감각을 지닌 인물 팀 티바웃은 프레셔스 모먼츠 조각상과 가짜 개 토사물을 완벽하게 포착한 사진을 제공하기 위해 노력해주었다. 럿거스대학이 제공해준 관대한 연구 보조금 덕에 이 모든 멋진 이미지를 책에 담을 수 있었다.

감사의 말

나는 운 좋게도 여러 학계에 몸담아왔는데, 학계는 내 연구를 장려해주었고 원고 초안에 대한 귀중한 피드백도 제공해주었다. 여기에는 댄 릭터가 격려 메시지를 보내준 맥닐초기미국학센터, 초기 미국 공화국역사학자협회, 그리고 해글리도서관 연구 세미나에 연구 내용의 일부를 제시해달라고 나를 초청해준 로저 호러위츠가 특별한 감사의 메시지를 전해준 상업역사콘퍼런스 등이 포함된다.

럿거스대학 캠던캠퍼스에서 우리가 개최한 소규모 세미나에서 아르원 모헌은 이 프로젝트의 초기 버전을 꼼꼼히 비평해주었다. 그리고 나는 버지니아 공대의 연례 브라이언 베터티 콘퍼런스와 델라웨어대학의 물질문화 연구소에서 개최된 신진 학자 심포지엄, 이렇게 대학원생들이 주최한 두 차례의 학술 대회에서 연구 내용을 발표할 특권을 누렸다.

럿거스대학 캠던캠퍼스의 역사학과 동료들은 이 책의 다양한 측면에 대해 날카롭게 비평해주었을 뿐만 아니라 내가 크랩을 논할 수 있도록 행복한 시간을 허락해주었다. 이는 같은 학계에서 물질문화를 연구하는 동료 학자들에게 특히 해당되는 말이다. 니콜 빌롤런, 킴 마틴, 데이비드 네쇼, 맷 화이트가 그들이다. 나는 특히 럿거스대학의 행정 조교 섀런 스미스에게 큰 빚을 지고 있다. 그는 마치 마법처럼 나를 위해 모든 일을 스스로 처리해주었다.

익명의 원고 검토자에게도 특별히 감사의 말을 전한다. 원고에 대한 이들의 피드백은 나의 주장을 명확히 하고 생각을 정리하는 데 도움을 주었다. 나의 편집자인 팀 메널, 그의 충실한 조수 수재너 마리 잉스트롬, 독수리 눈을 가진 원고 편집자 인디아 쿠퍼를 포함한 시카고의 편집 팀에게도 감사의 말을 전한다.

오랫동안 나를 지지해준 고마운 사람이 많다. 특히 내게 연구와 글

쓰기의 즐거움을 알게 해준, 내가 가장 좋아하는 고등학교 시절의 은사님 수전 퍼머에 큰 빚을 지고 있다. 나의 절친한 친구 새런 힐더브랜드, 제니퍼 우즈 로즈너, 세라 웨더웩스는 특히 내게 지지와 격려를 아끼지 않았다. 내 일생을 함께해준 다음의 사람들에게도 감사의 말을 전한다. 제리 비딩크, 브루스 콤프턴, 폴 에릭슨, 조시 그린버그, 케이지 그리어, 작고하신 윌리엄 헬펀드(항상 플라스틱 토사물에 관한 생생한 대화를 잘했다), 메리 앤 하인스, 테드 홉굿, 데이브 제이컵슨, 브라이언 러스키, 미셸 크레이그 맥도널드, 로더릭 맥도널드, 스티븐 밈, 머리나 모스코위츠, 새런 머피, 새런 포털랜스, 찰스 로젠버그, 테리 스나이더, 린다 스탠리, 도널드 스틸웰, 조앤 스틸웰, 리차 티워리. 그리고 리버티스 파슬의 내 해결사 댄과 스튜에게도 감사의 말을 전한다.

마지막으로, 가족들에게 감사의 말을 전한다. 우선 나의 사랑스러운 강아지 세실이다. 세실은 나에게 따분한 컴퓨터 화면보다 세상에 더 많은 것이 있다는 사실을 상기시켜준다. 너를 매일 그리워한단다. 그다음으로는 내 동생 블레이크 월러슨과 그의 파트너 멜리사 커, 우리 엄마 조앤 월러슨, 우리 아빠 켄트 월러슨과 그의 불굴의 아내이자 새엄마인 린다 월러슨에게도 감사의 말을 전한다. 마지막이자 가장 감사하고 싶은 사람인, 아주 많은 초안을 읽고 밤늦게 야식을 먹으러 애플 캐빈으로 투지 있게 달려가는 데이비드 밀러에게 감사의 말을 전한다. 사랑해.

이름을 종이에 적는 것으로는 여기에 있는 모든 이가 이 작품이 나오기까지 내게 해준 기여에 보답하거나 이들이 준 도움과 격려에 대한 감사함을 완전히 담아낼 수 없다. 이들 모두에 대한 감사의 마음을 담아 드리블 글라스를 든다.

주

들어가며

1 "One for the Angels," *The Twilight Zone*, season 1, episode 2, written by Rod Serling and directed by Robert Parrish; first aired on CBS, October 9, 1959.

2 초기 미국의 소비자 혁명에 관해서는 다음을 참조할 것. Richard Bushman, *The Refinement of America: Persons, Houses, Cities* (New York: Vintage, 1993); Carey Carson, Ronald Hoffman, and Peter J. Albert, eds., *Of Consuming Interests: The Style of Life in the Eighteenth Century* (Charlottesville: University of Virginia Press, 1994); T. H. Breen, *The Marketplace of Revolution: How Consumer Politics Shaped American Independence* (New York: Oxford University Press, 2004).

3 1860년대 말과 1870년대 초에 이르러, 다용도 도구나 좀더 최근 제품으로는 스위스 군용 칼 등과 꽤 비슷한 모양의 '복합 도구' 설계를 특허로 출원하는 발명가가 늘고 있었다. 1870년 2월 1일 워싱턴의 오리스터스 퍼햄이 출원한 특허가 대표적이다. 망치, 도끼, 정, 캔 따개, 드라이버, 톱, 줄자를 통합한 그의 "개량된 다용도 도구"는 깔끔하고 간결한 디자인으로 기업, 가게, 가정에서 더 폭넓게 활용되었다.

4   "How New-Yorkers Live: Visits to the Homes of the Poor in the First and
    Fourth Wards," *New York Times*, June 20, 1859. 저소득층은 그런 물건에 대해 정
    서적 애착을 훨씬 더 많이 느끼게 되었다. 그런 상품들은 훨씬 낮은 빈도로 교체
    해도 됐기 때문이다. 잡지는 시간이 흐름에 따라 "변형된" 저가의 애장 소형 조각
    상을 수리하기 위한 복잡한 설명서를 발간하기도 했다. 이에 대해서는 다음을 참
    조할 것. "How to Bronze Plaster-of-Paris Figures," *Hearth and Home* 3.19 (May
    13, 1871), 370.

5   "Art. IV.—The Study and Practice of Art in America," *Christian Examiner* 71.1
    (July 1861), 67.

6   "The Image Peddler," *Youth's Penny Gazette* 8.7 (March 28, 1855), 25.

7   이 개념은 이고르 코피토프가 쓴 다음의 논문에서 빌려온 것이다. "The Cultural
    Biography of Things: Commoditization as Process," in *The Social Life of
    Things: Commodities in Cultural Perspective*, ed. Arjun Appadurai (Cambridge:
    Cambridge University Press, 1986).

8   Gillo Dorfles, *Kitsch: The World of Bad Taste* (New York: Bell, 1969), 15-16.

9   Karl Marx, "The Fetishism of Commodities and the Secret Thereof," in *Capital*,
    vol. 1 (London: J. M. Dent & Sons, 1930).

10 Heidi Ann Von Recklinghausen, *The Official M. I. Hummel Price Guide: Figurines
    and Plates*, 2nd ed. (Iola, WI: Krause Publications, 2013), 5.

11 학자들은 "인간의 자아는 자기 것이라고 부를 수 있는 모든 것의 총합이다"라는
    윌리엄 제임스의 주장을 확장해, 거기에 가족 구성원뿐 아니라 모든 물건을 포함
    시켰다. 요트든, 어린아이든 "이런 모든 것이 인간에게 같은 감성을 준다. 이런 것
    들이 많아지고 번영한다면 인간은 승리감을 느낀다. 이런 것들이 줄어들고 죽어
    나간다면 인간은 낙담한다. 각각의 것이 반드시 똑같은 정도의 감정을 느끼게 하
    는 것은 아니지만, 모든 것이 똑같은 식의 감정을 느끼게 한다". 더 자세한 내용은
    다음을 참조할 것. Russell K. Belk, "Possessions and the Extended Self," *Journal
    of Consumer Research* 15.2 (September 1988), 139-168, quote at 139.

12 '크랩crap'이라는 말이 영어에 처음 등장한 것은 15세기 초로 거슬러 올라간다.
    당시에는 요리하다 남은 찌꺼기나 폐재료를, 예를 들어 밀을 가공하다 나온 찌꺼
    기 또는 고기를 다듬다가 나온 지방 덩어리를 지칭하는 말이었다. 19세기 중반에

이르러 노폐물을 지칭하는 데 '크랩'이라는 표현이 활용되었고 얼마 지나지 않아
서는 '말도 안 되는 소리' 또는 '거짓말'의 동의어로, 즉 입에서 나오는 위선적이고
부정직한 배설물이라는 의미로 활용되었다.

13 해리 프랭크퍼트가 지적하는 것처럼, 이런 헛소리는 "소홀, (⋯) 경솔, 상세한 것에
대한 부주의"의 결과물만은 아니다. 언뜻 보기에는 모순처럼 보이지만, 이런 헛소
리는 반드시 조잡한 것은 아니고 "세심하게 계획된" 것일 수도 있다. 거짓말은 매
우 "방대하고" 예술적이고 기묘한 것일 때가 많다. Harry Frankfurt, *On Bullshit*
(Princeton, NJ: Princeton University Press, 2005), 22, 24, 53.

14 다음에서 인용함. Miles Orvell, *The Real Thing: Imitation and Authenticity in
American Culture* (Chapel Hill: University of North Carolina Press, 1989), 19.

15 Stuart Chase and Frederick J. Schlink, *Your Money's Worth: A Study in the Waste
of the Consumer's Dollar* (1927; New York: MacMillan, 1936), 12-13.

1장

1 광범위한 문학 작품이 행상인의 역사를 다루고 있다. 통찰력이 돋보이는 최근 문
헌으로는 다음의 두 논문이 있다. David Jaffee, "Peddlers of Progress and the
Transformation of the Rural North," *Journal of American History* 78.2 (September
1991), 511-535; and Joseph T. Rainer, "The 'Sharper' Image: Yankee Peddlers,
Southern Consumers, and the Market Revolution," *Business and Economic History*
26.1 (Fall 1997), 27-44. 1837년 한 작가는 양키 노션 행상인을 "교묘하게 환심
을 사는 사기꾼 같은 인물, 대부분 열등한 제품을 취급하고 (⋯) 시골 사람들에
게 상품을 판매하는 데 어려움이 없는 사람"이라고 묘사했다. "Yankee Pedlers,
and Peddling in America," *Penny Magazine of the Society for the Diffusion of Useful
Knowledge* 6 (July 15, 1837), 270.

2 John B. McConnel, *Western Characters; or, Types of Border Life in the Western
States* (New York: Redfield, 1853), 275.

3 Nathaniel Hawthorne, *American Note-Books*, vol. 1 (London: Smith, Elder,
1868), 202, 203.

4 예를 들어, 초기 행상인들이 취급했던 무수히 많은 "쓸데없는 물건Nick-
Nackatories"은 다음의 문헌에 열거되어 있으니 참조할 것. "A Satirical Harangue,

in the Person of a Hawker," *Gentleman's Magazine*, February 1734, 84–85.

5   Jaffee, "Peddlers of Progress," 512.

6   Selah Norton, "Variety Store, in Ashfield," *Hampshire Gazette* (Northampton, MA), January 1, 1794.

7   "New Variety Store!," *Vermont Republican* (Windsor), December 25, 1815.

8   Edward Vernon, "Cheap, Cheap, Cheap, for Cash," *Patriot* (Utica, NY), February 9, 1819.

9   예를 들어 다음을 참조할 것. "John Chandler & Brothers," *Greenfield (MA) Gazette*, January 11, 1800; and "Cheap! Cheap! L. Williams & Co.," *Hampshire Gazette* (Northampton, MA), February 1, 1820.

10   [Edward Clay?], *Or Fair samples of MILKY DUMPLINGS offered for CORNBREAD* ([Philadelphia?, ca. 1822–36]), gouache and ink on cardstock. Library Company of Philadelphia.

11   A Plain Practical Man, *Remarks upon the Auction System, as Practised in New-York……*, (New York: n.p., 1829), 22, 23.

12   예를 들어, "폭이 약 1.3센티미터인 레이스(리본)는 길이가 약 46미터에서 55미터 인 반면, 폭이 약 5센티미터 또는 7.6센티미터인 레이스 중에는 약 0.45미터짜리 가 기묘하게 밑에 매달려 있는 레이스도 찾아볼 수 있었는데 이 레이스는 길이가 약 4.6미터에서 5.5미터에 불과했다". A Plain Practical Man, *Remarks upon the Auction System*, 37.

13   A Plain Practical Man, *Remarks upon the Auction System*, 35. 그림 1.2에 나온 광고의 출처는 다음과 같다. *Impartial Observer* (Providence, RI), January 16, 1802 (Ebeling vol. 70, Houghton Library, Harvard University); *New Hampshire Observer* (Concord), May 27, 1822; *Evening Post* (New York), October 18, 1824; *Augusta* (GA) *Chronicle*, March 11, 1826; *Torch Light* (Hagerstown, MD), May 15, 1828; *Washington* (PA) *Review and Examiner*, August 1, 1829; *Boston Traveller*, December 5, 1834. Courtesy American Antiquarian Society.

14   "Cheap! Cheap!! Cheap!!!," *Connecticut Herald* (New Haven), April 16, 1816, 강조는 원문.

15   Robert M. Schindler, "The Excitement of Getting a Bargain: Some Hypotheses

Concerning the Origins and Effects of Smart-Shopper Feelings," *Advances in Consumer Research* 16 (1989), 449. 연구 결과를 공유해준 신들러에게 감사의 말을 전한다. 영리한 쇼핑객의 느낌에 대한 상세한 내용은 다음을 참조할 것. Ellen Gibson, "Stores Succeed by Turning Shopping into a 'Hunt,'" NBC News, July 5, 2011, http://www.nbcnews.com/id/43644360/ns/business-retail/t/stores-succeed-turning-shopping-hunt/#.Wvt5cgh3sk; and Gonca P. Soysal and Lakshman Krishnamurthi, "Demand Dynamics in the Seasonal Goods Industry: An Empirical Analysis," *Marketing Science* 31.2 (March-April 2012), 293-316.

16 Prof. W. J. Walter, "The Scotch Pedlar," *Godey's* 23 (December 1841), 241.

17 Jackson Lears, *Fables of Abundance: A Cultural History of Advertising in America* (New York: Basic Books, 1994), 71.

18 "Cheap Jack," *Anglo-American*, December 12, 1846, 172.

19 "Bargain Hunters," *Spirit of the Times*, September 13, 1845, 342.

20 "Cheap Jack," 171-172.

21 "John Brown's Variety Store," 다음에서 인용함. *Miscellanies Selected from the Public Journals*, vol. 1 (Boston: Joseph T. Buckingham, 1822), 135-136.

22 "Great Variety Store," *Rural Repository* 20.10 (December 30, 1843), 79; "'The Temple of Fancy,'" *Farmer and Mechanic*, n.s., 2.14 (April 4, 1848), 169.

23 "Van Schaack's Mammoth Variety Store," *Gavel* 1.8 (April 1845), 223. 다음도 참조할 것. S. Wilson, comp., 1844 *Albany City Guide* (Albany: C. Wendell, 1844), 101. 이 광고는 전형적인 잡화점의 다양한 손님을 다루었다. "호기심을 충족시키기 위해 가게에서 한두 시간을 보내는" 관광객부터 "다른 데서는 구할 수 없는" 품목을 찾기를 원하는 시골 상인까지 다양했다. 다음도 참조할 것. "New Variety Store," *Institute Omnibus and School-Day Gleaner* 1.16 (March 16, 1849), 63.

24 "John Brown's Variety Store," 137.

25 *Holden & Cutter, Importers and Wholesale Dealers in French, German and English Fancy Goods and Toys and Articles of American Manufacture* (Boston: R. Stiles, ca. 1840).

26 *Dominicus Hanson's Catalogue of Apothecary, Book and Variety Store* (Dover, NH: Dover Gazette Power-Press, 1854), 4.

27 *Georgia Journal*, April 5, 1832, 다음에서 인용함. Rainer, "The 'Sharper' Image," 36. 잭슨 리어스가 지적했듯이, "환상을 자극하는 것은 소비자 시장을 확장시키는 데 있어서 핵심이었다". *Fables of Abundance*, 51.

28 McConnel, *Western Characters*, 269.

29 Wilson, 1844 Albany City Guide, 99-100. 피스에 대한 더 자세한 내용은 다음을 참조할 것. Thomas Nelson, "Pease's Great Variety Store and America's First Christmas Card," *Ephemera Journal* 17.2 (January 2015), 1-8.

30 "GOODS AT THE BOSTON CENT STORE ALMOST GIVEN AWAY," *Sun* (Baltimore, MD), October 18, 1845.

31 "ALWAYS SOMETHING SELLING CHEAP……," *Sun* (Baltimore, MD), September 20, 1845.

32 "Auction Notice.—Thos. Bell, Auctioneer……," *New York Herald*, March 24, 1858.

33 "Make Way for 100 Cases and Bales," *Connecticut Courant* (Hartford), September 19, 1857.

34 W. W. Palmer & Co., "GREAT WANT OF MONEY!!—AND DRY GOODS CHEAP!!!," *Salem* (MA) *Register*, October 15, 1857.

35 *Directory of Pittsburgh and Allegheny Cities* (Pittsburgh: George H. Thurston, 1862), 157.

36 "What 25 Cents Will Do!" *Patriot* (Harrisburg, PA), April 16, 1866.

37 "Now Then Store!," *Boston Daily Journal*, December 23, 1868.

38 "Go to the Great One Two Three Dollar Store," *Tete-a-Tete* 3.2 (November 16, 1869), 4.

39 소비자심리학자들은 이를 '희소성의 원칙'이라고 부른다. 사람들에게는 공급량이 제한적인 것을 더 중시하는 경향이 있다는 것이 희소성의 원칙이다. 경쟁이 있을 때 상품에 대한 호감이 더 증가하는데, 정말로 좋은 물건이 나머지 상품과 함께 포함되어 있으면 이런 경향은 더 강화된다. 광란의 블랙 프라이데이에 관찰되는 이런 효과는 어부의 밑밥에 의해 창출되는 먹잇감 쟁탈전과 관련이 있다. Robert

B. Cialdini, *Influence: The Psychology of Persuasion* (New York: Collins Business, 2007 [1984]), 237-271. "사람들이 샅샅이 뒤져 찾는" 상품은 "가치관 또한 창출한다". Patricia Sabatini, "'Buyout,' Beware," *Philadelphia Inquirer*, June 11, 2017.

40 F. W. Woolworth, "From One Store to Six Hundred," *Business* 29.2 (August 1912), 62, 강조는 저자.

41 "The corner of St. Andrew and Magazine streets······," *Daily Picayune* (New Orleans), November 4, 1866; "Unparalleled Success of Braselman's Twenty-Five Cent Counter," *Daily Picayune* (New Orleans), December 6, 1866.

42 Watson's China Store, Wilmington, NC, ca. 1880s, trade card. Advertising Ephemera Collection, John W. Hartman Center for Sales, Advertising and Marketing History, David M. Rubenstein Library, Duke University (hereafter, Hartman Center, Duke University).

43 "5 Cent Counter Supplies!" *Portland* (ME) *Daily Press*, March 24, 1879.

44 Woolworth, "From One Store," 103.

45 John P. Nichols, *Skyline Queen and the Merchant Prince*: The Woolworth Story (New York: Trident Press, 1973), 28, 33.

46 "Leisure Moments," *Cultivator and Country Gentleman* 41.1199 (January 20, 1876), 47.

47 Nichols, *Skyline Queen*, 30, 34, 54-55.

48 "Go to the Eureka 50 Cent Store," *Quincy* (IL) *Daily Whig*, December 13, 1872; "Do You Want to Get Your Money's Worth?" *Cincinnati Daily Enquirer*, December 21, 1869; "Valentines at the 99 Cent Store," *Omaha Herald*, February 4, 1879; "New York Fifty Cent Store," *Chicago Tribune*, October 9, 1870; Munson's 99 Cent Store, *See What 99 Cents Will Buy at Munson's New 99 Cent Store* ([Boston: n.p., ca. 1870]).

49 "Literary and Trade News," *Publishers' Weekly*, 7.164 (March 6, 1875), 265.

50 "90 CENT GOODS!," *Lowell* (MA) *Daily Citizen and News*, July 18, 1873.

51 "Surprise Store," *Arkansas Gazette* (Little Rock), May 29, 1881.

52 "Review 4," *Literary World* 16.2 (January 24, 1885), 26.

53 "Barrels of Booty," *Puck*, March 6, 1915, 23.

54 "Bargain-Hunting," *Household Monthly* 2.2 (May 1859), 120.

55 "Miscellaneous," *Geo. P. Rowell's American Newspaper Reporter* 9.13 (March 29, 1875), 258.

56 "Business and Commercial Items," *Christian Standard* 6.7 (February 18, 1871), 56.

57 "The Dollar Sale Men," *Advertisers Gazette* 3.4 (February 1869), 4; "The Dollar Sales," *Advance* 2.72 (February 25, 1869), 4. 달러 스토어는 달러 판매 사기와 같은 시기에 부상했고 일반인들은 이 둘을 구분하지 못했다. 확률에 기반을 둔 달러 판매 사기는 복권과 경품 교환 같은 형태였다. 다음을 참조할 것. "The Dollar Store," *Ladies' Pearl* 8.2 (May 1874), 81; and Wendy A. Woloson, "Wishful Thinking: Retail Premiums in Mid-19th-Century America," *Enterprise & Society* 13.4 (December 2012), 790-831.

58 "Underselling at Dollar Stores," *Publishers' Weekly* 7.8 (February 20, 1875), 217, 강조는 원문.

59 "The Boston Lottery," Publishers' Weekly 8.14 (October 9, 1875), 562; "If the publishers……," *Publishers' Weekly* 8.21 (December 4, 1875), 883. 비평가들은 잡화점 도서 문제를 "공황" 문제라고 했다. 예를 들어, 다음을 참조할 것. "After the Battle," *Publishers' Weekly* 9.2 (January 8, 1876), 31; and "Fourth Session— Thursday Morning," *Publishers' Weekly* 8.4 (July 24, 1875), 222.

60 "After the Battle," 31; "The Underselling Shops," *Publishers' Weekly* 8.22 (December 11, 1875), 907.

61 "The following we copy……," *Godey's Lady's Book* 82.489 (March 1871), 295. 균일가 매장의 결혼 선물에 대한 더 자세한 내용은 다음을 참조할 것. "The Silver Wedding of Mose Skinner," *New England Homestead* 3.41 (February 18, 1871), 326; and *Godey's Lady's Book* (January 1873), 96: "결혼식 청첩장은 '식기류 선물은 사양합니다'라는 안내문을 한쪽에 인쇄한 채 배포된다. '콜드웰이나 베일리 상자에 담긴 균일가 매장 선물은 사양합니다'라는 문구를 청첩장에 덧붙이는 것도 좋지 않을까?"

62 "When Your Aunt Comes to Visit," *New York Clipper* 24.10 (June 3, 1876), 76.

63 "Facetiae. Anticipation versus Realization," *Harper's Bazaar* 19.2 (January 9,

1886), 32. See also "Fixing Up Around Home," *Hearth and Home* (July 18, 1874), 71.

64 "If one should catch……," *Chronicle: A Weekly Journal* 12.13 (September 25, 1873), 202.

65 "Cheap Literature," *Magenta* 4.6 (December 4, 1874), 64.

66 다음에서 인용함. Nichols, *Skyline Queen*, 38.

67 다음에서 인용함. T. F. Bradshaw, "Superior Methods Created the Early Chain Store," *Bulletin of the Business Historical Society* 17 (1943), 41.

68 "Dollar Stores and Dollar Sales," *Haney's Journal of Useful Information* 2.16 (April 1869), 59. 달러 스토어에 대한 더 자세한 내용은 다음을 참조할 것. "The '$1 Sale' Swindles," *Phrenological Journal and Life Illustrated* 49.8 (August 1869), 309; "Humbugs! Humbugs!" *Journal of Agriculture* 6.7 (August 14, 1869), 106; and "Corey O'Lanus' Epistle," *New York Fireside Companion* 4.103 (October 19, 1869), 4.

69 *An Examination of the Reasons, Why the Present System of Auctions Ought to Be Abolished……* (Boston: Beals, Homer, 1828), 15. 강조는 원문.

70 "Economy Is Wealth," *Worcester* (MA) *Daily Spy*, March 15, 1878.

71 Emma Cleveland Ward, "Mrs. Brown Visits the Capital," *Century Magazine* 53 (1896), 159.

72 "Bargains," *Puck* (February 15, 1911), 5; "How to Display 5-10-25¢ Goods in the General Store," *The Butler Brothers Way for the General Merchant* 1 (January 1913), 2.

73 Henry William Hancmann, "The Fatal Lure of the Whim-Wham," *Life* 76.1966 (July 8, 1920), 81.

74 Oscar Lovell Triggs, "Arts and Crafts," *Brush and Pencil* 1.3 (December 1897), 48.

2장

1 현대 소매업의 다채로움과 그 중요성에 대한 더 자세한 내용은 다음을 참조할 것. Jackson Lears, *Fables of Abundance: A Cultural History of Advertising in America*

(New York: Basic Books, 1994).

2　Ada Louise Huxtable, "The Death of the Five-and-Ten," *New York Times*, November 8, 1979.

3　T. F. Bradshaw, "Superior Methods Created the Early Chain Store," *Bulletin of the Business Historical Society* 17 (1943), 38.

4　"Increase Your Profits. They Can!," *The Butler Way for the General Merchant* 2.1 (January 1913), 14.

5　*"Jim Lane" The Price Wrecking Fool in Charge* (Philadelphia: Long Publishing, ca. 1920-5)), 강조는 저자.

6　"Nickels, Dimes and Quarters," *The Butler Way for the General Merchant* 2.1 (January 1913), 14-15.

7　Sears, Roebuck, *The Bargain Counter: Low Price Sale of Odds and Ends* (Philadelphia: [Sears, Roebuck, 1921]), 2.

8　연구자들은 소비자들이 텍스트 기반의 정보를 좀더 논리적으로 처리하며 텍스트 처리 작업에 더 많은 시간이 소요된다는 사실을 발견했다. 대조적으로 사람들은 시각적으로(나는 여기에 '물질적으로'가 추가되어야 한다는 데 의견을 같이한다) 제시되는 다양한 품목에 "형태 처리 과정gestalt processing"을 적용하는데, 이는 개별 품목과 전체 품목 그룹을 모두 평가함을, 그리고 이성적으로가 아니라 감성적으로 평가함을 의미한다. 다음을 참조할 것. Claudia Townsend and Barbara E. Kahn, "The 'Visual Preference Heuristic': The Influence of Visual versus Verbal Depiction on Assortment Processing, Perceived Variety, and Choice Overload," *Journal of Consumer Research* 40.5 (February 2014), 993-1015.

9　Butler Brothers, *Manual of Variety Storekeeping* (New York: Butler Brothers, 1925), 61.

10　Fleura Bardhi, "Thrill of the Hunt: Thrift Shopping for Pleasure," *Advances in Consumer Research* 30 (2003), 175. 바디는 구체적으로 중고품 할인점의 "무질서하고 특색 없는 분위기"를 예로 제시하며, "중고품 쇼핑객들은 쇼핑할 때마다 점포 구석구석을 모두 수색하고 (…) '보석 사냥'이라 부르는 행동을 실행에 옮기는 경향이 있다"고 설명한다. 다음도 참조할 것. Fleura Bardhi and Eric J. Arnould, "Thrift Shopping: Combining Utilitarian Thrift and Hedonic Treat Benefits,"

Journal of Consumer Behaviour 4.4 (2005), 223-233.

11 E. P. Charlton to Simon Kapstein, Fall River, MA, May 26, 1910. University of Massachusetts Dartmouth, Claire T. Carney Library Archives and Special Collections, MC 31, Earle P. Charlton Family Papers, 1889-1995.

12 Butler Brothers, *Manual of Variety Storekeeping*, 62.

13 Malcolm P. McNair, *Expenses and Profits of Limited Price Variety Chains in 1936* (Boston: Harvard University Graduate School of Business Administration Bureau of Business Research, 1937), 9, 26. 30센트 이상의 가격에 팔리고 매출의 54퍼센트 이상을 차지하는 의류와 액세서리의 경우에도 해당하는 이야기다.

14 G. E. Hubbard and Denzil Baring, *Eastern Industrialization and Its Effect on the West* (London: Oxford University Press, 1935); Elizabeth Boody Schumpeter, ed., *The Industrialization of Japan and Manchukuo, 1930-1940* (New York: Macmillan, 1940); Edwin P. Reubens, "Small-Scale Industry in Japan," *Quarterly Journal of Economics* 61.4 (August 1947), 577-605; Shin'Ichi Yonekawa and Hideki Yoshihara, *Business History of General Trading Companies*, International Conference on Business History 13, Proceedings of the Fugi Conference (Tokyo: University of Tokyo Press, 1987); Masayuki Tanimoto, "From Peasant Economy to Urban Agglomeration: The Transformation of 'Labour-Intensive Industrialization' in Modern Japan," in *Labour-Intensive Industrialization in Global History*), ed. Gareth Austin and Kaora Sugihara (London and New York: Routledge, 2013), 144-175.

15 다음에서 인용함. John P. Nichols, *Skyline Queen and the Merchant Prince: The Woolworth Story* (New York: Trident Press, 1973), 44.

16 Nichols, *Skyline Queen*, 49.

17 이 패턴은 다른 잡화점 체인에도 적용된다. 고드프리 레버에 따르면 W. T. 그랜트는 1907년 한 점포에서 9만9500달러의 매출을 올렸고, 1957년에는 691개 점포에서 4억6000만 달러 이상의 매출을 올렸다. 1933년 H. L. 그린의 182개 점포는 총 2890만 달러의 매출을 올렸고, 1957년에 이르러서는 224개 점포에서 1억1160만 달러의 매출을 올렸다. 1901년 20개의 점포에서 50만 달러의 매출을 올린 업체 매크로리는 1957년 215개의 점포에서 1억1180만 달러의 연 매출을 올렸

다. J. J. 뉴베리의 1호점은 1912년 매출액이 3만2000달러를 조금 넘는다고 보고했다. 1957년에 이르러서는 476개의 매장에서 연 매출 총 2억1300만 달러를 기록했다. *Chain Stores in America, 1859-1959* (New York: Chain Store Publishing Corporation, 1959).

18 Catherine Hackett, "Why We Women Won't Buy," *Forum and Century* 58.6 (December 1932), 345.

19 Hackett, "Why We Women Won't Buy," 345, 346.

20 적어도 1927년 이후 울워스의 매출은 경쟁의 증가와 임대료 상승으로 인해 보합세를 유지했다. 수익 감소의 원인은 판매량이 아니라 상품 가격 상승과 임대료의 비탄력성이었다. 예를 들어, 다음을 참조할 것. "Variety Chains Face Growing Problems," *Bradstreet's Weekly* 60.2844 (December 31, 1932), 1732. 동시대의 한 분석에 따르면 "업황이 저조했던 시절에 (백화점보다) 잡화점 체인이 비교적 나은 실적을 보인 것은 구매력이 감소하던 시기에 잡화점 체인의 낮은 고정 가격이 매력적이었던 것이 일부 영향을 미친 것으로 보인다". McNair, *Expenses and Profits*, 2.

21 울워스는 인플레이션 때문에 가격 상한을 20센트로 올렸다. "Woolworth Goes to 20 Cents," *Printers' Ink* 158 (February 25, 1932), 12; Ronald P. Hartwell, "Adjusting Business Policies to Changing Conditions," *Magazine of Wall Street*, March 19, 1932, 670-671, 694.

22 Andrew M. Howe, "10 Cents a Sleeve—5 Cents a Button," *Printers' Ink* 158 (March 17, 1932), 102.

23 "Face-Lifting the Dime Stores," *Business Week*, March 26, 1938, 39.

24 균일가 매장의 가격 인상에 관해서는 다음을 참조할 것. McNair, *Expenses and Profits*; Neil H. Borden, *The Economic Effects of Advertising* (Chicago: Richard D. Irwin, 1942), esp. 589-605; Lawrence R. Kahn, "Changing Status of the Variety Chains," *CFA Institute* 11.2 (May 1955), 31-33; "Woolworth Goes to 20 Cents." 처음에 울워스는 20센트의 상품을 100개 점포에서 시범적으로 선보였고, 울워스 상품의 80퍼센트는 여전히 낮은 가격대에 있었다. 다음을 참조할 것. Hartwell, "Adjusting Business Policies to Changing Conditions," 670-671, 694.

25 Francis Bourne, "How to Sell the '5 & 10's,'" *Advertising and Selling* 23 (June 21,

1934), 26. 또 다른 판매 전문가는, 판매원에게 1분 이상이 필요한 10센트짜리 상품이라면 "스스로 팔릴 수 없는 상품이므로 영원히 사라져야 한다"고 지적했다. Howard McLellan, "Turning Slow Movers into Best Sellers," *American Business* 7 (July 1937), 26.

26 McLellan, "Turning Slow Movers," 27.

27 1933년 백화점의 1인당 평균 지출은 20달러였고, 이에 비해 잡화점은 5달러에 불과했다. Wilford L. White, "The Consumer's Dollar," *Credit and Financial Management* 39 (March 1937), 6. 잡화점 상품 공급자들은 체인점이 "더 나은 품질의 새로운 품목"을 비축하기 시작하기 전까지 체인점을 혐오하는 편견이 있었다고 인정했다. Howard McLellan, "New Sales Opportunities in the Variety-Store Boom," *American Business* 7 (May 1937), 19.

28 McLellan, "Turning Slow Movers," 49. 이 특별한 소매 상술은 소비자들에게 너무나 혼란스러웠기 때문에 1936년 연방거래위원회는 이 소매 상술이 불공정한 경쟁 관행이라고 결정했다. 예를 들어, 다음을 참조할 것. *Annual Report of the Federal Trade Commission for the Fiscal Year Ended June 30, 1936* (Washington: Government Printing Office, 1936), 38. 다음도 참조할 것. Borden, *The Economic Effects of Advertising*, esp. chap. 23, "Advertising as a Guide to Consumption." 소비자가 결정을 내리는 데 어려움을 겪는 다양한 형태를 제시하고 있다.

29 James M. Rock and Brian W. Peckham, "Recession, Depression, and War: The Wisconsin Aluminum Cookware Industry, 1920-1941," *Wisconsin Magazine of History* 73.3 (Spring 1990), 217.

30 다음에서 인용함. Rock and Peckham, "Recession, Depression, and War," 217-221.

31 *Annual Report of the Federal Trade Commission for the Fiscal Year Ended June 30, 1925* (Washington: Government Printing Office, 1925). 우편 주문 업체 버나드휴잇앤드코는 실크로 만들어지지 않은 품목을 설명하는 데 "Silk" "Satin" "Pongee" "Cotton Pongee" "Tussah Silk" "Art Silk" "New Silk" "Silkoline" "Silk Faille Poplin" "French Art Rayon Silk" "Mercerized Pongee" "Silk Bengaline" "Neutrisilk" 같은 표현을 사용한 혐의로 기소됐다. 이 회사는 또한, 양모가 아닌 원단을 설명하는 데 "wool" "wool mix" 같은 표현을, 악어가죽으로 만들어지지

않은 제품을 설명하는 데 "Fine Grade Tan Eagator Reducer" 같은 표현을, 저질의 금속으로 만들어진 시계에 대해서도 "Silverine" "Nickel Silverine" 같은 표현을 사용했다. 다음을 참조할 것. *Annual Report of the Federal Trade Commission for the Fiscal Year Ended June 30, 1929* (Washington: Government Printing Office, 1929).

32 『광고의 경제적 효과The Economic Effects of Advertising』에서 닐 보든은 "다양한 상품과 서비스에 직면한 소비자가 현명하게 선택하려 할 때 만나게 되는 어려움"을 인정했다. 잡화점 매장 관리자들은 최고 경영진들이 승인한 핵심 품목 리스트에서 선택할 수 있었는데, 약 4000개에서 5000개의 상이한 품목이 있었으며, 모든 변종 상품까지 고려하면 약 2만 개에 달했다. 다음을 참조할 것. "Woolworth's $250,000,000 Trick," *Fortune* 8.5 (November 1933), 67.

33 "Toys Made in Japan Go to World Markets," *Trans-Pacific* 21 (December 28, 1933), 18.

34 Dorothy J. Orchard, "An Analysis of Japan's Cheap Labor," *Political Science Quarterly* 44.2 (June 1929), 215–258.

35 Rock and Peckham, "Recession, Depression, and War," 213. 관세 인상은 수입 감소로 이어졌다. 1927년에 이르러서는 수입액이 7만2100달러로 감소했다. 수입 알루미늄 조리기 매출액은 1919년 1855달러에서 1921년 67만2239달러로 증가했다.

36 "1924년부터 19288년까지 실크 원료는 미국이 일본으로부터 수입한 수입품의 83퍼센트를 차지했고, 1937년에 이르러서는 그 점유율이 49퍼센트로 떨어졌다." Nathan M. Becker, "The Anti-Japanese Boycott in the United States," *Far Eastern Survey* 8.5 (March 1, 1939), 50.

37 Becker, "The Anti-Japanese Boycott," 49.

38 예를 들어, 움직이는 셀룰로이드 장난감에 대해서는 종가세 60퍼센트와 관세 개당 1센트가 부과되었고, 움직이지 않는 셀룰로이드 장난감에 대해서는 종가세 50퍼센트와 관세 개당 1센트가 부과되었다. 일본 제조업자들은 히틀러 집권기 유대인 소매상들이 독일산 장난감을 보이콧한 데 따른 이득을 부분적으로 누렸다.

39 "The Made-in-Japan Christmas in the United States," *China Weekly Review* 63.6 (January 7, 1933), 280.

40 General Electric, "Let LAMPS Be Gay······ Not Gay Deceivers!" *New York Times*, December 4, 1932.

41 Becker, "The Anti-Japanese Boycott," 49.

42 "The Made-In-Japan Christmas," 280.

43 McLellan, "New Sales Opportunities," 20.

44 *Annual Report of the Federal Trade Commission for the Fiscal Year Ended June 30, 1936* (Washington: Government Printing Office, 1936), 51.

45 Jean Lyon, "Shopping Guide for Boycotters," *Nation* 145.17 (October 23, 1937), 427–428.

46 Becker, "The Anti-Japanese Boycott," 51, 52.

47 Lyon, "Shopping Guide," 428.

48 Becker, "The Anti-Japanese Boycott," 50–51.

49 "Axis Goods 'Out,'" *Business Week*, December 20, 1941, 37; "Boycott Applied," *Business Week*, December 20, 1941, 46, 47.

50 "Japan's Exports Fail to Hit Par," *Business Week*, December 6, 1947, 121. 다음도 참조할 것. Meghan Warner Mettler, "Gimcracks, Dollar Blouses, and Transistors: American Reactions to Imported Japanese Products, 1945–1964," *Pacific Historical Review* 79.2 (May 2010), esp. 205–209.

51 Mettler, "Gimcracks," 210.

52 Mettler, "Gimcracks," 209–210; Sidney Shalett, "Why We're Trading with the Enemy," *Saturday Evening Post*, July 12, 1947, 25.

53 George Rosen, "Japanese Industry since the War," *Quarterly Journal of Economics* 67.3 (August 1953), 454. 다음도 참조할 것. G. C. Allen, "Japanese Industry: Its Organization and Development to 1937," in *The Industrialization of Japan and Manchukuo, 1930-1940*), ed. Elizabeth Boody Schumpeter (New York: Macmillan, 1940), esp. 543–566.

54 "When You Buy Japanese, Double-Check the Goods," *Business Week*, December 17, 1949, 106.

55 Akira Nagashima, "A Comparison of Japanese and U.S. Attitudes towards Foreign Products," *Journal of Marketing* 34.1 (January 1970), 73.

56 Curtis C. Reierson, "Attitude Changes toward Foreign Products," *Journal of Marketing Research* 4.4 (November 1967), 386–387.

57 Curtis C. Reierson, "Are Foreign Products Seen as National Stereotypes?" *Journal of Retailing* 42.3 (Fall 1966), 33–40.

58 United States Tariff Commission, *United States Imports from Japan and Their Relation to the Defense Program and to the Economy of the Country* (Washington, DC: United States Tariff Commission, 1941), 16.

59 United States Tariff Commission, *United States Imports from Japan*, 19, 194–195, 200, 201, 205, 206, 208, 230.

60 "최상위 계층 상품을 제외하고" 1955년부터 일본이 제공한 상품들 대부분은 "해외 시장에 제품을 소개하고 싶어했던" 100명 이하의 노동자를 고용한 "중소기업의 상품"이었다. Federation of Foreign Trade Promotion Institutes of Japan, *Merchandise That Japan Offers, 1955* (Printed in Japan: Nippon Seihan, [1954?]), i.

61 Rosen, "Japanese Industry since the War," 452.

62 *Guide to Japanese Products for U.S. and Canadian Importers* (Tokyo: Japan External Trade Recovery Organization, [1958]), 9, 12.

63 *Guide to Japanese Products for U.S. and Canadian Importers*, 16.

64 John Sasso and Michael A. Brown Jr., *Plastics in Practice* (New York: McGraw Hill, 1945), 134, 135, 137. 다음도 참조할 것. Wilford L. White, "The Situation in Chain-Store Distribution," *Southern Economic Journal* 3.4 (April 1937), 411–426.

65 *Guide to Japanese Products for U.S. and Canadian Importers*, 40, 42.

66 "Woolworth's $250,000,000 Trick," 65–66.

67 *Guide to Japanese Products for U.S. and Canadian Importers*, 40.

68 Japanese Rubber Manufacturers' Association, *Japan's '57 Rubber Goods* (Tokyo: Japanese Rubber Manufacturers' Association, [1957?]), 34.

69 Kahn, "Changing Status of the Variety Chains," 31; Spencer Gifts catalog (Atlantic City, NJ: [The Company], 1964).

70 David Auw, "Making 'MIT' Mean Quality," *Free China Journal*, September 7,

1989.

71 Auw, "Making 'MIT' Mean Quality"; Andrew Quinn, "'Made in Taiwan' Brands Want to Buy a Little Respect," Reuters News, September 13, 1989. 다음 도 참조할 것. Peter C. DuBois, "Taiwan: A View from Snake Alley," *Barron's*, December 19, 1988.

72 "Hong Kong, Thanks to China, Tops Toy Market," *Australian Financial Review*, January 18, 1989.

73 Craig Wolff, "Consumers' World: Copies of Popular Toys Are Often Hazardous," *New York Times*, November 21, 1987.

74 Wolff, "Consumers' World".

75 Wolff, "Consumers' World." 패션 산업의 가짜 명품에 대한 동시대 문헌에 대해 서는 다음을 참조할 것. Elaine Williams, "World Watch Industry: Switzerland Survives—at a Price," *Financial Times*, October 2, 1982; William Kazer, "Asia Takes Real Bite at Lucrative Faking Business," Reuters, January 12, 1988; Katina Alexander, "You Can't Always Tell the Real Thing from the 'Hideous' Gucci Counterfeits," *Orange County Register*, February 17, 1989; and Alberto Arebalos, "Smuggling Is a Way of Life," Reuters, February 20, 1989.

76 Steven Husted and Shuichiro Nishioka, "China's Fare Share? The Growth of Chinese Exports in World Trade," *Review of World Economies* 149.3 (2013), 565– 566. 허스티드와 니시오카는 2010년에 미국의 모든 수입품의 16.7퍼센트가 중국 산이었다고 언급했다. Jianqing Ruan and Xiaobo Zhang, "Low-Quality Crisis and Quality Improvement: The Case of Industrial Clusters in Zhejian Province," in *Industrial Districts in History and the Developing World*, ed. Tomoko Hashino and Keijiro Otsuka (Singapore: Springer Science +Business Media, 2016), 170. Peter K. Schott, "The Relative Sophistication of Chinese Exports," *Economic Policy* 23.1 (January 2008), 21. 숏은 "제품 시장에서 중국과 OECD 수출 사이 에 상당한 가격 차이가 관찰되고 있는 것은 중국 수출품의 품질이 더 낮을 수 있 음을 시사한다"고 결론짓는다.

77 Husted and Nishioko, "China's Fare Share?," 569–570.

78 월마트의 역사에 대한 상세한 내용은 다음을 참조할 것. 2005 documentary

film *Wal-Mart: The High Cost of Low Price*, directed by Robert Greenwald and produced by Brave New Films.

79 MarketLine, *Company Profile Dollar Tree, Inc.*, January 8, 2016, 4, https://www. marketline.com, reference code E7F38462-EF1E-4309-904C-496EA358DBA1, 4, 5.

80 MarketLine, *Company Profile Dollar Tree, Inc.*, 6.

81 Datamonitor, *Family Dollar Stores Company Profile*, July 21, 2008, 6 (강조는 저자); *International Directory of Company Histories*, vol. 62, "Family Dollar Stores, Inc." (St. James, MO: St. James Press, 2004), 133-136.

82 MarketLine, *Company Profile Dollar Tree, Inc.*, 8.

83 MarketLine, *Company Profile Family Dollar Stores, Inc.*, August 29, 2012, 7 https://www.marketline.com, reference code 9EC011A2-C7DA-4A45-B933-E74BC6E64EBB.

84 Datamonitor, *Dollar General Corporation Company Profile*, May 22, 2007, 6-7.

85 Datamonitor, *Dollar General Corporation Company Profile*, January 31, 2011, 7; MarketLine, *Company Profile Dollar General Corporation*, September 27, 2013, 7, and February 5, 2016, 7, https://www.marketline.com, reference code4922A2BE-CD57-4475-A5B6-AD9D3F0322DA.

3장

1 유진 퍼거슨은 이와 같은 기기의 창조자를 "급진적인 기계공들"이라고 불렀는데, 이들이 "급진적 변화를 유발한" 기기를 발명했기 때문이다. "The American-ness of American Technology," *Technology and Culture* 20.1 (January 1979), 6.

2 "Old Times," *North American Review* 13 (May 1817), 4-11.

3 A Man Born out of Season, "A Complaint against Convenience," *New-York Mirror* 17.13 (September 21, 1839), 100.

4 "A Useful Lesson: Old Humphrey and the Farmer," *Mirror and Keystone*, August 31, 1853, 274.

5 "Yankee Ingenuity," *Yankee Farmer and New England Cultivator* 5.5 (February 2, 1839), 36.

6 "Yankee Ingenuity," *New England Farmer* 2.42 (May 15, 1824), 334.

7 "The Fecundity of Yankee Ingenuity," *New-York Organ and Temperance Safeguard* 8.47 (May 19, 1849), 346.

8 "Yankee Ingenuity," *Maine Farmer and Journal of the Useful Arts* 1.44 (November 16, 1833), 351.

9 "Yankee Ingenuity," *Kentucky New Era* (June 10, 1858), 1; "Yankee Ingenuity," *Illustrated New York News*, June 21, 1851, 22. 이와 같은 태도에 대한 상세한 내용 은 다음을 참조할 것. David Jaffee, "Peddlers of Progress and the Transformation of the Rural North," *Journal of American History* 78.2 (September 1991), 511– 535; and Joseph T. Rainer, "The 'Sharper' Image: Yankee Peddlers, Southern Consumers, and the Market Revolution," *Business and Economic History* 26.1 (Fall 1997), 27–44.

10 "Machine for Wringing Clothes," *American Agriculturist* 19.8 (August 1860), 247.

11 Algernon Sidney Johnston, *Memoirs of a Nullifier* (Columbia, SC: Printed and Published at the Telescope Office, 1832), 8.

12 다음에서 인용함. Rainer, "'Sharper' Image," 39–40.

13 "Jonathan's Patent Labor-Saving, Self-Adjusting Hog Regenerator," *Yankee Notions* 2.5 (May 1853), 155. 미국적 창의성의 개념이 남북전쟁 시기에 어떻 게 정치화되었는지는 다음을 참조할 것. "The Yankee Nut-Crackers," *Scientific American* 12.7 (April 22, 1865), 265.

14 농장에서의 돼지 도살에 관한 동시대의 설명은 다음을 참조할 것. H. D. Richardson, *The Hog, His Origin and Varieties* (New York: C. M. Saxton, 1856), chap. 10 "Slaughtering and Curing," 55–64.

15 William Youatt, *The Pig: A Treatise on the Breeds, Management, Feeding, and Medical Treatment of Swine* (New York: C. M. Saxton, 1852), 153.

16 도미닉 퍼시가에 따르면, 숙련된 도축업자가 농장에서 수소를 도축하고 손질 하는 데 8시간에서 10시간 정도 걸렸지만 시카고 도축장에서는 35분밖에 걸리 지 않았다. Anne Bramley, "How Chicago's Slaughterhouse Spectacles Paved the Way for Big Meat," National Public Radio, December 3, 2015, https://www.npr. org/sections/thesalt/2015/12/03/458314767/how-chicago-s-slaughterhouse-

spectacles-paved-the-way-for-big-meat. 다음도 참조할 것. Dominic A. Pacyga, *Slaughterhouse: Chicago's Union Stock Yard and the World It Made* (Chicago: University of Chicago Press, 2015).

17 Old Lady, "Economy of Labor-Saving Utensils in a Kitchen or on a Farm," *American Agriculturist* 6.1 (May 1847), 158.

18 이와 같은 모순은 다음의 획기적인 두 서적에 기술되어 있다. Susan Strasser, *Never Done: A History of American Housework* (New York: Pantheon, 1982); and Ruth Schwartz Cowan, *More Work for Mother: The Ironies of Household Technology from the Open Hearth to the Microwave* (New York: Basic Books, 1983).

19 "Kitchen Song," *Massachusetts Cataract* 6.2 (March 30, 1848), 5.

20 Mrs. M. L. Rayne, "John Merrill's Theory," *Prairie Farmer* 18.12 (September 22, 1866), 12.

21 미국 가정 기술의 역사를 전문으로 다룬 문헌은 풍부하다. 스트래서와 카원 외에도, 예를 들어 다음을 참조할 것. Elizabeth Faulkner Baker, *Technology and Woman's Work* (New York: Columbia University Press, 1964); Siegfried Giedion, *Mechanization Takes Command: A Contribution to Anonymous History* (1948; New York: W. W. Norton, 1975); Sarah F. Berk, ed., *Women and Household Labor* (Beverly Hills, CA: Sage Publications, 1983); and Glenna Matthews, *"Just a Housewife": The Rise and Fall of Domesticity in America* (New York: Oxford University Press, 1987).

22 George Basalla, *The Evolution of Technology* (New York: Cambridge University Press, 1988), 69. "하찮은" 특허 대비 "유용한" 특허의 비율에 관해서는 다음을 참조할 것. B. Zorina Khan, "Property Rights and Patent Litigation in Early Nineteenth-Century America," *Journal of Economic History* 55.1 (March 1995), 60. 19세기의 특허에 관한 상세한 내용은 다음을 참조할 것. B. Zorina Khan, "'Not for Ornament': Patenting Activity by Nineteenth-Century Women Inventors," *Journal of Interdisciplinary History* 31.2 (Autumn 2000), 159-195; Jacob Schmookler, *Invention and Economic Growth* (Cambridge, MA: Harvard University Press, 1966); Kenneth L. Sokoloff, "Inventive Activity in Early Industrial America: Evidence from Patent Records, 1790-1846," *Journal of*

Economic History 48 (1988), 813-850; Sokoloff and Khan, "The Democratization of Invention during Early Industrialization: Evidence from the United States, 1790-1846," *Journal of Economic History* 50 (1990), 363-378.

23 "Useless Patents," *Mechanic*, November 1834, 344. 19세기 대중적인 발명과 특허의 급증에 관해서는 다음을 참조할 것. Naomi R. Lamoreaux, Kennel L. Sokoloff, and Dhanoos Sutthiphisal, "Patent Alchemy: The Market for Technology in US History," *Business History Review* 87 (Spring 2013), 3-38. 저자들은 예를 들어, 백만 명당 등록 변리사의 수가 1883년 10.7명에서 1910년 74.5명으로 증가했다고 지적했다.

24 "Labor-Saving Implements," *Working Farmer*, July 1857, 112, 113; "Facts for the Curious. Curiosities of the Patent Office," *Portland Transcript*, April 20, 1867, 20-21.

25 E. W. Slade, "A Glance at Patent Churns: Gault's Rotary Churn," *Ohio Cultivator* 5.2 (January 15, 1849), 17.

26 "Should Farmers Buy Patent Rights?," *Prairie Farmer* 18.7 (August 18, 1866), 102.

27 "The Inventor—Some of the Obstacles to Success," *Scientific American* 17.20 (November 16, 1867), 313. 특허 대리인들 역시 기기의 혁신으로부터 이익을 얻었다. 몇 년 후, 이 잡지는 특허 대리인에 대해 "경고장"을 발행했는데, 특히 "'비법'을 이해"하고 있지만 "공허한 허세만 있는" 사람이라고 자신을 표현하는 워싱턴의 "어슬렁거리는 자칭 '변호사' 무리"를 주의할 것을 촉구했다. 그들이 찬양하는 새로운 장치들처럼, 그들의 광고 전단은 "놀라운 길이와 천둥소리, (…) 가장 눈부신 결과를 약속하는 것"에 관한 것이었다. 다음을 참조할 것. "Patents for Inventions," *New York Mercantile Register for 1848-49* (New York: John P. Prall, 1848), 29; "Inventors and Patent Agents," *Scientific American* 5.23 (February 23, 1850), 182; "Patent Agents—A Caution," *Scientific American* 8.40 (June 18, 1853), 317; and "Scoundrelism in Patent Agents," *Scientific American* 10.1 (September 16, 1854), 5.

28 "The 'Gullibility' of Farmers," *Maine Farmer* 41.10 (February 8, 1873), 1.

29 Home Manufacturing Company, *Description, Testimonials and Directions of the*

Celebrated Home Washer! (New York: E. S. Dodge, ca. 1869). Hartman Center, Duke University.

30 Vandergrift Manufacturing Company, *Catalogue of the Vandergrift Manufacturing Co.* (Buffalo: Gies, ca. 1880). Hartman Center, Duke University.

31 Stratton & Terstegge Co., *Stratton & Terstegge Co., Manufacturers of Pieced and Stamped Tinware, Japanned Ware, Galvanized Ware, Sheet Iron Ware⋯⋯* ([Louisville, KY?]: n.p., [1906]). Hartman Center, Duke University.

32 Glenda Riley, "In or Out of the Historical Kitchen? Interpretations of Minnesota Rural Women," *Minnesota History* 52.2 (Summer 1990), 65.

33 Riley, "In or Out of the Historical Kitchen?," 66.

34 "Labor-Saving Implements," rpt. in *Working Farmer*, July 1857, 113. 신문의 "기사형 광고"의 예는 다음을 참조할 것. Hudson River Wire Works, *New Patent White Wire Clothes Line. $10,000 Reward for Superior Article* ([New York]: n.p., ca. 1868). Hartman Center, Duke University. 이와 같은 제품 사용 후기가 완전한 조작인지, 아니면 그저 획일적으로 편집된 것인지는 불분명하다. 다음을 참조할 것. Edward Slavishak, "'The Ten Year Club': Artificial Limbs and Testimonials at the Turn of the Twentieth Century," in *Testimonial Advertising in the American Marketplace: Emulation, Identity, Community*, ed. Marlis Schweitzer and Marina Moskowitz (New York: Palgrave Macmillan, 2009), 96.

35 Home Manufacturing Company, *Description, Testimonials and Directions*.

36 Leach Roaster and Baker Co., *The Improved Roaster and Baker* ([Birmingham, AL?]: n.p., ca. 1891). Hartman Center, Duke University.

37 "Potato Steamers—A Yankee Invention," *Life Illustrated*, April 15, 1857, 195.

38 J. E. Shepard & Co., *Catalogue of J. E. Shepard & Co. Manufacturers of Household Novelties and Specialties for Canvassing Agents* ([Cincinnati?]: n.p., 1884), 4; J.C. Tilton, *150,000 Already Sold* (Pittsburgh: n.p., [1873]). Hartman Center, Duke University.

39 W. H. Baird & Co., *Manufacturers of Household Necessities!* ([Pittsburgh]: n.p., ca. 1890), no pagination; 강조는 원문.

40 Riley, "In or Out of the Historical Kitchen?," 64.

41 "사치스러운 허무함"의 개념은 키치에 관한 이론에 뿌리를 두고 있다. 다음을 참조할 것. Vittorio Gregotti, "Kitsch and Architecture," in *Kitsch: The World of Bad Taste*, comp. Gillo Dorfles (New York: Bell Publishing, 1968), 263.

42 Charles Babbage, *On the Economy of Machinery and Manufactures* (London: J. Murray, 1846), 121, 122. Paraphrased from Michael Zakim, "Importing the Crystal Palace," in *Capitalism: New Histories*, ed. Sven Beckert and Christine Desan (New York: Columbia University Press, 2018), 343. "방법을 실현시키기 위한 방법"에 대해 쓰고 있다.

43 다음에서 인용함. Rainer, "The 'Sharper' Image," 39, citing the *Connecticut Courant* of November 1, 1812.

44 M. D. Leggett, *Subject-Matter Index of Patents for Inventions Issued by the United States Patent Office from 1790 to 1873, Inclusive*, 3 vols. (Washington, DC: Government Printing Office, 1874).

45 P. T. Barnum, *The Life of P. T. Barnum, Written by Himself* (New York: Redfield, 1855), 25.

46 *M. Young's Monthly Publication of New Inventions* (New York: M. Young, 1875), 1.

47 Thomas Manufacturing Company, *Thousands of Agents Are Making Big Money Selling The Full Nickel-Plated Washington* ([Dayton, OH?]: n.p., ca. 1900?), Hartman Center, Duke University. 강조는 저자.

48 한 광고 이론가에 따르면 이와 같은 "복잡한" 상품들은 몇 가지 다른 "제품 덕목"을 가지고 있었는데, 제품 덕목이란 "직접 모순되지 않는다 하더라도 양립할 수 없는 것일 수 있으며, 따라서 제품이 한 가지 면에서 '최상'이라면 다른 측면에서 최고일 수 없다는 결론에 일반적으로 이른다"는 것이다. Neil Borden, *The Economic Effects of Advertising* (Chicago: Irwin, 1942), 649.

49 Todd Timmons, *Science and Technology in 19th-Century America* (Westport, CT: Greenwood Press, 2005).

50 Walter A. Friedman, *Birth of a Salesman: The Transformation of Selling in America* (Cambridge, MA: Harvard University Press, 2004), 35.

51 탄력적인 생산 행태에 관해서는 다음을 참조할 것. Philip Scranton, *Endless*

Novelty: Specialty Production and American Industrialization, 1865-1925 (Princeton, NJ: Princeton University Press, 2000).

52 *Official Catalogue. "Novelties" Exhibition. Philadelphia, Commencing September 15, 1885, under the Direction of the Franklin Institute*······ (Philadelphia: Burk & McFetridge, 1885).

53 다음을 참조할 것. Samuel Hopkins Adams, "The Great American Fraud. Quacks and Quackery I.—The Sure Cure School," *Collier's* 37 (July 4, 1906), 12. 사기꾼들의 성공은 그의 말로 "당신을 관에서 일으켜 세우고 친구들에게 당신을 되돌려줄 수 있는" 것이라면 무엇이든 엉터리 약이나 장치를 시도해보겠다는, "고 통으로부터의 구제를 쫓는 측은한 사람들" 덕분이었다.

54 L. Shaw, *How to Be Beautiful! Ladies' Manual* (New York: Terwilliger & Peck, ca. 1886), 21-22, Hartman Center, Duke University. 강조는 저자.

55 American Dentaphone Company, *The Testimony of One Hundred Living Witnesses* ([Cincinnati?]: n.p., ca. 1882), 1. Hartman Center, Duke University. 이 장치 에 관한 상세한 내용은 다음을 참조할 것. Albert Mudry and Anders Tjellstrom, "Historical Background of Bone Conduction Hearing Devices and Bone Conduction Hearing Aids," in *Implantable Bone Conduction Hearing Aids*, ed. Martin Kompis and Marco-Domenico Caversaccio (Basel: Karger, 2011), 1-9.

56 Adams, "Great American Fraud," 12.

57 Advertisement in Butter Improvement Company, *Hints to Butter-Makers and Book of Reference* (Buffalo: Butter Improvement Co., 1879), 24. Hartman Center, Duke University.

58 US Patent 357,647, Peter H. Vander Weyde, February 15, 1887; American Galvanic Company, "Nervous Debility Cured without Medicine," *Educational Weekly* 8.169 (September 16, 1880), 122.

59 P & M Agency, *A Triumph of Modern Ingenuity and Science! The "Conquerer" Electric Ring Leads All Others!* ([Palmyra, PA?]: n.p., ca. 1890s). Hartman Center, Duke University.

60 American Electrocure Co., *Twentieth-Century Electrocure* (Vineland, NJ?: n.p., ca. 1898), 5. Hartman Center, Duke University.

61 Andrew Chrystal, *Catalogue of Professor Chrystal's Electric Belts and Appliances* ([Marshall, MI?]: n.p., [1897]), 4.

4장

1 물건이 어떻게 작동하는지 직접 보고 싶어하는 미국인들의 욕망에 관해서는 다음을 참조할 것. Neil Harris, "The Operational Aesthetic," in *Humbug: The Art of P. T. Barnum* (Chicago: University of Chicago Press, 1981), 59–90.

2 United Manufacturing Company, *Information for Your Benefit*, ca. 1910. Hartman Center, Duke University.

3 Letter from Harold [?] G. Wolf to Henry W. Jones, Leipsic, OH, July 14, 1910. H. W. Jones Collection, David M. Rubenstein Library, Duke University (hereafter, Jones Collection, Rubenstein Library).

4 Letter from Harold [?] G. Wolff to Henry W. Jones, Leipsic, OH, July 30, 1910. Jones Collection, Rubenstein Library.

5 United Manufacturing Company, *Instructions to Salesmen: A Confidential, Manto Man Talk with our Representatives by the General Manager* (Toledo, OH: Franklin, ca. 1910), 6, Hartman Center, Duke University.

6 Niagara Merchandising Company, form letter to prospective sales agents, Lockport, NY, ca. 1910. Jones Collection, Rubenstein Library.

7 [Niagara Merchandising Company], *The Cinch Tire Repair Kit* ([Buffalo?]: n.p., ca. 1910), [8]. Hartman Center, Duke University.

8 Letter from William A. Heacock to H. W. Jones, Lockport, NY, September 5, 1912. Jones Collection, Rubenstein Library.

9 이는 유나이티드매뉴팩처링의 독점적인 "화학 물질"이 있어야 작동하는 소화기와 비슷했다. Letter from Heacock to Jones, September 7, 1912. Jones Collection, Rubenstein Library.

10 이에 대한 상세한 내용은 다음을 참조할 것. Sigfried Giedion, *Mechanization Takes Command: A Contribution to Anonymous History* (1948; New York: W. W. Norton, 1975), esp. 516–556.

11 Christine Frederick, *Household Engineering: Scientific Management in the Home*

(1915; Chicago: American School of Home Economics, 1921), 100, 101. 프레더릭은 "전적으로 광고전단을 신뢰하는 것보다 더 좋았기 때문에"(104) 판매원의 사내 시연이 제품을 보고 경험할 기회가 되었다고 말했다.

12 Frederick, *Household Engineering*, 105.

13 Frederick, *Household Engineering*, 105, 107, 강조는 원문. 프레더릭은 설거지처럼 손으로 하는 것이 더 효율적인 노동의 경우 직접 손으로 하는 것이 기계 장치를 사용하는 것보다 더 나았다고 주장했다.

14 "Good Housekeeping Institute: A Little Story of Its Growth and Service," *Good Housekeeping* 55.2 (August 1912), 278, 280, 281.

15 "The Dictatorship of Inanimate Things," *Independent* 116.3953 (March 6, 1926), 259.

16 G〔urney〕W〔illiams〕, "Queerespondence: A Study in Our National Absurdities," *Life* 102.2604 (July 1935), 40, 강조는 저자.

17 Stanley Walker, "Come Back, Appleknocker!," *Forum and Century* 86.6 (December 1931), 378.

18 Frances Drewry McMullen, "New Jobs for Women," *North American Review* 234.2 (August 1932), 134.

19 Peter Marzio, *Rube Goldberg: His Life and Work* (New York: Harper & Row, 1973), 145, 177, 179.

20 George Kent, "The Answer to Their Prayers," *Life* 97.2522 (March 6, 1931), 6.

21 Gurney Williams, "Gadgets Wanted," *Life* 101.2589 (April 1934), 14.

22 T. W. S. "The Woman's Slant: This Month's Madnesses," *Life* 100.2580 (July 1933), 44.

23 다음도 참조할 것. Williams, "Queerespondence," 32. 성별에 따른 기기 구매에 관해서는 다음을 참조할 것. Richardson Wright, "The Fascination of Gadgets," *House & Garden* 56 (August 1929), 60, 저자는 남성이 "기기의 매력을 처음으로 느낀 사람들"이라고 주장했다.

24 Neil H. Borden, *The Economic Effects of Advertising* (Chicago: Richard D. Irwin, 1942), 614. 보든은 진정으로 중요한 혁신이 결국 "가치 있는 혁신"이 되기까지 수백 년은 아니더라도 수십 년은 걸릴 때가 많다고 지적한다.

25 Borden, *Economic Effects of Advertising*, 644, 645.

26 Catherine Hackett, "Why We Women Won't Buy," *Forum and Century* 58.6 (December 1932), 347.

27 Borden, *Economic Effects of Advertising*, 642.

28 Hackett, "Why We Women Won't Buy," 347–348.

29 Bancroft's, *Bancroft's Out of this World Selections* ([Chicago]: n.p., ca. 1950s), 43, 50.

30 United States Postal Service, "America's Mailing Industry: Hammacher Schlemmer," https://postalmuseum.si.edu/americasmailingindustry/Hammacher-Schlemmer.html. 빵이 튀어나오는 토스터는 1930년에, 전동 칫솔은 1955년에, 자동 응답기는 1968년에 출시되었다. 해머커슐레머는 1973년 수집용 크랩 회사 브래드퍼드익스체인지를 설립한 로더릭 매카서에 의해 1980년 인수되었다.

31 해머커슐레머의 1967년 가을, 1973년 가을 카탈로그에서 인용.

32 Elaine Tyler May, *Homeward Bound: American Families in the Cold War Era* (New York: Basic Books, 1988), 160.

33 Jon Nathanson, "The Economics of Infomercials," Priceonomics, November 14, 2013, https://priceonomics.com/the-economics-of-infomercials/.

34 Charles Lindsley, *Radio and Television Communication* (New York: McGraw Hill, 1952), 349.

35 Lindsley, *Radio and Television Communication*, 347–350.

36 1984년, 레이건 대통령의 규제 완화 노력의 일환으로 연방통신위원회는 모든 채널에 대한 광고 제한을 철폐하여, 비非케이블 채널에서 다시 분량이 긴 인포머셜을 방송할 수 있도록 허용했다.

37 Nathanson, "The Economics of Infomercials."

38 Topval Corporation, "New Rembrandt Automatic Potato Peeler," advertising circular. ([Lindenhurst, NY?: n.p., ca. 1958).

39 "Gadget-of-the-Month Club Supplies Latest Gimcracks," *Reading Eagle*, December 26, 1948; Robert M. Hyatt, "Ever the Gadgeteer," *Challenge* 2.4 (January 1954), 13–15.

40 다음에서 인용함. Timothy Samuelson, *But, Wait! There's More! The Irresistible Appeal and Spiel of Ronco and Popeil* (New York: Rizzoli, 2002), 17.

41 Robert Palmer Corporation, *Selling for Keeps*, leaflet 18, "Dramatize!" ([Santa Barbara, CA: Robert Palmer Corporation, 1950]).

42 Samuelson, *But, Wait! There's More!*, 21.

43 Herman M. Southworth, "Implications of Changing Patterns of Consumption Preferences and Motivations," *Journal of Farm Economics* 39.5 (December 1957), 1303, 1304, 1305.

44 Samuelson, *But, Wait! There's More!*, 22–23.

45 Samuelson, *But, Wait! There's More!*, 25–27.

46 Timothy R. Hawthorne, *The Complete Guide to Infomercial Marketing* (Lincolnwood, IL: NTC Business Books, 1997), 73.

47 Hawthorne, *Complete Guide to Infomercial Marketing*, 15; Nathanson, "The Economics of Infomercials."

48 Nathanson, "The Economics of Infomercials."

49 Peter Bieler with Suzanne Costas, *"This business has legs": How I Used Infomercial Marketing to Create the $100,000,000 Thighmaster® Exerciser Craze* (New York: John Wiley & Sons, 1996), 68–69. 인포머셜 마케팅은 광고주들이 허위 광고를 하고 있다고 비난한 소비자 감시 단체의 표적이 되었다. 1990년대 초, 의회는 "TV에서 듣고 보는 것을 믿고자 하는 소비자들의 의지"를 악용한 광고로 인해 의원들이 "애를 먹었기" 때문에 청문회를 열었다. House of Representatives Committee on Small Business, *Consumer Protection and Infomercial Advertising······ May 18, 1990*, Serial No. 101–160 (Washington, DC: US Government Printing Office, 1990), 2. 다음도 참조할 것. Joshua Levine, "Entertainment or Deception?," *Forbes*, August 2, 1993, 102. 인포머셜의 수익에 의존했던 방송사들조차 마지못해 인포머셜을 방송했다. 방송사는 인포머셜이 "사기"라고 털어놓았다. House of Representatives Committee on Small Business, *Consumer Protection and Infomercial Advertising*, 120. 다음도 참조할 것. Federal Trade Commission, "Program Length Commercials," *For Consumers* (Washington, DC: Office of Consumer/Business Education), July 1989.

50 연방거래위원회는 이에 대해 회사 측에 55만 달러의 벌금을 부과했다. Levine, "Entertainment or Deception?"

51 Levine, "Entertainment or Deception?"

52 Hawthorne, *The Complete Guide to Infomercial Marketing*, 62, 강조는 원문.

53 제조하는 데 5달러였고 포장 및 창고 보관에 2달러, 전화로 주문을 받을 직원을 채용하는 데 3달러, 잡다한 비용으로 2달러, 이윤과 로열티로 3달러였다. 단가가 29달러 95센트라면, 미디어의 몫으로 15달러가 남는다. Bieler, *"This business has legs,"* 77-78; Nathanson, "The Economics of Infomercials."

54 Bieler, *"This business has legs,"* 77.

55 Bieler, *"This business has legs,"* 76.

56 Bieler, *"This business has legs,"* 120.

57 J. Walter Thompson, "Infomercials," November 1993, presentation notes, sheets 30, 25, 29. J. Walter Thompson Archives, Hartman Center, Duke University.

5장

1 예를 들어, 다음을 참조할 것. "Terms," *Christian Advocate*, January 20, 1827.

2 George Meredith, *Effective Merchandising with Premiums* (New York: McGraw-Hill, 1962), 4. 프리미엄에 대한 상세한 내용은 다음을 참조할 것. Matthew Shannon, *100 Years of Premium Promotions, 1851-1951* (New York: Premium Advertising Association, 1951). 당연하게도, 배빗은 바넘의 친구였던 것 같다.

3 그는 빚을 지고 살기 싫어하는 사람으로도 유명했던 것 같다. "Evading a Railroad Fare," *Daily Atlas* (Boston), December 3, 1853.

4 미국의 비누에 대한 상세한 내용은 다음을 참조할 것. Richard L. Bushman and Claudia L. Bushman, "The Early History of Cleanliness in America," *Journal of American History* 74.4 (March 1988), 1213-1238. 로스는 "팬시" 비누 제조업자, 즉 빨랫비누가 아니라 세련된 비누 공급업자로 전화번호부에 등재되었다. (예를 들어, 다음을 참조할 것. *The Worcester Almanac, Directory, and Business Advertiser for 1849 and 1850*.)

5 Advertising broadside, *Major Ross, the World-Renowned Soap Man!* (Lowell, MA: Vox Populi Print, [1856]).

6 "$15 Per Day Easy $15," *Harper's Weekly*, July 18, 1863, 463. 다음도 참조할 것. S. C. Rickards advertisements "Extraordinary," *Harper's Weekly*, November 22, 1862, 752; and "A Speculation," *Harper's Weekly*, January 17, 1863, 47.

7 "Opposition Prize Package Company," *Harper's Weekly*, November 29, 1862, 768; "Valentine Packages," *Harper's Weekly*, January 24, 1862, 64; "Agents, Something That Beats the World" and "A Free Gift," *Harper's Weekly*, April 5, 1862, 224; "1,000,000 Persons, Clip: Club!! Clinch!!!" *Harper's Weekly*, September 7, 1867, 575.

8 "Agents, Something That Beats the World."

9 다음을 참조할 것. Albert S. Bolles, *Industrial History of the United States: From the Earliest Settlements to the Present Time* (Norwich, CT: Henry Bill Publishing, 1889) 볼리스는 뉴잉글랜드산 의상용 보석업계에 관해 다음과 같이 말한다. "따라서 천 가지 무늬로 장식된 장신구들이 생산되었다. (…) 보석류는 처음부터 넓은 시장을 발견했다. 보편적인 양키 행상인은 엄청난 양을 팔았고, 제조는 해마다 증가했다."

10 "Head-Quarters for Cheap Jewelry," *Harper's Weekly*, May 17, 1862, 320. 경품 패키지에 대한 상세한 내용은 다음을 참조할 것. Wendy A. Woloson, "Wishful Thinking: Retail Premiums in Mid-19th-Century America," *Enterprise & Society* 13.4 (December 2012), esp. 801–808.

11 이와 같은 경품 주는 서점은 다음 문헌에서 설명하는 경품 서적의 범주와 혼동하지 않아야 한다. Frederick W. Faxon, *Literary Annuals and Gift Books: A Bibliography, 1823-1903* (rpt. Pinner, UK: Private Libraries Association, 1973); E. Brucke Kriham and John W. Fink, comps., *Indices to American Literary Annuals and Gift Books, 1825-1865* (New Haven, CT: Research Publications, 1975); and Ralph Thompson, *American Literary Annuals and Gift Books, 1825-1865* (rpt. Hamden, CT: Archon Books, 1967). 이런 맥락에서 "경품gift"이란 책을 사면 공짜로 주는 경품, 즉 서점이 선물을 주는 것을 말한다.

12 "Forty-Ninth Philadelphia Trade Sale," *American Publishers Circular*, September 26, 1857, 614. 이 자료를 제공해준 마이클 윈십에게 큰 감사의 말을 전한다. 다음의 석판화도 참조할 것. Edward Sachse, *Interior View of Evans' Original Gift*

Book Establishment (Baltimore: E. Sachse & Son, 1859). Historical Society of Pennsylvania.

13 G. G. Evans, *G. G. Evans & Co.'s Great New England Gift Book Sale!* ([Boston?: n.p., betw. 1858-60]), 2, 5.

14 *State v. Clarke & a.*, Superior Court of Judicature of New Hampshire, 33 N.H. 329; 1856 N.H. Lexis 83, July 1856.

15 Albert Colby, *History of the Gift Book Business: Its Nature and Origin* (Boston: Albert Colby, 1859), 18.

16 G. G. Evans, *New Feature in Trade, and Something Worthy of Your Attention!* ([Philadelphia: G. G. Evans?, 1860]), 강조는 원문.

17 George G. Evans, printed receipt sent to G. R. Wells, completed in manuscript ([Philadelphia]: n.p., [November 9, 1859]). Library Company of Philadelphia.

18 "Dead-Headed," *Harper's New Monthly Magazine* 42 (May 1871), 921.

19 Roy J. Bullock, "The Early History of the Great Atlantic & Pacific Tea Company," *Harvard Business Review* 11.3 (April 1933), 289-298.

20 Howard Stanger, "The Larkin Clubs of Ten: Consumer Buying Clubs and Mail Order Commerce, 1890-1940," *Enterprise & Society* 9.1 (March 2008), 134-135.

21 Henry S. Bunting, *The Premium System of Forcing Sales*, 2nd ed. (Chicago: Novelty News Press, 1913), 123, 강조는 원문.

22 Great London Tea Co., *Price and Premium List with Cash Prices for Premiums* ([Boston: The Company, 1891]), 1.

23 M. W. Savage, *Savage's Free Premiums* (n.p.: M. W. Savage, 1914), front cover.

24 스크랩북의 역사에 대해서는 다음을 참조할 것. Susan Tucker, Katherine Ott, and Patricia P. Buckler, eds., *The Scrapbook in American Life* (Philadelphia: Temple University Press, 2006); Jessica Helfand, *Scrapbooks: An American History* (New Haven, CT: Yale University Press, 2008); and Ellen Gruber Garvey, *Writing with Scissors: American Scrapbooks from the Civil War to the Harlem Renaissance* (Oxford: Oxford University Press, 2013).

25 Charles K. Johnson, "Trading Stamps and the Retailer" (MS thesis, Kansas State University, 1965), 2.

26 초기 시절의 소매 프리미엄 증정품에 대해서는 다음을 참조할 것. Susan Strasser, *Satisfaction Guaranteed: The Making of the American Mass Market* (New York: Pantheon, 1989), 163–178.

27 Albrecht R. Sommer, "Premium Advertising," *Harvard Business Review* 10.2 (January 1932), 206.

28 I. M. Rubinow, "Premiums in Retail Trade," *Journal of Political Economy* 13 (September 1905), 574.

29 Lucy M. Salmon, "The Economics of Spending," *Outlook* 91 (April 17, 1909), 886.

30 Rubinow, "Premiums in Retail Trade," 574–575, 576.

31 Bunting, *The Premium System*, 120–123.

32 "A Flank Movement on the Profit–Sharing Coupon System," *Current Opinion* 58.6 (June 1915), 439.

33 Bunting, *The Premium System*, 40.

34 펜필드머천다이징, 유나이티드프라핏셰어링, 스페리앤드허치슨과 같은 거래 우표 및 쿠폰 회사들은 쿠폰 시스템의 혜택을 가장 많이 받은 회사들이었다. 거래 우표 딜러의 이익은 소매업자에게 판매되는 등가의 우표 가격에서 고객이 받는 프리미엄의 비용을 빼고 광고비와 인쇄비를 다시 뺀 만큼이었다. 그러나 교환되지 않은 우표는 더 적은 프리미엄을 나눠줬음을 의미했기 때문에, 소비자들이 우표를 분실하거나 물건으로 교환하지 않으면 거래 우표 딜러는 그보다 훨씬 더 많은 이득을 누렸다. 다음을 참조할 것. Rubinow, "Premiums in Retail Trade," esp. 583–585. 20세기 초의 한 설명에 따르면, 거래 우표 서비스와 다른 프리미엄 쿠폰 서비스를 제공하는 인쇄업자와 판매자들은 매년 1억 달러 이상 이익을 보는 반면, 소매업체들은 (초기 매출이 약간 증가하는 때도 없는 것은 아니었지만) 순손실을 볼 때가 많은 것으로 추정되었다. "A Flank Movement," 439; David Shelton Kennedy, "Are Trading Stamps a Fraud?" *Forum*, August 1917, 247–252.

35 Penfield Trading Company, *Cash Trade* ([Buffalo?]: n.p., ca. 1904), 1.

36 Rubinow, "Premiums in Retail Trade," 581.

37 "Help a Brother," *Railroad Telegrapher* 28.1 (January–June 1911), 62; "An Appeal," *Railroad Telegrapher* 28.1 (January–June 1911), 867; "The following request was published……," *Railroad Telegrapher* 31.1 (January-June 1914), 197; and *Railroad Telegrapher* 30.2 (July-December 1913), 1475.

38 "A Flank Movement," 440.

39 Kennedy, "Are Trading Stamps a Fraud?," 248, 강조는 원문.

40 1937년에 이르러서는 약 300개의 카니발이 미국을 순회했다. 다음을 참조할 것. Michael Baers, "Carnivals," in *St. James Encyclopedia of Popular Culture* 5 (2013), 158-160. 다음도 참조할 것. Sam Brown, "How Carnival Games Cheat Customers," *Modern Mechanix*, June 1930.

41 Walter B. Gibson, *The Bunco Book* (Holyoke, MA: Sidney H. Radner, 1946); 다음도 참조할 것. Harry Crews, "Carny," in Nathaniel Knaebel, *Step Right Up: Stories of Carnivals, Sideshows, and the Circus* (New York: Carroll & Graf, 2004); William L. Alderson, "Carnie Talk from the West Coast," *American Speech*, 28.2 (May 1953), 112-119; and Earl Chapin, "How Carnival Racketeers Fleece the Public," *Modern Mechanix*, August 1934. 카니발은 게임으로 사기를 쳤고, 회사들은 거래를 위해 게임을 만들어냈다.

42 Crews, "Carny," 60. 플러시 천 인형에 관해서는 다음을 참조할 것. Margaret Walsh, "Plush Endeavors: An Analysis of the Modern American Soft-Toy Industry," *Business History Review* 66.4 (Winter 1992), 637-670.

43 Baker's Game Shop, *1949-50 Baker's Game Shop Games That Are Games* ([Detroit?]: n.p., [1949]).

44 Gibson, *Bunco Book*, 26, 32.

45 "Samuel Pockar. Veteran Slum Dealer Looks Back 50 Years," *Billboard* 68.14 (April 7, 1956), 96; Irwin Kirby, "Hand-in-Hand: Slum Jewelry, Midways Longtime Partners," *Billboard* 69.15, pt. 2 (April 7, 1958), 38. 싸구려 경품은 또한 껌 뽑는 기계와 기계식 "상인" 게임에서 주류가 되었다. 어떤 것이든 당첨될 확률은 너무 희박해서 결국 법원은 카니발 게임과 상인 모두를 도박의 한 형태로 규정했다. 디거digger 게임의 간략한 역사에 대해서는 다음을 참조할 것. the website James Roller's Vintage Amusements, www.jamesroller.com. 전형적인 상품 구색에 대해서는 다음을 참조할 것. Kipp Brothers, *Carnival Catalog, no. 166* ([Indianapolis, IN: The Company, ca. 1940]).

46 Lee Manufacturing Company, *Lee's Wonderful Catalogue of Easy Selling Goods and Premiums* (Chicago: [The Company], 1924), [3].

47 Rubinow, "Premiums in Retail Trade," 584.

48 Wendy A. Woloson, *Refined Tastes: Sugar, Consumers, and Confectionery in Nineteenth-Century America* (Baltimore: Johns Hopkins University Press, 2002), 50. 다양한 복권 방식의 사탕을 파는 업자들은 수십 년 전부터 이와 같은 속임수를 활용했다. 예를 들어, 다음을 참조할 것. *Annual Report of the Federal Trade Commission for the Fiscal Year Ended June 30, 1939* (Washington, DC: Government Printing Office, 1939), 58–72.

49 John M. Miller & Son, *Price List······ for the Season of 1876* ([Philadelphia?]: n.p., [1876]), [4]. 다음도 참조할 것. N. Shure Co., *Sure Winner Catalog No. 121, 1933* (Chicago: [The Company, 1933]).

50 Woloson, *Refined Tastes*, 47. A representative ad for W. C. Smith appears in the *Confectioners' Journal*, May 1890, 46.

51 Dowst Bros. Co., "New Novelties Every Week," *International Confectioner*, January 1904, 44; Woloson, *Refined Tastes*, 47–48.

52 Richard Alliger Osmun, "Toys as Inducement Goods—A Rare Opportunity for Publishers, Manufacturers, Jobbers, and Retailers," *Novelty News* 9 (October 1909), 52.

53 Henry Bunting, *Specialty Advertising: A New Way to Build Business* (Chicago: Novelty News Press, 1914), 109.

54 Richard Alliger Osmun, "Simple, Inexpensive Toys Are Suitable and Satisfactory 'Personal Appeal' Mediums," *Novelty News* 9 (December 1909), 26.

55 Osmun, "Toys as Inducement Goods," 54.

56 전국적인 제조업체와 지역 소매업체가 제공하는 프리미엄에 대한 조사에 관해서는 다음을 참조할 것. E. Evalyn Grumbine, *Reaching Juvenile Markets: How to Advertise, Sell, and Merchandise through Boys and Girls* (New York: McGraw-Hill, 1938), 93–106. 그럼바인은 라디오, 신문, 잡지, 판매 시점point-of-sale 프로모션을 통해 제공되는 226개의 유치한 프리미엄을 활용한 151개의 전국적인 제조업체를 열거했다. 그럼바인은 "각각의 분류에 속하는 업체들이 놀라운 결과

를 달성했다"라고 언급했다. 다음도 참조할 것. Eugene Gilbert, *Advertising and Marketing to Young People* (Pleasantville, NY: Printers' Ink Books, 1957), 260-269. 회사들은 샴푸 제조업자에서부터 스포츠용품 소매업자에 이르기까지 다양했으며 경품에는 놀이용 돈, 티셔츠, 장난감 소총, 지갑에서부터 인형, 만화책, 연필깎이, 요요에 이르기까지 온갖 것이 포함되어 있었다.

57 *Printers' Ink*, February 9, 1922, 121, quoted in Daniel Thomas Cook, "The Other 'Child Study': Figuring Children as Consumers in Market Research, 1910s-1990s," *Sociological Quarterly* 41.3 (Summer 2000), 493.

58 Newton Manufacturing Co., *Gift Advertising for 1923*.

59 Cook, "The Other 'Child Study,'" 488.

60 신경학 및 생물학 교수 로버트 사폴스키는 기대감이 뇌가 도파민을 방출하게 만든다는 사실을 발견했다. 그는 행복감과 기쁨을 일으키는 것이 목표나 사물의 성취가 아니라 목표나 사물에 대한 기대감이라고 강조한다. 이에 불확실성까지 더해지면 더 많은 도파민이 분비된다. "Same Neurochemistry, One Difference," Dopamine Project, July 24, 2011, http://dopamineproject.org/2011/07/same-neurochemistry-one-difference-dr-robert-sapolsky-on-dopamine/.

61 Grumbine, *Reaching Juvenile Markets*, 108, 109, 115.

62 Meredith, *Effective Merchandising with Premiums*, 96.

63 다음을 참조할 것. Cook, "The Other 'Child Study,'" 495.

64 이에 관해서는 다음에 상세하게 설명되어 있다. Kyle Asquith, "Knowing the Child Consumer through Box Tops: Data Collection, Measurement, and Advertising to Children, 1920-1954," *Critical Studies in Media Communication* 32.2 (June 2015), 112-127.

65 1940년 미국 인구 조사에 기반한 인구 통계. https://1940census.archives.gov/about/.

66 Belena Chapp, *A Surprise Inside! The Work and Wizardry of John Walworth* (Newark: University of Delaware University Gallery, 1990), 6-7.

67 Meredith, *Effective Merchandising with Premiums*, 88.

68 Gilbert, *Advertising and Marketing to Young People*, 244-246.

69 Meredith, *Effective Merchandising with Premiums*, 89. 1966년의 한 연구는 똑같

은 결론을 도출했다. Chapp, *A Surprise*, 7.

70 Meredith, *Effective Merchandising with Premiums*, 93.

71 이 사례 연구는 다음에 설명되어 있다. Gilbert, *Advertising and Marketing to Young People*, 249-251.

72 Gilbert, *Advertising and Marketing to Young People*, 244.

73 Meredith, *Effective Merchandising with Premiums*, 93.

74 Gilbert, *Advertising and Marketing to Young People*, 252.

75 Grumbine, *Reaching Juvenile Markets*, 112.

76 어린이들의 "물질주의적인 태도"는 다음에 언급되어 있다. Louise A. Heslop and Adrian B. Ryans, "A Second Look at Children and the Advertising of Premiums," *Journal of Consumer Research* 6 (March 1980), 414. 미국마케팅협회 회원들과 마찬가지로 이 문제에 관해 다른 입장을 취하는 사람들은 프리미엄을 소비자들에게 "심리적 만족감"을 가져다주는 "진정한 가치"로 보았다. Jerry Harwood, "Public Policy and Issues Platform: Seek AMAers Comments on Proposed FTC Ban of Premium Offer Ads to Children," *Marketing News* 8.9 (November 1, 1974), 7.

77 롤런드 마천드는 대공황이 심화되면서 광고주들이 경제 상황과 실용성에 호소하는 일이 잦아졌다고 지적했다. *Advertising the American Dream: Making Way for Modernity, 1920-1940* (Berkeley: University of California Press, 1985), esp. 288-289.

78 *Novelty News* 52.4 (April 1931), 강조는 원문.

79 "Something for Nothing," *Business Week*, March 1, 1933, 9.

80 "Boom in Premiums," *Business Week*, May 14, 1938, 27.

81 "Something for Nothing," 10.

82 "Premiums Prosper," *Business Week*, May 6, 1939, 37.

83 "Unconquerable Premiums," *Business Week*, January 5, 1935, 16. 이 기사는 당시 프리미엄 생산이 1929년의 두 배 정도였다고 추정했다.

84 "Premium Folk Happy," *Business Week*, May 8, 1937, 24; "Boom in Premiums," 27.

85 Eugene R. Beem, "Who Profits from Trading Stamps?," *Harvard Business Review*

35 (1957), 123, 128; 관련 통계와 함께 제1차 세계대전과 제2차 세계대전 사이 시기의 프리미엄 붕괴에 관한 상세한 내용은 124쪽을 참조할 것.

86 Beem, "Who Profits," 129. 대표적인 상품 카탈로그에 대해서는 다음을 참조할 것. Philadelphia Yellow Trading Stamp Company Inc., *Yellow Trading Stamps: The Seal of Approval for 53 Years* (Philadelphia: Horowitz-Kreb, 1957).

6장

1 "Address by Lewellyn E. Pratt of New York City, Representing 'Specialty and Novelty Advertising,'" *Eighth Annual Convention of the Associated Advertising Clubs of America⋯⋯ 1912* (n.p.: Associated Advertising Clubs of America, 1912), 311.

2 George Meredith, *Effective Merchandising with Premiums* (New York: McGraw-Hill, 1962), 266, 강조는 원문.

3 *Specialty Advertising: The New Way to Build Business* (Chicago: Novelty News Press, 1910). 이 책에서, 헨리 번팅은 "기념품 광고" "유도 광고" "프리미엄 광고" "구체적인 광고" "판매 홍보" "판매원을 위한 조용한 매체" "광고 호소의 마지막 단어"와 같은 더 현실성 있는 용어를 제시했다.

4 Bunting, *Specialty Advertising*, 14.

5 초기 소매 프리미엄에 대해서는 다음을 참조할 것. Wendy A. Woloson, "Wishful Thinking: Retail Premiums in Mid-19th-Century America," *Enterprise & Society*, 13.4 (December 2012), 790-831; and Howard Stanger, "The Larkin Clubs of Ten: Consumer Buying Clubs and Mail-Order Commerce, 1890-1940," *Enterprise & Society* 9.1 (2008), 125-164.

6 Ellen Litwicki, "From the 'ornamental and evanescent' to 'good, useful things': Redesigning the Gift in Progressive America," *Journal of the Gilded Age and Progressive Era* 10.4 (October 2011), 472. 경품 증정에 관한 고전적 두 연구는 다음과 같다. Nicholas Thomas, *Entangled Objects: Exchange, Material Culture, and Colonialism in the Pacific* (Cambridge, MA: Harvard University Press, 1991); and Lewis Hyde, *The Gift: Imagination and the Erotic Life of Property* (New York: Random House, 1983).

7 Ralph Waldo Emerson, "Gifts," in *Essays: Second Series* (Boston: James Munroe, 1844).

8 자본주의의 물질문화에 대해서는 다음을 참조할 것. Caitlin Rosenthal, "From Memory to Mastery: Accounting for Control in America," *Enterprise & Society* 14.4 (December 2013), 732-748, and "Storybook-keepers: Numbers and Narratives in Nineteenth-Century America," *Common-place* 12, no. 3 (April 2012); and Christopher Allison, "The Materiality of American Trust: The R. G. Credit Report Volumes," paper presented at the American Studies Association's 2013 annual conference.

9 이에 관해서는 다음을 참조할 것. Susan Strasser, *Satisfaction Guaranteed: The Making of the American Mass Market* (New York: Pantheon, 1989).

10 Litwicki, "From the 'ornamental,'" 497.

11 다음도 참조할 것. 잡지 편집자 액셀 퍼트러스 존슨은 기념일, 생일 같은 특별한 행사를 만들고 수익화할 수 있고 기업조차도 그렇게 할 수 있었다고 지적했다. *Library of Advertising*, vol. 4, *Show Window Display and Specialty Advertising* (Chicago: Cree Publishing, 1911), 237.

12 *Nearly Three Hundred Ways to Dress Show Windows* (Baltimore: Show Window Publishing, 1889), advertising section, [32].

13 Bunting, *Specialty Advertising*, 21, 25, 26, 강조는 원문.

14 더 많은 예는 다음을 참조할 것. Bunting, *Specialty Advertising*, 5-14.

15 한 마케팅 전문가는 "광고 판촉물 영업사원이 손을 벌려 순식간에 깜짝 놀라고 경탄하는 청중의 중심이 됐던 날이 있었다"고 회고했다. Lewellyn E. Pratt, "Advertising Specialties and Practical Sales Plans," *Advertising and Selling* 26.2 (July 1916), 43. 광고용 판촉물에 관한 일반적이고 상세한 내용은 다음을 참조할 것. Philip Scranton, *Endless Novelty: Specialty Production and American Industrialization, 1865-1925* (Princeton, NJ: Princeton University Press, 1997). 광고 판촉물과 관련된 기업의 수는 대공황기에는 줄었지만 제2차 세계대전 이후에는 반등했다.

16 Meredith, *Effective Merchandising with Premiums*, 268, 강조는 원문.

17 물론 마르셀 모스가 지적했듯이 모든 증정품은 채무와 의무를 낳는데, 이 점이

증정품의 핵심이다. 그는 친절과 자비에 따른 행위를 넘어서는 것이라고 증정품을 특징짓는다. "현물의 제공prestation"으로서 증정품은 "이론적으로는 자발적이고, 사심이 없고, 마음에서 우러나온 것이지만, 실제적으로는 의무를 발생시키며 사심이 넘친다. 통상적으로 너그럽게 제공되는 선물이라는 형태를 취한다. 그러나 이에 동반되는 행동은 형식적인 가식과 사회적 속임수이며, 거래 자체는 의무와 경제적 사리사욕에 기초한다." *The Gift: Forms and Functions of Exchange in Archaic Societies*, trans. Ian Cunnison (London: Cohen & West, 1966), 1.

18 M. E. Ream, "Selling Specialty Advertising," in Johnson, *Library of Advertising* 4:202-203, 205.

19 Ream, "Selling Specialty Advertising," 206-207, 강조는 원문.

20 제임스 캐리어가 말한 것처럼, 아마도 분명히 "미국인들은 다양한 경우에 다른 종류의 사람들에게 다른 종류의 선물을 주고, 이런 것들을 판단하는 기준이 되는 다른 기대와 이상들이 있다. (…) 그러나 이러한 차이점들의 기저에는 사물이 사람들 간의 관계에 관여하는 방식을 중점적으로 다루는 문화적 우려와 긴장감이 있다." "Gifts in a World of Commodities: The Ideology of the Perfect Gift in American Society," *Social Analysis* 29 (December 1990), 20.

21 National Recovery Administration, *Code of Fair Competition for the Advertising Specialty Manufacturing Industry* (Washington, DC: Government Printing Office, 1933), 1.

22 Bunting, *Specialty Advertising*, 27.

23 Emerson, "Gifts," 174.

24 다음을 참조할 것. Strasser, *Satisfaction Guaranteed*, esp. chap. 2, "The Name on the Label," 29-57; and James Carrier, *Gifts and Commodities: Exchange and Western Capitalism since 1700* (London: Routledge, 1995), esp. 98-105.

25 제임스 캐리어는 연결 고리가 약해지고 익명성이 강화된 관계로 특징지어진 20세기 초의 시장 변화가 "물건이 상품이 아니라 소유물이 될 가능성을 낮추었고", 이는 물건을 좀더 개인적인 소유물로 변모시키기 위해 사람들이 물건에 어떤 창의적인 작업도 할 가능성이 없기 때문이라고 주장했다. (Gifts and Commodities, 100). 그러나 그는 증정품이자 상품인 광고 판촉물을 고려하지 않는데, 그 무렵에 광고 판촉물은 어디서나 볼 수 있는 중요한 물건의 범주로 이미 자리 잡고 있

었다.

26 Bunting, *Specialty Advertising*, 145.

27 "Just a Hint on What to Buy," *Advertising Specialties* 1.1 (October 1929), 22.

28 예를 들어, 다음을 참조할 것. Barry Schwartz, "The Social Psychology of the Gift," *American Journal of Sociology* 73.1 (July 1967), esp. 4: "지도자는 추종자들에게 채무를 진다는 데에 주의를 기울이는 것이 아니라, 반대로 자신이 다른 사람들에게 베푸는 혜택이 완벽하게 상환되지 않도록 하는 데 주의를 기울인다."

29 Ream, "Selling Specialty Advertising," 205.

30 J. A. Hall, "Business Improves in Advertising Specialties," *Associated Advertising* 12.7 (July 1921), 44.

31 또 다른 방법으로 난잡한 유통을 통제하자고 한 업계 잡지 『노벨티 뉴스』의 칼럼니스트는 크리스코라는 브랜드의 팬케이크 뒤집는 도구를 단골 고객이 아닌 "가끔" 가게를 방문하는 고객들에게만 주는 딜러들도 있다고 언급했다. *Novelty News* 52.4 (April 1931), 30.

32 Newton Manufacturing Co., *Gift Advertising for 1923* ([Newton, IA?]: n.p., [1923]).

33 Sanders Manufacturing Company, *Price List and Catalogue No. 30 Illustrating a Few of Our Advertising Specialties* ([Nashville?]: [The Company], 1931), 1. 게오르크 지멜은 선물 교환을 시작하는 사람이 가장 먼저 행동하기 때문에 권력자의 위치에 있다는 이론을 세웠다. 그 선물은, "처음이었기 때문에, 어떤 답례품도 가질 수 없는 자발적인 성격을 가지고 있다. 혜택을 반환하는 것은 윤리적인 의무이다. 우리는 사회적, 법적 강요가 아니라 도덕적 강요하에 행동한다." 다음에서 인용됨. Schwartz, "The Social Psychology of the Gift," 9.

34 John P. Nichols, *Skyline Queen and the Merchant Prince: The Woolworth Story* (New York: Trident Press, 1973), 39.

35 배리 슈워츠가 말한 바와 같이, "대략적인 상호주의의 규칙(받은 것과 동일한 가치의 증정품이 아니라 비슷한 가치의 증정품을 답례로 주는 것)을 깸으로써 선물 제공 행위를 통해 불친절함을 표현한다 '눈에는 눈, 이에는 이'라는 식으로 등가의 증정품을 답례로 주는 것은 관계를 경제적인 관계로 변모시키고 감사함을 느끼는 증정품 수령자의 역할 수행에 대한 거부감을 표현한다. 이와 같은 무례함

은 관계를 끝내거나 적어도 비인격적이고 감상적이지 않은 수준에서 관계를 정의
하려는 욕구를 나타낸다." "The Social Psychology of the Gift," 6.

36 Newton Manufacturing Co., *Gift Advertising for 1923.*

37 "증정품"은 또한 주로 여성의 노동이었던 활동에 개입되었다. 증정품을 주는 행사
    와 적절한 증정품을 안내하고 조언하는 문헌은 무엇을, 언제, 누구에게 증정품
    을 증정하는지에 대해 주로 책임이 있는 여성들을 다루었다. 왜냐하면 이와 같은
    감정 노동은 가정 내에서 가족과 공동체의 대인 관계를 지원하고 유지하는 여성
    의 큰 역할의 일부를 구성했기 때문이다. 증정품의 부담에 상세한 논의를 포함해
    여성의 감정 노동에 대한 동시대의 설명에 대해서는 다음을 참조할 것. "Where's
    My Cut? On Unpaid Emotional Labor," MetaFilter, July 15, 2015, https://
    www.metafilter.com/151267/Wheres-My-Cut-On-Unpaid-Emotional-Labor.

38 Lillian James, "We Appeal to Women," *Advertising Specialties* 1.1 (October 1929),
    20-21. 19세기와 20세기 미국 가정으로의 광고 침투에 대한 상세한 내용은 다음
    을 참조할 것. Ellen Gruber Garvey, *The Adman in the Parlor: Magazines and the
    Gendering of Consumer Culture, 1880s-1910s* (Oxford: Oxford University Press,
    1996); and Vicki Howard, *Brides, Inc.: American Weddings and the Business of
    Tradition* (Philadelphia: University of Pennsylvania Press, 2008).

39 Bunting, *Specialty Advertising*, 29.

40 예를 들어, 시카고에 본사를 둔 회사 그런덕은 "광고 판촉물로 적합한 목재 또는
    금속 소재의 소형 발명품"을 발명가들에게 요청하는 광고를 『파퓰러 사이언스 먼
    슬리Popular Science Monthly』에 게재하며, "각각 1센트에 팔릴 수 있는 성격의
    제품이어야 한다"고 덧붙였다. "WANTED," *Popular Science Monthly* 92.6 (June
    1918), 992.

41 Franklin P. Adams, "Button, Button, Who's Got the Button?," *Nation's Business*
    27.7 (July 1939), 52.

42 1914년 『데일리 콘슐러 앤 트레이드 리포츠Daily Consular and Trade Reports』
    는, 당시의 "외국 무역 기회" 중 저가의 광고 판촉물을 구입하고자 하는 독일의
    대리인이 있었는데, 그는 "100~1000개 이상"의 수량으로 쉽게 각인될 수 있는 것
    을 구하고 있었다고 언급했다. "Foreign Trade Opportunities," *Daily Consular and
    Trade Reports* 61 (March 14, 1914), 992.

43 George L. Herpel and Richard A. Collins, *Specialty Advertising in Marketing*(Homewood, IL: Dow Jones-Irwin, 1972), 13.

44 Bunting, *Premium System*, 48.

45 J. B. Carroll Co., *Experts in Developing and Designing New Ideas for the Advertiser* ([Chicago]: n.p., [1941]), n.p.

46 James Rorty, *Our Master's Voice: Advertising* (New York: John Day, 1934), 34.

47 J. B. Carroll Co., *Experts in Developing and Designing New Ideas for the Advertiser*, n.p.

48 Herpel and Collins, *Specialty Advertising*, 83. 기업이 물건을 증정하는 전형적인 형태에 관해서는 다음을 보라. Standard Advertising and Printing Co., *Catalog No. 40M: Sales Stimulators* (Fort Scott, KS: [The Company], 1940).

49 L. A. Chambliss, "Novelties—The New Advertising Medium," *Bankers' Magazine* 121.1 (July 1930), 124.

50 제임스 로티는 인쇄 광고 금액, 주요 잡지와 신문의 광고 수익 가치, 광고 전문가의 임금과 숫자 등이 이 기간에 감소했다고 기록했다. 예외였던 라디오 광고는 상승 추세를 보였다. 광고 프리미엄을 포괄하는 범주를 포함하는 기타 광고는 거의 그대로였다. "Advertising and the Depression," *Nation* 137.3572 (December 20, 1933), 703.

51 Rorty, *Our Master's Voice*, 220.

52 Albert Jay Nock, "Bogus Era of Good Feeling," *American Mercury* 40.158 (February 1937), 222.

53 *Brown & Bigelow v. Remembrance Advertising Products, Inc., and Elmer B. Usher*, New York Supreme Court, Appellate Division—First Department, Appellant's Brief, Notice of Appeal filed March 6, 1951, 43-46, 50, 55, 57, 174, 175, 312.

54 다음에서 얻은 조사 데이터. https://www2.census.gov/library/publications/decennial/1950/population-volume-2/23760756v2p38.pdf.

55 Meredith, *Effective Merchandising with Premiums*, 272-273; Herpel and Collins, *Specialty Advertising*, 37-42.

56 Louis F. Dow Co., *Presenting the Louis F. Dow Co. Goodwill Advertising St. Paul, Minn., the Outstanding Line for 1956* ([St. Paul: Louis F. Dow Co. Litho U.S.A.,

1955]), 3.

57 *Brown & Bigelow v. Remembrance Advertising Products, Inc.*, 61.

58 1940년 조사된 임원 248명 중 180명(72.5퍼센트)은 크리스마스 때 직원과 고객 모두에게 사업용 선물을 줬다. 기업들은 평균 6달러 3센트어치의 선물을 줬다. Henry Bunting, "Givers and their Gifts," *Business Week*, April 27, 1940, 42-43. 구성비는 다음과 같다. 현금 65개 회사, 식품 42개 회사, 탁상용품 또는 사무용 품 37개 회사, 흡연 장비 33개 회사, 가죽 재화·비품 21개 회사, 의류·보석 18개 회사, 주류 9개 회사, 책·잡지 8개 회사.

59 Dur-O-Lite, *Dur-O-Lite Business Gifts Catalog No. 54* ([Chicago]: n.p., [1954]).

60 Meredith, *Effective Merchandising*, 278, 강조는 원문.

61 다음에서 인용함. Herpel and Collins, *Specialty Advertising*, 18.

62 "AMA Surveys Give and Take of Business Xmas Gifts," *Business Week*, December 24, 1955, 94, 강조는 저자. 다음도 참조할 것. Herpel and Collins, *Specialty Advertising*, 18; and "Personal Business," *Business Week*, November 28, 1959, 161.

63 "Management Briefs," *Business Week*, November 26, 1955, 132.

64 학자들은 이를 "호혜 이론reciprocity theory"이라고 부른다. "증정 행위는 호 의에 보답해야 한다는 수령인의 인식된 의무감을 낳을 수 있다." 다음을 참조 할 것. Richard F. Beltramini, "Exploring the Effectiveness of Business Gifts: Replication and Extension," *Journal of Advertising* 29.2 (Summer 2000), 75.

65 Herpel and Collins, *Specialty Advertising*, 19.

66 "Personal Business," *Business Week*, November 28, 1959, 161.

67 "Mystery Shopper," *Giftware Business* 59.10 (October 2001), 16.

68 "Personal Business," *Business Week*, November 28, 1959, 161, 162.

69 "Personal Business," *Business Week*, November 28, 1959, 162. 벨트래미니는 비즈 니스 선물에 관한 연구에서, 중간 가치의 비즈니스 선물을 받는 일부 고객들은 다른 고객들이 더 좋은 선물을 받았다는 것을 알기 때문에 전달자에 대해 더 긍 정적인 감정을 갖지 않는다고 추측했다. 실망한 그들은 다른 업체와 단골로 거래 했다. "Exploring the Effectiveness of Business Gifts," 77.

70 "Personal Business," *Business Week*, December 8, 1962, 120.

71 선물 문화를 연구하는 학자들은 사람들이 상품을 선물 포장지로 포장하는 것처

럼 어떤 식으로든 상품에 변경을 가함으로써 개인화하는 방법을 찾는다고 말한
다. 포장에서 무언가를 제거하고 상품을 생활 공간으로 통합하는 것만으로 충분
할 때도 있다. 그러나 이러한 행동은 그 품목이 여전히 시장 거래를 통해 익명으
로 생산되고 교환되는 상품에 불과하다는 사실을 위장하거나 부정하지는 않는다.

72 Promotional Products Association International (PPAI), *Mapping Out the
    Modern Consumer*, 2016, 8, https://advocate.ppai.org/Documents/PPAI%20
    2017%20Consumer%20Study%20Report.pdf. 이에 대한 자세한 내용은 다음을
    참조할 것. James Carrier, "Reconciling Commodities and Personal Relations in
    Industrial Society," *Theory and Society* 19.5 (October 1990), 579–598.
73 Emerson, "Gifts," 175.

7장

1   Cynthia A. Brandimarte, "'To Make the Whole World Homelike': Gender,
    Space and America's Tea Room Movement," *Winterthur Portfolio* 30.1 (Spring
    1995), 2–3.
2   Kate Kirk, "A Modern and Old-Fashioned Tea Room," *Decorator and Furnisher*
    1.1 (October 1882), 14.
3   Alice Bradley, *The Tea Room Booklet* (n.p.: Women's Home Companion, 1922), 3.
4   Bradley, *Tea Room Booklet*, 19–20.
5   Bradley, *Tea Room Booklet*, 20–21.
6   Dean MacCannell, *The Tourist: A New Theory of the Leisure Class* (Berkeley:
    University of California Press, 1999), 이 책은 이를 "근대성의 사회구조의 허황된
    측면"으로 특징짓는데, 여기서 "정보, 기억, 이미지, 기타 표현들은 (…) 진정한 문
    화적 요소로부터 분리된다". 그리고 "일상생활에서 유통되고 축적된다".
7   자동차 여행의 초기 역사에 대해서는 다음을 참조할 것. John A. Jakle, *The
    Tourist: Travel in Twentieth-Century North America* (Lincoln: University of
    Nebraska Press, 1985), esp. chap. 5; and Warren J. Belasco, *Americans on the
    Road: From Auto Camp to Motel, 1910-1945* (Cambridge, MA: MIT Press, 1979).
8   Effie Price Gladding, *Across the Continent by the Lincoln Highway* (New York:
    Brentano's, 1915), 228, 235.

9   Beatrice Larned Massey, *It Might Have Been Worse: A Motor Trip from Coast to Coast* (San Francisco: Harr Wagner, 1920), 14.

10   Grace Knudson, *Gift and Art Shop Merchandising* (Boston: Little, Brown, 1926), 4.

11   배리 슈워츠는 "선물은 다른 사람들이 우리에 대해 마음속에 가지고 있는 이미지들이 전달되는 방법 중 하나다"라고 쓰고 있다. 그는 "선물은 받는 사람뿐만 아니라 주는 사람에게도 정체성을 부여한다"고 덧붙였다. "The Social Psychology of the Gift," *American Journal of Sociology* 73.1 (July 1967), 1, 2.

12   James Carrier, "Gifts in a World of Commodities: The Ideology of the Perfect Gift in American Society," *Social Analysis* 29 (December 1990), 25.

13   Knudson, *Gift and Art Shop Merchandising*, frontispiece.

14   Knudson, *Gift and Art Shop Merchandising*, 48; Grace Knudson, *Through the Gift Shop Door* (New York: Woman's Home Companion, 1923), 15.

15   기대와 소유의 심리학에 대해서는 다음을 참조할 것. Emily Haisley and George Loewenstein, "It's Not What You Get but When You Get It," *Journal of Marketing Research* 48.1 (February 2011), 103–115; George Loewenstein, "Anticipation and the Valuation of Delayed Consumption," *Economic Journal* 97 (September 1987), 666–84; and Michel Tuan Pham, "Anticipation and Consumer Decision Making," *Advances in Consumer Research* 22 (1995), 275–276.

16   Knudson, *Through the Gift Shop Door*, 15.

17   Knudson, *Through the Gift Shop Door*, 10.

18   Knudson, *Through the Gift Shop Door*, 16.

19   Pohlson Galleries, *Gifts* ([Pawtucket, RI?]: n.p., ca. 1925), 1.

20   White's Quaint Shop, *Gifts* ([Westfield, MA?]: n.p., ca. 1920s), i.

21   Arthur J. Peel, *How to Run a Gift Shop* (Boston: Hale, Cushman & Flint, 1941), 32.

22   Pitkin and Brooks, *1906 Winners. Exclusive Price List. Assorted Packages and Open Stock* (n.p.: n.p., 1906), 23, 24, 26.

23   White's Quaint Shop, *Gifts*; Prince's Gift Shop, *The Gift Shop with Moderate*

Prices ([Lowell, MA?]: n.p., ca. 1915), [1].

24 Peel, *How to Run a Gift Shop*, 21-22.

25 Peel, *How to Run a Gift Shop*, 21-22.

26 Peel, *How to Run a Gift Shop*, 32.

27 Peel, *How to Run a Gift Shop*, 59, 강조는 저자.

28 Robert W. Kellogg, *This Is the Town of Kellogg, the Home of the Gift Unusual* (Springfield, MA: F. A. Bassette, [1932]), i.

29 Abigail Carroll, "Of Kettles and Cranes: Colonial Revival Kitchens and the Performance of National Identity," *Winterthur Portfolio* 43.4 (Winter 2009), 336, 337.

30 식민지 시대의 부엌에 관해서는 다음을 참조할 것. Rodris Roth, "The New England, or 'Olde Tyme,' Kitchen Exhibit at Nineteenth-Century Fairs," in *The Colonial Revival in America*, ed. Alan Axelrod (Winterthur, DE: Henry Francis du Pont Winterthur Museum; New York: W. W. Norton, 1985), 59-83.

31 매릴린 캐스토가 지적한 바와 같이, 이 물건들은 "상상에 대한 사회적 메시지와 자극"으로 기능하기는 했지만, 실제적인 기능은 수행하지 못했다. 다음을 참조할 것. "The Concept of Hand Production in Colonial Interiors," in *Re-creating the American Past. Essays on the Colonial Revival*, ed. Richard Guy Wilson, Shaun Eyring, and Kenny Marotta (Charlottesville: University of Virginia Press, 2006), 322.

32 Carroll, "Of Kettles and Cranes," 343.

33 예를 들어, 다음을 참조할 것. Thomas Andrew Denenberg's discussion of women in Wallace Nutting's photographs in "Wallace Nutting and the Invention of Old America," in Wilson, Eyring, and Marotta, *Re-creating the American Past*, 29-39.

34 "Christmas Gifts of Individuality, Charm, and Lasting Utility," *New Republic*, December 7, 1921, ix.

35 Albany Foundry Company, *Undecorated Grey Iron Castings* ([Albany: n.p.], 1928), 2.

36 Croston, Inc., *Croston, Inc.* ([Boston]: n.p., ca. 1920). 다음의 광고도 참조할 것. Art Colony Industries, *Survey*, June 11, 1921, 385.

37 Bridget A. May, "Progressivism and the Colonial Revival: The Modern Colonial House, 1900-1920," *Winterthur Portfolio* 26.2/3 (Summer-Autumn 1991), 110.

38 다음에서 인용함. William B. Rhoads, "The Long and Unsuccessful Effort to Kill Off the Colonial Revival," in Wilson, Eyring, and Marotta, *Re-creating the American Past*, 18. 마이클 캐먼은 유산의 개념이 "세속적이고 자기 만족적이며 사회적 지위에 대해 극도로 관심을 가질 뿐 아니라 상업적인 세계에서 안전한 안식처를 제공하는 기업가들에게" 가치 있는 것이라고 말한다. *In the Past Lane: Historical Perspectives on American Culture* (New York: Oxford University Press, 1997), 217. 기성 환경에서의 인종주의에 대해서는 다음을 참조할 것. Robert R. Weyeneth, "The Architecture of Racial Segregation: The Challenges of Preserving the Problematical Past," *Public Historian* 27.4 (Fall 2005), 11-44: "백인 우월주의의 공간적 전략"은 3쪽에서 언급된다.

39 Prince's Gift Shop, *The Gift Shop with Moderate Prices*, 3.

40 Fireside Studios, *Objets des Arts by Fireside* ([Adrian, MI?]: n.p., [1931]), 27, 28, 46, 22.

41 이에 대해 의구심이 든다면, 인터넷에서 신문 제목을 검색해보기만 하면 된다. 1960년과 1979년 사이의 『뉴욕 타임스』 기사에서 "선물용품"을 검색하면 3765개의 결과가 나오고, 같은 기간 『워싱턴 포스트』에서는 984개의 결과가 나온다. 미국 흑인 신문 『시카고 디펜더Chicago Defender』에서는 1959년과 1975년 사이 같은 검색 결과가 18건에 불과하다.

42 White's Quaint Shop, *Gifts*, 19.

43 Michael Hitchcock, introduction to *Souvenirs: The Material Culture of Tourism*, ed. M. Hitchcock and Ken Teague (Aldershot, UK: Ashgate, 2000), 4.

44 넬슨 그래번은 "윤리적으로 복잡한" 수공예품들은 "창작 집단의 상징적이고 예술적인 전통을 활용해 다른 집단의 구성원을 묘사하고 외부 집단이 아닌 내부 집단의 주요 특징들에 중요성을 부여하기 위한 집단적 시도일 때가 많다. 이는 일반적으로 그룹 내에서는 만족스럽지만, 외부 사람들에게는 매우 웃기거나 모욕적인 진부한 묘사를 낳는다"고 말한다. Introduction to *Ethnic and Tourist Arts: Cultural Expressions from the Fourth World*, ed. N. H. H. Graburn (Berkeley: University of California Press, 1979), 29.

45 Tesori d'Italia Ltd., *1954-1955 Gift Catalog* ([New York]: n.p., 1954).

46 Province of Quebec, *Artisanal Handicrafts* ([Montreal?]: n.p., ca. 1960).

47 Shannon International, *Shopping and Mail Order Guide* (Dublin: Browne & Nolan, [1962]).

48 William Bornstein, "Wants Quality Souvenirs," *Souvenirs & Novelties* 18 (October–November 1965), 36.

49 Shopping International, *Shopping International Incorporated, American Trader, World Handicrafts* ([Hanover, NH?]: Shopping International, 1965), 2.

50 "Big Store in a Small Town," *Gifts & Decorative Accessories* 90.1 (January 1989), 126.

51 Michelle Nellett, "Individuality Counts Here," *Gifts & Decorative Accessories* 93.6 (June 1992), 120.

52 Maria Sagurton, "Recapturing America's Heritage," *Gifts & Decorative Accessories* 90.3 (March 1989), 50.

53 John Parris Franz, "Peachtree: Something for Everyone," *Gifts & Decorative Accessories* 90.1 (January 1989), 218.

54 Marie Lena Tupot and Doris Nixon, "Ceramics: Classically American," *Gifts & Decorative Accessories* 94.4 (April 1993), 56.

55 Tupot and Nixon, "Ceramics," 56.

56 Kammen, *In the Past Lane*, 157.

57 Phyllis Sweed, "Trends and Forecasts: A Casual Look at '94," *Gifts & Decorative Accessories* 94.12 (December 1993), 64.

58 Svetlana Boym, *The Future of Nostalgia* (New York: Basic Books, 2002), xv.

59 Phyllis Sweed, "So, It's Not a Melting Pot," *Gifts & Decorative Accessories* 94.3 (March 1993), 47.

60 Tupot and Nixon, "Ceramics," 56.

61 Nellett, "Individuality Counts Here," 120.

62 "Retailer's Guide to Candles and Candle Accessories," *Gifts & Decorative Accessories* 90.1 (January 1989), 64. 양초 액세서리에는 소형 초 받침, 놋쇠 및 나무 재질의 촛대, 촛농 받이, 초 심지 가위, 양초 링 등이 있었다.

63　L. Knight, A. Levin, and C. Mendenhall, "Candles and Incense as Potential Sources of Indoor Air Pollution: Market Analysis and Literature Review," EPA/600/R-01/001 (Washington, DC: US Environmental Protection Agency, 2001), 1, https://cfpub.epa.gov/si/si_public_record_Report.cfm?dirEntryId=20899. 이 수치는 수년이 지난 후에야 증가했는데, 2002년 당시 업계 선두 주자 양키캔들은 분기 매출액이 9900만 달러를 기록했다고 발표했다. "Yankee Candle Sales Grow 17 Percent in Third Quarter," *Giftware Business* 60.11 (November 2002), 6.

64　"Four Companies Launch, Increase Consumer Advertising Campaigns," *Giftware Business* 60.10 (October 2002), 6; and Rachael Kelley, "Yankee Candle: A Brand Above," *Giftware Business* 60.7 (July 2002), 32.

65　흥미로운 것은 모든 양초의 약 96퍼센트를 여성들이 구입한다는 점이다. Knight et. al., "Candles and Incense as Potential Sources of Indoor Air Pollution," 16.

66　Melody Udell, "All Algow," *Giftware News* 36.2 (February 2011), 17.

67　Natalie Hope McDonald, "Scents and Sensibility," *Souvenirs, Gifts and Novelties* 53.1 (January 2014), 70.

68　Meredith Schwartz, "Sweet Smells of Success: Fragrance Houses Make the Calls on Upcoming Scent Trends," *Gifts & Decorative Accessories* 106.8 (August 2005), 38.

69　1803 Candle Company, "1803 Candle's Top 10 Scents," http://1803candles.com/blog/1803-candles-top-10-scents-for-april-2015/.

8장

1　T. Steele & Son, *What Shall I Buy for a Present: A Manual* ([Hartford: n.p., 1877]), 3, 5, 9.

2　Steele & Son, *What Shall I Buy*, 10, 12, 58.

3　Steele & Son, *What Shall I Buy*, 19.

4　"A Splendid Establishment," *Hartford* (CT) *Daily Courant*, December 13, 1875.

5　골동품의 상품화라는 복잡한 문제에 관해서는 다음을 참조할 것. Briann Greenfield, *Out of the Attic: Inventing Antiques in 20th-Century New England*

(Amherst: University of Massachusetts Press, 2009), 28-35. 다음도 참조할 것. Kent Grayson and Radan Martinec, "Consumer Perceptions of Iconicity and Indexicality and Their Influence on Assessments of Authentic Market Offerings," *Journal of Consumer Research* 31.2 (September 2004), 296-312.

6 엘렌 리트비츠키는 다음과 같이 말했다. "미국인들이 선물 교환을 통해 애정을 표현하게 되면서, 시장은 선물이 될 수 있는 더 많은 재화 모음으로 반응했다." "From the 'ornamental and evanescent' to 'good, useful things': Redesigning the Gift in Progressive America," *Journal of the Gilded Age and Progressive Era* 10.4 (October 2011), 476.

7 Mari Yoshihari, *Embracing the East: White Women and American Orientalism* (New York: Oxford University Press, 2003), 21, 23-24.

8 Kristin L. Hoganson, *Consumers' Imperium: The Global Production of American Domesticity, 1865-1920* (Chapel Hill: University of North Carolina Press, 2007), 33-34 and chap. 1 generally.

9 Yoshihari, *Embracing the East*, 26.

10 Fireside Studios, *Fireside Gifts* ([Adrian, MI?]: n.p., ca. 1931]), 35, 21, 38.

11 Edward W. Said, *Orientalism* (New York: Vintage, 1979), 108.

12 Fireside Studios, *Objets des Arts by Fireside* ([Adrian, MI?]: n.p., [1931]), 28, 42; Fireside Studios, *Fireside Gifts*, 36.

13 러셀 벨크는 이 과정을 "긍정적 오염positive contamination"이라고 부른다. 다음을 참조할 것. "Possessions and the Extended Self," *Journal of Consumer Research* 15.2 (September 1988), 139-168.

14 Fireside Studios, *Fireside Gifts*, 38-39.

15 G. C. Allen, "Japanese Industry: Its Organization and Development to 1937," in *The Industrialization of Japan and Manchukuo, 1930-1940*), ed. Elizabeth Boody Schumpeter (New York: Macmillan, 1940), 539-540.

16 James Rorty, *Our Master's Voice: Advertising* (New York: John Day, 1934), 216.

17 피에르 부르디외가 지적한 바와 같이, "미술품과의 모든 관계는 그림, 조각상, 중국 화병, 골동품 가구가 전용 가능한 물건의 세계에 속할 때 바뀐다. 따라서, 예술품은 예술품이 주는 기쁨, 예술품이 보여주는 취향을 증명할 필요 없이 소유

하고 즐길 수 있을 뿐 아니라 개인적으로 소유되지 않았을 때조차도 집단의 지위 속성에 속하기까지 하는 명품 시리즈로 자리를 잡게 된다." *Distinction: A Social Critique of the Judgement of Taste*, trans. Richard Nice (Cambridge, MA: Harvard University Press, 1984 [1979]), 273, 278, 강조는 저자.

18 옥스퍼드 영어 사전에는 "선물용품giftware"에 대한 항목이 없다. 선물용품에 대한 언급은 20세기 초 몇몇 미국 신문에만 등장한다. 그 첫 번째 사례 중 하나는 1907년 12월 23일 매사추세츠주 스프링필드의 공화당에서 게재한 「선물용품 상인 로Law, The Gift-ware Man」라는 광고에서 등장한다. 구글의 엔그램 뷰어는 "선물용품"이라는 단어가 1920년대부터 의미 있는 숫자로 등장하기 시작함을 보여준다. https://books.google.com/ngrams/graph?content=giftware&year_start =1800&yearend=2000&corpus=15&smoothing=3&share=&directurl=t1% 3B%2Cgiftware%3B%2Cc0.

19 "Art and Gift Show Opens," *New York Times*, March 13, 1928.

20 『기프트 앤드 아트 숍』은 1934년에는 『기프트 앤드 아트 바이어Gift and Art Buyer』가 되고, 1960년대에는 『기프츠 앤드 데커러티브 액세서리Gifts & Decorative Accessories』로 이름이 바뀐다.

21 아트인트레이드는 메이시백화점의 후원을 등에 업고 예술과 산업을 연결시켜 "현대 제조품을 미화하면서 예술을 상업화"하여 이익을 얻을 수 있는 문화 결정권자가 되려고 노력했다. 다음을 참조할 것. "Art for Trade's Sake: The Fusion of American Commerce and Culture, 1927-1934," xroads.virginia.edu/~ma03/pricola/art/trade.html.

22 "Gift Shows Attract Many Buyers," *New York Times*, February 26, 1930.

23 "Vote Further Gift Shows," *New York Times*, September 5, 1928.

24 Don Herold, "We Can't Be Pikers," *Life* 98.2547 (August 28, 1931), 23.

25 W. W. Scott, "The Advertisement Reader Remembers Christmas," *Life* 92.2405 (December 7, 1928), 12.

26 *Life* 94.2457 (December 6, 1929), 27.

27 "Gift and Art Shows Open," *New York Times*, August 21, 1932.

28 "Trade Shows Opened," *New York Times*, January 8, 1933; "Gift Wares Buying Up Sharply," *New York Times*, August 24, 1933.

29 "Gift Ware Show Opens," *New York Times*, February 20, 1934; "Gift Show Opens Here," *New York Times*, August 21, 1934.

30 "Gift Show Opens; Buying Is Heavy," *New York Times*, February 26, 1935.

31 "Luxury Items Favored," *New York Times*, February 24, 1937.

32 "Rural Stores Buy Gifts," *New York Times*, August 25, 1937.

33 "Larger Stores Buying Giftwares," *New York Times*, February 24, 1938.

34 "American Gift Ware Boosted by the War," *New York Times*, August 4, 1940.

35 "American Gift Ware Boosted by the War."

36 "U.S. Goods Feature Gift Exhibit Here," *New York Times*, February 25, 1941.

37 Robert W. Kellogg Company, *Kellogg Selections for 1944* ([Springfield, MA?: n.p., 1944]), i, 1, 7, 11, 26.

38 Kellogg Company, *Kellogg Selections for 1944*, 10, 8, 24.

39 "Pottery Makers Go Modern," *BusinessWeek*, September 13, 1947.

40 "World Trade Fair Lists 5,000 Buyers," *New York Times*, August 7, 1950; "Sales Are Up 100% in Giftware Show," *New York Times*, February 10, 1951.

41 "U.S. Aids Ex-Enemy Economies," *BusinessWeek*, November 23, 1946, 15-16.

42 20세기의 혼인율에 대해서는 다음을 참조할 것. Elaine Tyler May, *Homeward Bound: American Families in the Cold War Era* (New York: Basic Books, 1988), esp. 21, 79-91.

43 Norma Lanum, "You Needn't Get an Umbrella Rack," *Washington Post*, May 18, 1950.

44 May, *Homeward Bound*, 165. 가정용 물품에 대한 지출은 240퍼센트, 음식에 대한 지출은 33퍼센트, 의복에 대한 지출은 20퍼센트 증가했다.

45 William H. Whyte Jr., *The Organization Man* (New York: Doubleday Anchor Books, 1957), 345, 347.

46 Madison House, *Gift Digest* ([Boston?]: n.p., 1953), 8, 9.

47 Bancroft's, *Bancroft's Out of This World Selections* ([Chicago]: n.p., ca. 1950s), 59, 3.

48 Whyte, *Organization Man*, 388.

49 Whyte, *Organization Man*, 177.

50 Game Room, *You Won't Believe This But*······ ([Washington, DC: n.p., 1956?]).

51 *Gentry Gift Guide* ([New York]: n.p., ca. 1952); Alfred B. Zipser, "Displays Aim at Giver and Gourmet," *New York Times*, August 26, 1958.

52 Ann Peppart, "Dad's Game Room Solved Their Fuel Problem," *Better Homes and Gardens* 22 (November 1943), 8.

53 Game Room, *You Won't Believe This But*······

54 "Initialled Sales," *Business Week*, February 9, 1935, 23.

55 Anne Means, "Monograms in the Home," *American Home*, November 1933, 281.

56 Kellogg Company, *Kellogg Selections for 1944*, 8.

57 예를 들어, 다음을 참조할 것. "Shop-hound: Tips on the Shop Market," *Vogue* 84.10 (November 15, 1934); Hanna Tauchau, "Marking Gift Linen," *American Home* 15 (December 1935), 34; and "200 Monogrammed Cigarettes," *New York Times*), December 13, 1936.

58 Madison House, *Gift Digest* ([Boston]: Madison House, 1953), 12.

59 Lillian Vernon, *An Eye for Winners: How I Built One of the Greatest Direct-Mail Businesses* (New York: HarperBusiness, 1996), 41.

60 Vernon, *An Eye for Winners*, 78.

61 "The Protocol of Monogramming," *House and Garden* 125 (June 1964), 38.

62 National Gift and Art Association, *44th Semi-Annual New York Gift Show* ([New York]: n.p., [1953]), 158.

63 National Gift and Art Association, *56th Semi-Annual New York Gift Show*, 89, 124.

64 1939년과 1946년 사이에 판매량은 약 22~49퍼센트 증가했으며, 이는 수천 개의 소매점과 생산업체를 나타낸다. Robert Shosteck, *Careers in Retail Business Ownership* (Washington, DC: B'nai B'rith Vocational Service Bureau, 1946), 325. National Gift and Art Association, *44th Semi-Annual New York Gift Show*, 332, 155, 171, 179.

65 "U.S. Ingenuity Helps Improve Foreign Crafts," *New York Times*, April 18, 1960.

66 Norcrest China Co., *Fine China and Gifts for 1959-60* ([Portland, OR]: Sweeney, Krist & Dimm, [1959]), 13.

67 Madison House, *Gift Digest*, 15; Bancroft's, *Bancroft's Out of This World Selections*, 14, 10; Giftime, *Shopping's Fun······ Shopping's Done with These Exciting Gift Ideas* ([Philadelphia]: n.p., [1959]), 4; and Helen Gallagher-Foster House, *Fall/Winter 1964-65* ([Peoria?]: n.p., [1964]). "더 재미있고 특이한 물건"이라는 표현은 "Gift Shop Shows Many New Items," *New York Times*, September 7, 1951.

68 "Wants Quality Items," *Souvenirs & Novelties* 22 (June-July 1966), 6.

69 Eleanore Ziegler [Sloan], "Don't Ignore Customer's Intelligence," *Souvenirs & Novelties* 22 (June-July 1966), 18, 21.

9장

1 스티븐 겔버는 수집되는 모든 물건을 "수집품collectible"이라고 말하며, 수집될 목적으로 제작된 "1차" 수집품과 또 다른 용도로도 제작된 "2차" 수집품을 구분한다. *Hobbies: Leisure and the Culture of Work in America* (New York: Columbia University Press, 1999), 63. 나는 겔버의 "1차" 수집품의 의미로만 수집품이라는 용어를 사용하고 있다.

2 호기심의 방에 대해서는 다음을 참조할 것. Anthony Alan Shelton, "Cabinets of Transgression: Renaissance Collections and the Incorporation of the New World," in *The Cultures of Collecting*, ed. John Elsner and Roger Cardinal (Cambridge, MA: Harvard University Press, 1994), 177-203.

3 John Elsner and Roger Cardinal, introduction to Elsner and Cardinal, *The Cultures of Collecting*, 2.

4 Werner Muensterberger, *Collecting: An Unruly Passion: Psychological Perspectives* (Princeton, NJ: Princeton University Press, 1994), 3.

5 예를 들어, 다음을 참조할 것. William Davies King, *Collections of Nothing* (Chicago: University of Chicago Press, 2008); Philipp Blom, *To Have and to Hold: An Intimate History of Collectors and Collecting* (New York: Overlook Press, 2003); Russell Belk, "Possessions and the Extended Self," *Journal of Consumer Research* 15.2 (September 1988), 139-168; and Mihaly Csikszentmihalyi and Eugene Rochberg-Halton, *The Meaning of Things: Domestic Symbols of the Self*

(Cambridge: Cambridge University Press, 1981). 수집에 관한 문헌은 무엇보다
도 심리학, 소비자 문화, 미술, 식민주의와 제국주의, 물질문화, 역사를 모두 아우
르기 때문에 여기에서 재점검하기에는 너무 광범위하다.

6 Alvin F. Harlow, *Paper Chase: The Amenities of Stamp Collecting* (New York:
Henry Holt, 1940), 25.

7 노스캐롤라이나주 애슈빌의 헨리 그로스먼이 발행한 1890년대의 한 회보는 그
가 "가장 흔한 종류의 것을 제외하고 미국 소인이 찍힌 종류의 우편 우표라면 과
거에 발행되었든, 당대에 발행되었든 모두 구매하고 있다"고 발표했다. 수천 개
의 우표를 사들인 그로스먼은 "소량으로 발행된 우표"가 1만 장 미만으로 발행
된 우표라고 생각했다. "Henry Grossman, Another Early Florida Stamp Dealer,"
Florida Postal History Society Journal 20.1 (January 2013), 18.

8 이와 같은 구분은 오랫동안 지속되어왔고 수집된 세계 자체 내에서 자연스러운
것으로 여겨졌다. 적어도 남성 수집가들을 다루는 다음 책에서는 그렇다. John
Bedford, *The Collecting Man: A Concise Guide to Collecting as a Hobby and as
Investment* (New York: David McKay, 1968). 베드포드는 근거 없이 "남성이 여
성보다는 통상 역사, 기술적 문제, 전문 지식, 기묘한 것, 호기심을 자아내는 것에
더 관심이 많다"라고 쓰고 있다. "여성적 수집의 영역"의 예에 대해서는 다음을 참
조할 것. *Philatelic West and Collectors' World* 35.1 (January 31, 1907), [30].

9 *Pictured in the Pottery of the Time* (New York: Halcyon House, 1916), xiii. 다음
도 참조할 것. J. Samaine Lockwood, "Shopping for the Nation: Women's China
Collecting in Late-Nineteenth-Century New England," *New England Quarterly*
81.1 (March 2008), 63-90.

10 다음에서 인용함. Elizabeth Stillinger, *The Antiquers: The Lives and Careers, the
Deals, the Finds and the Collections of the Men and Women Who Were Responsible
for the Changing Taste in American Antiques, 1850-1930* (New York: Alfred A.
Knopf, 1980), 190, xiv.

11 "The Rage for Old Furniture," *Harper's Weekly*, November 16, 1878, 918. 이 시
기의 골동품 수집의 부상에 관해서는 다음을 참조할 것. Gelber, *Hobbies*, esp.
129-133.

12 Irving W. Lyon, *Colonial Furniture of New England* (Boston: Houghton, Mifflin,

1891); Stillinger, *Antiquers*, xi.

13 스크랩북에 대해서는 다음을 참조할 것. Ellen Gruber Garvey, *Writing with Scissors: American Scrapbooks from the Civil War to the Harlem Renaissance* (Oxford: Oxford University Press, 2012); Jessica Helfand, *Scrapbooks: An American History* (New Haven, CT: Yale University Press, 2008); and Susan Tucker, Katherine Ott, and Patricia Buckler, eds., *The Scrapbook in American Life* (Philadelphia: Temple University Press, 2006). 이 시대를 돌아보며 우표 수집가 앨빈 할로는 "미국은 세계에서 가장 끈질긴 수집가의 나라"라고 말했다. 그는 1893년 시카고 세계 박람회 이후에 등장한 그림엽서에 대한 "몇 년 동안 들끓는 유행"을 묘사했다. 엽서 수집은 심지어 자신만의 신조어 "philocarty"를 가지고 있었던 덕에 우표 수집 및 연구philately의 지위로 격상되었다. 할로는 전차 환승권만을 전문으로 다룬 책도 있다고 주장했는데, 이 책은 "수집품의 연대, 유형, 상태, 색깔, 가역성, 형성, 배열, 색인 등과 같은 주제를 과학적으로 심도 있게 다룬다"라고 말했다. *Paper Chase*, 3.

14 "The Collector and the Poster," *Harper's Weekly*, February 9, 1895, 123.

15 George B. James Jr., comp., *Souvenir Spoons. Containing Descriptions and Illustrations of the Principal Designs Produced in the United States* (Boston: A. W. Fuller, 1891), i.

16 Edmund B. Sullivan, *American Political Badges and Medalets, 1789-1892*, 2nd edition (Lawrence, MA: Quarterman Publications, 1981; orig. pub. 1959).

17 Howland Wood, *The Commemorative Coinage of the United States*, ANS Numismatic Notes and Monographs 16 (New York: American Numismatic Society, 1922), 2.

18 Wood, *Commemorative Coinage*, 3, 4, 9.

19 다음을 참조할 것. Marian Klamkin, *American Patriotic and Political China* (New York: Charles Scribner's Sons, 1973), esp. 60-69.

20 Mason Locke Weems, *The Life of Washington*, ed. Marcus Cunliffe (Cambridge, MA: Belknap Press of Harvard University Press, 2001/1962/1809), xv, xvxviii-xix, 강조는 저자. 웜스는 캐리에게 "25센트나 37센트의 가격이면 매우 빠른 속도로" 팔릴 것이며 "비용으로는 10센트도 들지 않을 것"이라고 장담했다.

21 전체 품목에 관한 상세한 내용은 다음을 참조할 것. Robert H. McCauley, *Liverpool Transfer Designs on Anglo-American Pottery* (Portland, ME: Southworth-Anthoensen Press, 1942).

22 George L. Miller, "George M. Coates, Pottery Merchant of Philadelphia, 1817-1831," *Winterthur Portfolio* 19.1 (Spring 1984), 45.

23 Christina H. Nelson, "Transfer-Printed Creamware and Pearlware for the American Market," *Winterthur Portfolio* 15.2 (Summer 1980), 93-115. 19세기 초 미국 도자기 거래상들의 회계장부를 보면, 저가의 영국산 도자기류가 점점 유행하고 있다는 것을 알 수 있다. 일례로, 필라델피아의 한 중개인 조지 코츠는 1824년부터 1830년 사이에 시골의 고객에게 4만9000개 이상(그의 전체 매출 25퍼센트)의 도자기를 팔았다. 다음을 참조할 것. Miller, "George M. Coates," 45-46.

24 Phoebe Lloyd Jacobs, "John James Barralet and the Apotheosis of George Washington," *Winterthur Portfolio* 12 (1977), 32.

25 Barry Schwartz, "The Social Context of Commemoration: A Study in Collective Memory," *Social Forces* 61.2 (December 1982), 374.

26 캐서린 켈리는 직물에서부터 보석, 간판, 사기꾼에 이르기까지 초기 공화국 물건들이 조지 워싱턴의 이미지를 유통하기 위한 "수단"이 되었다고 지적한다. 많은 경우에, 워싱턴의 이미지와 유사하기만 하면 아무리 변변치 못한 물건이라도 "그 품격이 상승"했을 것이다. *Republic of Taste: Art, Politics, and Everyday Life in Early America* (Philadelphia: University of Pennsylvania Press, 2016), 226.

27 예외로는 남북전쟁 이전 시기에 인기를 끌며 매년 구입됐던 선물용 도서가 있었고, 논의한 바와 같이, 기념품 스푼도 있었다. 빙앤그뢴달에 대한 정보를 제공해준 마크 배로에게 큰 감사의 말을 전한다.

28 "The Plate That Took the Blue Ribbon!," *Hobbies: The Magazine for Collectors* 55.1 (March 1950), 86.

29 Herschell Gordon Lewis, "How 'Glad' Can Limited Tidings Be?," *Direct Magazine*, December 2003, 70.

30 Lauritz Coopersmith, "The Wall Street of the Plate Field: The Bradford Exchange," *Collectibles Illustrated* 2.4 (July/August 1983), 29.

31 "Collectible Industry Thriving in the U.S.," *Globe and Mail*, November 28, 1980.

32 Coopersmith, "The Wall Street of the Plate Field," 39.

33 Coopersmith, "The Wall Street of the Plate Field," 39.

34 Linda Ellis Fishbeck, "A Plate Portfolio: Breaking into Limited Editions," *Rarities* 1.1 (Fall 1980), 51.

35 "The Great Plate Explosion," *Collectibles Illustrated* 2.4 (July/August 1983), front cover, 25, 26.

36 "Collectible Industry Thriving in the U.S."

37 David Alexander, "The Rise and Fall of the Franklin Mint," *Coin Week*, December 28, 2015, www.coinweek.com/education/the-rise-and-fall-of-the-franklin-mint/.

38 수집용 주화의 현재 평가 가치는 다음에서 찾을 수 있다. https://www.ngccoin.com/price-guide/coin-melt-values.aspx?MeltCategoryID=1 그리고 이베이 같은 사이트에서 수집품 가치를 비교할 수 있다.

39 Alexander, "The Rise and Fall."

40 Alexander, "The Rise and Fall."

41 WK, "Product: Carson City Gold (1870-1893)," sell sheet from *The Franklin Mint Coin Redbook* (hereafter, *TFMCR*), ca. September 16, 2010. 레드북 Redbook은 100개가 넘는 주화와 주화 동전 세트를 위한 판매 대리인용 내부 판매 시트(판매를 위한 대본과 데이터)가 들어 있는 3구 바인더이다. In the author's collection and purchased at the liquidation auction of the Franklin Mint Museum and Archive, October 20, 2016.

42 WK, "Product: 19th Century Morgan Silver Dollar" sell sheet, *TFMCR*, 강조는 원문.

43 WK, "Product: U.S. Mis-struck Error Coin Collection (Set of 4)" sell sheet, *TFMCR*.

44 WK, "Product: 2009 Silver Proof Coins—District of Columbia and U.S. Territories—6-coin Set—PF-69 Set" sell sheet, *TFMCR*.

45 WK, "Washington Presidential Dollar Error Coin 2007 (Missing Edge)" sell sheet, *TFMCR*, 강조는 원문.

46 WK, "Indian Head Gold Piece $20 'Saint-Gaudens' with Motto (1907-1933), *TFMCR*, 강조는 원문.

47 WK, "The First Five Years of the U.S. Silver Eagle Dollar—(1986-1990) Brilliant Uncirculated" sell sheet, *TFMCR*, 강조는 원문.

48 WK, "The Ultimate Nickel Collection—12 Coin Collection" sell sheet, *TFMCR*.

49 WK, "Presidential Dollar Completion Program (Pre-Pay)" sell sheet, *TFMCR*, 강조는 원문.

50 WK, "Presidential Dollar Completion Program (Pre-Pay)."

51 이러한 주장들이 얼마나 가짜였는지 보여준 이 회사는 타이거 우즈와 다이애나 왕세자비로부터 소송을 당했다. 왜냐하면 이 회사는 이 유명인사들이 등장하는 "진품"이자 "공식적인" 수집품을 발행할 권리가 없었기 때문이다. 다음을 참조할 것. Marius Meland, "Appeals Court Rejects Franklin Mint, Princess Diana Settlement," *Law360*, July 19, 2005, https://www.law360.com/articles/3730/appeals-court-rejects-franklin-mint-princess-diana-settlement.

52 이것은 "거짓말하기, 특히 가식적인 말과 행동에 의한 거짓이나 다름없는 기만적인 허위 표현"이라고 맥스 블랙이 정의하는 사기의 주된 특징이다. "The Prevalence of Humbug," in *The Prevalence of Humbug and Other Essays* (Ithaca, NY: Cornell University Press, 1983), and at http://www.ditext.com/black/humbug.html.

53 WK, "Color Enhanced State Quarters Collector's Watch" sell sheet, *TFMCR*.

54 WK, "Washington Presidential Dollar Error Coin 2007 (Missing Edge)."

55 WK, "Washington Presidential Dollar Error Coin 2007 (Missing Edge)."

56 "Give the Gift of Savvy," *Collectibles Illustrated* 2.3 (May/June 1983), 23.

57 Liane McAllister, "A Retailer's Guide to Collectors Clubs," *Gifts & Decorative Accessories* 93.10 (October 1, 1992), 1.

58 Malcolm Berko, "You've Been Snookered," Creators Syndicate, 2012, http://legacy.creators.com/lifestylefeatures/business-and-finance/taking-stock/-quot-you-ve-been-snookered-quot.html.

59 "Franklin Mint Review," BuySilver.org, ©2011, https://www.buysilver.org/online-dealers/franklin-mint-review/. 다음도 참조할 것. Federal Trade

Commission, "Investing in Collectible Coins," *FTC Consumer Alert*, 2011.

60 "Franklin Mint Review."

61 Wendy Cuthbert, "Little Profit in Plates: From Elvis to Puppies, Be Wary of Investment Potential," *Financial Post*, October 21, 1993, 27.

62 *Charal v. Andes*, 81 F.R.D. 99 (E.D. Pa. 1979). 자료를 제공해준 제이 스티펠에게 감사의 말을 전한다.

63 발터 벤야민의 획기적 작품은 이와 관련이 있다. "The Work of Art in the Age of Its Technological Reproducibility [First Version]," trans. Michael W. Jennings, *Grey Room* 39 (Spring 2010), 11–37.

10장

1 Bonita LaMarche, "Staffordshire Figurines from the Jerome Irving Smith Collection," *Bulletin of the Detroit Institute of Arts* 65.4 (1990), 41, 43. 다음도 참조할 것. P. D. Gordon Pugh, *Staffordshire Portrait Figures and Allied Subjects of the Victorian Era* (Woodbridge, Suffolk: Antique Collectors' Club, 1970, rev. and rpt. 1987); and Reginald G. Haggar, *Staffordshire Chimney Ornaments* (London: Phoenix House, 1955).

2 Simon Shaw, *History of the Staffordshire Potteries; and the Rise and Progress of the Manufacture of Pottery and Porcelain* (1829; rpt. London: Scott, Greenwood, 1900), xix.

3 World Collectors Net, "Victoriana, Victorian Staffordshire and Victorian Collectables," posted October 4, 2013, http://www.worldcollectorsnet.com/articles/victoriana-victorian-staffordshire-victorian-collectables/.

4 Thomas Balston, *Staffordshire Portrait Figures of the Victorian Age* (London:Faber & Faber, 1958), 15. 전문가들은 조각상들이 "실제로 아이들에 의해 만들어졌기 때문에 아이와 같은 매력을 갖게 된 것 같다"고 비꼬듯 썼다. "A-Z of Ceramics," Victoria and Albert Museum, https://www.vam.ac.uk/articles/a-z-of-ceramics.

5 다음을 참조할 것. Haggar, *Staffordshire Chimney Ornaments*. "6개의 크고 우아한 중국산 벽난로용 장식품"을 나열한 1796년의 주택 판매 재고를 지적하면서도 이 작품들이 단지 "내부적 가치"만을 가지고 있다고 묘사하고 있다. 즉, 실질적인 금

전적 가치가 없다. 다음도 참조할 것. Louise Stevenson, "Virtue Displayed: The Tie-Ins of *Uncle Tom's Cabin*," http://utc.iath.virginia.edu/interpret/exhibits/stevenson/stevenson.html. 추가적 통계 수치는 다음을 참조할 것. "Imports and Exports of the United States," *Niles' Weekly Register*, May 30, 1835, 220.

6 LaMarche, "Staffordshire Figurines," 45.

7 이 조각상들을 수집한 영국의 오두막 거주자들은 "종교적 신념에 있어 열렬하게 애국적이고 감상적이고 순응적인 사람들이고, 동물 애호가이며, 독서를 거의 하지 않는다"고 특징지어졌다. LaMarche, "Staffordshire Figurines," 47.

8 LaMarche, "Staffordshire Figurines," 46; Haggar, *Staffordshire Chimney Ornaments*, 15. 다음도 참조할 것. Samuel S. Scriven, *Employment of Children and Young Persons in the District of the North Staffordshire Potteries* (1843); and hildren's Employment Commission (1862), *First Report of the Commissioners* (London: George Edward Eyre and William Spottiswoode, 1863), 통계에 관해서는 1–4쪽, 끔찍하고 위험한 근무 조건에 관해서는 vii–xlix쪽을 보라.

9 *Encyclopedia of Antique Restoration and Maintenance* (New York: Clarkson N. Potter, 1974), 26, 27.

10 다공질 표면과 잘 쪼개지고 긁히는 속성 때문에 석고는 매우 연약하고 내구성이 떨어지는 재료이다. 하지만 석고는 저렴하고 풍부했다. 1832년에만 10만 톤의 석고가 미국으로 운송되었다. "Art. IX—Remarks on the Mineralogy and Geology of the Peninsula of Nova Scotia……," *American Monthly Review* 1.5 (May 1832), 402.

11 James Fenimore Cooper, *Excursions in Italy*, vol. 1 (London: Richard Bentley, 1838), 177.

12 Calvert Vaux, *Villas and Cottages* (New York: Harper & Bros., 1857), 84.

13 다음에서 인용함. Steven Gelber, *Hobbies: Leisure and the Culture of Work in America* (New York: Columbia University Press, 1999), 137. 다음도 참조할 것. Elizabeth Stillinger, *The Antiquers: The Lives and Careers, the Deals, the Finds and the Collections of the Men and Women Who Were Responsible for the Changing Taste in American Antiques, 1850-1930* (New York: Alfred A. Knopf, 1980), 256.

14 Thomas E. Hudgeons III and Nancy Smith, eds., *The Official 1982 Price Guide*

to Hummel Figures & Plates (Orlando, FL: House of Collectibles, 1981), 7.

15 수전 스튜어트는 이렇게 말한다. "미니어처는 항상 서사보다는 광경을 지향하는, 즉 설명적 종결보다는 침묵과 공간적 경계를 지향하는 경향이 있다. 말은 시간에 따라 펼쳐지는 반면, 미니어처는 우주에서 펼쳐진다. 관찰자는 그 미니어처에 대한 초월적이고 동시적인 관점을 제공받지만, 그 미니어처의 살아 있는 현실의 가능성 밖에 갇혀 있다. 따라서 [미니어처는] 하층계급의 농촌 생활, 즉 시대를 초월하고 오염되지 않은 미니어처 형태의 문화적 타자他者를 제기하려는 향수적 욕구다." *On Longing: Narratives of the Miniature, the Gigantic, the Souvenir, the Collection* (Durham, NC: Duke University Press, 1996), 66.

16 Wallace-Homestead Book Company, 1995, 207-208. 수집가들은 "'검은 아이와 함께하는 고요한 밤'이라는 희귀한 조각상을 보기 위해" 텍사스에 있는 후멜 박물관을 특별 순례해야 한다. 너무 희귀한 관계로 그 조각상의 사진은 주요 가격 가이드에 포함되지조차 않는다.

17 Schmid purchased Hummels from Goebel beginning in 1937. 다음도 참조할 것. Heidi Ann Von Recklinghausen, *The Official M. I. Hummel Price Guide, 2nd Edition, Figurines & Plates* (Iola, WI: Krause Publications, 2013), 144.

18 Marie Lynch, ed., *The Original "Hummel" Figures in Story and Picture* (Boston: Schmid Brothers, 1955), 3.

19 Lynch, *Original "Hummel" Figures*, 3.

20 Lynch, *Original "Hummel" Figures*, [4].

21 Hudgeons and Smith, *Official 1982 Price Guide*, 7.

22 Hudgeons and Smith, *Official 1982 Price Guide*, 13.

23 Armke, *Hummel*, 24-25.

24 Liane McAllister, "Collectibles/Gift Mix Boosts Sales for the '90s," *Gifts & Decorative Accessories* 91.9 (September 1990), 54.

25 N. R. Kleinfield, "Among Hummel Fans, Details Mean So Much," *New York Times*, September 20, 1990.

26 일부 학자들은 미술품과 골동품 수집의 세계에서 "사회 시장에서의 경쟁은 다양한 등급의 물건 간 인식된 품질의 사소한 차이를 균형 가격에서 매우 큰 차이로 확대시킬 수 있다"고 주장한다. 수집가들은 끊임없이 전문가의 검증을 찾고, 무엇

을 살 것인가를 고민할 때 수집하는 "리더"를 모방한다. Gary Becker and Kevin Murphy (with William Landes), *Social Economics: Market Behavior in a Social Environment* (Cambridge, MA: Belknap Press of Harvard University Press, 2000), 79.

27 유형성숙幼形成熟, neoteny과 동물에 대해서는 다음을 참조할 것. Ralph H. Lutts, "The Trouble with Bambi: Walt Disney's *Bambi* and the American Vision of Nature," *Forest & Conservation History* 36.4 (October 1992), 160-171.

28 George Monaghan, "Precious Moments: Tiny Figures Become Giants as Popular Collectibles," *Star-Tribune* (Minneapolis-St.Paul, MN), December 30, 1986.

29 Dallie Miessner, *The Precious Moments Story: Collectors' Edition* (Huntington, NY: Portfolio Press, 1986).

30 Eric Morgenthaler, "Host of Characters: Precious Moments Is Brilliant at Answering Its Collectors' Prayers," *Wall Street Journal*, September 14, 1993.

31 Morgenthaler, "Host of Characters."

32 Monaghan, "Precious Moments."

33 Monaghan, "Precious Moments." 다른 형태의 키치와 마찬가지로, "잠재적인 문제들은 순전히 허구적인 가치를 지닌 사물들에 투영된다. 왜냐하면 그것은 사물을 더 쉽게 만들기 때문이다." Aleksa Celebonovic, "Notes on Traditional Kitsch," in *Kitsch: The World of Bad Taste*, ed. Gillo Dorfles (New York: Bell Publishing, 1969), 289. 첼레보노비치는 키치를 "실제 용도나 의미가 없는 물건"이라고 표현하며, 키치는 "잘 사는 이미지"만을 제공함으로써 그 덕에 "집 주인이 유치하고 미성숙한 상상력으로 물든 게임에 빠져 헤어나오는 것"이 불가능하게 만든다고 했다.

34 인종과 수집을 다룬 문헌은 거의 없지만, 다음을 참조할 것. Elvin Montgomery, "Recognizing Value in African American Heritage Objects," *Journal of African American History* 89.2 (Spring 2004), 177-182. 학자들 대부분은, 아프리카계 미국인이 "블랙 아메리카나Black Americana"(즉, 자신을 되찾으려는 방법으로서의 명백히 인종차별주의적인 물건들), 혹은 "부족 예술"을 수집하는 경향이 있다는 인상을 남긴다. 어떤 결론도 철저한 데이터 검증을 통해 도출되지 않았다. 예를 들어, 다음을 참조할 것. Gloria Canada, "Living with Black Americana,"

Antiques and Collecting, September 1990, 28–31; Stacey Menzel Baker, Carol M. Motley, and Geraldine R. Henderson, "From Despicable to Collectible: The Evolution of Collective Memories for and the Value of Black Advertising Memorabilia," *Journal of Advertising* 33.3 (Autumn 2004), 37–50; Kenneth Goings, *Mammy and Uncle Mose: Black Collectibles and American Stereotyping* (Bloomington: Indiana University Press, 1994); Eric Robertson, "African Art and African-American Identity," *African Arts* 27.2 (April 1994), 1, 6, 8, 10; and Paula Rubel and Abraham Rosman, "The Collecting Passion in America," *Zeitschrift fur Ethnologie* 126.2 (2001), 313–330.

35 Benj Gallander and Ben Stadelmann, "Can a Wizard's Spell Save Kitsch Merchandiser Enesco?," *Globe and Mail*, November 25, 2000.

36 Miessner, *Precious Moments Story*, 230, 241.

37 McAllister, "Collectibles/Gift Mix Boosts Sales for the '90s," 54.

38 Liane McAllister, "A Retailer's Guide to Collectors Clubs," *Gifts & Decorative Accessories* 93.10 (October 1992), 1.

39 Mary Ann Fergus, "Invasion of the Beanie Babies," *Pantagraph*, June 23, 1996, C1.

40 Giles Austin, "The Man behind the Beanie Baby—Profile—Ty Warner," *Times* (London), November 11, 1999. 워너Warner는 "수만 개의 비니 베이비스로 채워진 보잉 747기 세 대가 한국과 중국에서 날아오고 있으며 부활절에 맞춰 여기서 받기로 되어 있다"고 자랑했다.

41 Dave Saltonstall, "Beanie Boom Goin' Bust? Cuddly Toys Losing Steam," *New York Daily News*, June 14, 1998.

42 베커와 머피는 공급량 제한은 물품이 인기 있고 바람직해 보이도록 (따라서 구하기 힘들게 보이도록) 돕는 광고의 한 형태인 동시에 "이 상품들에 대한 미래의 수요를 증가시키거나 생산자가 판매하는 다른 상품에 대한 수요를 증가시키는" 평판을 만들어낸다는 점을 지적한다. *Social Economics*, 140.

43 "Interview: Beanie Babies Spokesperson Pat Brady Discusses the Newest Beanie Baby," NBC News, *Today*, July 9, 1998. Factiva.com에서 대본을 구해, 명확함을 위해 편집했다.

44 Austin, "The Man behind the Beanie Baby."

45 Anne VanderMey, "Lessons from the Great Beanie Babies Crash," *Fortune*, March 11, 2015, http://fortune.com/2015/03/11/beanie-babies-failure-lessons/. 다음도 참조할 것. Zac Bissonnette, *The Great Beanie Baby Bubble: The Amazing Story of How America Lost Its Mind over a Plush Toy—and the Eccentric Genius behind It* (New York: Portfolio, 2015).

46 Karen Thomas, "Beanie Baby to Honor Diana: Purple Bear Available Soon," *USA Today*, December 5, 1997.

47 "Ask Dr. Beanie," *Pantagraph*, August 3, 1997.

48 Hattie Kaufman, "Are Beanie Babies Retired for Good?" *CBS This Morning*, September 2, 1999. Transcript accessed via Factiva.com.

49 "Beanie Heists Continue in Syracuse," *Associated Press Newswires*, October 1, 1998; Chris Clair, "Thousands in Beanies Stolen in Rolling Meadows," *Chicago Daily Herald*, October 2, 1999.

50 "Couple Told to Split Beanie Babies," AP Online, November 5, 1999.

51 Austin, "The Man behind the Beanie Baby."

52 Saltonstall, "Beanie Boom Goin' Bust?" 다음도 참조할 것. William S. McTernan, "It's a Beanies Bear Market: Dump What You Can, Experts Advise," *Austin American-Statesman*, October 8, 1998. (에드워드 글레이저와 함께) 베커와 머피는, 보기에 비슷한 것이든 전면적인 위조품이든 복제품이 "상표 표시 상품의 배타성을 크게 희석시킬 수 있고" 따라서 "시장에 쉽게 피해를 줄 수 있다"고 지적했다. *Social Economics*, 98.

53 Kauffman, "Are Beanie Babies Retired for Good?"

54 Kate N. Grossman, "Ty Inc. Putting Beanies' Fate to a Vote," Associated Press, December 25, 1999.

55 Mary Ethridge, "Past Their Prime, Beanie Babies Celebrate Their 10th Birthday," *Akron Beacon Journal*, March 16, 2003.

56 "Beanie Baby Collection to Benefit Children Overseas," *Record* (Stockton, CA), May 30, 2011.

57 이는 마이클 톰프슨의 "쓰레기 이론rubbish theory"에 부합한다. 스티븐그래프스

Stevengraphs(19세기 토머스 스티븐스가 창시한 실크로 짠 그림으로, 1960년대 와 1970년대에 큰 인기를 끈 수집품—옮긴이)처럼, 비니 베이비스는 어느 시점에 서는 쓰레기의 범주에서 일시적인 것의 범주로, 그리고 오래가는 것의 범주로 바뀔지도 모른다. 그러나 비니 베이비스 대다수가 사라져야 가능한 일이다. *Rubbish Theory: The Creation and Destruction of Value* (Oxford: Oxford University Press, 1979).

58 Meredith Schwartz, "Is the Collectibles Industry Proving to Be a Limited Edition?" *Gifts & Decorative Accessories* 101.6 (June 2000), 123.

59 Craig Wilson, "Happiness Is a Hummel; Figurines Fetch Big Bucks at Fair," *USA Today*, July 24, 1989.

60 Morgenthaler, "Host of Characters; Precious Moments."

61 "Madison County Prosecutor Says He Will Fight Clemency Requests," Associated Press, June 10, 2002.

62 Liane McAllister, "Is There a Future in Collectibles?" *Gifts & Decorative Accessories* 99.6 (June 1998), 95.

63 McAllister, "Is There a Future."

64 McAllister, "Collectibles/Gift Mix Boosts Sales for the '90s," 54.

65 Cook DuPage, "Enesco to Lay off 120 in 2 Locations," *Chicago Daily Herald*, May 4, 2001.

66 Julie Jargon, "Ending Deal to Sell Precious Moments; Fragile Sales of Figures Prompt Firm to Terminate Distribution License Early," *Crain's Chicago Business* 28.22 (May 30, 2005), 12.

11장

1 "An Essay on Novelty," *Monthly Miscellany* 1.4 (April 1774), 183.

2 "Novelty," *New-York Gazette*, April 4, 1821; "Agricultural Novelty," *Southern Chronicle* (Camden, SC), November 19, 1823; "A Novelty," *Southern Chronicle* (Camden, SC), February 12, 1823; "The following account……," *Hallowell* (ME) *Gazette*, December 29, 1819; "The Sea Serpent," *Lancaster* (PA) *Journal*, September 5, 1817.

3 Peter Benes, *For a Short Time Only: Itinerants and the Resurgence of Popular Culture in Early America* (Amherst: University of Massachusetts Press, 2016); Brett Mizelle, "'I Have Brought my Pig to a Fine Market': Animals, Their Exhibitors, and Market Culture in the Early Republic," in *Cultural Change and the Market Revolution in America, 1789-1860,* ed. Scott C. Martin (Lanham, MD: Rowman & Littlefield, 2005), 181-216. 예를 들어, 다음도 참조할 것. "American Museum," *National Advocate* (New York), July 3, 1822; and "Anniversary of American Independence," *National Advocate* (New York), July 4, 1822.

4 "LAST NIGHT. At Mr. Bulet's Assembly Rooms," *American Commercial Daily Advertiser* (Baltimore, MD), June 25, 1816.

5 "Novelty," *Eastport* (ME) *Sentinel,* February 21, 1824.

6 Daniel Wickberg, *The Senses of Humor: Self and Laughter in Modern America* (Ithaca, NY: Cornell University Press, 2015), 122. 특히 4장에서 "농담의 상품화된 형태"를 다룬다.

7 1860년대 후반에 이르러서는 수만 명의 떠돌이 판매 대리인이 있었다. 다음을 참조할 것. Timothy B. Spears, *100 Years on the Road: The Traveling Salesman in American Culture* (New Haven, CT: Yale University Press, 1995), 53.

8 "미적 풍부함"은 마일스 오벨에서 유래한다. *The Real Thing: Imitation and Authenticity in American Culture, 1800-1940* (Chapel Hill: University of North Carolina Press, 1989), 42. 미적인 것은 서로 다른 것들을 결합함으로써 더 강렬한 경험을 만들어내는 "팬시fancy"에 기원을 두고 있을 것이다. 다음을 참조할 것. David Jaffee, *A New Nation of Goods: The Material Culture of Early America* (Philadelphia: University of Pennsylvania Press, 2011), 240.

9 Fargo Novelty Company, *Illustrated Catalogue Mail Order* ([Frenchtown, NJ?]: n.p., [1908]), [28].

10 Eureka Trick and Novelty Co., *Illustrated Manual of Tricks, Novelties, Musical Instruments, Scientific Toys, &c., &c.* (New York: Eureka Trick and Novelty Co., 1877), 27.

11 사실, 노벨티 무역은 일본과 미국 간 무역의 증대에 있어 상당 부분을 차지했

다. Gary Cross and Gregory Smits, "Japan, the U.S., and the Globalization of Children's Consumer Culture," *Journal of Social History* 38.4 (Summer 2005), 876. 초기 미국 도매상들은 남태평양 지역의 상인들과 관계를 맺었던 것으로 보인다. 노벨티 생산업체이자 유통업체 존슨스미스는 시카고로 이사하기 전에 호주에서 시작되었다. 1895년 뉴질랜드의 한 신문 광고는 "일본산 노벨티를 위한 위대한 전시회 (…) 선물로 특별히 적합함. 직접 배송"이라고 홍보했다. (*Otago* [New Zealand] *Daily Times*, November 25, 1895). 1916년 뉴욕에만 12개의 다른 범주의 노벨티 공급자가 있었고, 660개가 훨씬 넘는 노벨티 상점과 점포가 있었다. *R. L. Polk & Co.'s 1916 Trow's New York City Directory* (New York: R. L. Polk & Co., 1916), 2219-2220. 노벨티, 계획된 노후화, 미국스러움에 관해서는 다음을 참조할 것. Robert Lekachman, "The Cult of Novelty," *Challenge* 8.7 (April 1960), 7-11; and Edmund W. J. Faison, "The Neglected Variety Drive: A Useful Concept for Consumer Behavior," *Journal of Consumer Research* 4.3 (December 1977), 172-175.

12 Kipp Brothers Collection (M0850). Manuscript and Visual Collections Department, William Henry Smith Memorial Library, Indiana Historical Society, Indianapolis. 1891년과 1944년 사이의 킵브러더스 의사록에서 사라진, 철이 제대로 안 된 장부에서 가져온 수치로, 1902년 외상 매입금과 매출 채권을 보여준다.

13 Jackson Lears, *Fables of Abundance: A Cultural History of Advertising in America* (New York: Basic Books, 1994), 24, 49; H. C. Wilkinson & Co., *H. C. Wilkinson & Co.'s Illustrated Catalogue* ([New York]: n.p., ca. 1895), 26.

14 A. Coulter & Co., *Wholesale Price List*, inside front cover, [29].

15 Bennet & Co., *Bennet & Co.'s Wholesale Catalogue of 'Xmas Goods and Novelties* ([Montreal?]: n.p., 1883]).

16 Fargo Novelty Co., *Illustrated Catalogue*, 30.

17 T. Ombrello, "Resurrection Plant," http://faculty.ucc.edu/biology-ombrello/pow/resurrectionplant.htm. 되살아나는 식물을 찍은 멋진 비디오는 다음에서 볼 수 있음. http://vimeo.com/25485145.

18 Fargo Novelty Co., *Illustrated Catalogue*, 32.

19 Universal Distributors, *Illustrated Catalogue of Novelties* ([Stamford, CT?]: n.p., ca. 1915), [27].

20 Frederick J. Augustyn Jr., *Dictionary of Toys and Games in American Popular Culture* (New York: Routledge, 2015), n.p., entry for "Magic Rocks." Todd Coopee, "Sea-Monkeys," Toytales, posted May 12, 2015, https://toytales.ca/sea-monkeys/. 마땅히 설명해야 할 것이기는 하지만, 공간상의 제약 때문에 매직 록 Magic Rocks과 바다 원숭이Sea Monkeys에 대한 상세한 분석은 생략한다.

21 "치아 펫 진화"라는 블로그의 번식에 관한 광고는 다음을 참조할 것. http://www.chiativity.org/chiapet/. 무로Murro와 그게 뭐지What-Is-It?는 둘 다 그 당시 소비자들에게 친숙할 것 같은 초기 연극적 전통에 주목했다. 유식한 돼지learned pig에 대해서는 다음을 참조할 것. Mizelle, "'I Have Brought My Pig to a Fine Market.'"

22 "Grass Sprouted on the Pottery Head of 'Paddy O'Hair,'" *Pittsburgh Press*, January 16, 1983.

23 Johnson Smith & Co., *Novelties* (Detroit: Johnson Smith & Co., 1947), 341.

24 Susan Stewart, *On Longing: Narratives of the Miniature, the Gigantic, the Souvenir, the Collection* (Durham, NC: Duke University Press, 1993), 80.

25 Zubeck Novelty Co., *Illustrated Catalogue and Price List of Jokers' Articles, Prizes* ([New Jersey?]: n.p., ca. 1915), [9-10].

26 Crest Trading Co., *The Crest "Fun for All" Catalogue* ([New York]: n.p., ca. 1915), 16, 21.

27 William V. Rauscher, *S. S. Adams: High Priest of Pranks and Merchant of Magic* (Oxford, CT: 1878 Press, 2002), 2.

28 각 카탈로그 페이지에는 그래픽 디자인 전문가 에드워드 터프티가 "시각적 정교함"이라고 부르는 것이 담겨 있다. 즉, "함께 모여서 병치되는 (…) 시각적 사건들의 집합"이 담겨 있다. 그는 "다양한 이미지 사건을 통해, 정교함은 논쟁을 묘사하고, 시각적 비교를 보여주고 시행하며, 실제적인 것과 상상에 기반한 것을 결합하고, 또 다른 이야기를 우리에게 들려준다"고 말한다. *Visual Explanations: Images and Quantities, Evidence and Narrative* (Cheshire, CT: Graphics Press, 1997), 121.

29 Eureka Novelty Company, "Vol. 332 Minute and Invoice Book, 1899 Nov.-1900 Nov. 9." Ohio History Connection, Columbus. 판화는 목판과 전기판으로 되어 있고 회사가 삽화 일부를 구입하고 다른 업체에 원래 작업을 의뢰했음을 알 수 있다. 유리카는 다른 인쇄업자에게 30달러의 카탈로그를 추가로 외주로 주었다.

30 Fargo Novelty Co., *Illustrated Catalogue*, back cover.

31 존슨스미스는 여전히 운영되고 있다. http://www.johnsonsmith.com/.

32 다음에서 인용함. Stanley Elkin, *Pieces of Soap* (New York: Simon & Schuster, 1992), 217.

33 Keith L. Eggener, "'An Amusing Lack of Logic': Surrealism and Popular Entertainment," *American Art* 7.4 (Autumn 1993), 38.

34 다음에서 인용함. Eggener, "'An Amusing Lack of Logic,'" 31.

35 목가적 이상에 대한 상세한 내용은 다음을 참조할 것. Alan Trachtenberg, *The Incorporation of America: Culture and Society in the Gilded Age* (New York: Hill & Wang, 1982; 25th anniversary ed. with a new preface, 2007); Leo Marx, *The Machine in the Garden: Technology and the Pastoral Ideal in America*, 2nd ed. (New York: Oxford University Press, 2000); and Siegfried Giedion, *Mechanization Takes Command: A Contribution to Anonymous History* (1948; Minneapolis: University of Minnesota Press, 2013).

36 Jose Rosales, "Of Surrealism & Marxism," *Blindfield Journal*, https://blindfieldjournal.com/2016/12/01/of-surrealism-marxism/.

37 "Comic Christmas Cards, Joke-Trick Items in Demand," *Billboard* 52.49 (December 7, 1940), 56.

38 다음에서 인용함. Mary Ann Caws, ed. *Surrealism: Themes and Movements* (London:Phaidon, 2004), 84.

39 Aaron Jaffe, "Modernist Novelty," *Affirmations: Of the Modern* 1.1 (Autumn 2013), 125.

40 Jaffe, "Modernist Novelty," 107.

41 Arthur Power Dudden, "American Humor," *American Quarterly* 37.1 (Spring 1985), 8, 9. 더든은 미국 유머 상당수가 "비열하고 폭력적인" 것일 뿐만 아니라

"회의적이고 냉소적이며 조롱하는 것"이며, 심지어 "고의적인 잔인함"이 가미되어 있다고 쓰고 있다.

42 *An American History from Barnum to Madoff* (Princeton, NJ: Princeton University Press, 2017); Corey Goettsch, "'The World Is but One Vast Mock Auction': Fraud and Capitalism in Nineteenth-Century America," in *Capitalism by Gaslight: Illuminating the Economy of 19th-Century America*, ed. Brian P. Luskey and Wendy A. Woloson (Philadelphia: University of Pennsylvania Press, 2015); and Wendy A. Woloson, "Wishful Thinking: Retail Premiums in Mid-Nineteenth-Century America," *Enterprise & Society* 13.4 (2012), 790-831.

43 Henry Wysham Lanier, *A Century of Banking in New York, 1822-1922* (New York: Gilliss Press, 1922), 60.

44 From George W. Peck, *Peck's Bad Boy and His Pa* (Chicago: Belford, 1883), 14, quoted in Alfred Habegger, "Nineteenth-Century American Humor: Easygoing Males, Anxious Ladies, and Penelope Lapham," *PMLA* 91.5 (October 1976), 884.

45 다음도 참조할 것. [Sharpshooter], "The Bull's Eye," *Commercial West* 13.13 (March 28, 1908), 9-10.

46 Maurice Zolotow, "The Jumping Snakes of S. S. Adams," *Saturday Evening Post*, June 1, 1946, 26.

47 Jaffe, "Modernist Novelty," 107.

48 Eureka Trick and Novelty Co., *Illustrated Manual*.

49 Fargo Novelty Co., *Illustrated Catalogue*.

50 Royal Novelty Co., *Illustrated Catalogue* ([Norwalk, CT?]: n.p., ca. 1910).

51 Gellman Bros., *Annual Buyer's Guide Catalog for 1937* (Minneapolis: Gellman Bros., 1937).

52 Royal Novelty Co., *Illustrated Catalogue*.

53 데니스 홀에 따르면, "문화는 사물의 집합이 아니다. 하나의 과정으로서, 일련의 연습이다. 주로 문화는 한 사회나 집단의 구성원들 사이의 '의미 부여와 취득'이라는 의미의 생산과 교환에 관련된다". "Gag Gifts: Borders of Intimacy in American Popular Culture," *Journal of American and Comparative Cultures* 24.3/4

(2001), 172, 173.

54 유머 학자들조차도 여성의 유머가 "일반적인" 유머와 구별된다고 생각하는데, 이는 "정상적"인 "주류의"(즉, 남성적) 유머 정의로부터의 일탈이다. 전통적으로 여성은 장난의 창조자나 전달자가 아니라 장난의 피해자, 대상이다. 예를 들어, 다음을 참조할 것. Mary Crawford and Diane Gressley, "Creativity, Caring, and Context: Women's and Men's Accounts of Humor Preferences and Practices," *Psychology of Women Quarterly* 15 (1991), 217-231.

55 1902년 H. W. 보인턴은 남자와 여자가 장난과 농담과 맺고 있는 관계가 매우 다르다고 말했다. "나는, 남자들이 그런 [짜증을 내는] 고통을 주기에 충분한 실험을 하는 것이 불공정한 경우가 많다고 생각한다. (…) 남자들은 그 장난을 알지 못하는 여자를 비난한다. 여자는 그 장난을 알지만, 그 장난은 그녀에게 세상에서 가장 웃긴 것으로 다가오지 않는다. 그녀는 다른 장난들도 이미 듣고 알고 있어서, 옆구리를 잡고 등을 후려치면 재미있어해야 할 필요성을 알지 못한다. 그러므로 그녀는 마지막 음성이 남성의 목구멍에서 나오기도 훨씬 전에 영혼의 고요함을 유지하며 차를 마저 마신다." "Books New and Old: American Humor," *Atlantic Monthly* 90 (September 1902), 418.

56 Fargo Novelty Co., *Illustrated Catalogue*; Universal Distributors, *Illustrated Catalogue of Novelties.*

57 *Secret Service* no. 691 (April 19, 1912), 29-30.

58 Zubeck Novelty Co., *Illustrated Catalogue*; C. J. Felsman, *Novelties, Jokes, Tricks, Puzzles, Magic from All Over the World and Every Where Else* (Chicago: n.p., ca. 1915).

59 Hall, "Gag Gifts," 172.

60 I. Sheldon Posen, "Pranks and Practical Jokes at Children's Summer Camps," *Southern Folklore Quarterly* 38 (1974), 302. 포즌은 아이들이 여름 캠프에서 하는 많은 장난이 성적 속성 또는 배설물과 관련된 속성을 지니며, 그중 일부는 남학생들이 소녀의 브래지어를 훔쳐 이를 깃대에 걸어놓는 것처럼 "더 공격적인 기능"을 갖는다고 지적한다. 그는 "장난은 아무리 본인이 직접 행하지 않는 대리적 성격이더라도 성적인 대상을 정복하는 방식으로, 또래들의 존경을 요구하고 피해자에 대한 조롱까지 요구하는 것이다"라고 말했다.

61 Gershon Legman, *Rationale of the Dirty Joke: An Analysis of Sexual Humor*, vol. 1 (New York: Simon & Schuster, 2006), 9.

62 US Patent #871,252, issued to George E. Ames, "Joke Box," filed Nov. 14, 1906, granted November 17, 1907.

63 Claimed to be "Perfectly Harmless," by the Royal Novelty Company in a 1917 advertisement in *Popular Mechanics*.

64 US Patent #887,759, issued to Julius Bing, "Trick Cigar," filed Sept. 1, 1906, granted May 19, 1908.

65 Bengor Products Co., *1936 Wholesale List of Tricks-Jokes-Novelties* ([New York]: n.p., [1936]).

66 수 세기 동안 번창했던 독일 장난감 산업에 의해 많은 노벨티가 고안되었다. 특히 종이 반죽, 셀룰로이드, 양철로 만든 일본산 상품 등 수입품 대다수는 독일 상품의 모조품인 경우가 많았다. 에르푸르트에 본사를 둔 슈미트와 크레스텐젠은 장식용 식물, 파티용품, 게임, 노벨티, 그리고 그 외 신기한 물품을 전문으로 했다. 그들은 물품 상당수를 미국의 저가품 양판 상인과 노벨티 점포로 수출했다. 예를 들어, 다음을 참조할 것. J. C. Schmidt, *Preisbuch uber Cotillon-Ball-und Scherzartikel, Saaldekorationen, Sommerfestartikel usw. Saison 1911/12* (rpt. Hildesheim, Zurich, and New York: Olms Presse, 1999); and N. L. Chrestensen, *My Dumb Traveler* (Erfurt: n.p., 1910).

67 다음에서 인용함. Mark Newgarden, *Cheap Laffs: The Art of the Novelty Item* (New York: Harry N. Abrams, 2004), 34.

68 "Banquet of New York Paper Dealers," *Paper Trade Journal*, December 12, 1912, 8.

69 Gellman Bros., *Annual Buyer's Guide Catalog for 1937*, 282, 283.

70 Zolotow, "The Jumping Snakes of S. S. Adams," 27.

71 애덤스는 600개가 넘는 노벨티와 함께 빙고 발사 장치Bingo Shooting Device, 드리블 글라스Dribble Glass, 조이 버저Joy Buzzer를 비롯한 가장 인기 있는 노벨티들을 발명하거나 시장에 내놓았다. 20세기 중반에 이르러 그는 37가지의 노벨티에 대한 특허를 출원했다. 그럼에도 불구하고 조이 버저처럼 많은 것이 불법 복제되었다. 애덤스의 초창기 인생에 관해서는 다음을 참조할 것. Rauscher,

S. S. Adams, esp. 1-10. 로셔는 카츄 파우더Cachoo Powder의 활성 성분이 디아니시딘Dianisidine이라고 주장했는데, 이 성분은 www.reference.md에 따르면, "피부 과민증을 유발할 수 있는 매우 독성이 강한 화합물"이라고 한다. 1940년대에 독성 때문에 단종되자, 소매상들은 곧 복제품을 만들기 시작했다. "Sneezing Powder," *American Druggist and Pharmaceutical Record* 52 (January-June 1908), 119. 『워싱턴 포스트』는 1907년 윌밍턴에서 발생한 "카츄 테러"를 보도했는데, 무명의 가해자가 극장과 식당, "주요한 거리에서" 분말을 뿌린 사건이었다. "Starts Audience Sneezing," *Washington Post*, March 25, 1907. 1910년에는 한 무리의 소년이 로스앤젤레스에서 같은 사건을 저질렀다. "Joke of Flies," *Los Angeles Times*, May 12, 1910. "금가루"의 인용구는 가드너 소울에서 따왔다. "Fun's Henry Ford Is Still Inventing," *Popular Science*, January 1955, 125. 단풍 씨, 장미 열매, 섬유 유리(!), 무쿠나 프루리엔스Mucuna pruriens 등 미국 시장에서는 더 이상 구할 수 없는 다양한 것들이 가려움증 유발 가루를 만들기 위해 활용되어왔다. 가려움증 유발 가루 또한 결국 시장에서 추방되었다. Michael R. Albert, "Vignette in Contact Dermatology: Novelty Shop 'Itching Powder,'" *Australasian Journal of Dermatology* 39 (1998), 188. "무법자"들이 "영화관과 점포에 테러를 저지르기 위해" 악취 폭탄을 사용했기 때문에, 악취 폭탄 역시 시장에서 퇴출되었다. Irving D. Tressler, "Our Native Industries: I—Rubber Doughnuts—Dribble Glasses," *Life* 102.2599 (February 1935), 19.

72 "질 나쁜 상품"에 대해서는 다음을 참조할 것. Rebecca L. Walkowitz and Douglas Mao, *Bad Modernisms* (Durham, NC: Duke University Press, 2006).

73 E. J. Tangerman, "Adams' 'Ribs' Aren't Missing," *American Machinist* 90.18 (August 15, 1946), 107.

74 "Britain's Secret WWII Weapons Revealed," BBC News, October 26, 1999, http://news.bbc.co.uk/2/hi/uk_news/486391.stm.

75 *How to Be a Spy: The World War II SOE Training Manual*, introduction by Dennis Rigden (Suffolk, Eng.: Printed by St. Edmundsbury Press, 2004), 25-26.

76 "US Military Malodorant Missiles Kick Up a Stink," *New Scientist*, June 2, 2012, http://www.newscientist.com/article/mg21428676.800-us-military-malodorant-missiles-kick-up-a-stink.html.

77 Stephanie Pain, "Stench Warfare," *New Scientist* 171 (July 7, 2001), 42.

78 Johnson Smith & Co., *Supplementary Catalogue of Surprising Novelties, Puzzles, Tricks, Joke Goods, Useful Articles, Etc.* (Racine, WI: n.p., ca. 1920s), 12.

79 Soule, "Fun's Henry Ford," 125.

80 Johnson Smith & Co., *Our Most Popular Novelties. Extra! Many New Items never before shown!* (Detroit: Johnson Smith & Co., 1941).

81 "Sizzling Hot!" *Billboard* 43.49 (December 5, 1931), 93.

82 Tangerman, "Adams' 'Ribs' Aren't Missing," 107, 108. 인플레이션 가치는 다음에서 계산함. http://www.saving.org/inflation/inflation.php?amount=1&year=1932; 물가에 관해서는 다음을 참조할 것. http://www.thepeoplehistory.com.

83 Joel Sayre, "From Gags to Riches," *Scribner's Commentator* 9.5 (March 1941), 75-77. 평생 동안 짓궂은 장난꾸러기였던 애덤스는 한때 신문사에서 일했고, 유능한 클레이 사격 선수였던 적도 있으며, 결국 폭발하는 시가나 다른 짓궂은 장난으로 고객을 농락하는 그림 액자 판매원이 되었다.

84 Zolotow, "The Jumping Snakes," 26. 다음을 참조할 것. Sayre, "From Gags to Riches."

85 Tressler, "Our Native Industries," 19.

86 다음에서 인용함. Elkin, *Pieces of Soap*, 218.

87 American Law Institute, *Proceedings of the 71st Annual Meeting* (Philadelphia: American Law Institute, 1994), 120-121.

88 사람들은 의심의 여지 없이 자신만의 추잡한 장난감을 만들었다. 의사들의 해부학 마네킹은 때때로 성적인 목적으로 사용되기도 했다. 19세기 성적인 노벨티 무역에 대해서는 다음을 참조할 것. Donna Denis, *Licentious Gotham: Erotic Publishing and Its Prosecution in Nineteenth-Century New York* (Cambridge, MA: Harvard University Press, 2009), 170; and Paul J. Erickson, "Economies of Print in the Nineteenth-Century City," in Luskey and Woloson, *Capitalism by Gaslight.*

89 다음을 참조할 것. Brian P. Luskey, *On the Make: Clerks and the Quest for Capital in Nineteenth-Century America* (New York: New York University Press, 2010);

and Patricia Cline Cohen, Timothy J. Gilfoyle, and Helen Lefkowitz Horowitz, *The Flash Press: Sporting Male Weeklies in 1840s New York* (Chicago: University of Chicago Press, 2008).

90 *Grand Fancy Catalogue of the Sporting Man's Bazaar for 1870* ([United States?: n.p., 1870]). Library Company of Philadelphia. "이것들 중 하나를 어떤 친구에게 건네라"라는 문구는 이 전단지의 상단에 손으로 쓰여, 이 상품들에 대한 정보가 어떻게 유통되는지 알 수 있게 해준다.

91 예를 들어, 다음을 참조할 것. The collections at the Kinsey Institute, Indiana University, https://kinseyinstitute.org/collections/index.php. *Intimate Matters: A History of Sexuality in America*, 존 데밀리오와 에스텔 프리드먼은, 한 장교가 에이브러햄 링컨에게 포르노가 "군인과 심지어 장교들에 의해서도 일반적으로 보관되고 전시된다"며 직접 고충을 호소했고, 약 30×38센티미터 사이즈의 추잡한 사진을 하나당 12센트면 살 수 있다고 썼다. (Chicago: University of Chicago Press, 1997), 132–133.

92 C. W. Philo, *Philo's Army Purchasing Agency* ([Brooklyn?: n.p., ca. 1861–5]). Library Company of Philadelphia.

93 David S. Sparks, ed., *Inside Lincoln's Army* (New York: Yoseloff, 1964), 255–256, 257.

94 콤스톡 법은 "음란한 책, 팸플릿, 종이, 문서 광고, 전단지, 인쇄, 사진, 그림, 또는 종이 등의 재질로 된 그 밖의 음란한 표현, 그림, 이미지, 또는 비도덕적인 성격의 조형물, 도구, 품목"을 우편으로 발송하는 것을 금지했다. George P. Sanger, ed., *Statutes at Large and Proclamations of the United States of America, from March 1871 to March 1873*, vol. 17, chap. 258, "An Act for the Suppression of Trade in, and Circulation of, obscene Literature and Articles of immoral Use," March 3, 1873 (Boston: Little, Brown, 1873), 598.

95 예를 들어, 다음을 참조할 것. Entries throughout Johnson Smith & Co., *Our Most Popular Novelties Extra!*; and Ardee Manufacturing Company, *Manufacturers, Importers and Jobbers of Toys Novelties and Other Mail Order Merchandise* ([Stamford, CT: Ardee Manufacturing Company, ca. 1903]), loose printed insert. "Peek-a-Boos—With, Without," *Billboard* 49.48 (November 27,

1937), 110.

96 "A Real Hot Number," *Billboard* 43.36 (September 5, 1931), 99.

97 "New! Sensational!" *Billboard* 47.30 (July 29, 1935), 101.

98 크래커잭 상자에 담긴 무쇠 노벨티 및 유명한 툿시토이스 장난감 제조업체 다우스트앤드코는 이 변기들을 인형의 집 가구로 생각했지만, 피시러브는 이 변기들을 장난 상자로 용도 변경했다.

99 장난 상자에 대해서는 다음을 참고할 것. Lisa Hix, "How Your Grandpa Got His LOLs," *Collectors Weekly*, August 24, 2012 (http://www.collectorsweekly.com/articles/how-your-grandpa-got-his-lols/), 마디와 스탠 팀의 컬렉션을 다루고 있다.

100 Game Room, *You Won't Believe This But*······ ([Washington, DC: n.p., 1956?]).

101 Johnson Smith & Co. *2,000 Novelties* ([Detroit]: Johnson Smith & Co, 1958).

102 Bengor Products Co., *1936 Wholesale List*.

103 이와 같은 노벨티의 예는 시간이 지남에 따라 발행된 많은 카탈로그에서 찾을 수 있다. 팽창할 수 있는 다리에 대한 설명은 다음에 나온다. Johnson Smith & Co., *2,000 Novelties*.

104 벵거의 실버 스킨 콘돔은 품질이 좋지 않은 것으로 알려져 있다. *U.S. v. 39 Gross of Rubber Prophylactics*, District of Maryland Court, Baltimore, MD, case no. 28732, "Adulteration and misbranding of rubber prophylactics," seizure date December 9, 1937, issue date November 1938, http://archive.nlm.nih.gov/fdanj/handle /123456789 /60537.

105 La France Novelties, "Agents and Distributors······ OUR HOT CARDS······ Best Yet," *Billboard* 54.43 (October 24, 1942), 47.

106 더 상세한 내용은 다음을 참조할 것. Jim Linderman, *Smut by Mail: Vintage Graphics from the Golden Age of Obscenity*, ebook (2011), http://vintagesleaze.blogspot.com/2011/02/smut-by-mail-new-vintage-sleaze-dull.html#.U6madsflLyc.

107 *Stag FUN Package* ([Philadelphia]: n.p., ca. 1950).

108 이 예로는 다음이 있다. Advertisements in the back pages of *Spicy Stories* 5.8 (August 1935). 유사한 정기 간행물로는 다음이 있다. *Bedtime Stores*, the *Gay*

Parisienne, and *French Night Life*.

109 웨슬리 모스에 관한 상세한 내용은 다음을 참조할 것. Topps Company, *Bazooka Joe and His Gang*, introduction by Nancy Morse (New York: Harry N. Abrams, 2013).

110 Zolotow, "The Jumping Snakes," 26.

111 "Whoopee Cushions Got Their First Airing Here," *Toronto Star*, March 31, 2008.

112 Royal Novelty Co., *Illustrated Catalogue*.

113 Lisa Hix, "The Inside Scoop on Fake Barf," *Collectors Weekly*, August 23, 2011, http://www.collectorsweekly.com/articles/the-inside-scoop-on-the-fake-barf-industry/; quote from Newgarden, *Cheap Laffs*, 28.

114 Mikhail Bakhtin, *Rabelais and His World*, trans. Helene Iswolsky (original Russian, 1965; Bloomington: Indiana University Press, 1984).

115 Simon Dickie, "Hilarity and Pitilessness in the Mid-Eighteenth Century: English Jestbook Humor," *Eighteenth-Century Studies* 37.1 (Fall 2003), 4.

116 J. A. Leo Lemay, *The Life of Benjamin Franklin*, vol. 2, *Printer and Publisher, 1730-1747* (Philadelphia: University of Pennsylvania Press, 2006), esp. 210-213.

117 1781년에 벤저민 프랭클린이 쓴 편지와 브뤼셀 로열 아카데미 연설은 다음을 참조할 것. Early Americas Digital Archive, http://mith.umd.edu/eada/html/display.php?docs=franklin_bagatelle2.xml.

118 토머스 로리에 의하면 이 카탈로그는 한 북군 이등병Pvt의 개인 소장품 중에서 발견되었다. Edmon Shriver, Company F, 42nd Ohio, and is in a private collection. *The Stories Soldiers Wouldn't Tell: Sex in the Civil War* (Mechanicsburg,PA: Stackpole Books, 1994), 55.

119 Palmer Gift Shop, *Jokes, Puzzles, Party Favors. Catalogue Number 4* ([Chicago]: Palmer Gift Shop, 1935), 2; Bengor Products Co., *1936 Wholesale Price List*.

120 *The Bazar Book of Decorum: The Care of the Person, Manners, Etiquette, and Ceremonials* (New York: Harper & Bros., 1870), 49, 63, 76-77. 19세기의 세련됨에 대해서는 다음을 참조할 것. John Kasson, *Rudeness and Civility: Manners in Nineteenth-Century Urban America* (New York: Hill & Wang, 1990), esp. chap. 6.

121 이 예는 대부분 다음에 출처를 두고 있다. The ca. 1908 Fargo Novelty Co.'s

Illustrated Catalog.

122 Gershon Legman, *No Laughing Matter: An Analysis of Sexual Humor*, vol. 2 (Bloomington: Indiana University Press, 1975), 812, 813.

123 Zubeck Novelty Co., *Illustrated Catalogue*, 4.

124 Crest Trading Co., *The Crest "Fun for All" Catalog* ([New York]: n.p., ca. 1915), 20.

125 Bengor Products, *1936 Wholesale List*.

126 Johnson Smith & Co., *2,000 Novelties*.

127 Zolotow, "The Jumping Snakes," 26.

128 Jack Hitt, "Sea-Monkey Fortune," *New York Times*, April 15, 2016. 바다 원숭이 Sea Monkeys의 발명가 해럴드 폰 브로넛은 엑스레이 스펙스X-Ray Spex 등 다른 장난감과 노벨티도 발명했다. 오늘날의 바다 원숭이 상당수는 중국산 모조품이다.

129 "Chia Pets," https://www.chia.com/chia-pets/about-chia-pets/.

130 "Chia Pets Often Euthanized after Novelty Wears Off," *Derf Magazine*, http://www.derfmagazine.com/news/business/chiapet-euthanized.

131 다음에서 인용함. Newgarden, *Cheap Laffs*, 126.

나가며

1 "Happy with crappy"의 출처는 다음과 같다. James Fallows, *China Airborne* (New York: Pantheon, 2012), 다음에서 인용함. Ian Johnson, "China's Lost Decade," *New York Review of Books*, September 27, 2012, 82.

2 재활용의 역사에 관해서는 다음을 참조할 것. Susan Strasser, *Waste and Want: A Social History of Trash* (New York: Henry Holt, 1999). 쓰레기에 대한 이론적 설명은 다음을 참조할 것. Michael Thompson, *Rubbish Theory: The Creation and Destruction of Value* (Oxford: Oxford University Press, 1979).

3 Doyle Rice, "World's Largest Collection of Ocean Garbage Is Twice the Size of Texas," *USA Today*, March 22, 2018, https://www.usatoday.com/story/tech/science/2018/03/22/great-pacific-garbage-patch-grows/446405002/. 다음도 참조할 것. The Ocean Cleanup Foundation, https://www.theoceancleanup.

com/. 공기 오염에 대해서는 다음을 참조할 것. David G. Streets et al.,
"Modeling Study of Air Pollution Due to the Manufacture of Export Goods
in China's Pearl River Delta," *Environmental Science and Technology* 40.7 (April
2006), 2099-2107; and Rob Hengeveld, *Wasted World: How Our Consumption
Challenges the Planet* (Chicago: University of Chicago Press, 2012).

4　"Hong Kong, Thanks to China, Tops Toy Market," *Australian Financial Review*,
January 18, 1989.

5　Peter Hessler, "China's Instant Cities," *National Geographic* 211.6 (June 2007),
88-117. 외주 및 공장 지대에 관해서는 다음을 참조할 것. Naomi Klein, *No Logo*,
10th anniversary ed. (New York: Picador, 2009); Ellen Ruppel Shell, *Cheap:
The High Cost of Discount Culture* (New York: Penguin, 2009); and Elizabeth
Cline, *Overdressed: The Shockingly High Cost of Cheap Fashion* (New York:
Portfolio/Penguin, 2012).

6　Hessler, "China's Instant Cities."

7　Hessler, "China's Instant Cities."

8　Steven Husted and Shuichiro Nishioka, "China's Fare Share? The Growth of
Chinese Exports in World Trade," *Review of World Economies* 149.3 (2013), 565-
566. 2010년을 기준으로 미국으로 들어오는 모든 수입품 중 16.7퍼센트가 중국
산이었다. (56-9), Jianqing Ruan and Xiaobo Zhang, "Low-Quality Crisis and
Quality Improvement: The Case of Industrial Clusters in Zhejian Province,"
in *Industrial Districts in History and the Developing World*, ed. Tomoko Hashino
and Keijiro Otsuka, (Singapore: Springer Science+Business Media, 2016), 170.
Peter K. Schott, "The Relative Sophistication of Chinese Exports," *Economic
Policy* 23.1 (January 2008), 21, 35.

9　Schott, "The Relative Sophistication of Chinese Exports," 10.

10　체인점 반대에 관한 문헌은 다음을 참조할 것. Alfred G. Buehler, "Anti-Chain-
Store Taxation," *Journal of Business of the University of Chicago* 4.4 (October
1931), 346-369; Hugh A. Fulton, "Anti-Chain Store Legislation," *Michigan
Law Review* 30.2 (December 1931), 274-79; Edward W. Simms, "Chain Stores
and the Courts," *Virginia Law Review* 17.4 (February 1931), 313-324; Esther

M. Love, *Operating Results of Limited Price Variety Stores in 1948: Chains and Independents* (Boston: Harvard Graduate School of Business Administration, 1949); and F. J. Harper, "'A New Battle on Evolution': The Anti-Chain Store Trade-At-Home Agitation of 1929-1930," *Journal of American Studies* 16.3 (December 1982), 407-426.

11 Harper, "'A New Battle,'" 410n7.

12 "German Porcelain Maker Halts Hummel Production," *Deutsche Welle*, June 19, 2008.

13 Bess Lovejoy, "How SkyMall Captured a Moment of Technological and American History," *Smithsonian*, January 27, 2015, https://www.smithsonianmag.com/travel/how-skymall-captured-moment-technological-and-american-history-180954043/?no-ist.

14 Datamonitor, *Dollar Tree Stores Company Profile*, August 24, 2007, 7. 달러트리와 패밀리달러의 합병에 대해서는 다음을 참조할 것. Shawn Tully, "How the Dollar Store War Was Won," *Fortune*, April 23, 2015, www.fortune.com. 달러트리와 패밀리달러의 프로필에 대해서는 다음을 참조할 것. Jim Piller and John S. Strong, "The High Price of Dollar Stores: Dollar Tree and Dollar General Battle for Family Dollar," http://www.babson.edu/executive-education/thought-leadership/strategy-innovation/Pages/the-high-price-of-dollar-stores.aspx. 다음도 참조할 것. Barbara Kahn et. al., "Consumer and Managerial Goals in Assortment Choice and Design," *Marketing Letters* 25.3 (September 2014), 293.

15 MarketLine, *Company Profile Dollar Tree, Inc.*, January 8, 2016, 4, https://www.marketline.com, reference code E7F38462-EF1E-4309-904C-496EA358DBA1; Datamonitor, *Dollar Tree Stores Company Profile*, 4.

16 MarketLine, *Company Profile Family Dollar Stores, Inc.*, July 1, 2015, 3, https://www.marketline.com, reference code 9EC011A2-C7DA-4A45-B933-E74BC6E64EBB.

17 2016년 달러트리는 자사 상품의 약 40퍼센트가 저렴한 인건비로 인해 대부분 중국에서 수입되었다고 보고했다. MarketLine, *Company Profile Dollar Tree*, Inc., 10.

18 Datamonitor, *Family Dollar Stores Company Profile*, 6; *MarketLine, Company Profile Family Dollar Stores, Inc.*, 6; MarketLine, *Company Profile Family Dollar Stores, Inc.*, 6; Datamonitor, *Dollar General Corporation Company Profile*, January 31, 2011, 7.

19 Beth Macy, *Factory Man: How One Furniture Maker Battled Offshoring, Stayed Local—and Helped Save an American Town* (New York: Little, Brown, 2014); James Fallows and Deborah Fallows, *Our Towns: A 100,000-Mile Journey into the Heart of America* (New York: Pantheon, 2018).

20 Lori G. Kletzer, "Trade Related Job Loss and Wage Insurance: A Synthetic Review," *Review of International Economics* 12.5 (2001), 724–48; Barbara Ehrenreich, *Nickel and Dimed: On (Not) Getting by in America* (New York: Henry Holt, 2001).

21 월마트에 대해서는 다음을 참조할 것. Greg Spotts, Wal–Mart: *The High Cost of Low Price* (New York: Disinformation Company, 2005); Anthony Bianco, *The Bully of Bentonville: How the High Cost of Wal-Mart's Everyday Low Prices Is Hurting America* (New York: Currency, 2006); Stacy Mitchell, *Big-Box Swindle: The True Cost of Mega-Retailers and the Fight for America's Independent Businesses* (Boston: Beacon, 2006).

22 Datamonitor, *Family Dollar Stores SWOT Analysis*, 2008-15; MarketLine, *Dollar Tree SWOT Analysis*, 2017.

23 물질문화, 소비, 정체성에 대한 연구를 포괄적으로 설명하려는 시도는 터무니 없는 일일 것이다. 핵심적인 연구 성과는 다음과 같다. Karl Marx, Capital, vol. 1, *A Critique of Political Economy* (1867; New York: Penguin Classics, 1992); Thorstein Veblen, *The Theory of the Leisure Class: An Economic Study of Institutions* (1899; New York: Modern Library, 1934); Roland Barthes, Mythologies, trans. Annette Lavers (New York: Hill & Wang, 1972); Mary Douglas and Baron Isherwood, *The World of Goods: Toward an Anthropology of Consumption* (New York: Basic Books, 1979); Mihaly Csikszentmihalhyi and Eugene Rochberg-Halton, *The Meaning of Things: Domestic Symbols of the Self* (Cambridge: Cambridge University Press, 1981); Pierre Bourdieu, *Distinction:*

A Social Critique of the Judgment of Taste (original French, 1979; London: Routledge Classics, 2010); Arjun Appadurai, ed., *The Social Life of Things: Commodities in Cultural Perspective* (Cambridge: Cambridge University Press, 1986); Colin Campbell, *The Romantic Ethic and the Spirit of Modern Consumerism* (Oxford: Blackwell, 1987); Russell W. Belk, "Possessions and the Extended Self," *Journal of Consumer Research* 15.2 (September 1988), 139–68; Grant D. Mc-Cracken, *Culture and Consumption II: Markets, Meaning, and Brand Management* (Bloomington: Indiana University Press, 2005); and Russell W. Belk, "The Extended Self in a Digital World," *Journal of Consumer Research* 40.3 (October 2013), 477–500.

24 Ben Guarino, "Ikea to Settle for $50 Million after Its Dressers Tipped Over, Killing Three Young Boys," *Washington Post*, December 22, 2016, https://www.washingtonpost.com/news/morning-mix/wp/2016/12/22/ikea-to-settle-for-50-million-after-its-dressers-tipped-over-killing-three-young-boys/?noredirect=on&utm_term=.78e0b4b93593; Oliver Roeder, "The Weird Economics of Ikea," *FiveThirtyEight*, October 21, 2016, https://fivethirtyeight.com/features/the-weird-economics-of-ikea/.

25 Bessie Nestoras, "High Style: Sophisticated, Design-Driven American Art Glass," *Gifts & Decorative Accessories* 106.6 (June 2005), 46.

26 Wanda Jankowski, "Trends in Crafts Retailing," *Gifts & Decorative Accessories* 97.3 (March 1996), 40; Michelle Nellett, "Individuality Counts Here," *Gifts & Decorative Accessories* 93.6 (June 1992), 120.

27 Nestoras, "High Style."

28 Jankowski, "Trends in Crafts Retailing."

29 Promotional Products Association International, *PPAI 2015 Annual Distributor Sales Summary* ([Irving, TX?]: Promotional Products International, 2016), 1, www.ppai.org/members/research/.

30 Promotional Products Association International website, www.ppai.org/about/association-history; Jane Von Bergen, "Norman Cohn: At 83, the 'Sultan of Swag' Is Still Go-Go on the Logo," *Philadelphia Inquirer*, October 30, 2016.

31 Promotional Products Association International (PPAI), *Mapping Out the Modern Consumer*, 2016, https://advocate.ppai.org/Documents/PPAI%20 2017%20Consumer%20Study%20Report.pdf, 7-9. 공짜 물건을 받는 사람들 은 행복(71퍼센트), 관심(52퍼센트), 고마움(46퍼센트), 감사(43퍼센트), 특별함 (28퍼센트) 등의 반응을 보였다.

32 Henry Bunting, *Specialty Advertising: A New Way to Build Business* (Chicago:Novelty News Press, 1914), 29.

33 Alexandra Lewin, Lauren Lindstrom, and Marion Nestle, "Commentary: Food Industry Promises to Address Childhood Obesity: Preliminary Evaluation," *Journal of Public Health Policy* 27.4 (2006), 331, 338.

34 디즈니의 미니 인형 및 카메라와 다양한 스타 트렉 상품은 다음과 같다. 만찬 접 시, 영화 이용권, 팔찌나 목걸이형 휴대용 저장 장치, 티셔츠, 배지. 기타 품목: 시 리얼 컵, 음료용 컵과 빨대 꽂는 컵, 알람 시계, 현금 카드, 유아용 책과 오디오 북, 장난감 요리 도구, 브랜드의 인물 코스튬, 레고 장난감, NASCAR 경주용 차 등 자동차 장난감, 슈렉 물 분사기와 형광펜, 연필 토퍼, 셔츠 다리미, 스티커, 타 투, 과일 과자 상자에 인쇄된 운세, 음악 다운로드, 벨소리, 별점, 할인 DVD와 영화 관련 상품, 어린이 잡지, 티셔츠, 축구용 저지, 축구공, 헤드 밴드, 수건, 프 리스비, 농구공과 농구 골대, 물병, 열쇠줄, 호루라기와 뿔피리, 배낭, 트레이딩 카 드, 플래시 카드, 휴대용 저장 장치, 자석, 박제 동물, 할로윈 과자 가방, 컬러링북 과 액티비티북, 팬 잡지(영화 홍보와 관련된), 학용품, 수많은 소형 장난감과 게임 (대부분 상영 중인 영화와 관련된), 무수히 많은 다운로드 가능한 상품. Federal Trade Commission, *A Review of Food Marketing to Children and Adolescents*, 79. 어린이 경품의 상대적 효과에 대해서는 다음을 보라. Tali Te'Eni-Harari, "Sales Promotion, Premiums, and Young People in the 21st Century," *Journal of Promotion Management* 14 (2008), 17-30. 게임형 광고에 대한 광범위 연구 는 다음을 참조하라. Elizabeth S. Moore, *It's Child's Play: Advergaming and the Online Marketing of Food to Children* (Menlo Park, CA: Henry J. Kaiser Family Foundation, July 2006).

35 Rob Neyer, "The Question? To Bobble, or Not to Bobble," July 3, 2015, Fox Sports, http://www.foxsports.com/mlb/just-a-bit-outside/story/bobblehead-

giveaways-numbers-brewers-tigers-dodgers-policy-070315.

36 John V. Petrof, "Relationship Marketing: The Wheel Reinvented?," *Business Horizons* 40.6 (November–December 1997), 29.

37 David Cheal, "'Showing Them You Love Them': Gift Giving and the Dialectic of Intimacy," *Sociological Review* 35.1 (February 1987), 159, 166.

38 2001년, 파이저는 홍보 상품에 약 8600만 달러를 썼다. R. Stephen Parker and Charles E. Pettijohn, "Direct-to-Consumer Advertising and Pharmaceutical Promotions: The Impact on Pharmaceutical Sales and Physicians," *Journal of Business Ethics* 48.3 (December 2003), 284.

39 "관계 마케팅"의 상세한 정의에 대해서는 다음을 참조할 것. Josie Fisher, "Business Marketing and the Ethics of Gift Giving," *Industrial Marketing Management* 36 (2007), 99-108. 1995년에는 저널 *Journal of the Academy of Marketing Science*가 "관계 마케팅"에 관한 특별호를 발간했다.

40 Lou Harry and Sam Stall, As Seen on TV: 50 Amazing Products and the Commercials That Made Them Famous (Philadelphia: Quirk Books, 2002), 18, 32, 40, 59; German Electric Belt Agency, *The German Electric Belts and Appliances* ([Brooklyn?]: n.p., ca. 1887), 11.

41 Amazon user reviews by "Scott Fraser," September 7, 2011; "H. Baril," January 26, 2013; "Anonymous Customer," June 5, 2017; "Thomas Peterson," January 6, 2014; and "Amazon Customer," October 3, 2016, https://www.amazon.com/Loftus-Looks-Real-Fake-Barf/product-reviews/B0006GKGXE/ref=cm_cr_arp_d_paging_btm_2?ie=UTF8&reviewerType=all_reviews&pageNumber=2.

찾아보기

옮긴이 이종호

서강대학교 경제학과를 졸업하고 국제금융, 해외 자본 유치, 해외 IR 업무를 담당하며 직장생활을 했다. 현재는 독일에 거주하고 있다. 번역가 모임인 바른번역의 회원으로 활동하고 있다. 옮긴 책으로는 『레이 달리오의 금융 위기 템플릿』『또래압력은 어떻게 세상을 치유하는가』『모든 악마가 여기에 있다』『하버드 경영대학원 교수의 금융 수업』 등이 있다.

싸구려의 힘
현대 세계를 만든 값싼 것들의 문화사

초판인쇄	2022년 1월 18일
초판발행	2022년 1월 28일
지은이	웬디 A. 월러슨
옮긴이	이종호
펴낸이	강성민
편집장	이은혜
책임편집	진상원
마케팅	정민호 이숙재 김도윤 한민아 정진아 이가을 우상욱 박지영 정유선
브랜딩	함유지 김희숙 함근아 정승민
제작	강신은 김동욱 임현식
펴낸곳	(주)글항아리	출판등록 2009년 1월 19일 제406-2009-000002호
주소	10881 경기도 파주시 회동길 210
전자우편	bookpot@hanmail.net
전화번호	031-955-2696(마케팅) 031-955-2670(편집부)
팩스	031-955-2557
ISBN	978-89-6735-984-3 03900

잘못된 책은 구입하신 서점에서 교환해드립니다.
기타 교환 문의 031-955-2661, 3580

www.geulhangari.com